教育部哲学社会科学研究后期资助重大项目 "基于乡村振兴的农村职业教育发展战略研究"（项目编号：21JHQ017）最终研究成果

博士生导师学术文库

A Library of Academics by
Ph.D. Supervisors

全面乡村振兴视域下
农村职业教育发展战略研究

祁占勇　著

光明日报出版社

图书在版编目（CIP）数据

全面乡村振兴视域下农村职业教育发展战略研究 /
祁占勇著 . －－北京：光明日报出版社，2022.10

ISBN 978－7－5194－6823－1

Ⅰ.①全… Ⅱ.①祁… Ⅲ.①乡村教育—职业教育—
发展战略—研究—中国 Ⅳ.①G725

中国版本图书馆 CIP 数据核字（2022）第 181569 号

全面乡村振兴视域下农村职业教育发展战略研究

QUANMIAN XIANGCUN ZHENXING SHIYU XIA NONGCUN
ZHIYE JIAOYU FAZHAN ZHANLÜE YANJIU

著　　者：祁占勇	
责任编辑：李壬杰	责任校对：阮书平
封面设计：一站出版网	责任印制：曹　净

出版发行：光明日报出版社

地　　址：北京市西城区永安路 106 号，100050

电　　话：010－63169890（咨询），010－63131930（邮购）

传　　真：010－63131930

网　　址：http：//book.gmw.cn

E - mail：gmrbcbs@ gmw.cn

法律顾问：北京市兰台律师事务所龚柳方律师

印　　刷：三河市华东印刷有限公司

装　　订：三河市华东印刷有限公司

本书如有破损、缺页、装订错误，请与本社联系调换，电话：010-63131930

开　　本：170mm×240mm	
字　　数：377 千字	印　　张：21
版　　次：2023 年 1 月第 1 版	印　　次：2023 年 1 月第 1 次印刷
书　　号：ISBN 978－7－5194－6823－1	
定　　价：99.00 元	

前　言

实施乡村振兴战略，促进农村发展，是党的十九大做出的重要战略部署，是促进国家经济社会转型、实现现代化强国目标的关键。与此同时，2021 年 4 月 29 日中华人民共和国第十三届全国人民代表大会常务委员会第二十八次会议通过的《中华人民共和国乡村振兴促进法》第 24 条规定，国家健全乡村人才工作体制机制，采取措施鼓励和支持社会各方面提供教育培训、技术支持、创业指导等服务，培养本土人才，引导城市人才下乡，推动专业人才服务乡村，促进农业农村人才队伍建设。第 26 条规定，加强职业教育和继续教育，组织开展农业技能培训、返乡创业就业培训和职业技能培训，培养有文化、懂技术、善经营、会管理的高素质农民和农村实用人才、创新创业带头人。显然，在乡村振兴战略实施过程中，最根本的是人自身的现代化和人才的培养。农村职业教育作为培养乡村建设人才的重要方式，必然在振兴乡村方面具有无法比拟的作用和价值。乡村振兴视域下农村职业教育迎来了前所未有的发展机遇，能够为实现农业农村现代化、振兴乡村产业、强化乡村振兴人才支撑、实现精准脱贫、实现乡村有效治理提供助力。本书综合运用文献研究、比较研究、历史研究、案例研究、调查研究等方法，结合大量数据，深入分析全面乡村振兴视域下农村职业教育发展与建设中的成功经验、现实困境及政策供给，从而构建出更加公平更有质量的现代农村职业教育体系。

乡村振兴战略是党和国家审时度势，从国家战略的高度对我国农村社会发展问题的热切关注，它的提出具有鲜明的历史与现实、国际与国内的背景。农村职业教育作为支撑乡村振兴的重要力量，在促成人的自我实现、阻断贫困代际传递、促进乡村产业发展、助推农业农村现代化等方面发挥着至关重要的作用。然而，我国农村职业教育依然面临着许多现实问题，如：农业现代化进程加快与农村职业教育的功能发挥欠缺、农村人口过度转移就业与农村职业教育发展后劲不足、"跳农门"思想持续蔓延与农村职业教育培养目标发生偏移、农村人口老龄化速度加快与农村职业教育反应滞后等。

为使农村职业教育适应新形势、满足新要求，为乡村振兴战略的实施提供有效助力，我国相继出台了一系列相关的政策，对农村职业教育做出了部署。确立其服务"三农"建设的总方针、规定其以新型职业农民为主要培养主体、深化农村职业教育多元化职能、完善农村职业教育保障制度。基于社会政策分析的视角，乡村振兴视域下农村职业教育政策制定遵循了管理体制由国家集中管理到地方分级和分散管理、价值选择；由注重经济建设到注重人的发展、制度建设从宏观引导到具体保障、行动体系；由"单一主体"引导到"多元主体"共同发展的演进逻辑。当然，农村职业教育政策还有很大提升空间，应在现有基础上逐步建立中央和地方各部门权责相互清晰的政策规范、有效协调多元价值取向间的关系、建设适切性和有效性并行的农村职业教育制度、继续完善主体多元化和权力灵活性的农村职业教育行动体系。

基于共词可视化和研究热点的知识图谱，对乡村振兴视域下农村职业教育的研究热点进行计量分析，当前农村职业教育的研究主要集中在乡村振兴视域下农村职业教育发展的困境及其供给侧改革、农村职业教育发展的价值取向、欠发达地区的农业职业教育、产教融合视域下农村职业教育服务"三农"、农村职业教育的人才培养模式、脱贫攻坚视域下农村职业教育的政策分析、面向农村的高等职业教育发展历程等领域，研究内容较为广泛。但在此基础上，仍需要从拓宽农村职业教育的价值取向、深化农村职业教育国际比较、创新农村职业教育人才培养模式、注重农村职业教育政策过程等方面加强研究的深度和广度，为推动农村职业教育更好地服务乡村振兴提供指引。

党的十九大报告中明确提出实施全面乡村振兴战略，坚持农村农业优先发展，促进城乡融合发展，加快推进农业农村现代化。农村职业学校因其人才培养的特殊性和鲜明的地方性，必然在推进乡村振兴的过程中具有不可替代的作用和价值。乡村振兴视域下农村职业学校肩负着"离农"与"为农"兼顾促进城乡融合发展、"借智"与"改技"并举适应区域发展、"强能"与"树志"结合阻断贫困传递、"提质"到"立德"渐进实现乡风重塑的使命，必须转变办学思路来培育适宜人才、创新办学模式来合理利用资源、强化供需对接来满足区域需求等发展策略，克服办学思路不清晰且城镇化倾向明显、办学特色不明显且同质化现象突出、扶贫安排不合理且与实现长效脱贫矛盾、素质培养不重视且与形成文明乡风疏离等现存问题，助力乡村的振兴。

与此同时，本书立足于乡村需要大量新型职业农民的这一基本国情，以新型职业农民培育的理论探讨为切入点，确定新型职业农民培育的理论基础，回顾新型职业农民培育的历史，梳理新型职业农民培育政策。结合现实案例的分析，发现新型职业农民培育存在着培育主体单一、培育内容保守、培育方式形式化、培育对象层次偏低、评价机制不完善和培育保障不充分等问题。厘清现实问题，借鉴国外经验，我国需通过完善共同培育制度、建立培育内容更新机制、创新培育方式、拓宽培育对象范围、建立完整评价体系等措施提升新型职业农民培育的技术质量。

大力发展农村职业教育是实施乡村振兴战略的重要抓手。而农村职业教育现代化是教育现代化与职业教育现代化的重要组成部分，构建农村职业教育现代化指标体系是衡量农村职业教育是否现代化的基本尺度。在理论依据、政策文本和现有研究成果基础上，尝试运用德尔菲法和层次分析法从发展环境、教育保障度、教育统筹度、培养质量度、社会贡献度五个维度建构农村职业教育现代化指标体系。在指标体系的指引导向下，结合乡村振兴战略的具体要求，需要从塑造良好的发展环境、提供坚实的保障供给、创新科学的管理统筹、强化适切的人才支撑、汇集多元的社会贡献协力等方面搭建农村职业教育现代化的行动路径。

培养农业人才，实现乡村振兴，农村职业教育的功能定位是重中之重。当前我国农村职业教育的功能定位面临着变革方向没有顺应新时代乡村振兴视域下农村现代化的要求、体制构建没有为受教育者提供社会地位上升的有效途径、机制创新没有重视涵养乡土文化基因、教育对象没有精准定位于培养新型职业农民、教育功能没有尽可能挖掘农村人口红利等困境。为解决农村职业教育的功能定位困境，需进行理性选择。农村职业教育在理论上具有本体功能和工具功能。就本体功能而言，主张农村职业教育能够转变农村人口的思想观念、培养新型职业农民和促进农村人口公民素养的提高。就工具功能而言，农村职业教育能够推进农村经济结构转型、助推农业农村现代化、实现人才合理分流、阻断贫困代际传递和促进乡风文明建设。在双重功能的指导下，农村职业教育要从变革方向顺应新时代农业农村现代化需求、体制机制创新注重涵养乡土文化基因、培养对象精准定位于培育新型职业农民、功能发挥不断挖掘老龄人口红利、作为"治理术"为乡村振兴贡献力量等方面全方位发力，为广大农村地区的经济社会发展提供了支撑。

乡村振兴视域下我国农村职业教育不论自身发展还是服务乡村全面振兴战略都面临着实践思维和发展理念的障碍。一方面，从农村职业教育自身发展现状来看，教育目标的错位导致发展方向的错位；另一方面，从服务乡村振兴战略目标现状来看，我国农村职业教育面临着价值功能被弱视和服务定位传统化的困境。当前，农村职业教育在目标定位上不能适应和满足社会经济发展的新要求，必须从宏观性目标、人本性目标、社会性目标等层面对乡村振兴视域下农村职业教育进行目标定位，并采取完善的法律法规规范制度、健全的职业培训与资格证书支持制度、充分的奖助与奖励激励制度、科学的教育管理协调制度等农村职业教育制度体系供给措施，保障乡村振兴视域下农村职业教育目标顺利实现。

投资职业教育能否实现农村劳动力增收是制定职业教育政策的重要参考。以中国家庭追踪调查的农村数据为依据，运用倾向得分匹配的反事实估计与拓展后的明瑟方程，探究职业教育促进农村劳动力增收的效度。结果表明，职业教育在一定程度上承担了促进农村劳动力增收的职能；中等职业教育有效促进了农村劳动力增收，但相对收益的边际回报率逐渐降低；高等教育阶段投资高等职业教育对于农村劳动力增收的效益普遍低于大学本科教育；职业教育培育的农村劳动力与就业市场需求更吻合。因此，国家要通过提高职业教育对农村地区受教育者的吸引力、巩固中等职业教育的基础性地位、合理布局高等职业教育、发挥职业教育与劳动力市场有效衔接优势等措施，来达成职业教育促进农村劳动力增收的目的。

农村职业教育回报率是其支持乡村振兴力度的具体表现形式。依托中国家庭追踪调查的多期混合截面数据，利用工具变量分位数回归模型，得出农村职业教育虽然在一定程度上实现服务农村人口增收的职能，但与此同时，在不同收入层次、时间点上，服务增收的效益存在显著的异质性，以及中等职业教育在一定程度上实现了促进城乡个体增收与消弭城乡人力资本积累差异的功能，但对消除城镇或农村群体内部收入差异的效能并未完全发挥，在不同收入层次上，中等职业教育个体回报率依然存在显著差异的结论。为更好地发挥农村职业教育实现全面乡村振兴与促进共同富裕的目标，农村职业教育应维持政策稳定，巩固中职反贫成果；统一培养标准，实现公平效率同步；甄别效用门槛，保障中职资源有效利用；区别人口特征，提升中职服务人力资本积累精度；明确中等职业教育的基础性地位，实现中等职业教育的基础性转型；加快发展农村中等职业教育，服务城乡融合发展；重视中等职业教育的本体价值，加大对中等职业教育的投资力度。

本书基于乡村振兴视域下背景下农村职业教育发展战略中的相关重要议题，紧紧围绕乡村振兴视域下农村职业教育发展的机遇与现实困顿、乡村振兴视域下农村职业教育政策的回顾与趋势前瞻、乡村振兴视域下农村职业教育研究的现状及未来展望、乡村振兴视域下农村职业学校的使命与发展策略、乡村振兴视域下农村职业教育培训新型职业农民的意蕴与政策供给、乡村振兴视域下农村职业教育现代化的构建与行动逻辑、乡村振兴视域下农村职业教育的功能与理性选择、乡村振兴视域下农村职业教育的目标定位与制度保障、投资职业教育能否促进农村劳动力增收等内容进行了深入细致的研究，在农村职业教育政策变迁、农村职业教育现代化指标体系、农村职业教育的功能定向、农村职业教育的目标定位、农村职业教育政策体系、农村职业教育促进农民增收、农村职业教育基础性地位、农村职业教育回报率、农村职业学校发展战略等方面取得了实质性突破，具有重大的理论价值与重要的学术创新。

在理论价值方面，一是提出新型职业农民培育建议，助力乡村振兴。通过文献综述发现大多数研究较多地强调通过短期职业培训来培育农民，较少从职业教育体系入手。当下，我国正处于社会转型期，短期培训所获得的知识和技能可持续性弱，不适合当前乡村振兴对农民提出的要求。新型职业农民的长成并非一蹴而就，而是通过日积月累积淀而成的，本书探索了培育新型职业农民的长成、成长的长效机制。二是构建科学化的农村职业教育现代化指标体系。为实现中国职业教育现代化 2035 的美好愿景，全方位把握农村职教发展现状，补齐农村职业教育现代化发展短板，本书在依据背景、投入、过程与结果的评价模式的基础上，参照借鉴国内外教育现代化指标体系的优秀先进经验，联系当前我国农村职业教育现代化发展过程中产生的现实诉求，设置农村职业教育现代化指标体系。三是紧扣农村职业教育功能定位这一独特视角，从农村职业教育困境出发，剖析了乡村振兴与农村职业教育功能的内在联系，力求使农村职业教育的功能定位能够高度契合，充分发挥农村职业教育应有的作用。四是以定量分析法探讨了农村职业教育对农村劳动力增收的影响。以中国家庭追踪调查的农村数据为依据，运用倾向得分匹配的反事实估计与拓展后的明瑟方程，不仅探究了职业教育促进农村劳动力增收的效度，而且展现了职业教育促进农村劳动力增收中存在的问题，为职业教育促进农村劳动力增收的改进提供较为科学的理论基础。

在学术创新方面，一是为全球乡村振兴贡献中国智慧。振兴乡村是国际人权保障的重要目标，也是全球乡村发展面临的共同挑战。虽然我国乡村振兴战略实施时间较短，但乡村建设已取得了一定的成效，获得了联合国教科文组织的高度肯定，尤其在农村职业教育层面。为巩固已取得的乡村振兴成果，加大乡村建设力度，必须加强通过理论与实践相结合的研究方式对农村职业教育助力乡村振兴进行深入探究，提高农村职业教育功能发挥与乡村振兴需求的契合程度，为其他国家的乡村振兴提供经验借鉴，为全球乡村振兴贡献中国智慧。二是丰富乡村发展理论。习近平总书记的乡村振兴思想的产生具有深厚的理论基础，其在分析思考马克思恩格斯农村发展理论和历代领导集体发展乡村的思想基础上，结合我国发展现状进一步系统地提出了乡村振兴战略，并指出职业教育在乡村振兴实施中的重要作用。因此，围绕乡村振兴战略展开农村职业教育研究，不仅是对历史经验的充分解析和吸收，而且是思维深度和广度的拓展，从农村职业教育服务乡村振兴的角度丰富乡村发展理论。三是为乡村振兴视域下我国农村职业教育的建设者、政策制定者提供思路。为了农村职业教育更好地服务于国家乡村振兴，巩固已取得的乡村振兴成果，加大乡村建设力度，必须加强对乡村振兴视域下农村职业教育发展的研究深度，通过质性与量化相结合的研究方法对农村职业教育振兴乡村政策、实践现状进行深入挖掘，进而提出可行性政策、制度和行动建议，为相关政策制定者、实践者提供参考的思路。四是充实有关乡村振兴视域下农村职业教育发展的研究内容。乡村状况的改善对人才的需求量逐渐增多，农村职业教育在乡村振兴中的作用和价值日益受到关注。以就业为导向，以培养有文化、懂技术、会经营的新型农民为目标的农村职业教育在乡村振兴过程中具有根基性的保障作用。虽然当前学术研究领域内关于职业教育助力乡村振兴的理论研究成果颇为丰硕，但关于乡村振兴视域下农村职业教育发展的系统性、全面性研究尚少。因此，系统性、全面性地研究农村职业教育在乡村振兴中的独特性，不仅是对新时代习近平扶贫思想的进一步探究，而且是对农村职业教育助力乡村振兴学术研究内容的进一步充实。

目　录
CONTENTS

第一章

乡村振兴视域下农村职业教育发展的机遇与现实困顿

乡村振兴战略是党和国家对乡村社会发展一脉相承的思想总结与顶层设计。改革开放以来，由于城市化和工业化的驱动，乡村衰落已经成为不争的客观事实。在此背景下，党和国家把乡村振兴作为国家发展的核心和关键问题提了出来。农村职业教育作为支撑乡村振兴的重要力量，在乡村振兴战略中发挥着至关重要的作用。同时，《中共中央 国务院关于实施乡村振兴战略的意见》（2018年1月）、《乡村振兴战略规划（2018—2022年）》（2018年9月）提出，"要大力发展农村职业教育，培育新型职业农民，满足乡村产业发展和振兴需要"。《国家职业教育改革实施方案》（2019年1月）明确指出，职业教育特别是中等职业教育要"服务乡村振兴战略，为广大农村培养以新型职业农民为主体的农村实用人才"。随着乡村振兴战略的提出，农村职业教育被赋予了新的使命，在迎接时代发展机遇的同时，也将面临诸多的现实挑战。农村职业教育发展至今，已经不是一个单纯的教育问题，更多的是一种被重新建构过的助推解决涉及农村社会、经济、文化、生态、扶贫等多维问题的重要手段。

综观世界各国，大多数国家都重视农业的发展，在发展过程中都经历了农村教育发展与改革的过程。[①] 其中，澳大利亚十分重视农村学生的职业教育，推动了一项职业教育与培训（Vocational Education and Training，VET）项目（2014年），为农村学生的未来生活提供了必要的路径和支持。[②] 美国农业教育是职业与技术教育（Career and Technical Education，CTE）的一部分，为了培养未来农民（Future Farmer of America，FFA），其农村职业与技术教育主要培养

---

① 徐辉. 国外农村教育发展与改革的历史经验及启示 [J]. 西南师范大学学报（人文社会科学版），2005（06）：96-101.

② WEBB S，BLACK R，MORTON R，et al. Geographical and Place Dimensions of Post-school Participation in Education and Work [J]. National Centre for Vocational Education Research，2015，18（7）：1135-1138.

学生以后成功进入美国农业工厂所必需的知识和技能。① 在俄罗斯，很多农村中小学毕业生大部分都会到相关高等院校去学习特色农村社会建设所需要的专业知识，以便将来为农村社会的发展贡献力量。基于此，纳西布洛夫等提出了建构一种以农村学校为人才和劳动力来源的农村社会经济文化发展模型（Rural School's Model as a Resource of Intellectual and Labour Potential of Rural Society）来继续保持俄罗斯农业的竞争优势。② 其实，早在20世纪60年代，福斯特就阐明了农村职业教育的重要性，并明确了农村职业教育的对象是农民而非学生，其主要任务是向农民推广新知识、新技术，③ 对托马斯·巴洛夫"学校本位"的农村职业教育进行了驳论。④ 显然，不论是西方思想家还是西方国家，都非常重视农村职业教育对农村社会经济发展的重要作用。因此，在乡村振兴视域下，我国农村职业教育的发展迎来哪些机遇，又该如何精准地对焦广大农村地区发展过程中存在的普遍性和特殊性问题？这些都是乡村振兴视域下我国农村职业教育改革与发展过程中必须认真思考和明确回答的问题。

一、乡村振兴战略提出的背景及意义

"振兴"与"衰落"是一对反义词。人类文明史上，乡村的"兴"和"衰"是一对矛盾，有兴则有衰，"衰"与"兴"有时又互为转化，城市化和工业化是乡村衰落的诱因。乡村振兴战略是在新的时代背景下，党和国家审时度势，从国家战略的高度对我国农村社会发展问题的热切关注。乡村振兴战略的提出具有鲜明的国际与国内的背景。同时，乡村振兴战略的提出对于我国农村社会的发展具有深远持久的重要意义。

（一）乡村振兴战略提出的背景

1. 乡村振兴战略提出的国际背景

从人类文明史上来看，乡村衰落是一个世界性的问题，是城市化和工业化

---

① ROBERTS T G, BALL A L. Secondary Agricultural Science as Content Andcontext for Teaching ［J］. Journal of Agricultural Education, 2009（1）: 81-91.

② NASIBULLOV R, et al. Rural School as a Resource for the Intellectual and Labour Potential Formation of the Rural Society ［J］. International Journal of Environmental & Science Education, 2016（3）: 119-128.

③ FOSTER P J. The Vocational School Fallacy in Development Planning. In Education and National Development ［M］. Chicago: Aldine, 1965: 153-154.

④ 周正. 福斯特与巴洛夫论战对我国职业教育发展的启示 ［J］. 外国教育研究, 2006（03）: 57-62.

进程的必然结果。乡村衰落主要有"英国羊吃人式"和"拉美超前城市化式"两种形式。英国工业革命,推动了人类文明的巨大进步,也使英国自身的现代化建设高速发展,但英国的发展是以牺牲广大农民利益为代价的。17世纪英国进入了世界强国之列,成为"日不落帝国",殖民地的迅猛扩大,使英国的羊毛生产和纺织品生产获得了巨大市场空间,殖民统治者为满足新市场需要而强迫广大农民破产,农田变成牧场,农民被迫转化为工人。这便是被史学家们称为"羊吃人"的英国工业发展之路,同时也是英国农村衰落的根本动因。拉丁美洲式的乡村衰落——过度城市化和超前城市化方式。拉丁美洲国家独立后城市化速度明显超过工业化速度,甚至有的国家还走上了无工业化的城市化之路。政府放弃了乡村建设,农民自己也抛弃了乡村家园,大量农民涌入城市,导致城市人口过度增长,城市建设步伐滞后于人口增长速度,不能为居民提供充分就业机会和必要生活条件,使得农村人口迁移到城市之后,没有实现相应的实质性转换,带来严重的"城市病"。除殖民时代建筑的城市中心区域为富人所拥有外,大量贫民则居住在城市周边的"贫民窟"。这些贫民窟成了"脏乱差"和"犯罪"的代名词。政府和农民自己都抛弃了乡村,致使乡村严重衰落破败。

同时,从全球范围来看,在加快城镇化以及城乡现代化发展的进程中,乡村地区呈现出"地理空心化""人口空心化""经济空心化"等一系列象征衰退和消亡的普遍现象。一般而言,城镇化就是乡村人口逐步向城镇转移,同时,城镇边界不断扩展和乡村不断缩小的过程,"农民的终结"很大程度上将导致"村落的终结"。[①] 发达国家过去上百年抑或是近50年的发展历程均生动地诠释了这一过程。1960—2016年,经济合作与发展组织、欧洲联盟、北美地区等高收入国家和地区的农村人口占当地总人口比重均大幅下降。美国、英国、法国和德国等西方发达国家早在20世纪中叶就进入了城镇化高级阶段,但此后乡村人口持续向城镇转移的趋势并未改变,人口外流造成乡村产业空心化、房屋空置、土地弃耕以及人口老龄化等问题,部分乡村发展的活力和动力日渐衰竭。在东亚地区,日本工业化和城市化过程中也出现了乡村"过疏化"现象。与1970年相比,2000年的日本过疏町村数占当年全国町村总数的比重从27%增加到45.8%,过疏町村面积占比从31%上升到51%。日本乡村"过疏化"所引发的问题除了人口减少和收入下降外,更严重的问题则是乡村社会活力的丧失,诸如人口老龄化、村庄公共性衰退等。广大发展中国家的情形更为复杂:一方

---

① 张海鹏,郜亮亮,闫坤. 乡村振兴战略思想的理论渊源、主要创新和实现路径 [J]. 中国农村经济,2018(11):2-16.

面，城市发展不充分导致大量农民在城市聚集形成贫民窟；另一方面，人口外流造成乡村劳动力短缺、经济衰退和社会退化，高人力资本人口过度流失推动乡村衰落呈现螺旋式加剧的趋势。

2. 乡村振兴战略提出的国内背景

从中国历史来看，中国乡村社会的"兴"与"衰"，基本可以这样界定，中国乡土社会的兴盛应为"唐宋时期"。唐宋时期，中国封建社会进入黄金时代，以农民自给自足的自然经济为特征的乡村生活稳定富足；以血缘纽带为基础的乡绅治理结构日趋完善；以孔孟之道和程朱理学为核心价值的社会思想深入人心。这就从经济、政治、文化三个方面概括了中国乡土社会在唐宋时期达到了鼎盛状态。而中国乡土社会的"衰落"则是在元明清时期。元朝统治者用游牧军事统治方式来治理被征服的农耕社会导致中国传统乡土社会遭到前所未有的摧残；明朝的专制集权扼杀了中国乡土社会复苏的生命活力；清朝的黑暗统治彻底使中国乡土社会走向衰落。特别是1840年鸦片战争之后，列强入侵，封建主义和帝国主义的双重压迫进一步加剧了中国乡土社会衰落的步伐。

1949年中华人民共和国成立以来，"三农"工作始终被视为党和国家工作的重点，摆在治国理政的重要位置。同时，在党和国家长期以来的不懈努力之下，我国"三农"事业的发展也取得了令全世界为之赞叹的成绩：一是农业发展中较为落后的生产方式得以转变，国家对农产品生产的品控体系建设更加完善，对农产品的整体质量要求更高；二是过去传统的农业产业结构发生了较大的变化，促进了农业产品的供给更加丰富多样；三是现代化的美丽乡村建设加速推进，农民的居住条件大为改善，精神生活更加丰富多彩。但是，由于主客观等各种因素的影响，我国"三农"工作还是存在着各种亟待解决的问题：一是农业生产方式仍显落后；二是农业的产业化体系不健全，其经营管理方式还比较落后，产业运营机制也比较单一；三是在"美丽乡村"建设中，农民收入增长动力不足，农村老龄化、留守儿童、空心村等问题突出。20世纪90年代以来，中国农村经历了一场激烈的变化，尤其是西部地区，乡村衰落是一个不争的客观事实。改革开放使我们获得了巨大的物质财富，创造了人间奇迹，同时也改变了中国的社会结构和自然风貌。2.6亿农民工进城的城乡人口流动带来了许多变化，青壮年劳动力向城市建设市场的转移改变着中国社会结构，出现空巢村、老人村、留守儿童村……已成为当下中国（尤其是西部）广大农村不争的客观事实，留给人们的不是乡愁而是实实在在的"乡衰"。中华人民共和国住房和城乡建设部《全国村庄调查报告》数据显示：2018年年底，中国行政村总数为69万个，而自然村总数从1984年的420万个减少到2017年的261.7万个。

众所周知，在任何一个历史时期，党和国家始终高度重视"三农"发展。我们国家的"农业、农村和农民"思想也经历了各个阶段的持续丰富和完善，慢慢形成和发展起来。1949 年以后，毛泽东同志指导农民走上农业合作化道路；邓小平同志认为，家庭联产承包责任制，是农业生产关系的创新，提出要走中国特色农业现代化道路；江泽民同志提出，要统筹城乡发展，为新农村建设提供制度保障，始终维护农民群众的利益；胡锦涛同志坚持用科学发展观来指导"三农"问题，并提出"两个趋向"的重要论断。这为新形势下党和政府"三农"事业的发展奠定了重要的理论基础。中国特色社会主义事业发展进入新时代以来，以习近平同志为核心的党中央尤其重视"三农"工作，在审时度势的基础上，党的十九大报告首次提出"乡村振兴战略"，明确提出农业、农村、农民问题是关系国计民生的根本性问题，必须始终把解决好"三农"问题作为全党工作重中之重。要坚持农业农村优先发展，按照产业兴旺、生态宜居、乡风文明、治理有效、生活富裕的总要求，建立健全城乡融合发展体制机制和政策体系，加快推进农业农村现代化。巩固和完善农村基本经营制度，深化农村土地制度改革，完善承包地"三权"分置制度。保持土地承包关系稳定并长久不变，第二轮土地承包到期后再延长三十年。深化农村集体产权制度改革，保障农民财产权益，壮大集体经济。确保国家粮食安全，把中国人的饭碗牢牢端在自己手中。构建现代农业产业体系、生产体系、经营体系，完善农业支持保护制度，发展多种形式适度规模经营，培育新型农业经营主体，健全农业社会化服务体系，实现小农户和现代农业发展有机衔接。促进农村一、二、三产业融合发展，支持和鼓励农民就业创业，拓宽增收渠道。加强农村基层基础工作，健全自治、法治、德治相结合的乡村治理体系。培养造就一支懂农业、爱农村、爱农民的"三农"工作队伍。由此看出，实施乡村振兴战略是历史与现实的必然，也是国际社会发展与国内乡村实际的必然。

（二）乡村振兴战略的重要意义

1. 实施乡村振兴战略是实现"两个一百年"奋斗目标的必然要求

当前，我们正处在"两个一百年"奋斗目标的历史交汇期，我们既要全面建成小康社会，实现第一个百年奋斗目标，又要乘势而上开启全面建设社会主义现代化国家新征程，向第二个百年奋斗目标进军。党的十九大在科学审视国内外形势尤其是国内经济社会发展状况的基础上，提出分两步走：在本世纪中叶建成社会主义现代化强国的战略安排，即第一个阶段，从 2020 年到 2035 年，在全面建成小康社会的基础上，再奋斗十五年，基本实现社会主义现代化；第二个阶段，从 2035 年到本世纪中叶，在基本实现现代化的基础上，再奋斗十五年，把我国建成富强、民主、文明、和谐、美丽的社会主义现代化强国。实现社会主义现代化，是全国各族人民期盼已久的美好愿望，而农业农村现代化作为国家现代化的有机组成部分，在整个社会主义现代化过程中具有至关重要的作用。我国要实现农业农村现代化，不仅基础较为薄弱，而且涉及人口众多，实现难度较大。可以说，农业农村现代化能否如期实现，直接关系社会主义现代化的整体实现。在这个意义上，乡村振兴战略关乎农业农村现代化和整个社会主义现代化建设大局。实施乡村振兴战略，推进乡村经济快速发展，推动乡村社会治理和生态环境全面进步，提升广大农民综合素质，不仅能够为农业农村现代化的顺利实现提供坚实的物质基础，而且能够为全面建设社会主义现代化国家提供保障。

与此同时，我国基本国情决定，即使在城镇化成熟后，农村人口数量仍在 4 亿左右，因此没有乡村振兴和现代化，就不会有国家的现代化。当前我国乡村一方面存在着基础设施供给不足、生活条件落后等现象，另一方面随着城市和经济发展，农民逐步住上楼房进入社区，但是城市应有的相关服务又不能完全进入，乡村发展又失去了原有的乡土气息和文化。因此，党的十九大报告清晰擘画全面建成社会主义现代化强国的时间表、路线图。实施乡村振兴战略，正是以习近平同志为核心的党中央在深刻把握我国现实国情农情、深刻认识我国城乡关系变化特征和现代化建设规律的基础上，着眼于党和国家事业全局，着眼于实现"两个一百年"的伟大目标和补齐农业农村短板的问题导向，对"三农"工作做出的重大战略部署、提出的新的目标要求，必将在我国农业农村发展乃至现代化进程中写下划时代的一笔。

2. 实施乡村振兴战略是新时代指导"三农"工作的行动纲领

不可否认，当前我国乡村面临着凋敝和衰落的客观事实，乡村振兴战略的提出，旨在激发乡村发展活力，增强乡村吸引力，构建新时代乡村可持续发展机制。历史上，乡村的富庶是我国处于盛世的标志，在城镇赚钱后回乡置业曾经也是事业成功的标志。中华人民共和国成立后，我们经历了工业化进程，乡村为工业和城市的发展做出了巨大贡献。今天重提乡村振兴是对乡村地位和作用的肯定，也是用历史的眼光看待乡村的地位与作用，乡村振兴与复兴也体现了我国农村在实现中国梦伟大征程中历史与现实的统一。

党的十九大报告强调："农业农村农民问题是关系国计民生的根本性问题，必须始终把解决好'三农'问题作为全党工作重中之重。"这是党的十九大报告对"三农"地位的总判断，既有"重中之重"地位的再强调，又有"关系国计民生的根本性问题"的新论断。这表明,"三农"作为国之根本,"三农"工作重中之重的地位依然没有变,特别是在新时期,解决人民日益增长的美好生活需要和不平衡不充分的发展之间的矛盾,实现决胜全面小康的大头、重点和难点都在"三农","三农"工作重中之重的地位不仅不能削弱,而且更要加强。实施乡村振兴战略是我国全面建成小康社会的关键环节,是实现中华民族伟大复兴的中国梦的客观要求,也是我们党落实为人民服务这一根本宗旨的重要体现。

因此,实施乡村振兴战略,必须始终把解决好"三农"问题作为全党工作重中之重。党中央之所以把解决好"三农"问题放在各项工作的首位,是因为在全面建成小康社会进程中,在工业化、城镇化、信息化和农业现代化同步发展过程中,农业现代化这条短腿和农村现代化这个短板还没有补齐。习近平总书记指出:"没有农业现代化,没有农村繁荣富强,没有农民安居乐业,国家现代化是不完整、不全面、不牢固的。"① 决胜全面建成小康社会,重点就是要补齐农业农村这块短板。为此,十九大报告首次提出"实施乡村振兴战略",并在"加快推进农业农村现代化"表述中,增加了"农村"这两个字。乡村振兴战略的确立不仅建立在深刻认识我国城乡关系变化趋势,总结国内外城乡发展规律,学习借鉴其他国家实现农业农村现代化正反两方面经验教训的基础上,也是我们党在农业农村发展理论和实践上的又一次重大飞跃。以乡村涵盖农业农村的所有问题,改变了过去单纯强调农业现代化和新农村建设目标的提法,丰富了统筹城乡发展理论,把解决"三农"问题放到重构乡村发展战略目标任务的高度来进行谋划,拓宽了解决我国"三农"问题的发展思路,扩大了战略目标范围,提升战略目标的高度,使我国"三农"问题变为一项综合性的系统工程,具有整体性、全面性的特点。应当说乡村振兴战略是在新的发展理念下提出来的,它不仅为新时代我国"三农"工作指明了方向,也成为未来解决"三农"问题、全面激发农村发展活力的行动指南。

3. 实施乡村振兴战略是决胜全面建成小康社会及实现人民共同富裕的必然要求

中国特色社会主义进入新时代,中国社会主要矛盾的"历史性变化"对中国将来的发展提出了新要求、新指引。当下,农业、农村、农民问题是关系国计民生的根本性问题,必须始终把解决好"三农"问题作为全党工作重中之重。

---

① 习近平. 主动把握积极适应经济发展新常态　推动改革开放和现代化建设迈上新台阶 [N]. 人民日报,2014-12-15 (1).

只有实施乡村振兴战略,把"三农"问题彻底解决好,才能为全面建成小康社会补齐短板。全面建成小康社会,广大农村地区尤其是经济社会发展比较滞后的中西部地区农村是重中之重、难中之难。正如习近平总书记所言:"全面建成小康社会,最艰巨最繁重的任务在农村、特别是在贫困地区。没有农村的小康,特别是没有贫困地区的小康,就没有全面建成小康社会。"[①] 只有让包括广大农村地区特别是贫苦落后地区农村的所有人共享经济社会发展的繁荣成果,实现城乡协同发展,才是真正意义上的实现小康。乡村振兴战略适应我国发展的阶段性特征和中国特色社会主义进入新时代的历史定位要求,推动建立以城带乡、整体推进、城乡一体、均衡发展的义务教育发展机制,健全覆盖城乡的公共就业服务体系,推动城乡基础设施互联互通,完善统一的城乡居民基本医疗保险制度和大病保险制度等,不断提高城乡基本公共服务均等化水平,不断增强乡村居民的幸福感和获得感。《中共中央 国务院关于实施乡村振兴战略的意见》提出,"到 2020 年,乡村振兴取得重要进展,制度框架和政策体系基本形成",这为补齐发展短板、全面建成小康社会提供了重要保证。

同时,在新的历史时期,必须坚持以人民为中心的发展思想,不断促进人的全面发展、全体人民共同富裕。但也不得不清醒地认识到,当前,我国乡村仍然面临着发展滞后的严峻形势,乡村振兴战略正是就此问题提出来的。我国有 5000 多年的悠久历史,乡村是中华民族传统文明的发源地,在经济社会发展中一直占有重要地位,乡村的富庶是盛世历史的重要标志。乡村振兴战略强调坚持农业农村优先发展,是对乡村地位和作用的充分肯定,是建设社会主义现代化国家的必然要求,是实现中华民族伟大复兴中国梦的历史使命。我国城镇化水平不高、农村人口总量庞大的现实国情决定了没有农业农村现代化,就不会有国家的现代化,也不可能实现全体人民共同富裕的社会主义本质目标。

4. 乡村振兴战略的提出是解决城乡二元发展不平衡不充分的迫切需要

新世纪以来,中央加大了对农村的扶持力度,从 2003 年开始连续 15 年的中央一号文件都聚焦于"三农"问题,十七大和十八大也分别提出了城乡统筹和城乡一体化的发展思路,对推动农村发展、增加农民收入起到了重要的作用。但是从发展动力来看,政策重点侧重于城市,使用的政策手段是城市和工业对农村的反哺和扶持,把农村放在了城市的从属地位。乡村振兴战略的提出,是把乡村放在了与城市平等的地位上,立足于乡村的产业、生态、文化等资源,

---

① 习近平. 在河北省阜平县考察扶贫开发工作时的讲话 [N]. 人民日报,2021-2-16 (1).

注重发挥乡村的主动性，激发乡村发展活力，建立更加可持续的内生增长机制。这是一种思路的根本转变，确立了全新的城乡关系。

党的十九大报告指出："中国特色社会主义进入新时代，我国社会主要矛盾已经转化为人民日益增长的美好生活需要和不平衡不充分的发展之间的矛盾。"在此背景下，人民对美好生活的需要日益广泛，不仅对物质文化生活提出了较高要求，而且在民主、法治、公正、安全、生态等方面有更高期盼，发展不平衡不充分的问题更加凸显。值得注意的是，发展不平衡不充分的问题在"三农"领域表现突出，既突出表现为城市和乡村之间发展的不平衡，又明显体现在不同农村地区之间发展的不平衡。一方面，同城市相比，广大农村地区的发展差距较为明显，除了经济发展滞后、农民收入偏低、农业基础不牢固之外，社会事业发展同城市的差距也较为突出，一些优质的教育、医疗资源尤其是公共服务设施，集中分布在城市，很多农村地区尤其是西部地区农村几乎体验不到。另一方面，在东部、中部和西部的乡村之间，也存在着很大差距。为此，《中共中央 国务院关于实施乡村振兴战略的意见》将"坚持城乡融合发展"作为新时代实施乡村振兴战略的基本原则之一，明确提出："坚决破除体制机制弊端，使市场在资源配置中起决定性作用，更好发挥政府作用，推动城乡要素自由流动、平等交换，推动新型工业化、信息化、城镇化、农业现代化同步发展，加快形成工农互促、城乡互补、全面融合、共同繁荣的新型工农城乡关系。"由此可见，实施乡村振兴战略，为破解发展不平衡不充分难题，进而化解新时代我国社会主要矛盾提供了路径选择。

城乡差异是我国当前乃至今后相当长一段时期，必须要破解的时代难题。[1]从现阶段发展水平看，我国具备了启动实施乡村振兴战略的条件。一是我国在统筹城乡发展和新农村建设方面具有一定基础和实践经验。进入新世纪以来，在中央和地方的投入下，农村水、电、路等基础设施条件得到明显改善，农村义务教育、新农合、新农保和低保等基本公共服务实现了从无到有的历史性变化，一些地方在特色小镇和美丽乡村建设方面也探索出新的路径。在政策制定方面，围绕坚持农业农村优先发展，也初步搭建起城乡统筹发展的体制机制框架。二是我国工业化和城镇化水平已具备实施乡村振兴战略的条件。当前我国工业化已进入到中后期，我国经济实力和综合国力显著增强，大量的农村劳动力流向已开始发生改变，城市和工业投资呈现出收益递减、投资利润率逐年下

---

[1] 李国正. 城乡二元体制、生产要素流动与城乡融合 [J]. 湖湘论坛，2020（01）：24-32.

降的趋势。目前，具备了加快推进农业农村现代化的条件，具备了支撑农业农村现代化的物质和技术条件，具备了以城带乡、以工补农的物质基础和经济实力，这为实施乡村振兴战略提供了物质保障。三是从欧美等发达国家和地区经验看，当一个国家城市化率超过50%，资本、技术、管理等要素就会向农业部门流动。世界发达国家在实现现代化进程中，对农业农村所采取的政策，都经历了从单一的农业政策转向实行综合性乡村发展政策的过程，从原来主要通过使用价格干预等措施，实现农业发展和农民增收，转向把农业农村作为一个系统，统筹综合发展，实现乡村的全面振兴。

当然，广大农村居民能否同步实现小康，不仅事关全面建成小康社会的全局，也事关本世纪中叶能否建成富强民主文明和谐美丽的社会主义现代化强国的问题。当前我国发展的不平衡、不充分，突出体现在农业和农村领域。习近平总书记指出："任何时候都不能忽视农业、忘记农民、淡漠农村。"[1] "中国要强，农业必须强；中国要美，农村必须美；中国要富，农民必须富。"[2] 改革开放以来，我国农业农村发展取得了巨大成就，但城乡差距依然存在。从城乡基础设施和基本公共服务看，农村基础设施建设滞后于城市，农村的医疗、教育、文化、养老等社会保障类公共产品供给不足，农村公共服务水平不高，农民共享现代社会发展成果也不充分。从城镇居民需求角度看，对农产品数量的需求已不是问题，但对农产品质量要求却没有得到很好的满足，尤其是对食品安全要求更高。同时，城镇居民希望农村能够提供清洁的空气、洁净的水源、恬静的田园风光等生态产品，以及农耕文化、乡愁寄托等精神产品；农村居民希望有稳定的就业和收入，有完善的基础设施、公共服务、可靠的社会保障、丰富的文化活动，过上富足的、现代化的、有尊严的生活，这些新的期待都要求全面振兴乡村。

二、乡村振兴视域下农村职业教育发展的机遇

回顾改革开放以来我国农村职业教育的发展理路，在不同时期，农村职业教育都能很好地完成时代赋予它的重任。[3] 农村职业教育作为联系人与乡村社会的纽带，在乡村振兴视域下，有其存在的"本体价值"和"工具价值"。教

---

① 习近平. 习近平：不能忘记农民 淡漠农村 [EB/OL]. 人民网，2015-07-19.

② 习近平. 中央农村工作会议 习近平、李克强作重要讲话 [EB/OL]. 中华人民共和国农业农村部官网，2013-12-25.

③ 李延平，陈鹏，祁占勇. 我国当代农村职业教育研究 [M]. 西安：陕西师范大学出版总社，2018：44.

育的"本体价值"指教育促进人发展的价值，教育的"工具价值"指教育促进社会发展的价值。因此，农村职业教育促进农村人口发展的价值即本体价值，农村职业教育促进乡村社会发展的价值即工具价值。就"本体价值"而言，强调农村职业教育促进人发展的价值，主张农村职业教育满足人的基本生活需要，开发人的潜能，发展人丰富的个性。从"工具价值"出发，农村职业教育能够促进乡村产业振兴，实现农业农村现代化，进而推动农村经济社会可持续发展。

乡村振兴战略是"中国乡村建设百年探索的历史延续"，是"党中央新时代'三农'工作的新部署，是实现'两个一百年'奋斗目标的必然选择"。乡村振兴是一项系统工程，包括乡村产业振兴、人才振兴、文化振兴、生态振兴、组织振兴等，其中，人才振兴是实现乡村全面振兴的战略支点。为此，《乡村振兴战略规划（2018—2022年）》明确指出要"实行更加积极、更加开放、更加有效的人才政策，更好推动乡村人才振兴"。众多理论和实践进一步表明，乡村教育振兴是实现乡村人才振兴的关键变量。《中共中央 国务院关于实施乡村振兴战略的意见》也强调"要把人力资本开发放在首要位置，优先发展农村教育事业，大力加强农村职业教育与职业技能培训，推动实现乡村全面振兴"。鉴于此，基于"三农"环境的新形势、新要求，加强对农村职业教育功能定位的再认识，剖析其服务乡村振兴的内在逻辑与现实困境，提炼助力乡村振兴的实践进路，既是新时期研究农村职业教育供给侧结构性改革的应有之义，也是更好地推动农业农村现代化和实现高质量城乡融合发展的战略需要。

（一）实现农业农村现代化需要大力发展农村职业教育

农村职业教育现代化作为教育现代化的重要组成要素之一，从木桶原理的角度来看，也是当前全面实现教育现代化的薄弱环节。① 乡村振兴视域下，我国乡村发展目标由"农业现代化"转化为"农业农村现代化"，肯定和提升了乡村在国家现代化发展中的整体价值。农村职业教育因其固有的独特性，在实现农业农村现代化过程中扮演着不可替代的角色。由此来看，实现农村职业教育现代化是解决好"三农"问题、跟进农村农业现代化、支撑精准扶贫工作的必然选择，能够助力实现农业强、农村美、农民富的乡村全面振兴。

一是构建现代农业产业体系、生产体系、经营体系需要大力发展农村职业

---

① 祁占勇，王羽菲. 乡村振兴战略背景下农村职业教育现代化的指标体系与行动逻辑［J］. 西南大学学报（社会科学版），2020（04）：67-77，194.

教育。所谓现代农业产业体系，就是指农业产业链的延长和产业链的增值。①众多的农产品生产出来后，如何高效、迅速地进入市场流通环节，动态地适应社会需求变化，需要农村职业教育传递农业产业信息，产品加工、流通、储运等环节的知识与技能。现代化的生产体系主要是应用现代化的手段从事农业生产，实现农业生产的机械化、科技化转向。机械化的生产和农业科技的推广都离不开农村职业教育助力，缺乏对农业从业人员现代化生产知识和技能的培养，将难以实现现代化的农业生产。现代农业经营体系就是整合所有相关要素，形成一种现实的生产能力。农村职业教育能够通过系统的教学和培训，传递诸如产业结构优化、产品加工增值、新技术新设备推广使用等方面的知识和技能，并进行多方面要素组合。

二是发展多种形式适度规模经营需要大力发展农村职业教育。2016年4月25日，习近平总书记在安徽凤阳小岗村谈道，"规模经营是现代农业的基础"。适度规模经营就是要通过改变我国农业过度分散的、粗放的经营方式，使得小农户与现代农业衔接。我国农业规模化发展缓慢，除了客观条件限制外，农民的"小农观念"影响至关重要。如何改变农民传统的"小农思想"，提高农业规模化生产，进而提高农业的生产效率，农村职业教育责无旁贷。农村职业教育可以通过短期培训、政策宣传等方式，对我国的农业政策等进行解读、宣讲。此外，通过农村职业教育对农民进行技能培训，同时提供更多的就业选择，解决小规模经营农户问题。

三是满足农村现代化发展需要大力发展农村职业教育。十九大指出，实施乡村振兴战略必须始终把解决好"三农"问题作为全党工作重中之重，确立农业农村优先发展的地位。众所周知，制约我国现代化进程的关键是"三农"，因此，必须集中力量加快补齐"三农"这个短板。推进"三农"发展有多种路径和措施可供选择，如通过采取积极的政策，促进资源要素在城乡间流动；吸引农民工和大学生返乡创业；大力发展乡村旅游、创意农业，实现"科技+""教育+""健康+"等新业态，促进一、二、三产业融合等。当然，无论是各种要素的流动，或者是农村新业态的发展，都离不开人才的有力支撑，因此必须大力培养各层次的涉农专业人才。所以，基于未来乡村振兴的需要视角，要实现农村现代化发展，必然需要农村职业教育开展涉农人才培养。一方面，中高等职业院校的涉农专业设置能够建立起多层次的涉农专业体系，进而服务乡村现

---

① 陈锡文. 实施乡村振兴战略，推进农业农村现代化 [J]. 中国农业大学学报（社会科学版），2018（01）：5–12.

代化建设;另一方面是农村职业教育专业的现代化改造和涉农专业集群的建设,能够满足农村一、二、三产业的融合发展以及新业态发展的需要,从而满足现代农业和农村发展对新型职业农民培育的需要。

(二)乡村产业振兴需要大力发展农村职业教育

乡村振兴的重点是产业兴旺,实现农村产业兴旺的基本路径是产业融合发展。① 党的十九大做出了实施乡村振兴战略的重大决策部署,提出了产业兴旺、生态宜居、乡风文明、治理有效、生活富裕的总要求,实现乡村振兴必须让经济先发展起来,实现产业兴旺,因此产业融合发展是乡村振兴的重要路径。推进农村产业融合发展,是深化农业供给侧结构改革、实现乡村产业振兴的重要路径。当然,实施乡村振兴的枢纽是推动乡村产业振兴。同时,产业兴旺是乡村发展的新动能,实现乡村产业振兴过程中,农村职业教育不可或缺。

一是构建农村一、二、三产业融合发展体系需要大力发展农村职业教育。产业融合是指由于技术进步和放松管制,发生在产业边界和交叉处的技术融合,改变了原有产业产品的特征和市场需求,导致企业之间的竞争合作关系发生改变,从而导致产业界限的模糊化甚至重新划分产业界限。② 第一、第二、第三产业融合发展是乡村产业振兴的根本途径。由于过去我国广大农村地区对新知识、新技术运用严重不足,使得广大农村第一产业发展水平低,第二、第三产业发展不充分。农村职业教育具备能够为产业发展培育相应的专业技术技能人才,以及为应对农村产业发展提供现代信息服务、中介服务、咨询服务、技术服务等专业培训的能力,换句话说,农村职业教育是推进农村产业融合发展的宝贵资源。

二是推进农业供给侧结构性改革需要大力发展农村职业教育。《中共中央 国务院关于实施乡村振兴战略的意见》指出,要以农业供给侧结构性改革为主线,实现乡村产业振兴发展。农业供给侧改革是指通过自身的努力调整,让农民生产出的产品,包括质量和数量,符合消费者的需求,实现产地与消费地的无缝对接。③ 农村职业教育能够针对农民文化程度、从业取向、年龄阶段、发展意向等进行农业产业化经营、农业专业技能、农业管理、职业道德等方面

---

① 靳晓婷,惠宁. 乡村振兴视角下的农村产业融合动因及效应研究 [J]. 行政管理改革, 2019 (07):68-74.

② 蒋自强,史晋川. 当代西方经济学流派 [M]. 2版. 上海:复旦大学出版社,2001: 35-38.

③ 李延平,王雷. 农业供给侧结构性改革背景下农村职业教育的使命及变革 [J]. 教育研究,2017 (11):70-74.

的培训，提高农产品的质量和有效供给。

三是释放乡村经济活力、推动产业兴旺需要农村职业教育。实施乡村振兴战略亟须优化农业产业结构，深度挖掘农业多种功能，延长产业链，完善利益链，培育和发展农村电商、共享农庄、休闲农业、民宿经济、农耕文化体验、健康养老等新产业新业态，这对新型农业劳动力的数量、规格、质量、结构也提出了新要求。职业教育连接着产业需求端和劳动力供给端，三者之间交互影响、动态传导。农业劳动力能否支撑农村产业结构优化升级、适应新产业新业态，依赖于教育尤其是农村职业教育的供给规模与供给质量。与此同时，教育发展的水平和结构决定着劳动力供给的数量和质量，继而影响劳动力的综合素养。职业教育肩负着人才培养、科学研究、社会服务、文化传承创新、国际交流与合作等使命，其价值取向、目标定位和功能定向直指"三农"问题，其办学理念、专业设置、人才培养紧密对接农村经济社会转型、农业产业升级优化、农民综合素质等，可为新时代乡村振兴培育大批知农、懂农、爱农的新型职业农民和新型农业经营主体，能够帮助优化农村第一、二、三产业的人力资源配置，促进农村三产动态的高质量融合发展，是释放乡村经济活力、推动产业兴旺的重要条件。

（三）强化乡村振兴人才支撑需要大力发展农村职业教育

十九大提出了乡村振兴战略，2018 年《乡村振兴战略规划（2018—2022年）》指出要"强化乡村振兴人才支撑"。综观我国实际，经济不够发达、农业效益较低、就业渠道少、收入水平低，人口外流现象十分严重，青壮年劳动力依靠外出务工增加收入的趋势短期不可逆转。尽管乡村振兴发展需要解决体制机制、资金、政策、土地、产业等一系列问题，但落后地区只有推动"以人为中心"的乡村振兴，实行更加积极、更加开放、更加有效的人才政策，才能实现乡村振兴。[①] 由此可见，振兴乡村的关键在于破解人才瓶颈制约。培育新型职业农民和本土人才是强化乡村振兴人才支撑的关键，农村职业教育在实施乡村振兴战略过程中大有作为。

一是培育新型职业农民需要大力发展农村职业教育。据农业农村部统计，目前我国农村实用人才占乡村就业人员总数的比例不足 5%，农技推广人才"青黄不接"，农业新产业新业态人才紧缺。涉农人才培养难、引进难、留住更难，这在经济欠发达地区、民族地区尤其突出。到 2050 年，要实现乡村振兴战略预

---

① 吴素芳. 西部落后地区乡村振兴中"人"的因素的调查报告 [J]. 农业经济，2019 （06）：84-85.

期目标需要培养数以亿计各类乡村人才。同时，实现70%以上的城镇化率，需要向城市转移3亿农村剩余劳动力。可见，农村人口教育与培训潜在需求巨大，但这种潜在需求并没有转化为现实需求，乡村各类人才的规模、结构、素质供给与实施乡村振兴战略的内在人才需求矛盾突出。2018年3月，习近平总书记在参加十三届全国人大一次会议山东代表团审议时强调，推动乡村人才振兴必须要把人力资本开发放在首要位置。这充分说明，乡村振兴的关键在于人才振兴，既需要造就一支懂农业、爱农村、爱农民的"三农"工作队伍，也要培养大批有文化、懂技术、善经营的新型职业农民。农村职业教育不仅直接指向"三农"问题，还涉及第二、三产业，具有入学门槛低、培训周期短、实用性高、针对性强等特点和优势，是将农村普通劳动力培养成适应现代化农业生产、能够向非农产业和新兴产业转移的高素质劳动力的重要途径，是加快构建知识型、技能型、创新型职业农民队伍的最优途径。当然，如果说40多年前，农民可以依靠体力劳动、口耳相传的农业经验解决温饱问题，那么今天，在乡村振兴重大战略背景下，"爱农业、懂技术、善经营"成为新型职业农民基本素质要求，乡村振兴必须以农民队伍建设为基础，就地培养更多的新型职业农民，新型职业农民的培养又依赖于职业教育特别是有针对性的农村职业教育。同时，不论是技术还是经营，都离不开专业的知识和技能，而农村职业教育正是为农民提供专业知识、技能培训的最重要途径。

二是加强农村本土人才的培养需要大力发展农村职业教育。2018年6月14日，习近平总书记在山东考察时提出"乡村振兴，人才是关键，要积极培养本土人才"[1]。当前，农村普遍缺少懂三农、懂市场、懂管理且能扎根农村干事、创业的适用型人才，导致很多乡村资源没有得到充分利用。在人才培养上，要善于从本土去发现人才，培养"本土能人"，让农村职业教育大有可为。农村职业教育作为为广大农民提供农业专业知识、技能教育与培训的最重要途径，可以为乡村振兴培育大量的新型职业农民。同时，乡村振兴作为一项复杂的系统工程，需要依靠包括新型职业农民在内的各行各业的优秀人才共同发力。因此，发挥农村职业教育在培养专业技能人才方面特有的优势，为乡村振兴提供人才支撑十分重要。[2]

（四）巩固精准脱贫成果需要大力发展农村职业教育

当前，中国正处于后扶贫时代与乡村振兴统筹衔接的历史交汇期。一方面，

---

[1]　习近平讲述如何为乡村振兴提供人才保障［EB/OL］. 中国新闻网，2018-06-18.

[2]　刘军. 乡村振兴战略下农村职业教育的公共性危机及破解路径［J］. 教育与职业，2018（13）：12-19.

脱贫攻坚已经取得全面胜利；另一方面，乡村振兴战略开局起步良好，各类资源要素逐步激活，农村综合改革"四梁八柱"的体制机制基本建立，开始进入纵深推进阶段。① 党的十八大以来，党中央着眼于统筹解决农业农村农民问题，先后做出了一系列重大战略部署，其中脱贫攻坚主要解决农民问题，农业供给侧结构性改革主要解决农业问题，乡村振兴主要解决农村问题。当然，要实现乡村振兴，摆脱相对贫困是前提。大力发展农村职业教育，能够提高劳动人口的素质和就业率，阻断贫困代际传递，对于我国落实精准扶贫工作具有重要的现实意义。②

一是提高劳动人口素质和开发人力资源需要大力发展农村职业教育。开发人力资本，化人口负担为人力资源优势，重点在农村，关键在于对农村劳动力的培养和教育。同时，农村职业教育对于农村劳动力人口素质的提高和人力资源的开发具有决定性的作用。从总体数量来看，我国约有 5.7 亿多人生活在县域以下的乡村，农村职业教育的地域属性决定了其对提高劳动人口素质和开发人力资源来说比城市教育发挥着更大的优势作用。从人口现状来看，我国农村地区的人口素质相对较低，需要进一步提高。我国农村劳动力中大专及以上程度人口占比为 1.2%，高中或中专程度人口占比为 7.1%，初中程度人口占比为 48.4%，小学文化程度人口占比为 37%，未上过学人口占比为 6.4%。③ 由此可见，只有大力发展农村职业教育、提升人口的素质、进行人力资源再开发，才能加快实现共同富裕的目标。

二是阻隔贫困代际传递需要大力发展农村职业教育。乡村振兴，摆脱相对贫困是其前提。农村职业教育不仅具有一般职业教育的价值功能，而且目标指向更加明确，内容更注重实效，效果也最为明显。联合国教科文组织《关于技术和职业教育的建议书（修订）》全文共有 10 个部分 100 条，有 7 个部分 12 条专门论及扶贫助困，其中第 2 条明确提出，应将技术和职业教育视为"有助于减轻贫困"的一种方法。④ 2014 年国务院《关于加快发展现代职业教育的决定》明确要求，把加快中等职业教育发展与繁荣经济、促进就业、消除贫困、

① 高强. 脱贫攻坚与乡村振兴有机衔接的逻辑关系及政策安排 [J]. 南京农业大学学报（社会科学版），2019（05）：15-23，154-155.
② 向昭颖，张冰松. 农村职业教育精准扶贫的意义、问题及机制 [J]. 教育与职业，2018（04）：26-32.
③ 中华人民共和国家统计局. 第三次全国农业普查主要数据公报（第五号）[EB/OL].国家统计局官网，2017-12-16.
④ 张旭刚. 农村职业教育服务乡村振兴：实践困境与治理路径 [J]. 职业技术教育，2018，39（10）：59-64.

维护稳定、建设先进文化紧密结合起来。诸多国外农村职业教育反贫困的成功案例表明，农村职业教育不仅能最大限度地开发贫困地区人力资源，使贫困人口获得一技之长尽快就业创业，实现限时脱贫，"消化存量"，又可通过精准招生、精准资助、精准就业帮助农村贫困家庭子女改变命运，阻断贫困代际传递。2016 年 12 月，《国务院关于印发"十三五"脱贫攻坚规划的通知》指出，"以提高贫困人口基本文化素质和贫困家庭劳动力技能为抓手，瞄准教育最薄弱领域，阻断贫困的代际传递。"① 根据脱贫攻坚规划，每一个贫困家庭培养一个人，让他掌握一门技能。2018 年 1 月，《中共中央　国务院关于实施乡村振兴战略的意见》提出"把扶贫同扶志、扶智结合起来，把救急纾困和内生脱贫结合起来，实现可持续稳固脱贫"。综观造成贫困代际传递的多重因素，其中最主要的仍是教育的缺失。大力发展农村职业教育，解决相对贫困家庭子女接受教育与就业问题，进而提高相对贫困人口的综合素质，有利于从根本上有效阻断贫困的代际传递。

三是实现消除相对贫困与彻底改善民生需要农村职业教育。教育扶贫既能消除绝对贫困，也能成为相对贫困的终结者；教育扶贫既能产生即时的扶贫效果，更能够实现持久脱贫的效应，原因就在于教育扶贫有助于增强贫困人口的自我发展能力。② 实践也表明，教育程度低，没有接受过职业教育培训的农村人口，其更容易成为返贫群体。以我国西部地区为例，相关研究显示，西部部分地区在完成多轮扶贫工作之后，平均返贫率在 15%—25%，个别地方高达 30%—50%，甚至出现了返贫人口超过脱贫人口的现象。③ 不断满足人民日益增长的美好生活需要，实现生活富裕，是乡村振兴的最终目标。生活富裕，必须促进农民的全面发展，为此要优先发展农村教育，尤其是农村职业教育。人力资本理论认为，教育具有生产效益和配置效益，可以帮助受教育者更好地就业（创业）和生活。作为一种具体教育类型，农村职业教育的生产效益体现为，农村受教育者通过接受更多的农村职业教育可以提升其生产能力（边际生产效率），帮助其在乡村劳动力市场获得较高工资性收入或提升生产经营及绿色发展

---

① 国务院关于印发"十三五"脱贫攻坚规划的通知 [EB/OL]. 中华人民共和国中央人民政府官网, 2016-12-02.

② 马建富，郭耿玉. 乡村振兴战略背景下农村职业教育培训的功能定位及支持策略 [J]. 职教论坛, 2018 (10)：18 24.

③ 陈波涌，唐智彬. 论精准扶贫背景下贫困农村地区人力资源开发内容与途径 [J]. 湖南大学学报（社会科学版），2017 (01)：86-90.

能力，继而提高家庭收入，实现生活富裕。① 农村职业教育的配置效益体现为农村受教育者通过接受更多的农村职业教育可以提升其识别机会、利用机会、改变既定资源配置效率使得产出的能力最大化，如职业流动、自主创业。这就是诺贝尔经济学奖获奖者西奥多·舒尔茨所言的"处理不均衡状态的能力"。通常而言，在外部环境越不均衡的状态下，拥有较高人力资本水平的劳动者的配置能力越容易被激发。新时代，随着我国农村经济社会改革向纵深推进，因全面深化改革衍生出的机会红利将不断涌现，生产要素在城乡之间、乡村内部之间配置的非均衡性也将持续增大，这将有利于受过更多农村职业教育的乡村劳动力发挥配置能力，通过生产要素重配、捕捉利好机会获益，实现更加富裕。

（五）实现乡村治理有效需要大力发展农村职业教育

随着新时代乡村振兴视域下"治理有效"基本目标的提出，乡村振兴和乡村现代化不仅要全力促进乡村经济、农村产业的发展，更应注重农村人口素质与能力的全面提升，实现乡村治理体系创新和乡村善治目标。作为国家权力进入乡村社会、对乡村进行治理与改进的手段之一，与其他的手段相比，如直接的资源投入、政策干预等，农村职业教育发挥治理功能显得隐蔽而弱势，但却有效而深远。

一是农村职业教育是提升治理能力、实现有效乡村治理的动力源泉。乡村是国家治理的基本单元，乡村治理是推进国家治理体系和治理能力现代化的基础性工程。② 加强农村基层基础工作，健全自治、法治、德治相结合的乡村治理体系是实现乡村振兴的重要基石，最终实现乡村善治。农村职业教育的多重价值属性有效契合了基层社会的治理需要。作为教育的一种类型，农村职业教育拥有所有教育共享的使命，即"使人成为人"（育人价值），亦称农村职业教育的目的性或主体性。农村职业教育塑造着受教育者的个人素养、公民意识、公共责任，具有营造文化生态的功能，有助于推动乡村劳动力社会化，这将有利于实现乡村德治，激发德治的融合、引导、教化等功能。作为与其他类型教育不一样的教育，农村职业教育也拥有其特殊性，即"使人成为职业人"（育才价值），亦称农村职业教育的规范性或工具性。③ 它培育着受教育者的职业能

① 覃志威. 乡村振兴视野下加快推进农业科技创新的现实困境与路径选择［J］. 学校党建与思想教育，2018（14）：94-96.

② 孙晓玲. 现代治理视野下的城乡职业教育一体化发展［J］. 教育与职业，2015（13）：9-12.

③ 朱成晨. 协同与共生：农村职业教育融合治理的行动逻辑与支持系统［J］. 国家教育行政学院学报，2020（01）：80-88.

力，通常包括两种能力：一种为当下职业要求的技术与能力，另一种为适应该职业变化发展的能力。这两种职业能力的塑造将有助于激发乡村人口自我管理、自我教育、自我监督、自我服务等潜能与活力，有利于实现乡村自治。社会治理重心下移和民主管理层次提升是乡村治理有效的重要体现，农村职业教育具有典型的增智赋能功能，能够较好地提高乡村人民依法参与基层社会公共事务的能力，有助于破解当前乡村公共治理"集体行为困境"，继而实现更高质量的乡村法治。

二是农村职业教育推动农村"空心化"治理进程。农村"空心化"包括人力资源空心化、产业空心化、村域空心化和服务空心化，由此对其治理主要集中在上述四个方面。不同于其他教育类型，农村职业教育不仅具有显著的生产性导向，与岗位工作和区域经济社会发展的联系更为直接和紧密，而且还是"终生学习的一个方面，是成为尽责公民必要的途径"，"推进环境健康可持续发展的手段"和"促使贫穷得以缓解的方法"①。国家对农村职业教育进行积极的"形象"建构，吸引农村人口积极参与和支持，奠定治理的群众基础。在现代化国家治理中，有一项重要的治理策略就是话语建构。为使农村职业教育更为民众理解、接受，从而发挥治理功能，政府在出台大量政策与制度的同时，使用部分话语概念来宣传、动员民众重视与参与职业教育，将发展职业教育的观念传递到社会群体或个体，从而获得民众的赞同，形成全社会的"思想共识"并指导具体的行动。同时，农村职业教育通过师资、课程、教学手段、技术、资金等多种要素的投入，提升农村劳动力的职业素养和职业能力，尤其是培育乡村能人、乡贤等各类人才，为"空心化"治理提供人力资本支持，消除人力资源空心化；通过"深化产教融合；促进教育链、人才链与产业链、创新链有机衔接"，发展特色经营，实现农村产业结构转型或升级，消除产业空心化；通过教育的辐射作用，加大对农村的投入和基础设施建设，完善公共服务体系，消除村域空心化和服务空心化。因此，通过开展职业教育，不断增强农村的文化、经济、社会等功能，有助于推动乡村治理进程。

三、乡村振兴视域下农村职业教育发展的现实困顿

农村职业教育，与城市职业教育相对应，具有较强地域性，是指举办地点在农村的各类职业教育与培训活动，主要培养农村经济社会发展所需要的技术

① 刘奉越. 乡村振兴下职业教育与农村"空心化"治理的耦合［J］. 国家教育行政学院学报，2018（07）：40-46.

技能型职业人才；主要举办机构包括中专、技校、职高等中等职业教育学校，以及高职高专等高等职业教育学校；教育形式包括学历教育、各类技术技能培训等。服务农业，发展农村，培育新型职业农民是农村职业教育的使命所在，抛离了服务主体和对服务对象的长期不适应性将使农村职业教育陷入发展的泥潭。在乡村振兴视域下，农村职业教育面临的重重困顿都是其长期在不健康或"亚健康"发展中不断淤积的病瘤。在一定程度上成为困扰农村职业教育发展的现实藩篱，成为阻碍乡村振兴与农村职业教育向好发展的鸿沟。

（一）农业现代化进程加快与农村职业教育的功能发挥欠缺

2017 年 12 月召开的中央农村工作会议指出，没有农业农村的现代化，就没有国家的现代化。农业强不强、农村美不美、农民富不富，决定着亿万农民的获得感和幸福感，决定着我国全面小康社会的成色和社会主义现代化的质量。[1]党的十九大报告提出"两个全面建成"，即到 2020 年全面建成小康社会，到 2050 年全面建成社会主义现代化强国。从全面建成小康社会到基本实现现代化，再到全面建成社会主义现代化强国，农民是不可忽视的重要群体，农业是不可忽视的重要产业，农村是不可忽视的重要区域，没有农民的参与，没有农业农村的现代化，我国不可能全面建成现代化强国。[2] 农业作为我国国民经济的基础，其现代化水平事关国家现代化的进程。因此，使得农业生产由落后的传统农业日益转化为世界先进水平的农业，进而使加快实现农业现代化成为振兴乡村的必然选择。同时，农业机械化作为农业现代化的重要组成部分，事关农业现代化实现的效率和质量。2012 年以来，我国主要农作物薄弱环节机械化快速推进，耕种收综合机械化率持续增加，由 2012 年的 57.17% 上升到 2016 年的 65.19%（见表 1-1）。在政策和市场的带动下，全国农业机械装备总量与高性能机械及绿色环保机具增长迅速，2016 年农业机械总动力达 9.72 亿千瓦，对实现农业现代化发挥了不可替代的作用。总体而言，我国农业现代化进程在逐渐加快。

表 1-1　2012—2016 年全国农业机械化发展概况

年份	2012 年	2013 年	2014 年	2015 年	2016 年
农作物耕种收综合机械化率	57.17%	59.50%	61.60%	63.00%	65.19%

---

[1] 马晓河. 构建优先发展机制推进农业农村全面现代化［J］. 经济纵横，2019（02）：1-7，137.

[2] 韩俊. 新时代做好"三农"工作的新旗帜和总抓手［J］. 求是，2018（05）：13-16.

年份	2012 年	2013 年	2014 年	2015 年	2016 年
农业机械总动力（亿千瓦）	10.23	10.43	10.81	11.00	9.72

数据来源：根据《中国农业机械工业年鉴》整理。

在乡村振兴视域下，农业现代化发展得如火如荼。各种类型的农机服务组织（如农机专业合作社等）也实现了快速发展，但从业人员年龄偏大（农机驾驶人员 50 岁以上的超过 70%），农村劳动力受教育程度偏低等问题（见表 1-2、表 1-3），也成为农业现代化发展过程中的不利因素。农村职业教育作为振兴乡村的智力支撑，其现代化水平在一定程度上决定着农业机械化推广的可能性与持续性。然而，目前我国农村职业教育在农业现代化进程中却表现出诸多的不适应，功能发挥不够。

表 1-2　2016 年农业生产经营人员年龄构成（%）

	全国	东部地区	中部地区	西部地区	东北地区
≤35 岁	19.2	17.6	18.0	21.9	17.6
36—55 岁	47.3	44.5	47.7	48.6	49.8
≥56 岁	33.6	37.9	34.4	29.5	32.6

数据来源：国家统计局官方网站"第三次全国农业普查主要数据公报（第五号）"。

表 1-3　2016 年农业生产经营人员受教育程度构成（%）

	全国	东部地区	中部地区	西部地区	东北地区
未上过学	6.4	5.3	5.7	8.7	1.9
小学	37.0	32.5	32.7	44.7	36.1
初中	48.4	52.5	52.6	39.9	55.0
高中或中专	7.1	8.5	7.9	5.4	5.6
大专及以上	1.2	1.2	1.1	1.2	1.4

数据来源：国家统计局官方网站"第三次全国农业普查主要数据公报（第五号）"。

首先，农村职业教育的发展理念比较滞后。先进的办学理念是保证学校生机和活力的关键所在，其回应的是学校教育教学过程中为什么、做什么、怎么做的基本问题。① 乡村振兴视域下，农村职业教育的教育理念与办学理念被期待为精准对接新时代农村经济转型、农业产业升级、农民素质提升。然而，在当前社会实践中，农村职业教育的办学理念却体现出明显的阻滞现象，无法及时回应时代需要。在政府层面，一些地方政府治理职业教育的思想和行动仍然存在"普教化"倾向，用普通学校教育的管理思想、评估办法、反馈机制诱导农村职业教育发展，继而使得农村职业教育离农化、农村职业教育城镇化态势增强。比如，在考核评估职业教育时，有的地方教育主管部门将普通教育惯用的升学率作为考核指标，导致农村职业教育将对口升学作为核心任务来推进，轻视或忽略服务于乡村经济社会发展新形势的新需求。

其次，在办学功能层面，办学理念陈旧致使农村职业教育办学功能结构性缺陷日益外显。办学功能的多重性是农村职业教育的鲜明优势。随着国家"两基"教育目标实现以及教育系统外部环境迭变，较多农村职业教育学校非但没有及时实现其服务功能多样化和差异化，反而不断忽视原有功能定位而聚焦于学历教育，如裁撤或减编乡镇和村成人学校，包括社会服务等在内的多种功能退化。农村职业教育与农村经济社会发展及其他类型农村教育系统彼此割裂，功能结构性缺陷使其服务于新时代乡村振兴的效能呈现边际递减趋势，从而更难得到农民和农村青年等群体的认可。

与城市的职业教育相比，我国农村职业教育教学设备达标率明显较低，尤其在信息技术方面的设备达标率更为严重，致使我国农村职业教育的认识功能和普及功能得不到较好的发挥。② 从农村职业教育的教学与内容来看，存在教学与实践"两张皮"现象，内容上比较陈旧，讲的还是过去的技术，跟不上农业现代化发展的步伐，制约了农村职业教育功能的发挥。同时，在广大的偏远山村，仍有部分主要劳动力没有接受过基本的识字教育。由于青壮年劳动力的对外输出，妇女是当下留在乡村并且振兴乡村的生力军，邻近乡村在不同程度上也存在相似状况，可以说是一般偏远乡村的典型缩影。在农业现代化过程中，这部分人的适应性一般不强。然而，当下的农村职业教育并未扎根乡村的差异性、特殊性，一味地发展"城市化的农村职业教育"，依旧按照城市职业教育的发展模式、课程设计、师资队伍建设、教学体系等开展农村职业教育。

---

① 石丹淅. 新时代农村职业教育服务乡村振兴的内在逻辑、实践困境与优化路径 [J]. 教育与职业，2019（20）：5-11.

② 周黎. 农业现代化视角下农村职业教育发展研究 [D]. 长沙：湖南农业大学，2014.

（二）乡村振兴发展的需要与农村职业教育供给的矛盾

从经济角度而言，衡量供给结构是否合理的依据在于供应主体所提供的产品和服务是否与需求端相契合，而当前农村职业教育无效供给过剩和有效供给短缺并存。主要表现在农村职业教育人才培养模式单一、农村职业教育内部多维供需失衡以及农村职业教育政策碎片化，由此可见，整个供给侧存在着较为明显的结构性矛盾，无法实现与需求端的有效衔接。

农村职业教育人才培养模式单一，无法支撑乡村振兴的人才需求。人才培养模式是人才的培养目标和培养规格以及实现这些培养目标的方法或手段。农村职业教育属于一种跨界教育，其本质属性和人才培养规律要求职业教育实现"政府、行业、企业、学校"等多元主体合力办学，走产教融合、校企合作、工学结合的发展之路。然而，由于多种原因，当前农村职业教育人才培养未能实现与时代的同频共振。主要体现为：首先，人才培养体制机制单一化。农村职业教育横、纵贯通机制缺失，人才培养的衔接性差和培养过程的开放性低弱化了农村职业教育代际跃迁功能的态势，加之农村社会传统观念的影响，使得农村家庭子女主动选报农村职业教育的概率降低。另外，地方推进混合所有制办学改革的力度不够，农村职业学校与企业、产业联合设立产业学院、企业工作室、实践实训基地的质量有待提升。其次，涉农专业建设不强。当前较多农村职业学校专业设置与建设趋向功利化和短期化，缺乏系统谋划、科学论证和及时反馈，尤其是以"专业+产业+互联网"思路建设涉农专业的做法不普遍，农村职业学校所开设的专业结构性矛盾明显，不能很好地满足乡村振兴的实践需要。再次，课程体系和教学改革的滞后性，使得农村职业教育学子的核心素养缺失。农村职业教育与智能时代融合不深，课改和教改没能及时反映时代性、交叉性和智能性，使得农村职业教育第一课堂与第二课堂、理论知识和实践知识、技能知识与人文知识等没有得到较好的融通，影响其新时代根植"三农"、服务"三农"的意识与能力的塑造与提升。最后，农村职业教育师资队伍数量、质量和结构不合理。师资决定着学校的办学水平和教学质量。自我国发展职业教育以来，职业教育的师资力量就比较薄弱，由于各种原因的影响，农村职业教育的师资更为缺乏。具体表现为：首先，农村职业教育师资数量不足。2010年，教育部颁发了《中等职业学校设置标准》，其中明确要求中等职业学校专任教师师生比不能低于1∶20，然而，在《中国农村教育发展报告2019》中显示，2018年我国农村职业学校的师生比约为1∶40。农村职业教育中的师生比远没有达到国家文件的要求，如此低的师生比，明显反映了农村职业教育师资数量的不足。其次，农村职教教师学历水平相对偏低。截至 2019 年，我国中等职业教育具有本科学历的教师约占总数的 84.41%，但有硕士和博士学位的教师总体比例没有达到国家要求的全部教师的 30%（我国目前的比例为 8.20%）。相比而言，在经济欠发达的农村地区，农村职业学校的教师学历远不能达到这个程度，硕士、博士学历教师在农村职业学校几乎没有，严重影响农村职业学校的科研能力。最后，农村职教教师结构不合理。一方面是农村职业学校的"双师型"教师不足，农村职业学校缺少既能进行理论课教学，又能进行实践技能课教学的"双师型"教师。农村职业教育既缺乏杰出的校长，又缺少教学名师和专业带头人。"双师型"教师的规模和质量长期匮乏，如教师知识结构的"脱农化"、教师学历与职称达标率不高、教师教育能力实操化差等，深刻影响着农村职业教育人才的可雇佣能力和创新创业能力。另一方面是农村职业学校的外聘教师人数不足。直至 2019 年，我国中等职业学校外聘教师人数约占专任教师人数的 12.6%，依旧没有达到《中等职业学校设置标准》中规定的"外聘的兼职教师人数应占本校专任教师总数的 20% 左右"的基本要求。不合理的师资结构一定程度上会影响农村职业学校的办学质量。

同时，农村职业教育内部多维供需失衡，无法支撑质量兴农的战略需要。《国家质量兴农战略规划（2018—2022 年）》是农业农村领域落实高质量发展要求的重大举措，又是推动产业兴旺、促进乡村全面振兴的具体行动。促进农业农村高质量发展，着力破解农业产业链条短、产销衔接弱、质量效益低等瓶颈问题，亟须加快农业和农村职业教育供给侧结构性改革，培育一大批有文化、懂技术、会经营、能创新的新型职业农民，促进质量兴农。《"十三五"全国新型职业农民培育发展规划》也明确提出到 2020 年力图发展新型职业农民 2000 万人以上的目标。旺盛的人才需求使农村职业教育获得了新的发展机遇。然而，当前农村职业教育供给端无法有效匹配需求变化，出现了明显失衡现象，主要体现在三个方面：一是农村职业教育体系供给不足。现行职业教育体系没有基于城乡融合战略思想统筹设计，缺乏对乡村振兴视域下新型职业农民培育与农村劳动力转移培训的系统规划。此外，当前农村职业教育体系的主要参与主体仍是职业院校，而涉农企业、行业、社会组织等耦合不足，培育新型职业农民和新型农业经营主体的效能受阻。二是农村职业教育制度供给不足。为提升乡村劳动力人力资本水平，如何分类施策、构建适宜的非正规农村职业教育制度，如何因地制宜、建立差异化个性化的农村职业培训制度，如何稳中有进、建立农村职业教育健康发展的经费投入长效机制等，亟待纾困破解。三是农村职业教育服务供给不足。根据历年教育统计数据及人力资源和社会保障事业发展统计公报数据显示，全国职业高中和职业初中由 2011 年的 4802 所和 54 所降至 2019 年的 3315 所和 11 所，全国技工院校数和在校生数对应由 2011 年的 2914 所和 429 万人减至 2019 年的 2392 所和 360 万人。尽管职业教育学校和技工院校及在校生人数降低态势是由多重因素引发，但最终将体现的是服务于新时代农村经济社会发展的各级人才供给不足，无法更好地支撑质量兴农战略需要。

此外，农村职业教育政策碎片化，无法满足农业农村优先发展的现实需要。农村职业教育是"面向农村的、现代化的大农村职业教育"，是服务于新型城镇化和乡村振兴、助力城乡融合发展的黏合剂。新时代，农村职业教育政策设计与政策体系理应是系统化、整体性而非离散化、碎片化。农村职业教育政策碎片化首先体现为政策理念的碎片化。在传统城乡二元分割、城市中心的思维模式影响下，农村职业教育政策设计体现出明显的路径依赖和制度惯性，瞄准城镇发展态势而非农村经济社会变化的现实需要，使得农村职业教育服务乡村振兴动力不足。其次是农村职业教育政策价值的碎片化。政策的价值选择是其内在的灵魂，发挥着关键的导向作用。受国家发展阶段影响，农村职业教育政策价值在很长一段时间内表现为"经济建设"价值，重视专业技术、实际能力的提升，凸显"工具理性"。乡村振兴时代的农村职业教育应有更为丰富的意蕴，不仅重视生产技能的塑造，还应关注促进乡风文明、民主意识、法律意识和管理能力的培育，应该更加关注"以农为本""以生为本""以人为本"的政策价值定向，把培养新型职业农民作为衡量农村职业教育政策好坏的主要标尺。最后体现为农村职业教育行动体系的碎片化。社会政策行动体系是实现政策目标的保证。农村职业教育行动主体是多元化的，不仅有农村职教管理机构，还有相关组织和有关个体。进入 21 世纪以来，管理机构不断分化且权责也处在不断调整中，农村职业教育组织也涌现出新形态，农村职业教育的相关个体如农村学子、农村务工青年、村里的能工巧匠等，也出现了一些新的变化。另外，社会力量（组织）参与农村职业教育发展的动力也持续高涨。这些行动主体缺乏有效统整和及时协调，缺乏共商共建共享的机制，导致农村职业教育外部资源与内部资源配置无效或低效，无法支撑农业农村优先发展的现实需要。

（三）农村人口过度转移就业与农村职业教育发展后劲不足

乡村振兴战略为农村建设发展和乡村治理注入了强大活力。在统筹城乡发展进程中，虽然我国农村的整体风貌有了较大改观，但城乡发展不平衡不充分的问题仍然非常突出，城乡差距仍比较悬殊。且在新时代环境下，"三农"问题也有了新的表征和内容。特别是"三农"和"四化"同步、"农村空心化""农业边缘化"和"农民老龄化"的"新三农"问题日益突出。① 众所周知，乡村振兴核心是人的振兴，农村职业教育的关键是人的职业教育。农村人口过度转移就业使得农村"空心化"严重，主要表现在农村人口"空心化"、地理"空心化"、经济"空心化"等多个方面，而这一切又根源于人才的外流，农村没有吸引人才、留住人才的土壤，由此诱发农村职业教育发展后劲不足。

　　农村空心化问题是历史长时间演进的结果，从世界工业化和城市化进程来看，也是一个国家和社会必须经历的阵痛和难题②。我国农村空心化的历史演变进程比较清晰，与国家不同时期的发展战略导向密切相关。其中，农村人口空心化是空心化难题的核心部分。农村人口空心化主要指农村人力资本过度涌入城市，致使从事农业生产的人数不断减少。改革开放后，随着家庭联产承包责任制的实施，农民拥有了更加充分的农业生产自主权，农业生产技术也取得了较大进步，这些因素共同导致了大量农村剩余劳动力的不断出现，他们迫切需要新的就业机会。恰逢乡镇企业快速发展，在很长一段时间内消化了较多的农村劳动力。但随着市场经济竞争的日益激烈，多数乡镇企业发展遭遇挑战，效益低下甚至难以为继，对农民的吸引力不断下降。与此同时，我国城市化和工业化开始加速发展，城市经济发展体系日渐健全，对劳动力的需求也不断增多，这些都为农民进城发展提供了较多机会，时至今日，不少农户家庭已经形成了对外出打工的严重路径依赖。且相对于打工收入来说，务农收益较低、稳定性较差，这也使得许多农民特别是青壮年农民甘愿放弃农业生产。而在农民不断外流的情形下，大量农村土地被抛荒撂荒，大量农村基本公共建设停滞不前，留守群体生活困苦难题日益加剧，以及传统文化不断衰落等难题高度凸显，最终形成了严重的农村空心化问题，阻碍着农村建设发展③。

　　相应地，农村职业教育的受教育对象锐减，主要表现在原有劳动者的流失

① 廖彩荣，陈美球. 乡村振兴战略的理论逻辑、科学内涵与实现路径 [J]. 农林经济管理学报，2017，16（06）：795-802.
② 田毅鹏. 乡村"过疏化"背景下城乡一体化的两难 [J]. 浙江学刊，2011（05）：31-35.
③ 徐顽强，王文彬. 乡村振兴战略背景下农村空心化治理与社区建设融合研究 [J]. 农林经济管理学报，2019（03）：416-423.

以及大量随迁子女的产生。2013—2017 年，我国农民工总量由 2013 年的 26894 万人增加到 2017 年的 28652 万人，外出农民工人数由 2013 年的 16610 万人增长到 2017 年的 17185 万人（见表 1-4）。同时，截至 2017 年，我国第一产业人才缺口达到 218 万人。此外，在此阶段，全国义务教育阶段在校生中进城务工人员随迁子女数量也出现了增长变化（见表 1-5），且大量迁入中东部大中型城市。

表 1-4 2013—2017 年我国农民工数量变化情况表（万人）

年份	2013 年	2014 年	2015 年	2016 年	2017 年
农民工总量	26894	27395	27747	28171	28652
本地农民工数	10284	10574	10863	11237	11467
外出农民工数	16610	16821	16884	16934	17185
外出农民工同比增长	1.7%	1.3%	0.4%	0.3%	1.5%

数据来源：根据国家统计局官方网站——"国民经济和社会发展统计公报"整理。

表 1-5 全国义务教育阶段进城务工随迁子女数量变化情况表（万人）

年份	2013 年	2014 年	2015 年	2016 年	2017 年
总数	1277.17	1294.73	1367.10	1394.77	1406.63
小学就读	930.85	1409.53	1013.56	1036.71	1042.18
初中就读	346.31	665.89	353.54	358.06	364.45

数据来源：根据教育部官方网站——"教育发展统计公报"整理。

同时，以 2013—2017 年我国中等职业学校（机构）农林牧渔类专业学生情况为例，我国农林牧渔类专业招生人数波动变化，总体呈减少趋势（见表 1-6）。农村职业教育主要承担职业学校教育和职业培训，大量农村人员流动、农民离田进城以及大量的农民工子女随迁就读等使得开展职业培训和农村职业教育招生困难，面临"生源荒"困境，缺少基本的生存根基，导致其发展后发动力严重不足，由此致使其助推乡村振兴的力量薄弱。

表 1-6 2013—2017 年我国中等职业学校（机构）——农林牧渔类专业学生情况（人）

数量＼年份	2013 年	2014 年	2015 年	2016 年	2017 年
招生数	302848	244119	214165	293260	272369
在校生数	1224319	904454	685001	898107	791192

数据来源：根据教育部官方网站——"中等职业学校（机构）学生分科类情况（总计）"整理。

（四）"跳出农门"思想持续蔓延与农村职业教育定位发生偏移

如果说钱锺书在《围城》里刻画了"城里面的人想出去，城外面的人想进来"的典型画面，那么，当下部分农村则面临的却是"村里人想出去，村外面的人也不想进来"的尴尬局面。部分农民始终抱着"跳出农门"的思想，农村职业教育因其面临着与普通教育"抢夺"生源的困境，一定程度上开始顺应这种思想，由此也使得其在发展定位上发生了偏移。

根据对石家庄市中等职业学校学生就读意愿的调查发现，涉农专业学生希望在城市对口专业的行业就业。[①] 在就业地点的选择上，75.7%的涉农专业学生倾向于在城市工作，而非农专业学生城市就业倾向则高达91.3%，涉农专业学生的比例比非农专业学生低一些，而涉农专业学生选择"县城""农村"的比例相对高一些。同时，对涉农专业学生分专业进行进一步分析（见表1-7）。各涉农专业中多数学生倾向在城市工作，尤其是农林经济管理、果蔬花卉、园艺等3个专业学生倾向城市工作的比例分别高达90.9%、93.3%、100.0%。涉农专业学生倾向在"乡镇""农村"就业的则寥寥无几，甚至无人选择（占比0）。因此，涉农专业学生不愿意从事一线的农业生产，希望通过对口升学"跳出农门"，可以在城市从事农业管理的相关工作。目前，情况并没有得到极大的改观，不论是农村职业学校就读学生还是其家长，均认为接受一定的教育后仍然留在农村从事与父辈们相同的工作是一种教育投资浪费，这种结果也是难以被接受的。

---

① 王欢. 涉农中等职业教育发展对策探寻——基于对石家庄市中等职业学校学生就读意愿的调查 [J]. 河北大学学报（哲学社会科学版），2012（03）：31-37.

表 1-7 涉农专业与非农专业学生的就业地域选择情况

		城市	县城	乡镇	农村	无所谓
涉农专业学生		75.7%	10.7%	0.4%	2.5%	10.7%
非农专业学生		91.3%	4.0%	0.3%	0.6%	3.7%
各涉农专业学生就业地域	农副产品加工	66.7%	22.2%	0	0	11.1%
	养殖	77.8%	0	11.1%	11.1%	0
	农林经济管理	90.9%	0	0	0	9.1%
	畜牧兽医	74.1%	14.3%	0	0.9%	10.7%
	农林	64.5%	6.5%	0	6.5%	19.4%
	果蔬花卉	93.3%	0	0	0	6.7%
	现代农艺技术	76.2%	9.5%	0	2.4%	11.9%
	园艺	100	0	0	0	0

数据来源：王欢. 涉农中等职业教育发展对策探寻——基于对石家庄市中等职业学校学生就读意愿的调查 [J]. 河北大学学报（哲学社会科学版），2012，37（03）：31-37.

同时，乡村振兴视域下，农村职业教育理应是根植广大农村地区，进而服务广大农村地区，培养振兴乡村的技术技能人才。因此，农村职业教育应该是就业导向的，培育扎根农村的本土人才，进而更好地振兴乡村发展。然而，受生存压力的影响，农村职业教育也就顺应了"跳出农门"的思想和选择，在职业学校开展升学教育。从陕西、甘肃 3 所县级职教中心调研来看，其招生计划表中所列的"毕业去向"为"高考、就业"[①]，把"可以参加高考"作为招生的"鱼饵"，通过这种诱导性因素招进来的学生"心不在职教，志不在农村"，致使其偏离了应有的办学定位，表现得"似农非农""似职非职"。

当然，在学校层面，农村职业教育学校缺乏教育家型的领导人才。学校领导者自身缺乏对农村职业教育核心价值体系的全面认知和对农村职业教育对象的重新审视，出现农村职业教育学校程式化运作、发展定位和定向不清晰等问题，加之外在环境变化和压力，选择被动型迎合，进而加剧了农村职业教育办学理念的异化。这种被动迎合主要体现在农村职业教育服务"三农"定位越来越模糊，核心表现为农村职业学校"离农、去农、轻农"的专业设置上。专业

---

① 著者于 2018 年 7 月中旬至 8 月底（职业学校招生的关键期）调研了 3 所县级职教中心，对其招生简章等进行统计整理后得到相关信息。

设置能反映出学校的发展定位，反映出学校服务当地经济社会发展的程度。目前，我国农村职业学校为了适应市场需求，随意删减涉农专业，忽视与本地发展密切相关的涉农专业的设置，而盲目开设了许多与本地发展不相适应的所谓"热门"专业。以安徽省为例，据资料统计，2016 年安徽省中等职业学校涉农专业仅占 8.1%，文科类专业占 72.5%。① 这样培养出来的人才既无法在城市的激烈竞争中取胜，也无法满足乡村振兴所需要的农村实用人才。

同时，青年农民进城务工，从而导致对青年农民工的培训变成了对城市工业和服务业人力资源的培训。农村职业教育的目的是要培养现代化的农民、促进农村经济社会事业的发展，但由于空心化趋势，使得农民职业教育和城市职业教育被"统一"为城市职业教育。按照工业化和现代都市服务业的要求进行培训，从而导致了农村职业教育的职能缺位，主要表现在培训的内容与实际需求脱节：一方面是农村职业教育的培训内容脱离农民的实际需求，没有考虑农民的个体特征和需求期待，针对性较差，脱离农民需求的培训内容必然会使培训效果大打折扣。另一方面是培训内容陈旧落后，脱离农业农村的发展实际，培训内容不符合乡村振兴战略下农业农村的发展需要，忽视了把本地特色农业、优势产业纳入培训内容。这些不符合实际需求的培训内容，势必影响培训的效果。还有，培训方式单一化、模式化。目前的培训方式主要还是以"教师讲，农民听"的课堂培训形式，在课堂这个狭小的空间里，农民始终处于被动地位，能够掌握好理论知识，却不能够将所学的理论知识用于实践，无法做到理论与实际相结合。目前对农民的职业教育培训忽视了远程教育培训的方式，没有充分利用发达的网络资源进行远程教育培训。②

（五）农村人口老龄化形势加剧与农村职业教育反应滞后

浙江工业大学的陈衍等人在《面向 2030 年我国农村人口发展与职业教育现代化刍议》中指出③，2016 年年末，《国家人口发展规划（2016—2030 年）》发布，强调我国人口发展已进入关键时期，其中农村人口的发展尤为复杂。回顾过去二十多年农村人口的发展状况，不难发现：农村人口变动集中体现在农村人口城镇化、老龄化和逆城市化三个方面。而人口发展与教育息息相关，职

---

① 张旭刚. 乡村振兴战略下我国农村职业教育的战略转型 [J]. 教育与职业，2018（21）：5-12.

② 覃兵，何维英，胡蓉. 基于乡村振兴战略的农村职业教育问题审视与路径构建 [J]. 成人教育，2019（08）：60-64.

③ 陈衍，徐梦佳，郭珊，等. 面向 2030 年我国农村人口发展与职业教育现代化刍议 [J]. 河北师范大学学报（教育科学版），2017（05）：20-25.

业教育作为与农村经济发展联系最紧密的教育类型，对农村人口的发展产生了巨大的影响。据联合国在 2017 年 6 月发布的《2017 世界人口展望》预测，到 2030 年，中国 60 岁以上人口为 2.26 亿。而根据我国 2017 年公布的统计公报显示，该数据在 2016 年已达到 2.3 亿（其中 65 岁以上为 1.5 亿），从时间跨度来看，虽略有减缓趋势，但整体形势仍然严峻，其中农村地区尤为严重。早在 2010 年，农村 65 岁及以上老年人口比例就已达到 10.06%（全国数据为 8.92%）。

我国人口老龄化来势凶猛，并具有"二高三大"的特点，即高速、高龄；老人数量大、老年人口抚养比大、地区差异大。我国"未富先老""无备而老"的基本国情并未得到扭转，老龄化人口数量逐年持续增长，截至 2017 年，我国 60 岁以上人口数量达到 2.4 亿左右，占据了全国人口总数的 17.3%，预计到本世纪中叶我国将进入深度老龄化阶段，老龄化人口将达到 4.8 亿左右（见表 1-8）。我国人口老龄化总体呈现出总量大、速度快、不平衡等特点，农村地区人口老龄化尤为严重。高老龄化程度与低社会生产率相悖，严重制约了经济社会进一步发展。随着农业劳动力年龄老化，农村劳动力资源供给将严重不足，农村地区的"农民荒""土地荒"问题接踵而至。广大农村地区空巢、高龄问题突出，养老服务体系不健全。尤其是远离城市的乡村，前几年留在乡村的年轻母亲和孩子为了上学，不得不去了乡镇驻地、县城，这些乡村主要劳动力都所剩无几。[1] 留守农业、老年农业成为其真实写照，"养儿防老"失去效力，"以地养老"成为愿景。相应地，年龄结构的变化也会影响整个社会的人口红利，我国的人口红利很有可能无法延续到 2030 年。

表 1-8 2013—2017 年我国 60 岁以上人口数量情况表（万人）

年份	2013 年	2014 年	2015 年	2016 年	2017 年
60 岁以上人口数量	20243	21242	22200	23086	24090
占比	14.9%	15.5%	16.1%	16.7%	17.3%

数据来源：根据国家统计局官方网站——"国民经济和社会发展统计公报"整理。

乡村振兴是乡村所有人的振兴，农村职业教育作为与农村经济发展联系最

---

[1] 乡村振兴的资源、资金和人才 [EB/OL]. 乡村旅游网, 2018-11-22.

为紧密的教育类型，对挖掘农村老年人宝贵人力资源发挥着巨大作用。现阶段我国农村人口老龄化直接导致了农村劳动力老龄化，技能供给不足，劳动力日益短缺等问题。如何助推农村地区人口从"健康老龄化"向"积极老龄化"转变，使得农村老年人"老有所为，老有所好"理应是当下农村职业教育需要关注的问题。然而，目前我国农村职业教育在回应农村人口老龄化、开发老年人力资本、专业转型升级、功能拓展等方面存在着明显的滞后性。以我国部分省市县级职教中心专业开设情况为例，我国农村职业教育迫于稳定或扩大规模、缓解"生存压力"的需要，过度拓宽专业面，盲目跟风设置一些吸引学生眼球的时髦专业，专业开设同质化、市场化，很多学校专业设置集中在电子商务、汽车运用与维修、学前教育等（见表1-9）。没有意识到人口老龄化下其面临的机遇与承担的使命，对于老龄化社会的技术和职业教育与培训没有应有的回应。没有及时在调整老年人力资本结构的基础上，对有能力的老年人进行职业教育与人力资源再开发。

表1-9　我国农村职业学校专业开设情况表（部分）

序号	名称	专业名称	所属省份
1	阜平县职教中心	汽车运用与维修、楼宇智能化设备安装与运行、计算机平面设计、电子商务、农村经济综合管理等	河北省
2	林西县职教中心	计算机、学前教育、现代农业技术、机电技术应用、酒店服务、有色金属装备运行与维护、焊接技术、工艺美术等	内蒙古自治区
3	惠民县职教中心	机电、计算机应用、学前教育、财务、烹饪、服装、口腔修复工艺、航空服务、高星级酒店管理等	山东省
4	柘城县职教中心	计算机应用、电子电器、汽车运用与维修、数控机床、学前教育、旅游、会计电算化（财会）、电气焊等	河南省
5	仁寿县职教中心	电子电器应用与维修、计算机应用、建筑工程施工、数控技术应用、汽车运用与维修、农村经济管理、学前教育、航空旅游等	四川省
6	石泉县职教中心	数控技术应用、机电技术应用、汽车运用与维修、旅游服务与管理、电子商务、学前教育、护理、航空与铁路服务、工程造价等	陕西省

序号	名称	专业名称	所属省份
7	陇西县职教中心	中餐烹饪与营养膳食、高星级酒店服务与管理、城市轨道交通、机械加工技术、数控技术应用、焊接技术应用、电子电器应用与维修、建筑工程施工、学前教育、计算机应用技术、会计、电子商务、护理、中医护理、中医制药、汽车应用与维修等	甘肃省

资料来源：根据各县级职教中心最新公布的招生简章整理。

与此同时，我国农村职业教育在应对农村老龄化问题上，还存在观念落后、认知模糊、法规陈旧、角度偏失以及体系缺失、模式单一等系列问题。首先，观念落后，认知模糊，桎梏老年人职教补偿的开展。一直以来，人们认为接受学习和教育都是年轻人的事情，而老年人的角色被定位为"颐养天年"，老年人学习的需求和权益也就"顺理成章"地被社会忽视，更有甚者提出了"老而无为论、老人无用论"等观点。① 这些观点的形成一方面源于长期以来人们对老年人弱势形象的观念根深蒂固；另一方面是人们对于老年职业教育本身的认识不够。这种落后的教育观念制约了老年人社会参与的积极性，桎梏了我国老年教育事业的发展，阻碍了老年人继续社会化的进程。"成功老龄化"则是与这种观点相悖而行，正如一枚硬币有两面，在看到困境的同时，应该关注的还有另一面：成长、历练、生命力与成功等。② 其一，相当一部分人对老年职业教育存在认知误区，模糊认识，造成了老年职业教育的不公平现象，偏离了老年教育的包容性、普惠性的本质特点。其二，许多老年人自身也会因为思想意识落后、身心条件衰退等原因，认为自己不需要继续学习或无法继续学习，或则将老年教育与"休闲教育"挂钩，简单定义为参加一系列类似"书法、舞蹈、太极"等活动，而忽视了自身劳动能力的再开发。

其次，法规陈旧，角度偏失，缺乏老年人受教育权保障。教育体制的发展离不开法律法规的保障，现阶段，与老年教育有关的法律法规非常少，极大地限制了老年教育的发展。我国现有与老年教育有关的最高法律是《老年人权益保障法》，于1996年通过，并于2015年修订。其中规定了老年人继续受教育的

---

① 钱柘，吴杰. 成功老龄化视阈下老年人职业教育补偿：困境与策略 [J]. 成人教育，2017（03）：52-56.

② 李学锋，骆培聪. 乡村振兴与农村人口老龄化的影响因素研究 [J]. 福建论坛（人文社会科学版），2018（09）：171-176.

权利，各省市也颁布了保障老年人受教育的法律条文。虽然我国在大力提倡积极老龄化，重视老龄人口的再发展，但是至今未组织出台《老年教育法》等法律法规，作为其中重要部分的"老年人技能补偿与职业教育法规"更是难觅其踪。关于老年教育的相关法律法规分散在各个法律中，条块分割，缺失了专门性法律的保障，使得我国老年教育发展缺乏强有力的"顶梁柱"，在实施的过程中难以充分保障老年人继续接受教育的权利，再就业机制的开发也将受到阻碍。① 根据现代西方老龄化理论视野，老年教育的对象并不仅仅是单纯意义上的老年人，更是生命阶段的所有人。每个人都要经历生老病死，从出生到死去的过程是必经的，而老年教育不应停驻于退休或者生理年龄到达某标准后，应在进入老年之前的整个生命周期，并一直持续至退休、亡故。因此，老年教育法规和政令的缺失，与每个人息息相关，并牵扯每个人的相关权益保障。

最后，体系缺失，模式单一，束缚老年技能补偿的延伸。综观当今教育体系，虽然我们大力提倡终身教育，宣扬"活到老，学到老"的观点，但是老年教育仍然处于社会发展的边缘性地位。其宏观层面的表现主要有：老年学校数量不足、学校师资配备不齐，经费投入不足；微观层面的表现主要有：教育内容匮乏，教育方法保守，办学形式单一。而关于老年职业教育发展的研究更为稀少。究其原因，主要有以下四点：首先，现阶段已有的老年大学相对较少，而且大多由国家承办，主要为在国家机关工作一定年限后退休的老年人提供教育服务，普通老年人根本没有合适的机会和途径进入这些老年大学。我国能够有机会参加老年大学和老年学校的老年人仅占全体老年人的2.76%，存在"僧多粥少""一位难求"等现象。② 而需要接受老年教育的正是社会普通大众，这与实际需求相悖。其次，老年学校的教师早期主要也由一些退休的干部担任，加之教育经费的投入不足，造成了师资的短缺。再次，由于老年人是异质性很强的群体，不同的老年人对于教育的需求层次不一，这就对老年教育的内容设置带来了一定的挑战，娱乐性质的教育大于实际生活的需要，职业教育和职业技能的展开遇到制度的藩篱。不同于普通教育，职业教育的特殊属性要求老年人需要掌握一定的知识和技能，统一的模式具有不现实性。最后，老年人接受教育的方法也大都是传统教授为主，由于自身身体状况和家庭因素，老年人的学习时间和学习情况具有不确定性，使得"知识传递"过程遇到瓶颈。

---

① 郭远智，周扬，韩越. 中国农村人口老龄化的时空演化及乡村振兴对策 [J]. 地理研究，2019，38（03）：667-683.
② 孙立新，罗彤彤. 困境与出路：老年教育促进老年人继续社会化研究 [J]. 职教论坛，2014（06）：28-31.

第二章

乡村振兴视域下农村职业教育政策的回顾与展望

乡村作为我国社会结构的重要组成部分，其发展状况历来备受国家关注。早在20世纪50年代，我国就曾提出过"社会主义新农村"的概念，并进行了土地改革，使三亿多少地或无地农民分得土地，彻底改变了农村的生产关系，解放了我国农村生产力，农业生产获得迅速恢复和发展，促使我国农业农村建设焕发新生机。在前期探索和发展的基础上，20世纪80年代，全国农村地区实行了家庭联产承包责任制，将农民与土地直接结合起来，加强二者之间的联系，充分调动了农民参与农业生产的积极性，使农作物的产量迅速增加，农民开始走上富裕之路，农村经济快速发展，使我国农业发展进入第二个黄金时代。随后，我国开启了农村税费改革尝试、社会主义新农村探索。在党的领导下，经过一系列重大改革，我国农村经济综合实力日益增强，全面改变了农村一穷二白的局面。虽然我国已经扭转了农产品产量长期短缺的状况，但仍然需要进一步实现由"量"向"质"的飞跃。因此，随着新时代的到来，我国适时提出了乡村振兴战略，为农村各项事业的发展规划了新蓝图，提供了新环境，以期推动农村经济建设水平全面提升，逐步实现农村农业以及国家现代化。

农村进行改革建设的每一个历史时期，无论从国家政策安排还是实践经验来看，农村职业教育都作为支撑性力量参与其中，贡献了其独特的价值和作用。我国农村职业教育能够为国家经济结构调整、产业转型升级及重大战略部署的实施做出突出贡献，在很大程度上得益于农村职业教育政策随时代发展要求的及时调整。进入新时代，国家建设任务的具体化和精细化对我国农村职业教育的发展提出更高要求，尤其乡村振兴战略的提出，使农村职业教育面临着前所未有的机遇和挑战。为使农村职业教育适应新形势、满足新要求，为乡村振兴战略的实施提供有效助力，我国相继出台了一系列相关政策对农村职业教育做出了部署。经过近几年的发展，乡村振兴视域下农村职业教育政策已经得到了一定程度的积累，及时回顾其建设的内容和过程，深入挖掘其变化的规律和特征，总结经验，发现不足，对未来乡村振兴战略下农村职业教育政策的制定具有重要的引导意义。

一、乡村振兴视域下农村职业教育政策分析

乡村振兴战略是党在新时代为建设中国特色社会主义做出的重大决策，是缩小城乡差距的重要保障，是认识和解决"三农"问题的理论创新。乡村振兴战略的提出并非一蹴而就，是国家长期探索和发展的结果，存在一脉相承的关系。乡村振兴战略的落实依赖于农村地区人力资源的有效开发。教育作为人力资源开发的重要途径，必然是实现乡村振兴的基石，而在各种教育类型中，以就业为导向，以培养实用型技术技能人才为根本目标的农村职业教育，因其开办于农村、教育形式灵活、教育内容丰富等特点，与乡村振兴工作要求具有内在的一致性。因此，国家在政策层面对农村职业教育支持乡村振兴给予了关注和部署。

（一）确立服务"三农"建设的总方针

"三农"问题一直是社会全面均衡发展的全局性和根本性问题，它的良好解决能够促进国家公平稳定的社会局面的形成。"三农"问题不仅是指农业、农村、农民自身内部的问题，同时也包含社会整体建设的需要，因此，缓解"三农"问题需以"三农"内部发展为基础充分考虑国家的全局性建设。"三农"问题长期困扰我国农村社会的发展，历来受到国家的关注和重视。解决"三农"问题的关键是使农村地区拥有大批能够改变农村落后现状、适应农村经济结构调整、从事农业产业化经营的专业人才。农村职业教育作为农村地区最主要的专业技术人才培养主体，在"三农"建设中扮演着重要角色。但在不同历史时期，"三农"发展的侧重点有所不同，农村职业教育政策制定的重点存在一定的差异。国家在经历了抗日战争和解放战争后，我国广大农村地区发展遭到一定程度的破坏，亟待恢复和重建，针对农民文化知识薄弱的问题，推动了各级各类教育参与扫盲运动，并积极建立农村中学使农民掌握基本的农业生产技能，提升农民为农村农业的发展提供服务的能力，实现"三农"的全面进步。随着城乡二元壁垒的打破，我国农村地区落后于城镇发展水平的状况愈加凸显，为改变这一现状，我国做出相应调整，提出大力发展农业产业化经营、进一步推动农村城镇化和现代化进程的"三农"建设方针。方针的贯彻和落实需要农村具备大量的实用技能人才和农业管理经营人才，因此要使农村职业教育的功能得到进一步丰富和扩展，不仅要通过学校教育培养新型农民，还要通过开展"燎原计划""青年农民科技培训"工程等不同种类的农民培训活动提升农民的

综合能力，使农民有文化、懂技术、善经营，而且鼓励农民积极参与"新型农民创业培植""农村富余劳动力转移就业培训"等国家工程，促进农村富余劳动力文化素质和技术水平的提升，使其拥有转移就业的资本，满足非农业岗位和农民自身脱贫致富的需要，进一步推动农村二、三产业和城乡一体化的发展。从传统农业社会走向农业农村现代化，"三农"问题始终存在。农村职业教育紧跟时代脚步，在解决"三农"问题和促进农村社会发展中承担重要责任，其建设方针始终与"三农"建设相关。在我国社会主义建设的新时代，在乡村振兴战略的指导下，农村职业教育政策需要进一步明确以"三农"为本的思想，实现其为"三农"服务的本质。①

"三农"问题是关系国计民生的根本性问题，也是实现乡村振兴过程中最基本、最核心的议题。十九大报告指出必须始终把解决好"三农"问题作为全党工作重中之重，抓住关键问题推动乡村振兴战略的实施。随后，在中央农村工作会议上，习近平总书记再次强调：乡村振兴战略是中国特色社会主义进入新时代做好"三农"工作的总抓手，为"三农"的建设与发展提供思路和方向。乡村振兴战略的要求不只停留在农村增惠、农业增产、农民增收的层面，还涉及产业繁荣、环境优化、乡风文明、治理有效等一系列内容，形成全方位立体式建设体系，为"三农"发展增添新鲜血液、提供强劲推动力。农村职业教育作为支撑乡村振兴战略实施的关键，一系列农村职业教育政策相继出台，确定了其服务"三农"的总方针。中共中央、国务院在 2018 年颁布的《关于实施乡村振兴战略的意见》中提出，为实现乡村振兴，提高农村民生保障水平，改善乡村生活面貌，必须加快推进农村职业教育的发展，为农村人口提供接受农村职业教育的机会。同年，中共中央、国务院出台《乡村振兴战略规划（2018—2022 年）》指出当前我国农业农村基础差、底子薄、发展滞后的状况尚未得到根本改变，经济社会发展中最明显的短板仍然在"三农"，现代化建设中最薄弱的环节仍然是农业农村。农业供给质量和效益亟待提高，农民适应生产力发展和市场竞争的能力不足，农村人才匮乏。因此，应优先发展农村教育事业，大力发展面向农村的职业教育，加快推进职业院校布局结构调整，加强县级职业教育中心建设，有针对性地设置专业和课程，满足乡村产业发展和振兴需要。农业农村部办公厅印发《乡村振兴科技支撑行动实施方案》的通知强调，按照乡村振兴"产业兴旺、生态宜居、乡风文明、治理有效、生活富裕"总要求，

---

① 郑少扬，李延平. 走向"三农"为本：农村职业教育 70 年发展追求［J］. 职教论坛，2019（07）：12-18.

推动科技创新导向的转变和工作重心的调整，有力推进农业农村发展质量变革、效率变革、动力变革，支撑引领乡村全面振兴和农业农村现代化。农村职业教育要立足农业、农村区域特色，加强培训指导，吸引年轻人务农创业，提高其创业兴业能力。2019 年，中共中央、国务院印发《坚持农业农村优先发展做好"三农"工作的若干意见》《国家职业教育改革实施方案》指明，2019 年和 2020 年是全面建成小康社会的决胜期，"三农"领域有不少必须完成的硬任务。在经济下行压力加大、外部环境发生深刻变化的复杂形势下，做好"三农"工作具有特殊重要性。必须坚持把解决好"三农"问题作为全党工作重中之重不动摇，提高中等职业教育发展水平，积极发挥农村职业教育的自身优势，服务乡村振兴战略，为广大农村提供实用人才。2019 年 10 月，教育部办公厅等十四部门关于印发《职业院校全面开展职业培训 促进就业创业行动计划》的通知明确提出，要积极开展面向重点人群的就业创业培训，鼓励涉农职业院校送培训下乡，把技术技能送到田间地头和养殖农牧场。

（二）规定以新型职业农民为基本培养主体

伴随着农业现代化的不断发展，农业正焕发出新的生机和活力，农村越来越成为大有作为的地方，"农民"一词逐渐从"身份"转变为"职业"。由此可知，新型职业农民是一个既包含"职业农民"和"新型农民"特征又超越了"职业农民"和"新型农民"内涵的词汇，新型职业农民虽然具有农村户籍或长期扎根农村，但其职业特征要求更高，其文化程度要求更高。"新型职业农民"是指以农业生产、经营或服务作为主要工作，能熟练掌握科技知识、劳动技能、管理经验、资金运作等的群体。"新型职业农民"意味着"农民"是一种自由选择务农的职业而不只是谋生的手段。在新时代背景下，新型职业农民的"新"还体现在思维方式和价值观念上，新型职业农民是勇于接受新观念、敢于尝试新科技的铸就中国梦的新时代农民。

新型职业农民除了传统农民所具有的一般特性外，还存在很大不同，即农民作为一种职业可以被人们自由选择，务农可以成为终身职业，同时还需要具有利用市场使报酬最大化的能力、高度的社会责任感和现代观念。因此，农村职业教育政策适时提出培育爱农业、懂技术、善经营的高素质高技能新型职业农民，实现农民个人能力的充分提升和农村的现代化生产。2012 年，中央一号文件首次提出培育新型职业农民，针对农村没有继续升学的高中毕业生提供免费的农业技能培训的指导方针。同年，农业农村部印发《新型职业农民试点工作方案通知》，决定在 100 个县开展新型职业农民培育试点，总结新型职业农民的培育经验和规律，形成制度。随即，各地方迅速采取行动，掀起了培育新型职业农民的热潮。2014 年，国务院下发《关于加快发展现代职业教育的决定》，指出要积极发展现代农业职业教育，构建公益性农民培训制度，推动新型职业农民的培育工作。2015 年，中央一号文件再次强调，要积极发展农业职业教育，加大培养新型职业农民的力度。国务院于 2016 年颁布文件对培训新型职业农民培训体系的建设做出规定，将职业农民的培育纳入国家教育培训的发展规划当中，基本建立职业农民教育培训体系，使职业农民成为建设现代农业的主导力量。依托高等教育、中等职业教育资源办好农业职业教育，鼓励农民就地就近接受职业教育，同时，注重开展培育新型农业经营主体带头人的工作。2017 年，国务院在完善职业教育质量体制机制方面，重申需要大力增强职业教育服务现代农业、培育新型职业农民等方面的能力，促进农村农业的全面发展。农业农村部和财政部联合出台文件鼓励各地创新培训方式，采用"弹性学制、工学交替"的方式使新型职业农民接受包括农村职业教育在内的中高等职业教育。

2017 年年底，国家正式提出乡村振兴战略，实施乡村振兴战略，人才依然是关键，换而言之，人自身的现代化、人才的培养是关键，要让农民来做主角，他们不仅是农村的主体，更是乡村振兴的主要人力资源。随着新型职业农民队伍初步形成规模，"谁来种地""怎样种好地"等问题将迎刃而解，乡村振兴也必将指日可待。值得注意的是，改革开放一方面为我国带来了巨大的物质财富，但另一方面也改变了我国传统的社会人口结构。随着工业化、城镇化进程日益加速，农村劳动力转移分化日益加剧，农村"兼业化、老龄化、低文化、空心化"现象日益突出，谁来坚守乡村振兴的前沿阵地，谁来传承"三农"事业的创新发展，是摆在我们面前不容回避的现实问题。毋庸置疑，新型职业农民是乡村振兴的主力军，乡村振兴的受益者是农民，建设主体也理应是农民。乡村振兴战略的提出使新型职业农民的培育迎来新的发展高潮，作为乡村振兴重要的建设主体，新型职业农民的培育应被广泛普及，且在农村职业教育相关政策中普遍规定要培养以新型职业农民为主体的农村实用人才，推动乡村振兴的实现。2018 年，中共中央、国务院颁布《关于实施乡村振兴战略的意见》《乡村振兴战略规划（2018—2022 年）》对乡村振兴战略的实施做出了详细部署，认为我国发展不平衡不充分现象在乡村表现最为突出，存在农民适应生产力发展和市场竞争的能力不足，新型职业农民队伍建设亟须加强的问题，因此，要大力培育新型职业农民，实施新型职业农民培育工程。支持新型职业农民通过弹性学制参加中高等农业职业教育，培养新一代爱农业、懂技术、善经营的新型职业农民，优化农业从业者结构。2019 年 1 月，中央一号文件强调，做好"三农"工作，牢牢把握稳中求进工作总基调，落实高质量发展要求，坚持农业农村优先发展总方针，以实施乡村振兴战略为总抓手，加大农村职业教育与技能培训，实施新型职业农民培育工程。随后，中共中央、国务院印发《关于印发国家职业教育改革实施方案的通知》提出农村职业教育作为中等职业教育的重要组成部分，要为广大农村培养以新型职业农民为主体的农村实用人才，为乡村振兴战略服务。同年5月，中共中央、国务院办公厅颁发《数字乡村发展战略纲要》，着重对网络化、信息化和数字化在乡村振兴中的应用进行了规划，农村职业教育作为新型职业农民培养的关键力量，可以参与新型职业农民培育工程，为农民提供在线培训服务，培养造就一支爱农业、懂技术、善经营的新型职业农民队伍。2020年，农业农村部印发的《2020年农业农村科教环能工作要点》指出，为实现保供给、保增收、保小康，深入实施乡村振兴科技支撑行动，大力推进农民培训提质增效的总要求，要实施高素质农民培育计划，强化农业广播电视学校（简称"农广校"）培训组织能力建设，使高素质农民通过培训发展成为新型农业经营主体和服务主体。

（三）深化农村职业教育多元化职能

党的十九大的召开，在总结过去农村农业建设成就和不足的基础上，为我国进一步推进农业农村现代化指明了方向。为贯彻落实党的十九大会议精神和工作部署，我国通过出台相关政策对农业农村的深化改革做出任务安排，要加快构建新型农业经营体系、保障农民财产权利、促进城乡要素有序流动、完善城镇化协调健康发展的体制机制、推进农业转移人口的市民化。国务院针对乡村振兴推出了综合性实施方案，提出要从深化农村集体产权制度改革、构建立体复合型现代农业经营体系、健全农业支持保护制度、健全城乡一体化体制机制、巩固农村社会治理、创新完善精准扶贫工作机制等方面入手，进一步推进改革进程。国家政策和会议对农业农村改革的明确指向，使我国对未来乡村人才发展的要求不断提高，对农村职业教育的职能拓展提出挑战。为应对现实挑战和满足劳动者自身能力发展需求，我国制定相关政策，不断深化农村职业教育服务乡村振兴的职能，积极开展劳动力转移培训，使乡村现代化建设人才具备更强的使命和担当。

乡村振兴战略中首次提出城乡融合发展的城乡建设理念，是党和国家对城乡关系的全新定位。乡村振兴与城乡融合是不可分割的整体，打破城乡二元壁垒，使城乡生产要素双向有序流动，保持城乡的均衡协调发展是促进国家稳定健康局面的关键，也是实现乡村全面振兴的重要推动力。与乡村相比，城市无论是在资本、技术还是劳动力要素方面，都具有较大的优势。特别是伴随着我国城镇化建设的不断深入，农村人口向城市不断集中，在大量农村人口进城务工之后，出现了无法适应城市生活的现象，技术技能缺失以及文化素养较低使他们只能在城市从事取代性极高的职业，总是在不同的职业之间流转，在城镇就业、生活状态也处于社会边缘，社会交往大多局限于自身群体内部。城乡融合发展核心是农村转移人口的自愿融入和人力资本自由转换，农村人口流动和市民化不单是户籍与空间转移，农村人口流动原动力和市民化问题的本质是教育问题，与成人技能素质契合度最高的职业教育培训就成为流动人口的现实需要和市民化进程的必由之路。尤其是就地、就近开展农村职业教育，帮助农村转移人口适应城市的现代化生产和生活，推动城乡融合发展。虽然农村职业教育的重心是开展涉农教育，但根据农村人口的生产生活意愿，为农村转移人口提供服务也是其必不可少的职能。①

乡村振兴战略下农村转移人口现代化的实现，需要职业教育进行合理布局、发展规划和全面统筹，充分发挥农村职业教育的作用。党的十九大报告指出，要完善职业教育和培训体系，建设学习型社会。2018 年，中共中央、国务院颁布的《关于实施乡村振兴战略的意见》中，提出城乡融合发展，要推动城乡要素自由流动、平等交换，推动新型工业化、信息化、城镇化、农业现代化同步发展，加快形成工农互促、城乡互补、全面融合、共同繁荣的新型工农城乡关系。大规模开展职业技能培训，可借助农村职业培训的力量，促进农村劳动力多渠道转移就业，提高就业质量，使有条件、有意愿在城镇稳定就业的农业转移人口有序融入城镇生活。中共中央、国务院发布《乡村振兴战略规划（2018—2022 年）》要求推动建立覆盖城乡全体劳动者、贯穿劳动者学习工作终身、适应就业和人才成长需要的职业技能培训制度，增强职业培训的针对性和有效性。2019 年年初，中央一号文件对"三农"工作的开展做出规划，要落实更加积极的就业政策，加强就业服务和职业技能培训，促进农村劳动力多渠道转移就业和增收。2019 年 10 月，教育部在《关于办好深度贫困地区职业教育助力脱贫攻坚的指导意见》中指出，强化统筹建好办好一批职业学校。统筹普通高中和中等职业教育协调发展，建好办好一批县域职教中心将职教中心（职业学校）建设成为人力资源开发、农村劳动力转移培训、技术培训与推广、扶贫开发和普及高中阶段教育的重要基地。2020 年 9 月，教育部等九部门联合印

---

① 杜启平. 城乡融合发展中的农村人口流动 [J]. 宏观经济管理，2020（04）：64-70，77.

发的《职业教育提质培优行动计划（2020—2023年）》对农村职业教育转移农村富余劳动力做出规定，强化职业学校的继续教育功能，面向进城务工人员、转岗人员、城镇化进程中的新市民、农村实用人才等社会群体开展多种形式的继续教育，为其接受终身教育提供可能。

（四）完善农村职业教育保障制度

社会学角度认为"制度"是由组织和组织运行规则构成，政治学角度认为"制度"则是规则的合集，是规则体系与组织的结合，经济学角度认为"制度"则是被公众承认的生活习惯。新制度经济学中通常将"制度"分为"正式制度"与"非正式制度"。通过宏观政策的制定可以以一种自上而下的形式对正式制度的其他层次产生强制性影响，以达到政策的目的。① "保障"即要保护的事物或人。因此，"制度保障"是通过制定相应的规则，以使事物或人正常运行，农村职业教育保障制度的完善能够使农村职业教育的运行过程更加有序和高效。我国农村职业教育受城乡二元结构影响，发展质量堪忧。国家通过多种途径和举措来消解城乡差异，到目前尚未完全消弭，这成为实施乡村振兴战略的主要瓶颈，给农村职业教育改革带来了挑战。② 同时，农村职业教育虽然在职业教育体系中占据重要位置，但由于历史和现实原因，我国职业教育受重视程度不高，农村职业教育作为其中一部分得到的关注度自然较低，一直处于教育发展的边缘，相关保障制度存在不足，不能保证农村职业教育促进乡村振兴服务的质量。因此，为了农村职业教育能够在乡村振兴建设中发挥最大效用，国家较为关注农村职业教育发展环境的营造，不断完善农村职业教育的保障制度。

1. 加快建立职业农民制度

21世纪以来，我国农村青壮年劳动力大规模从乡村流向城镇，年轻的和文化程度高的劳动力流动性大，年龄大的和文化程度低的劳动力沉淀在农村。务农人员的老龄化和低学历化的劳动力使得"谁来种地"的问题日益突出，迫切需要建设一支高素质的新型职业农民队伍。从部分地区抽样统计看，目前农业农村从业者的素质结构不容乐观。年龄结构上，各地务农人员中50岁以上的普遍超过90%，很多地区平均年龄已突破60岁。教育程度上，农业从业者中初中以下文化程度普遍占到90%至95%。因此，职业农民培育必须更加注重后继者

---

① 王迎. 本科教育学专业课程教学改革及制度保障研究 [D]. 沈阳：沈阳师范大学，2020.

② 梁宁森. 乡村振兴战略背景下农村职业教育的困境、机遇与优化路径 [J]. 高等工程教育研究，2020（04）：157-162.

培养，采取超常规政策措施，把劳动者素质优化到与发展现代农业相匹配的水平。中央一号文件已连续 8 年对培育新型职业农民做出部署，让农民从几千年的身份认同向职业认同转变。过去农业生产是产量导向，人才培养更关注数量规模，重点在切蛋糕、分资金、下任务。现在农业农村统筹发展，步入高质量发展阶段，人才培养也要围绕提升质量，向建机制、定规范转变，新型职业农民的培育成为时代的必然选择。如何有序推动新型职业农民的培育、提高培养质量与效率，探索建立职业农民制度成为重要环节。作为乡村振兴战略的重要部署之一，职业农民制度于经济社会稳定发展、于城乡全面融合发展、于农业农村现代化发展、于农村职业教育高质量发展都具有至关重要的制度功能和制度使命。①

农村职业教育作为培养新型职业农民的主要途径，职业农民制度的建立不仅能够进一步规范农村职业教育培育新型职业农民的过程，而且为农村职业教育的正常运行提供了保障，提高了其服务乡村振兴的能力。2018 年 1 月，中共中央、国务院出台相关文件，提出实施乡村振兴战略，必须破解人才瓶颈的制约，要把人力资本开发放在首要位置，畅通智力、技术、管理下乡通道，造就更多乡土人才，聚天下人才而用之。首先要大力培育新型职业农民，全面建立职业农民制度，完善配套政策体系。随后，《乡村振兴战略规划（2018—2022年）》对乡村振兴做出了五年内工作开展的详细安排，为贯彻落实党的十九大、中央经济工作会议、中央农村工作会议精神和政府工作报告要求，描绘好战略蓝图，强化规划引领，实行更加积极、更加开放、更加有效的人才政策，科学有序推动乡村人才振兴，将职业农民制度由顶层战略部署转化为顶层制度设计，要求全面建立职业农民制度，培养新一代爱农业、懂技术、善经营的新型职业农民，优化农业从业者结构。2020 年 1 月，中央一号文件对"三农"领域的重点工作作出部署，要持续抓好农业稳产保供和农民增收，推进农业高质量发展，保持农村社会和谐稳定，提升农民群众获得感、幸福感、安全感，确保农村同步全面建成小康社会。在农村教育方面，明确表达了要提高农村教育质量，扩大职业教育学校在农村的招生规模，提升职业教育质量；要移动人才下乡，整合利用农业广播学校、农业科研院所、涉农院校、农业龙头企业等各类资源，加快构建高素质的农民教育培训体系。同年 2 月，农业农村部印发的《2020 年农业农村科教环能工作要点》再次强调要深入实施乡村振兴科技支撑行动，着

① 乐昕，彭希哲."中国之治"语境下的职业农民制度优势及其转化路径［J］.学习与实践，2020（07）：35-43.

力办好农民满意的教育培训，大力推进农民培训提质增效。针对高素质农民的培育，要着力开展师资和管理者培训，强化农广校培训组织能力建设，健全完善农民教育培训体系。

2. 逐步健全学生资助制度

随着社会进步和教育发展，国家和政府越来越重视教育公平问题。教育公平是社会公平的重要基础，通过国家资助保障每个公民的受教育权利，是实现国家长治久安、建设社会主义和谐社会的本质要求。党的十九大报告指出："要全面贯彻党的教育方针，落实立德树人根本任务，发展素质教育，推动教育公平。"学生资助工程是推动教育公平的重要力量，旨在通过多方合力，帮助学生顺利完成学业，实现自我价值。所谓学生资助，顾名思义，就是社会各方用财物来帮助学生。它表现为一种经济上的支持，也就是说资助者所提供的是某种可用货币计量的财和物，是一种经济上的支持，而不是道义上的帮助，① 学生资助作为一项重要的保民生、暖民心工程，是促进社会公平、教育公平的重要内容和举措。② 学生资助有其特殊的对象，即针对有特殊需要人群。乡村振兴的重要任务之一就是通过"扶志""扶智"的方式使相对贫困的人口摆脱贫困，而"扶志""扶智"的快速实现途径莫过于职业教育，尤其是农村职业教育。因此，农村职业教育中学生的资助问题必然是乡村振兴工作中关注的焦点。学生资助的有效落实依赖于相关制度的确立，农村职业教育学生资助制度的不断发展完善不仅为学生解决了困难，推动了乡村振兴的实现，而且为农村职业教育的发展提供了助力，资助政策的落地，提高了农村职业教育的吸引力，更鼓励了大批农村劳动者参加农村职业教育，有利于农村职业教育规模的扩大，激发农村职业教育的活力。

随着国家对农村职业教育认识程度的不断加深，逐渐意识到使其满足相对贫困和乡村振兴需要的实现，需要保障学生入学无忧，防止教育致贫现象的出现。十九大报告中就明确提出，要完善职业教育和培训体系，健全学生资助制度，使绝大多数城乡新增劳动力接受高中阶段教育和高等教育。《关于实施乡村振兴战略的意见》中对乡村振兴战略进行了顶层设计。在中国特色社会主义新时代，乡村是一个可以大有作为的广阔天地，必须立足国情农情，顺势而为，切实增强责任感、使命感、紧迫感，以更大的决心、更明确的目标、更有力的

---

① 范先佐. 教育经济学新编（第四版）[M]. 北京：人民教育出版社，2015：63.
② 范先佐，唐斌，郭清扬. 70 年学生资助工作的系统回顾与经验总结 [J]. 华中师范大学学报（人文社会科学版），2019（05）：1-15.

举措，推动农业全面升级、农村全面进步、农民全面发展。必须优先发展农村教育事业，推进农村普及高中阶段教育，支持教育基础薄弱县普通高中建设，加强职业教育，逐步分类推进中等职业教育免除学杂费。健全学生资助制度，使绝大多数农村新增劳动力接受高中阶段教育和高等教育。在 2018 年的政府工作报告中再次强调要坚持以人民为中心的发展思想，着力保障和改善民生，加大对各类学校家庭困难学生的资助力度，使 4.3 亿人次受益。随后，在 2018 年颁布的《贯彻落实实施乡村振兴战略的意见》《关于打赢脱贫攻坚战三年行动的指导意见》中提到要大力支持职业教育改革发展，健全覆盖各级各类教育的资助政策体系，学生资助政策实现应助尽助。2019 年，《国家职业教育改革实施方案》中强调，健全经费投入机制。进一步扩大职业院校助学金覆盖面，完善补助标准动态调整机制，落实对建档立卡等家庭经济困难学生的倾斜政策，健全职业教育奖学金制度。

二、乡村振兴视域下农村职业教育政策的演进逻辑

农村职业教育肩负着为农村地区培养高素质劳动者和技能型专门人才的使命，农村职业教育作为职业教育体系的重要组成部分，对国家安全、经济繁荣、民族团结、乡村稳定等起着重要作用，发展农村职业教育不仅有利于实现农业农村现代化，而且有利于提升国家的整体实力和竞争力。因此，大力发展农村职业教育具有长远的现实意义。一直以来，国家也通过颁布一系列农村职业教育政策来大力推动农村职业教育的发展。中华人民共和国成立后，我国农村职业教育经历了从恢复建立到繁荣发展的过程，在办学规模、办学质量、制度构建等方面均获得了长足发展，成为我国深入推动政治、经济、文化、社会发展的支柱性力量。农村职业教育基本特性使其在国家建设的历史长河中备受重视，促使农村职业教育繁荣发展、经久不衰的重要原因在于其相关政策在不同时代背景下的灵活性调整。近年来，我国农村职业教育事业发展势头良好，逐步形成了具有中国特色农村职业教育体系，为城乡建设培养了大批合格劳动力和高技能人才，促进了社会就业。农村职业教育对于城乡经济的快速发展产生了重要的影响。但与此同时，农村职业教育的发展也存在不能完全契合农村经济发展的需要、培养的学生质量有待提高等诸多问题，亟待改善。为此，党中央、国务院基于新时代的大背景，根据国际局势和国内实际提出了新的发展战略和目标要求，从乡村振兴战略高度对农村职业教育发展做出了一系列重大战略部署，要求大力促进农村职业教育发展，使农村职业教育成为"三农"建设的支柱。但农村职业教育的科学、健康发展离不开农村职业教育政策的有力保障。

为使农村职业教育能够与战略要求有效对接，与其他社会力量形成合力推动国家建设工作的顺利开展，农村职业教育政策需要根据乡村振兴的内在要求做出必要的调整，以适应乡村发展的新形势。

乡村振兴视域下，政策作为一种具体的规制形态对农村职业教育服务乡村振兴具有非常深远的影响。农村职业教育是国家教育事业的重要组成部分，不可避免地会受到国家政策的种种影响。农村职业教育政策是国家制定的规范职业教育发展的指导性和纲领性文件，对农村职业教育发展过程中的各个方面具有约束力和规范力。[①] 农村职业教育政策不仅保障职业教育的发展，也有利于人们更加清晰地认识农村职业教育的地位和作用。为了提高农村职业教育政策决策的科学化、民主化，应基于政策文本对农村职业教育政策进行深入透彻的分析，并超越静态政策本身，找出政策文本的演进逻辑，审视其背后的价值基础，为未来农村职业教育政策的制定提供指引。基于社会政策分析的视角，农村职业教育管理体制的规范是农村职业教育政策的表现形式；农村职业教育政策的价值选择是其内在灵魂；各种农村职业教育与培训制度的建设是其保障基础，农村职业院校及相关行动主体是农村职业教育政策实施的保证。其中，政策规范与价值选择是表与里的关系，制度建设与行动体系是静与动的关系。[②] 从以上四种分析的视角出发，对农村职业教育政策进行由表及里、由静及动的分析，可以更全面深刻地把握实施乡村振兴战略以来农村职业教育政策的演进逻辑。

（一）农村职业教育政策规范由国家集中管理到地方分级、分散管理

教育管理体制是一个国家在一定的政治、经济和文化制度基础上建立起来的对教育事业进行组织管理的各项制度的总和，教育管理体制是整个教育体制得以构成和运行的保障，它对学校教育管理体制改革和发展的方向、速度、规模有直接的影响。它包括中央和地方行政组织机构的设置、隶属关系和相互间的职权划分，以及政府主管部门和高等学校的关系。早在 1984 年，国家就提出"简政放权"的管理理念，但早期只是运用于政府对企业的管理，主要是针对高度集中的计划经济体制下政企职责不分、政府直接经营管理企业的状况，为增强企业活力，扩大企业经营自主权而采取的改革措施。随着"简政放权"的不断深化，教育管理体制相关的问题陆续浮现，教育发展缺乏应有的活力。因此，必须改革教育管理体制，在加强宏观管理的同时，坚决实行"简政放权"，改变

---

① 袁振国. 教育政策学 [M]. 南京：江苏教育出版社，1996：115.

② 许文静. 改革开放以来我国农村职业教育政策分析 [D]. 西安：陕西师范大学，2012.

过去整个国家的教育活动的管理权都高度集中于中央政府和中央教育行政管理部门的状况，给予地方政府和学校自身更多的管理权和自主权，缩短各种信息流动、反馈和转换中的时间与空间，增加管理的直接性和决策的针对性，使教育活动与各个地区自身的实际情况和发展相结合，调动地方各级政府和人们发展教育与办学的积极性，形成教育发展的新的支持机制，增强教育发展的生机与活力。

农村职业教育政策规范的政府管理模式的形成是各级政府相互协调的结果，该模式可以使农村职业教育的管理达到最优化，并受到教育管理体制的规制和约束。教育管理制度"简政放权"改革经过几十年的发展，在运作过程中已经相当成熟，在乡村振兴视域下农村职业教育系列政策的制定中表现较为明显。虽然乡村振兴战略正式提出之后，实施的时间较短，但在农村职业教育管理政策制定过程中，已初步显现出由国家集中管理到地方分级、分散管理的特征。农村职业教育政策作为教育政策中的一个分支，其改革变迁的动力主要来源于相关利益主体之间的资源分配，而各主体之间相应的利益资源分配的结果则多以农村职业教育政策规范的形式表现出来。乡村振兴视域下的背景下，农村职业教育政策规范主要围绕农村职业教育管理内容进行不断的探索。在政府管理转型背景下，我国农村职业教育的管理结构也发生了相应的改变，扭转了以往单一、固定、行政化倾向的政府主导路径，强调国家集中管理到地方分级、分散管理，积极推动政府、市场、社会组织等多主体积极参与到管理过程中，这不仅有利于资源配置的有效性和适切性，还能进一步确保决策的公平公正。"因此，在中央政府颁布的一系列相关文件的指导下，教育部、农业农村部、财政部相继印发指导性文件，紧接着25个省级行政单位出台政策进行详细规划，政策文本将目光锁定在优化治理结构上。据统计显示，在有关多元化治理结构的表述中，提及职业教育治理的次数为229次，高居榜首，提及市场治理的次数为152次，提及政府治理的次数为136次，涉及社会组织的次数为53次。① 可见，农村职业教育管理权和办学权践行宏观领导和简政放权并行的工作，注重明确地方政府及各部门的权限，引导社会力量广泛参与农村职业教育的管理工作。"

（二）农村职业教育价值选择由注重经济建设到注重人的发展

教育政策是党和国家在特定时期内制定的规范教育活动健康、有序、和谐发展的行动准则，是对教育利益的表达、分配与整合，其目的在于确保教育事

---

① 任胜洪，陈倩芸. 乡村振兴战略中的职业教育治理路径——基于省级乡村振兴政策文本的分析［J］. 中国职业技术教育，2019（15）：67-73.

业朝着制度化、绩效化、程序化、民主化的方向发展，具有明显的价值倾向性和强烈的指向性。教育政策蕴含着价值性，教育政策的价值体现了作为主体的人与作为客体的教育政策之间产生的一种主客体关系，教育政策价值的主体主要通过教育政策的运行满足其需要的群体，包括教育政策的实践者和利益相关者。教育政策客体的属性主要是指教育政策具有协调教育系统内外部各种因素之间关系，从而为教育事业提供资源、保障和规范的功能。① 教育政策主体在制定和执行教育政策时，会面对各种价值发展要素之间的关系，面对各种利益相关者不同的利益追求，面对所要处理的各种事物之间的价值差序，这些都需要他们做出一定的选择。教育政策主体们做出选择的依据就是其价值取向，教育政策的价值取向是以价值观为基础，根据教育政策制定的目的和政策制定者的需要，对教育政策制定过程中的各个阶段做出选择和判断时所持的一种倾向性。根据价值取向的差异，教育政策价值有两种含义：内在价值和外在价值。外在价值指教育政策是指向国家教育活动的方向和教育发展的目标，协调教育与政治、经济、文化之间的矛盾所表现出来的价值关系，是一种社会价值取向；内在价值指教育政策协调教育内部的关系，即解决教育本身生存和发展的应然目的和实然状况之间的矛盾，最终使受教育者全面自由和谐发展，人的发展是这种内在价值的核心，它的终极价值是一种"以人为本"的价值取向。② 乡村振兴视域下农村职业教育政策作为教育政策的重要组成部分，其价值取向发展可以以此为依据进行解释。

从社会政策分析的视角出发，政策的价值选择是其内在的灵魂，发挥着导向作用。乡村振兴视域下农村职业教育发展历程中，农村职业教育的发展很大程度上受政策价值定向的影响。在乡村振兴战略中，农村职业教育越发关注弱势群体的发展需要，强调教育的公平、以农民的实际发展需求为本，主要体现在对新型职业农民培育的重视方面。新型职业农民是推动乡村振兴实现的重要主体，在农村职业教育相关政策中自然成为关注的焦点。农业农村部出台《"十三五"全国新型职业农民培育发展规划》提出，到2020年全国新型职业农民总量超过2000万人。以提高农民、扶持农民、富裕农民为方向，加快构建一支有文化、懂技术、善经营、会管理的新型职业农民队伍。由此可见，与传统农民不同，新型职业农民是各方面获得全面发展的从事农民职业的劳动者。新型职

---

① 张乐天. 教育政策法规的理论与实践［M］. 上海：华东师范大学出版社，2002：49.
② 孙绵涛. 教育政策论：具有中国特色的社会主义教育政策研究［M］. 上海：华东师范大学出版社，2005：27-28.

业农民的培养成为衡量农村职业教育政策的标尺，在强调农民职业技能的同时，注重提高农民的各方面素质，激发农民身上蕴含的更大价值和能量。国务院在完善职业教育质量体制机制方面，重申需要大力增强职业教育服务现代农业、培育新型职业农民等方面的能力，促进农业农村农民的全面发展。农业农村部和财政部联合出台文件鼓励各地创新培训方式，采用"弹性学制、工学交替"的方式使新型职业农民接受包括农村职业教育在内的中高等职业教育，在满足农业农村现代化建设的同时，提升农村劳动者的技术技能和文化素养。新时代的发展进程中，更进一步强化了"以人为本"的农村职业教育价值选择。

（三）农村职业教育制度建设从宏观引导到具体保障

政策工具是政府为解决社会公共问题或达成一定的政策目标而采用的可以控制的手段。教育政策执行一般通过教育制度实现落地，各项制度的建设与完善又是保障政策实施的基础。教育政策执行是整个教育政策发挥效应最为重要的阶段，它是一个连续的、动态的过程。政策实施的过程保障是指通过一定的细则和要求来使政策得到贯彻实施，强调的是政策的执行过程，是对整个教育政策执行或实施过程中的各种变量及其相互关系的认识和控制。① 宏观政策是国家发展的"指挥棒"，为国家整体建设奠定基调，具有一定的前瞻性和稳定性。任何国家战略的落实都需要一系列的宏观政策作指导，农村职业教育助力乡村振兴的有效推动亦是如此。相关细则是具体行动的指引和规定，对目标的实现具有极大的促进意义，具备细致性和可操作性。相关细则是相对于宏观政策而言的，宏观政策在于定方向、明道路，而相关细则的意义在于能够在充分理解和解析宏观政策的基础上，进一步帮助宏观政策落地和实施。

政策体系的完备是促进国家经济增长的重要因素，社会的进步和演进需要依靠规范的政策制度作保障，准确指明前进的方向和具体的实施措施。乡村振兴战略是我国工业化和城镇化发展到一定阶段，为解决农村与城市发展不平衡，缓解农村走向凋敝现状而提出的全局性建设思路，是国家迈入现代化的必由之路。乡村振兴战略具有宏观指导意义，其具体实施和落实必须依赖于各种各样的途径，农村职业教育作为农村人才培养的主力必然是其中之一。农村职业教育助力乡村振兴的实践不能仅凭自我探索，否则可能会浪费大量的时间和资源，拖慢乡村振兴战略落实的速度，所以，农村职业教育必须以完整的政策体系为指导，化解各利益相关者之间因博弈行为而引起的矛盾和冲突，细化农村职业

---

① 祁占勇，李清煜，王书琴．21世纪以来我国校外培训机构治理政策的演进历程与理性选择［J］．中国教育学刊，2019（06）：37-43．

教育在助力乡村振兴过程中的规则和做法，使各项工作精准而顺利地开展，确保农村职业教育服务乡村振兴的力度和效度。党的十九大正式提出乡村振兴战略，《中共中央 国务院关于实施乡村振兴战略的意见》《乡村振兴战略规划（2018—2022年）》等相关政策也已经出台，这些都构成乡村振兴政策框架，为农村职业教育服务乡村振兴做出了宏观层面的部署。随后，我国财政部、农业农村部、国家发改委等部门积极制定相关政策，相继发布了《贯彻落实实施乡村振兴战略的意见》《乡村振兴科技支撑行动实施方案》《促进乡村旅游发展提质升级行动方案（2018—2020年）》等配套实施政策，对农村职业教育的发展进行了一定程度的细化。在宏观政策的引导下，各地方政府纷纷出台与乡村振兴相关的实施意见，对各地区农村职业教育的建设做出相应的安排。另外，在经费投入、师资管理和学制建设方面，均提出了相关措施，国家强调加大政府对于农村职业教育的投入、开辟多条渠道筹集资金，鼓励各利益主体参与投资和办学，农村中等职业教育开展免费农民培训，建立补贴和激励制度。在师资建设上，多种途径解决农村职业教育的师资来源，关注职业院校专业师资的培养与培训，建立"双师型"教师队伍，注重教师队伍建设的规范化、提高教师的地位和待遇，增强为农业现代化发展服务的能力。农村职业教育学制建设更加灵活，由最初以国家建立中等职业学校为主，强调开办学习时间长短结合的农村职业教育制度到逐渐放宽招生条件，可以分阶段完成学业到为了促进城乡统筹发展、协调发展资源，将职业学校教育与职业培训并重，逐步构建多层次、多类型的农村职业教育和培训体系。

（四）农村职业教育行动体系由"单一主体"引导到"多元主体"共同发展

社会政策过程是一个为解决社会问题而采取的行动过程，其行动主体是指社会政策过程中具有能动性的发起或参与这一行动过程的行动者。具体而言，社会政策行动主体可以是社会政策行动的责任者，也可以是社会政策行动的组织者、资源提供者和社会服务的直接提供者。诺斯的新制度变迁理论指出推动制度变迁的两个主体的角色：第一，行动集团提出制度变迁方案和选择，是制度变迁的创新者、策划者和推动者；第二，行动集团是制度变迁的实施者。两个主体行动集团一致实现制度变革，进行收益的分配与再分配。农村职业教育政策的发展涉及多方利益群体，其中政府是第一行动集团，对农村职业教育政策制定起主导作用，也是农村职业教育制度实施的首要推动力量。全国各省、市、县级以下政府以及农村众多职业院校作为第二行动集团是职业教育制度的实施者。第一行动集团与第二行动集团两者不可分离，必须同时发挥作用，才能使政策落地生根。缺乏第一行动集团的引导，第二行动集团就会失去行动方向，陷入迷茫，停滞不前。而第一行动集团缺乏第二行动集团的支持，则会导致政策文本形同虚无，失去了转变为现实的途径。因此，要使政策得到有效落实，就必须使两者相辅相成，共同参与政策行动，以达到政策实施最优化的目的。

社会政策行动体系是实现政策目标的保证，与社会政策的各项福利制度构成了动静关系。① 乡村振兴视域下农村职业教育政策发展演进过程中，对其行动体系进行深入系统的分析能更有效厘清农村职业教育政策的价值本质。农村职业教育政策的行动主体多元，主要包括农村职业教育的管理机构、相关组织和有关个体。农村职业教育管理机构由国务院、中央有关部门与地方各级政府及相关部门组成；农村职业教育组织包括农村职业技术学校、县级骨干示范职业学校、县级职教中心以及农业技术推广培训机构、农民工培训机构等；农村职业教育的相关个体中，主要包括办学参与者以及受教育对象，受教育的对象包括农村的学生、农村没有升学的毕业生、成年农民等。在乡村振兴战略实施初期，作为第一行动集团的中央政府首先采取行动，印发《中共中央 国务院关于实施乡村振兴战略的意见》《乡村振兴战略规划（2018—2022 年）》《国家职业教育改革实施方案》等，对乡村振兴以及农村职业教育未来的发展做出部署。部分中央部委也纷纷采取行动，在所管辖的领域中推进乡村振兴和农村职业教育的发展。随后，各地方政府积极地参与进乡村振兴战略实施和农村职业教育建设的行动中，各地市也开始进行相关尝试，例如农业农村部、自然资源部等八部委联合下发了《关于农村改革试验区拓展试验任务的批复》，昆山市成为探索建立新型职业农民制度的试点城市，开展新型职业农民培育模式构建工作。同时，在农村职业教育政策中也鼓励其他社会资本参与到农村职业教育建设中，关注农村职业学校的办学自主性与校企合作等主题，强调农村职业院校应根据自身特点和人才培养需要，主动"走出去"，与具备条件的企业开展合作，在农村一、二、三产业融合发展的推动下，让更多利益主体开始参与到农村职业教育的发展中来。

习近平总书记强调，乡村振兴的实现，关键在人。推动乡村振兴战略实施，必须破除人才瓶颈的制约，把人力资源挖掘放在首要位置。农村职业教育作为长期为农村建设提供人才支撑的主要途径，必然需要继续为乡村振兴贡献力量。但乡村振兴战略总的要求产生了变化，农村职业教育政策制定必须根据新要求

---

① 徐道稳. 社会政策的四维视角［J］. 社会科学研究，2005（03）：114-118.

做出适当的调整，使农村职业教育能够契合乡村发展的速度。回顾历史不难发现，乡村振兴视域下农村职业教育政策规范受农村职业教育价值定向的潜在影响，价值导向在由"以经济建设为主"逐渐转向"以人的发展为主"的过程中，国家对于农村职业教育管理规范的权限也在逐步分散并注重协调各级政府部门的权责为农民的实际发展需要服务；农村职业教育的制度建设在于保障行动主体权益，行动主体在参与农村职业教育建设的过程中进一步促进着制度的落实与完善。当然，我国农村职业教育政策变迁过程中不可避免地会存在因价值定向的偏差而导致的政策规范不科学，因行动主体缺乏发展意识造成制度落实不到位，因政策规范不明确而引发的制度建设缺失等问题。

三、乡村振兴视域下农村职业教育政策的未来走向

虽然实施乡村振兴战略以来我国农村职业教育得到了一定的发展，但目前农村职业教育相关政策中仍存在着中央和地方各部门之间的权责没有明确的规范、"以人的发展"为主的价值取向与"以经济建设"之间的关系缺乏有效协调、农村职业教育经费保障和师资队伍以及学制等制度建设不完善、有关农村职业教育的相关利益主体发展的活力不足等困境。这就要求农村职业教育政策在未来发展过程中应不断调整与完善，以建立与现代职业教育体系相匹配的农村职业教育为重心，激发农村职业教育释放更多的能量，切实为农业现代化建设提供服务，推动乡村振兴战略目标的有效实现。

（一）建立中央和地方各部门权责相互清晰的农村职业教育政策规范

农村职业教育政策规范主要在于反映政策制定者各主体之间的利益分配关系，即农村职业教育管理体制的建构。一般来讲，职业教育管理体制包括机构设置、机构间的层级关系以及它们之间的权责划分等内容。① 目前，我国农村职业教育管理体制依然存在着政出多门、资源浪费等诸多问题。因此，亟须采取专门针对农村职业教育的管理措施，建立一套完整的农村职业教育管理体系。

一是要从根本上解决农村职业教育管理体制的问题，要加强农村职业教育服务乡村振兴的宏观政策引导，规范中央与地方之间、中央各部门之间、地方各级之间发展农村职业教育的协作关系，增强权力的有效性和资源的有效配置。我国自提出乡村振兴战略后，出台的相关宏观指导政策少之又少，而其中对农村职业教育的相关规定只有只言片语，不能对农村职业教育的发展提供全面而

---

① 祁占勇，王佳昕，安莹莹. 我国职业教育政策的变迁逻辑与未来走向［J］. 华东师范大学学报（教育科学版），2018（01）：104-111，164.

有效的指导，再加上前期关于农村职业教育的法律法规不够健全和明晰，使农村职业教育缺失明确的发展方向，无法为乡村振兴提供强有力的服务和保障。

改革开放以来，我国在逐渐认识到职业教育的重要性的基础上，于1996年制定颁布《职业教育法》，但由于当时经济发展条件以及发展视域的有限性，其中条款的规定较为粗略，尤其对农村职业教育提及甚少，且缺乏可操作性，导致农村职业教育的定位出现模糊不清的现象，使其在乡村振兴中无所适从。同时，国家层面出台的乡村振兴政策中，缺乏对农村职业教育全面性的观照。因此，总结国外乡村振兴和农村职业教育建设经验，我国应以修订《职业教育法》为契机，对农村职业教育做出明确规定，指明农村职业教育的服务区域、产业和对象，即重点应放于农村、农业和农民，并对其各级管理部门的职责、权限做出明确划分，促进农村职业教育有序发展，有效推动乡村振兴的实现。甚至可以单独制定《农村职业教育法》，在法治制度层面突出农村职业教育的战略地位，规范农村职业教育的管理，增强农村职业教育改革与发展的方向性。同时，应在乡村振兴政策中专门利用一个章节规划农村职业教育在乡村振兴中应采取的措施，使农村职业教育管理工作的开展做到有据可依，提升其功能定位落实的准确性和实效性。

二是在逐步完善现有管理体制的基础上，进一步设立专门负责沟通的管理机构，做好农村职业教育的组织管理工作，配置农村职业教育的发展资源，有效提高农村职业教育的综合管理水平。中央各部门之间在发展农村职业教育上的有效沟通，可由中央教育行政部门牵头设立专门的联合发展小组，明确各部门对农村职业院校的管理权责。中央部门与地方部门的沟通亦可由该组织负责，避免由于组织设立过多，权责划分不明，导致管理混乱的现象。在中央部门与地方部门的沟通方面，其主要的任务是将宏观的管理政策转化管理行动，提高管理的实效性。根据农村职业教育管理权限的逐渐下移状况，地方政府和各有关部门之间的权责应进一步得到规范和落实，设置地方性农村职业教育管理组织专门负责规划各部门职责，并承担起监督考核的任务。通过各类专门组织机构的设立，有效地追踪农村职业教育政策的实施情况，将发展农村职业教育的责任具体到各工作岗位，明确到个人。

三是进一步完善农村职业院校的办学自主权、建立科学有效的评价监督体系。在政府和学校的关系上，政府应扮演宏观管理和监督的角色，引导学校的发展方向，并在财政和就业等方面给予支持。在招生制度、课程安排、教学等方面应给予学校自主管理权，由学校自主管理内部事务，促进其作为一个独立的个体释放出原生活力。乡村振兴的主要特征是实现区域特色化发展，区域的特色化发展必然来自于劳动力的特色培养。因此，各个地区的农村职业教育内容不能同质化，必须给予地方职业教育结合地方特色开发校本课程的自主权，也可在允许的范围内增添特色专业。同时，为防止出现"一放就活，一活就乱"现象，政府应始终在农村职业教育的发展过程中起着宏观管理和监督调控的作用，积极建立有关农村职业教育内部监督和评价部门，形成一套与现代职业教育体系相适应的评价监督体系。只有通过合理的评价体系，才能衡量农村职业教育发展的水平，监测其发展过程中遇到或存在的问题，及时为职业教育发展决策提供信息，并为其发展指明方向。在制定评价体系的过程中，对评价指标的选取要符合农村职业教育的特点，不能以城市职业学校的评价指标衡量农村职业学校和培训机构的发展状况。同时，要加强对农村职业教育的监督管理，跟踪处理农村职业学校和培训机构出现的问题，并及时向上级管理部门反馈，及早发现问题并及时处理，改变农村职业教育长期无人监管的状况。还要加强农村职业教育法制建设，以改变农村职业教育执行中存在的较多无序行为。此外，政府在做好农村职业教育的监督和管理工作的同时，要加强对政府自身行为的监督，增强政府行为的合理性和合法化。

（二）倡导有效协调多元价值取向间关系的农村职业教育价值选择

农村职业教育政策的价值取向不是固定不变的，而是随着农村社会经济的发展进行不断调整。新时代发展背景下，农村职业教育已经逐步发展成为解决"三农"问题，实施"乡村振兴"战略的重要手段并逐步进入新的发展阶段。因此，在农村职业教育政策的制定中，农村职业教育政策应追求"以人为本""以农为本""公平性"的价值取向，要兼顾社会和个人、效率和公平的关系，促进社会本位、工具本位向教育本位转变。

一是始终把"以人为本、以农民为本"作为农村职业教育的价值选择的基础。Stephanie Allais 教授曾指出，只强调学生技能的发展，而不注重全面提高学生素质，不利于职业教育的长远发展。[①] 农村职业教育是社会的产物，所以不可避免要受到政治、经济、文化等社会因素的影响，体现政府和统治阶级的意志，为社会的需要服务，但农村职业教育也是一种培养人的活动，相对独立于政治、经济等社会活动，更应该侧重于促进人的发展、提升人的综合素质。这两种价值取向并不是非此即彼的，而是可以共存的。随着社会的发展，农村职

---

① ALLAIS S . Will skills save us? Rethinking the relationships between vocational education, skills development policies, and social policy in South Africa [J]. International Journal of Educational Development, 2012（5）：632 - 642.

业教育价值取向更应追求"多样化"，政策制定中在满足社会经济发展需要的同时，也要考虑学生的身心发展特点。制定农村职业教育政策时应注重强调"以人为本"的多样化的教育导向①，更多地考虑人的需求，促进人的全面发展。例如课程内容应贴近生活需要，符合人的身心发展规律；打通职业教育的立交桥，满足接受高层次教育的需要；保障学生权益，使其具有监督和申诉渠道等。另外，农村职业教育政策的制定应突出农村职业教育的特色化发展，增强对新型职业农民培育的侧重，甚至可以只针对乡村振兴的建设需要单独出台《新型职业农民培育行动计划》，推动新型职业农民的培育工作。新型职业农民培育虽然有一定数量要求，但总体而言更加追求每一位接受培训的农民的自身素质得到全面的提高。因而在其培育过程中，要坚持培育数量与质量、工具价值取向与本体价值取向相统一的原则，实现农民、农业、农村的和谐互动发展。通过一系列新型职业农民培育以及惠民政策的制定以实施保证"以农民为本"价值理念的实现，促进农民的主体地位增强。

二是通过有效的供给满足农民个体发展的需求。② 在改善以往农村教育忽视农民作为受教育者自身需求和价值实现的前提下，激发农民自身的求学意愿，寻求自我实现的途径是促进农村职业教育有效发展的"敲门砖"。首先要研究农民需求。新型职业农民包括生产经营型、专业技能型、社会服务型三种类型，其类型的多样性就决定了农民对培训内容需求的多层次、多元化特征。有学者调研发现，留守农民对于与当地主导产业有关的现代农业生产技术需求较大，生产经营管理知识则是在留守农民中逐渐兴起的培训需求。为及时了解农民实际需求，并且将政府教育培训资源有效传达给农民，可以建立相关培训供给机制，使农民需求与政府供给有效对接③，以实现农民的精准培育。其次要研究地域发展特色。农民的生产劳作方式受到地域产业结构的影响，因而当地经济社会发展需求也是选择培训内容的指标之一，即新型职业农民培育须因地制宜，融入特色化培养内容。各区域的农业发展实际各不相同，也各具特色，在新型职业农民培育中要综合考虑当地主导产业、发展现代农业急需农业知识、农业技术、经营管理、市场服务等要素需求，将新型职业农民培育融入当地经济社

---

① 曲铁华，李楠. 改革开放以来我国农村职业教育政策影响因素及特征研究 [J]. 河北师范大学学报（教育科学版），2014（01）：74-79.

② 李雪蓉. 农村职业教育政策变迁历程、动因及启示 [J]. 湖南社会科学，2013（03）：244-246.

③ 张水玲. 基于农民需求的新型职业农民精准教育培训研究 [J]. 成人教育，2017（05）：40-43.

会发展的大背景之中①，制订相关的特色培训包，使其成长为适应当地生产、生活的个体，充分实现自身的价值。另外，在城乡融合发展的新时期，农村职业教育可以通过细致的政策规划，帮助农民成长为有技能、有素质的城镇劳动力，摆脱农村不良习惯，适应城镇化发展，实现农村富余劳动力的有效转移。

三是农村职业教育注重协调好"效率"与"公平"两种价值取向之间的关系。教育公平是社会公平的一种表现，是社会给予全体成员自由、平等的选择和分享当时、当地各层次教育资源的一种教育发展状态。教育效率是指教育对个人发展和国家发展的贡献率。两者存在一定的矛盾性，但并非不可调节，做好二者的协调甚至可以达到宏观的有机统一，使其相互促进。随着我国经济的发展，政府开始考虑让更多的人享受到经济发展带来的红利，满足人们的教育需求，对相对贫困地区、民族地区、特殊人群也要保障他们的教育需求，于是，价值取向转为"公平优先，兼顾效率"的价值观。因此，近年来，农村职业教育政策越发强调实现教育公平，对少数民族地区、相对贫困地区给予政策倾斜，保障他们接受职业教育的权利；对特殊人群给予政策惠顾，避免在入学和就业中受到不公正待遇；对相对贫困学生也要采取相应的帮助措施，保障他们接受职业教育的权利，增强受教育者抵御社会风险的能力。与此同时也应当兼顾好农村职业教育的发展效率，适当扩大农村职业教育的规模，充分发挥好地方各级骨干示范职业学校或职教中心的带头作用，增强农村职业培训的质量，保障农村职业教育在公平发展中兼顾效率。

（三）注重增强适切性和有效性并行的农村职业教育制度建设

教育制度的建设对于保障教育政策的实施具有重要的意义，农村职业教育制度建设包含的范围广泛，并且对农村职业教育政策的实施效果产生直接的影响。

一是加快制定农村职业教育服务乡村振兴的配套的政策。任何国家层面的战略部署最终都要落到实践，而配套政策就是宏观政策与实践之间的中介和桥梁。乡村振兴战略作为一个宏观指导性国家发展路径，方向必然正确，但在各个领域内的落实需要进一步细化。因此，在教育领域推动乡村振兴就有必要制定配套政策，指导农村职业教育为乡村振兴提供实质性服务。但目前我国教育部关于农村职业教育助力乡村振兴的配套政策尚未出台，导致各级地方政府因为依据不足，对农村职业教育的相关规定数量不足且较为模糊，不能为农村职

---

① 吕倩蕾. 新型职业农民培养机制探析 [J]. 职教论坛，2015（16）：36-39.

业教育服务乡村振兴提供有力支撑，需要进一步制定和改进相关配套政策。

首先，教育部应根据国务院颁布的《关于大力发展职业技术教育的决定》《关于实施乡村振兴战略的意见》《乡村振兴战略规划（2018—2022年）》等系列文件，详细研读其中的内涵和意蕴，领会其中的精神和要义，并结合农村职业教育的实际发展状况，有针对性地制定关于农村职业教育助力乡村振兴的配套文件，以响应国家振兴乡村的建设需求。如教育部可以出台《农村职业教育推动乡村振兴建设五年行动计划》，规划在未来五年内农村职业教育的详细发展举措，确定开展行动的目标方向、管理主体、权责界限、资金保障等，使农村职业教育在乡村振兴建设中得到全方位支持，无后顾之忧地迈出服务乡村振兴的坚实步伐，充分释放其应有的力量。其次，各级地方政府应根据国家的大政方针以及教育部的综合指导，并结合地方实际制定出适宜的乡村振兴配套政策。国家只能找出各个地区发展的共性，从宏观的、普适的角度做出统筹安排，但全国各地的现实情况既有共性又有个性，所以，这就为政策的制定带来了一定的困难。国家政策是从共性层面考虑的，地方政策作为宏观政策细化、可操作化的关键，就有必要从个性角度出发，找出适合自己的发展道路以推动宏观政策的落地，实现区域经济的快速发展。地方政府可以颁布《省域农村职业教育推动乡村振兴建设行动计划》《市域农村职业教育推动乡村振兴建设行动规划》，形成系列式配套政策，条理清晰地为本省本地区的农村职业教育谋划符合时代发展的前进道路。

二是农村教育经费制度是影响农村职业教育事业发展的关键。农村职业教育过程保障中的主要问题是经费难以得到保障以及监督机制不健全等问题，这就需要农村职业教育政策在过程保障方面加强经费保障，既涉及经费的来源，也涉及对经费使用的监管，尤其应重视对职业教育政策执行的监管和评估，建立相应的监管部门，形成完善的监管机制。加大经费投入力度并强化对经费的监督和管理，首先，政府投资是农村职业教育建设经费的长期来源，应该具有可靠性和稳定性的特征，以实现农村职业教育的现代化发展，推动乡村振兴工作的顺利开展。因此，政府应当加大对职业教育的投入，建立科学的预算机制和拨款细则。澳大利亚重视和支持农村职业教育建设的重要举措之一就是政府为其提供充足的资金支撑，大学的教育经费由联邦政府基于地域和专业的不同，根据在校生数量进行拨付，人均在5000—10000澳元不等。TAFE学院80%的经费由政府拨给①，并制订了详细的拨款规则，使拨款清晰明确且具有针对性。

---

① 李宁清. 农村职业教育促进区域经济发展研究［D］. 长沙：湖南农业大学，2007.

众所周知，促进农村职业教育的优质发展的投资必然要高于普通教育投资的数倍，其主要原因在于农村职业教育的教学实践性较强，需要大批的机械设备做支撑，而且随着时代的发展还必须有大量的资金做支撑更新学习设备，其费用本应由国家承担大部分。因此，我国应借鉴国外的先进经验，设立专项资金用以支持农村职业院校改善硬件办学条件，并随着时代的进步不断调整专项资金的投入比例，使其进入国家财政投入的整体规划，逐渐步入常态化，构建起长效的农村职业教育投入机制。其次，应制定鼓励行业企业举办职业院校的优惠政策，制定鼓励社会捐赠的税收政策。农村职业教育应根据社会资本投入的国家规定拟定合作的细则，确立社会资本投资农村职业教育的支持措施，明确合作主体之间的权利、义务，尽量避免利益主体间的矛盾和纠纷，为其营造愉快的合作办学或独立办学氛围，为农村职业教育带来更多的经费支持，实现农村职业教育的蓬勃发展和乡村振兴的高效推进。

三是农村职业教育师资队伍建设是提升教育质量的保障。农村职业教育师资数量和质量存在较大问题，农村职业教育"双师型"教师的欠缺，导致农村职业教育的教育质量不高。农村职业教育政策应提高对教师的关注，通过营造尊师重教的文化氛围、提高教师各方面的待遇、拓宽教师培训的渠道、实施教师教育培训的动态监控等措施，多渠道解决农村职业教育师资短缺、质量不高的问题。切实建设好高素质的"双师型"教师队伍。首先，要保障教师的权益，使教师的教育教学权、科学研究权、民主管理权、进修培训权、指导与评价学生权、物质保障权等不折不扣地得到落实，尤其是在教师的工资待遇上，应不断完善教师工资待遇标准，给予"双师型"教师特殊的鼓励和津贴，以此来增强教师职业吸引力，提高教师的教学积极性，为农村职业院校提供足量的优质师资力量，提高农村职业院校的师资水平，强化其服务乡村振兴的实力。其次，要提高教师的质量，严格教师准入制度，制定合理的教师资质标准。不仅要对教师的从业资格进行审查，还要对教师的工作经验进行要求，以满足技术技能型人才的培育需求。最后，在教师的培训上，积极借鉴国外经验，制定相应标准和要求，增强师资建设水平。美国1862年颁布的《莫雷尔法》就强调对农村教育的经费支持、注重建立规范的农村职业教育师资进修和培训制度。① 因此，农村职业教育的教师应定期到企业或相关的专业技能培训班参加培训，对每年学习时数、培训结束后考核等制定相应的规定说明，并加大对在岗教师质量的

---

① 杨洁，杨颖. 国内外农村职业教育政策比较分析［J］. 现代商业，2010（23）：271-272.

定期考核。

四是农村职业教育灵活的学制和就业准入制度建立是吸引培训主体的重要方面。农村职业教育应充分发挥灵活学制优势，注重为农民提供职业培训。一方面，结合地方产业发展和农民的实际现状，开展提升农民发展技能的各类职业培训，如灵活利用民间学徒制对新型职业农民进行培训、顺应绿色农业的发展趋势开展农村旅游服务培训、结合现代网络互联的特色组织农民工"订单式"培养等；另一方面，合理设置农村职业院校的学制，通过学分累计、弹性学制等方式建立各级职业教育之间的有效衔接，激励职业院校的毕业生继续提升，加大农村职业教育与普通教育融通的力度，拓宽职业院校学生的发展渠道。另外，职业资格证书和就业准入制度是检验农村职业教育质量的手段。1994 年，全国人大常委会通过的《中华人民共和国劳动法》，就已确立了职业资格制度的法律地位。但目前我国职业资格证书制度在促进农村职业教育发展和提高农村进城务工人员素质方面发挥的作用还十分有限。由于学历教育与职业资格证书考核分别隶属于教育部门和劳动部门，二者缺乏衔接，造成学校教育内容与相关职业资格标准相脱节，导致职业资格证书制度在农村职业学校推行不畅，未能充分实现促进就业的功能。同时，当前职业资格认证管理混乱，缺乏科学性和权威性，导致职业资格证书含金量不高和社会认可度低。因此，要不断推进职业资格证书制度的建设，将职业资格证书体系与职业课程标准相连接，进一步扩大职业技能鉴定的覆盖范围，促进职业资格证书制度与就业制度、职业培训制度和企业劳动工资制度相互衔接，针对不同类型地区的具体情况，实行分类指导。推进职业资格证书制度与职业培训制度改革相衔接，最终帮助培训主体实现就业需要。

（四）继续完善主体多元化和权力灵活性的农村职业教育行动体系

乡村振兴视域下，我国已经基本形成了农村职业教育多元投资体制，因此，在落实农村职业教育政策的过程中，涉及的行动主体较多，其中，农村职业教育的管理机构作为政策执行的重要主体，应注重分配相关部门的管理职权，加强具体有效政策的执行力度，建立权责到岗、到人的执行体系。

一是完善现有培训组织，健全县域职业教育培训网络，加强区域之间的沟通，为农民提供高质量全方位的农村职业教育和培训。英国的农村职业技术教育与培训注重建立农村技术培训网，并把它作为主体，积极纳入高校和科研机构等共同组成一个层次分明的教育培训系统。[1] 首先，继续发挥农业广播电视

---

① 张祺午. 我国农村职业教育政策走向研究 [J]. 职业技术教育，2013（13）：68-72.

学校（以下简称"农广校"）在新型职业农民培育中的骨干作用。传统上，农广校一直是我国农村实施农业教育的主要力量，形成了相对独立的管理体系与培训模式，因此，在新型职业农民培育中要进一步发挥农广校的作用①，充分利用农广校在主导产业与服务中与农户联系密切的关系，将农业新技术推广寓于新型职业农民培育之中，形成"农民培训—科技示范—农技推广"的农业技术推广链，进一步放大基层农技示范功能、推广功能和科技创新功能。② 其次，强调县一级主要办好县级骨干职业技术学校或职教中心，而在乡、镇主要办好农民文化技术学校，这类学校更侧重于短期培训，并积极开展各类农民培训计划和培训工程。这不仅有利于资源的有效利用，还符合农村对教育需求的实际状况。最后，在农村职业学校和地方高等农业院校之间建立起联系。地方农业院校可作为接收中等职业学校涉农培训人员的主阵地，在此基础上，中等职业学校和高等农业院校需了解当地急需的农业人才，根据人才需求指向设置培训内容，实现课程上的有效衔接，进一步提升农村劳动力的素质和能力。

二是根据区域发展的实际状况，重点做好县级职业教育中心办学定位与发展方向的统筹规划工作，充分发挥其为农村区域经济服务的功能。党的十九大报告提出的乡村振兴战略是时代赋予县级职教中心的新使命。县级职教中心是实施乡村振兴战略的重要力量，新时期推进县级职教中心振兴意义重大又迫在眉睫。县级职教中心作为农村中等职业教育的重要办学主体，其办学功能定位与价值取向对实现乡村振兴具有重要作用。乡村振兴视域下战略实施对职业教育的现实要求，县级职教中心既要应坚持与时俱进的理念，不断拓展服务社会的领域，又要不忘初心，围绕四个中心建设强化服务于、服从于乡村振兴战略的职能定位。需坚持服务于"三农"建设的办学定位，建设具有本地特色、服务本地经济发展的实习实训基地。③ 另外，政府需完善对县级职教中心的统筹规划，进一步系统搭建县级职教中心服务乡村振兴战略的制度体系框架，在政策层面上做好县级职教中心与乡村振兴战略联动发展的顶层设计和制度安排，为县级职教中心服务乡村振兴战略提供坚实的制度保障。

三是政府继续增强对现有农村职业教育组织的支持与帮助，并且积极引导

---

① 李延平，王雷. 农业供给侧结构性改革背景下农村职业教育的使命及变革 [J]. 教育研究，2017（11）：70-74.

② 陈正华. 新型职业农民培训理论与机制 [J]. 高等农业教育，2013（05）：109-113.

③ 杨洁，杨颖. 国内外农村职业教育政策比较分析 [J]. 现代商业，2010（23）：271-272.

和鼓励各行业企业参与办学。由于农村职业教育政策制定过程会卷入很多行动者，例如决策者、执行者、大众媒体、评估机构等众多利益相关者。同样，农村职业教育政策管理体制也会涉及层层机构和众多利益相关者，由于各个主体的关注点与利益追求有所区别，在一定程度上会影响职业院校的办学效率与治理能力。因此，我国职业教育政策行动尤其要注重"多方参与"，更多关注次级利益集团的政策需求。首先，要注重对于现有的各种类型的农村职业教育组织的支持和帮扶，如提高职业院校生均教育经费、增加教育专项拨款等。同时，与农村职业教育有关个体主要分为受教对象和施教对象。针对受教育者来讲，一是农村职业教育应进一步加强实效性和针对性，着眼于个体发展的现实状况进行分类培训；二是农村职业教育应继续完善各项优惠帮扶政策，增强农村职业教育的吸引力。其次，也要注重出台实际有效的优惠政策，如针对相关行业企业减免部分税收、提供办学补贴等，刺激以企业为代表的多元主体参与到农村职业教育的建设中来。最后，建立和完善利益相关者参与政策决策的权利制度，把利益相关者的参与权纳入法治轨道，一方面可以使公众参与具有合法性和正当性，另一方面促使各级政府关注公众的利益诉求和保证利益相关者参与的权利与义务。

四是农村职业教育内部，教育教学的方式和内容要符合受教育者认知的发展规律，使其能够在一定时间内真正掌握新的技术技能。在农村职业教育教学方式政策制定中，强调实践是前提，在此基础上要开发适合农民学习的教育方法，农民不同于在校学生，学习过程具有不稳定性和随意性。只有适合农民学习的教育方法才能使他们有热情、有信心接受培训，主动学习。此外，政策应该加强完善农村职业教育远程教育模式，如电视广播教育和网络远程教育。这将极大地促进农村职业教育的实施和普及。在农村职业教育教学内容的政策规定中，首先要加强专业和课程的适应性，关注现实生产和现实生活，一方面要坚持办好涉农专业，促进农业发展和农业水平的提高，另一方面要适应农村一、二、三产业的融合发展，为乡村振兴做出贡献。其次，农村职业教育的课程要重视研究性。让学习者能够自主地探究和体验，增强学习者自主学习的意愿和能力。还要加强综合性课程的开展，包括文化科学知识的综合，还有专业知识的融合。这样可以改善职业教育知识面狭窄，知识和技能难以迁移的问题。最后，在培养过程中不仅要有知识和技能，也要有学习知识技能的过程和方法，还要加强感情和态度的培养，促进受教育者知、情、意、行的全面发展，从而使农村劳动力的品德素质、文化素质、劳技素质、心理素质得到整体的提高。

第三章

乡村振兴视域下农村职业教育研究的现状及未来展望

乡村振兴战略是党的十九大做出的重大决策，是实现中华民族伟大复兴的重要内容。农村职业教育在人与乡村社会之间搭建了文化桥梁，① 对农村文化传播、农业产业发展、新型职业农民培育等具有积极的影响，更进一步赋能脱贫攻坚，在乡村振兴的实行中具有独一无二的作用。在乡村振兴视域下，农村职业教育使命重大，越来越多的学者开始关注农村职业教育，这有助于厘清农村职业教育发展的现实情况，更有助于农村职业教育的进一步向好发展，从而服务于乡村振兴战略。因此，有必要对乡村振兴视域下农村职业教育研究的现状进行梳理，对乡村振兴视域下农村职业教育的研究热点进行计量分析，在明确当前农村职业教育研究热点的同时，发现其研究的薄弱领域，开拓研究内容，并进一步挖掘未来研究领域。

一、研究方法

（一）研究资料

资料来源于中国知网，检索时间为 2020 年 10 月 26 日，采用高级检索，将检索年限设定为 2017—2020 年，以主题为检索条件，分别将检索内容设为"农村（农业、乡村、农民）职业教育并含乡村振兴"，检索出 306 篇文献。为保证资料的可靠性与有效性，去除会议报告、期刊介绍等非研究型文献，得到有效文献 270 篇。将文献下载为自定义格式并将其中含义相似的关键词进行标准化处理，如将"现实困境""现实困顿"统一标准化为"困境"，"农村职教"统一标准化为"农村职业教育"等，从而形成原始研究资料，为下一步分析做准备。

---

① 祁占勇，王羽菲. 乡村振兴战略背景下农村职业教育现代化的指标体系与行动逻辑 [J]. 西南大学学报（社会科学版），2020，46（04）：67-77，194.

（二）研究工具

研究使用 Bicomb 共词分析软件和 SPSS25.0 统计分析软件。根据 Bicomb 的操作步骤在搜集整理完资料后将资料转化为能被 Bicomb 识别的 ANSI 编码文本，之后将资料导入 Bicomb 软件统计高频关键词并生成词篇矩阵。接着再利用 SPSS 软件对该矩阵进行分析。

（三）研究过程

第一，在 Bicomb 中新建一个项目，对 CNKI 自定义下载格式，格式类型为"txt"；第二，提取关键词。在提取选项中选择文档，将先前整理的 270 篇研究资料文档导入 Bicomb 提取操作后显示关键词共 1061 个；第三，根据研究需要，选取词频≥3 的 37 个关键词作为高频关键词，生成高频关键词词篇矩阵；第四，将该矩阵转化为相似矩阵进行分析；第五，将相似矩阵转化为相异矩阵并导入 SPSS 进行聚类分析和多维尺度分析。

二、研究结果与分析

（一）高频关键词词频统计与分析

众多文献涵盖的信息量巨大，难以进行统计分析，而关键词词频统计可以快速提取关键信息，提高效率。因此，对关键词统计分析，可以了解相关研究中的热门话题。

使用 Bicomb 软件统计我国农村职业教育研究文献的关键词，共得到 1061 个关键词。根据普赖斯高频阈值计算公式（$M = 0.749\sqrt{Nmax}$，M 为高频阈值，Nmax 为文献被引频次最高值）和研究需要，确定高频阈值为 3，最后得到 37 个高频关键词。其排序结果见表 3-1。

从表 3-1 可以看出，37 个高频关键词的总呈现频率为 641 次，占所有关键词总出现频次（1061）的 60.41%。通过对关键词的排序分析，我们可以初步了解乡村振兴视域下农村职业教育研究的热点话题。除了主题词外，出现频次排在前十的关键词分别为职业教育（108）、新型职业农民（36）、精准扶贫（22）、策略（14）、农业职业教育（12）、农民职业教育（9）、供给侧改革（9）、产教融合（8）、乡村教育（7）、问题（7）。这可以初步说明乡村振兴视域下农村职业教育研究多围绕新型职业农民培育、农业农村农民职业教育的问题、发展策略以及精准扶贫、产教融合等方面开展。但是要想了解各个关键词之间的深刻联系，仅仅对高频词进行统计不足以说明问题，所以，接下来需要使用关键词共现技术对关键词背后的关系做进一步剖析。

表 3-1 关键词排序表

序号	关键词	频次	序号	关键词	频次	序号	关键词	频次
1	乡村振兴	219	14	发展	7	27	农民	3
2	职业教育	108	15	耦合	7	28	新时代	3
3	农村职业教育	85	16	困境	6	29	农广校	3
4	新型职业农民	36	17	政策	6	30	知识图谱	3
5	精准扶贫	22	18	乡村文化振兴	5	31	"三农"工作	3
6	策略	14	19	高等职业教育	5	32	发展历程	3
7	农业职业教育	12	20	人才培养	5	33	欠发达地区	3
8	农民职业教育	9	21	职业教育服务	5	34	农村	3
9	供给侧改革	9	22	乡村精英	4	35	乡村建设	3
10	产教融合	8	23	职业院校	4	36	高质量发展	3
11	乡村教育	7	24	民族地区	4	37	价值取向	3
12	问题	7	25	乡村文化	4			
13	路径	7	26	脱贫攻坚	3	总计		641

（二）高频关键词相似矩阵及分析

高频关键词的 Ochiai 系数相似分析的基本原理是，相似矩阵中的数字代表数据间的相似性，其数值越接近 1，表明相应的两个关键词之间的距离越近、相似度越高，数值越接近 0，则相反。[①] 因此我们利用 Bicomb 软件生成关于 37 个高频关键词的词篇矩阵，再将其导入 SPSS，选择 Ochiai 系数将其转化为一个 37×37 的共词相似矩阵，结果如表 3-2 所示。

由表 3-2 可以看出，与农村职业教育距离由近及远的关键词分别是乡村振兴（0.529）、新型职业农民（0.181）、产教融合（0.153）、供给侧改革（0.108）、精准扶贫（0.092）、策略（0.087）、职业教育（0.021）、农业职业教育（0.000）和农民职业教育（0.000）。这表明，学者在进行乡村振兴视域下农村职业教育研究时通常会涉及新型职业农民、发展策略以及产教融合、精准扶贫、供给侧改革等内容。对数据进行进一步分析还可以发现精准扶贫与供给侧改革、产教融合距离较近，农民职业教育与新型职业农民距离较近。由此我

---

① 王佑镁，陈慧斌. 近十年我国电子书包研究热点与发展趋势——基于共词矩阵的知识图谱分析 [J]. 中国电化教育，2014 (05)：4-10.

们可以推断，研究者通常探讨乡村振兴视域下农村职业教育进行供给侧改革、产教融合、新型职业农民培育对于精准扶贫的作用以及农村职业教育的发展策略。

表3-2 高频关键词 Ochiai 系数相似矩阵（部分）表

	乡村振兴	职业教育	农村职业教育	新型职业农民	精准扶贫	策略	农业职业教育	农民职业教育	供给侧改革	产教融合
乡村振兴	1.000	0.613	0.529	0.350	0.260	0.163	0.156	0.135	0.113	0.144
职业教育	0.613	1.000	0.021	0.225	0.226	0.180	0.000	0.000	0.128	0.068
农村职业教育	0.529	0.021	1.000	0.181	0.092	0.087	0.000	0.000	0.108	0.153
新型职业农民	0.350	0.225	0.181	1.000	0.000	0.045	0.048	0.278	0.056	0.000
精准扶贫	0.260	0.226	0.092	0.000	1.000	0.171	0.062	0.000	0.142	0.151
策略	0.163	0.180	0.087	0.045	0.171	1.000	0.077	0.089	0.000	0.000
农业职业教育	0.156	0.000	0.000	0.048	0.062	0.077	1.000	0.000	0.000	0.000
农民职业教育	0.135	0.000	0.000	0.278	0.000	0.089	0.000	1.000	0.000	0.000
供给侧改革	0.113	0.128	0.108	0.056	0.142	0.000	0.000	0.000	1.000	0.000
产教融合	0.144	0.068	0.153	0.000	0.151	0.000	0.000	0.000	0.000	1.000

（三）高频关键词聚类图及其分析

将高频关键词相异系数矩阵（由1-相似矩阵得出），导入 SPSS 进行聚类分析，得到的聚类结果如图3-1。

从图3-1聚类分析结果我们可以直观地看出，可以将乡村振兴视域下农村职业教育高频关键词分为七类，分别为"乡村振兴视域下农村职业教育发展的困境及其供给侧改革研究"（种类1）、"农村职业教育发展的价值取向研究"（种类2）、"欠发达地区农业职业教育研究"（种类3）、"产教融合视域下农村职业教育服务'三农'研究"（种类4）、"农村职业教育人才培养模式研究"

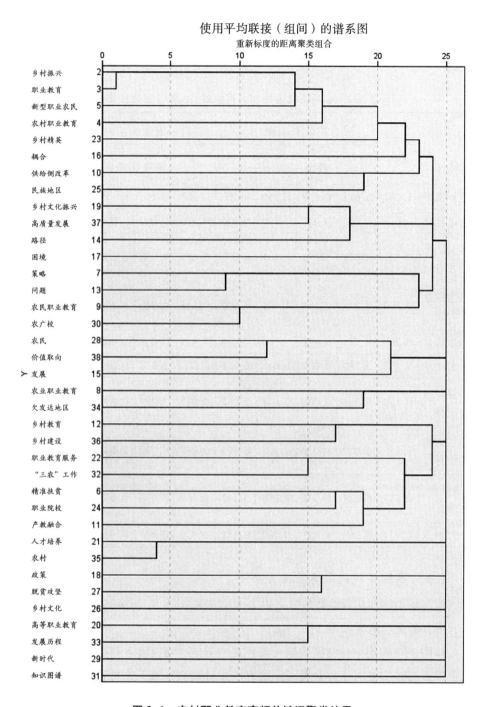

图 3-1　农村职业教育高频关键词聚类结果

（种类5）、"脱贫攻坚视域下农村职业教育政策分析研究"（种类6）、"面向农村的高等职业教育发展历程研究"（种类7）。具体分布见表3-3。

表3-3 高频关键词聚类结果表

种类1	乡村振兴、职业教育、新型职业农民、农村职业教育、乡村精英、耦合、供给侧改革、民族地区、乡村文化振兴、高质量发展、路径、困境、策略、问题、农民职业教育、农广校
种类2	农民、价值取向、发展
种类3	农业职业教育、欠发达地区
种类4	乡村教育、乡村建设、职业教育服务、"三农"工作、精准扶贫、职业院校、产教融合
种类5	人才培养、农村
种类6	政策、脱贫攻坚
种类7	高等职业教育、发展历程

1. 乡村振兴视域下农村职业教育发展的困境及其供给侧改革研究

种类1包括新型职业农民、供给侧改革、高质量发展、路径、困境、问题等16个关键词，这一种类所占比重最大。乡村振兴战略是党为实现中国梦做出的重大决策，农村职业教育在乡村振兴的实行中具有不可替代的作用。然而，自乡村振兴战略实施以来，农村职业教育服务乡村振兴的作用并没有充分地发挥出来，依然存在诸多问题。一是农村职业教育缺乏统一管理机构。当前农村职业学校和职业教育培训的举办部门不同，办学和管理上较为分散。这样的管理状态不仅会造成行政负担，而且会导致资源流通不畅，效率低下。① 二是关于农村职业教育价值认识存在着观念滞后、忽视其价值功能的问题。国家在政策供给上倾向性明显，农村职业教育处于"弱势中的弱势"。地方在实际推进乡村振兴战略的过程中，看到哪里能快速做出成绩，就将资源偏向哪里，容易忽视职业教育的功能作用。② 三是农村职业教育定位有失偏颇。目前农村职业教育"普职化"倾向严重，在一定程度上阻碍了新型职业农民的培育。农村职业

---

① 覃兵，何维英，胡蓉. 基于乡村振兴战略的农村职业教育问题审视与路径构建［J］. 成人教育，2019（08）：60-64.

② 张旭刚. 农村职业教育服务乡村振兴：实践困境与治理路径［J］. 职业技术教育，2018（10）：59-64.

学校以参加高考为饵进行招生，为此而来的学生自然不会一心接受职业教育，也不会志向留在农村，致使农村职业教育定位偏颇。① 四是农村职业教育的经费投入长期不足。长期以来，职业院校不论是专业建设还是教学设备、实训条件等均较为落后，这正是由于政府投入不足所导致的。② 五是农村职业教育参与主体单一。职业教育助推乡村振兴必须走多主体"协同共育"之路，但在实践中仍然存在职业教育主体内部不协同，农村职业教育很难撬动政府、企业、乡村资源的问题。③ 六是农村职业教育供给与需求错位。表现在无效供给过剩和有效供给短缺两个方面。④ 针对农村职业教育发展中存在的诸多困境，需要通过农村职业教育供给侧改革来助推农村职业教育良性发展。一方面，要完善农村职业教育的顶层设计，精准培养农村所需人才，让农村人才有用武之地。⑤ 另一方面，根据现代化经济体系建设的要求，农村职业教育自身要转变办学观念、注重创新式发展、服务基层社会、进行国际交流。⑥ 最后，针对人才培育中存在的问题，应加强农村职业教育师资队伍建设，建立和创新新型职业农民培养模式。⑦ 总之，要让农村职业教育高质量发展，为乡村振兴赋能。

2. 农村职业教育发展的价值取向研究

种类 2 包括农民、价值取向、发展 3 个关键词。这一种类主要是对农村职业教育的主流价值取向进行评价与反思，并结合乡村振兴战略对农村职业教育发展做出的要求，探寻农村职业教育合理的价值取向。农村职业教育的价值取向指农村职业教育价值主体在确立其价值目标和价值预期时所呈现的价值倾向。⑧ 一直以来，学术界对"离农"还是"为农"存在不少争论，如果定为

---

① 祁占勇，王志远. 乡村振兴战略背景下农村职业教育的现实困顿与实践指向 [J]. 华东师范大学学报（教育科学版），2020（04）：107-117.

② 高峰. 乡村振兴战略下农村职业教育发展现状及应对策略 [J]. 职教论坛，2019（04）：135-138.

③ 卢文凤，徐小容，赵福奎. 困境与突破：职业教育助推乡村振兴的实践偏差与模式创新 [J]. 中国职业技术教育，2020（07）：21-27.

④ 闫瑞. 乡村振兴视域下农村职业教育的逻辑必然、实践困境及支持策略 [J]. 农业经济，2020（03）：124-125.

⑤ 高峰. 乡村振兴战略下农村职业教育发展现状及应对策略 [J]. 职教论坛，2019（04）：135-138.

⑥ 陈水斌. 现代化经济体系建设背景下的职业教育供给侧改革 [J]. 教育与职业，2019（02）：25-31.

⑦ 吴兆明，郑爱翔，刘轩. 乡村振兴战略下新型职业农民职业教育与培训 [J]. 教育与职业，2019（20）：27-34.

⑧ 谢元海，闫广芬. 乡村职业教育的应然价值取向：生计、生活与生态——以乡村振兴战略为视角 [J]. 教育发展研究，2019（01）：10-16，39.

"离农",农村劳动力大量转向城市会导致"空心村"的出现,农村将会失去人口基础;而如果将其定位为"为农",则会让广大农村青年无奈留在农村,使得农村人口恒为农,忽视了农民本身的意愿。① 不论在理论上还是实践上对"离农""为农"价值的探讨,都没有立足农村社会不断发展的背景,是片面静止的。"为农"从农村社会视角出发,忽视了人的发展需求;而"离农"仅从农民个人的意愿出发,不仅不利于农民的长远发展,也不利于乡村振兴的实施。②"离农"和"为农"总是处在动态平衡之中,过于偏向哪个都不是理想的状态,但目前可见在工业、城市越发发达的影响下,农村职业教育价值取向失衡,"离农"价值倾向严重。农村职业教育在办学过程中忽视了农村职业教育的本土性、职业性和地域特色性。在乡村振兴视域之下,我们应重塑农村职业教育价值取向。③

3. 欠发达地区农业职业教育研究

种类 3 包括农业职业教育和欠发达地区 2 个关键词。农业职业教育是培养农业管理人员、科技人才和农业工人,并授予他们农业科学知识、农业生产技术和农业实践技能的教育。④ 乡村振兴战略的实施确立了农业优先发展的地位,为农业职业教育的发展带来了新的机遇,同时也带来了新的挑战。一方面,新的发展要求带来了新的发展机遇。农业职业教育需要加强与本土产业合作,更好地服务于产业振兴;要加快新型职业农民培育为人才振兴提供支撑;通过发挥农业职业教育在乡风民俗、特色文化宣传上的作用来改善农村文化面貌等。⑤ 另一方面,机遇也是挑战。尤其是在欠发达地区,农业职业教育还存在诸多问题,使得农业职业教育在服务乡村振兴上压力重重。譬如欠发达地区农村职业教育基础薄弱;农业类专业建设缺乏,离农、去农现象严重;生源不足且质量不佳;发展水平难以适应农业现代化的需要等。⑥ 因此,欠发达地区农业职业

① 李延平,王雷. 农业供给侧结构性改革背景下农村职业教育的使命及变革 [J]. 教育研究, 2017 (11): 70-74.

② 谢元海,闫广芬. 乡村职业教育的应然价值取向:生计、生活与生态——以乡村振兴战略为视角 [J]. 教育发展研究, 2019 (01): 10-16, 39.

③ 黄颖,葛鑫,张洪冲. 乡村振兴战略背景下农村职业教育价值取向的重塑与实现路径 [J]. 成人教育, 2019 (07): 67-71.

④ 聂纪萍,许振华. 农业职业教育在乡村振兴战略中的作用 [J]. 现代农业科技, 2018 (18): 270-271.

⑤ 廖远兵. 乡村振兴战略下广东欠发达地区职业教育发展路径研究 [J]. 广东技术师范学院学报, 2019 (02): 12-17, 24.

⑥ 张成涛,张秋凤. 乡村振兴背景下农业职业教育的机遇、挑战与应对 [J]. 中国职业技术教育, 2019 (03): 79-85.

教育需要转变发展方式，才能更好地服务于乡村振兴。从宏观上看，首先，可以根据欠发达地区发展需要，进行职业教育布局和人才培养规划。其次，政府出台农村人才发展战略，引导技术人才和社会力量服务职业教育。最后，政府统一职业教育管理，促进职业教育资源共享和向农村发展倾斜。① 从欠发达地区职业教育自身来看，要重新确定其办学定位，积极推进办学方式改革、课程改革等。

4. 产教融合视域下农村职业教育服务"三农"研究

种类4包括乡村教育、乡村建设、职业教育服务、"三农"工作等7个关键词。农村职业教育面向农村，能够很好地与农业农村农民联系起来，发展农业、提高农民素质、建设美丽农村。乡村教育与乡村建设是对"孪生"姐妹，然而在城镇化进程中，乡村教育"脱农"倾向明显，成了为城市输送人才的"初级加工车间"。要想让乡村教育更好地服务于"三农"，就要在乡村振兴战略的指引下，充分挖掘乡村教育的"为农服务"功能。② 尤其要关注有着民生教育性质的农村职业教育，其对精准扶贫有重要作用。农村职业院校通过招收、资助有困难的学生和精准技能培训，精准实现困难群体获得职业技能。③ 这样的"造血式"扶贫，更有助于贫困人口稳定脱贫，避免后脱贫时代的贫困人口返贫。同时，农村职业教育发展的根本方向是产教融合，有助于推动农村职业教育精准扶贫。那么农村职业教育作为产教融合关系中的积极参与者，应发挥出其能动作用。农村职业教育与乡村产业要在空间上、结构上和要素上相互融合，构建省、县、乡、村多级联动的现代职教服务体系，专业结构与产业结构、人才层次结构与乡村人才需求结构之间对接，通过线上或线下形式实现与乡村域、产业域的跨界合作。④ 职业教育是扶志、扶智的有效手段，新时代要让职业教育服务"三农"发挥更大的作用。⑤

5. 农村职业教育人才培养模式研究

种类5包括人才培养和农村2个关键词。农村职业教育有利于培育职业农民，提高农村人力资源开发的质量，改善农村的人口素质。从农村职业教育供

---

① 李丽英，宋永. 乡村振兴战略背景下的广东欠发达地区职业教育发展路径研究［J］. 职业，2019（20）：31-33.

② 赖明谷，安丽娟. 基于乡村振兴战略的乡村教育发展研究［J］. 上饶师范学院学报，2019（04）：79-86.

③ 王慧. 产教融合：农村职业教育发展方向［J］. 教育研究，2018（07）：82-84.

④ 徐小容，李炯光，苟淋. 产业振兴：职业教育与乡村产业的融合机理及旨归［J］. 民族教育研究，2020（03）：11-15.

⑤ 冯胜清. 新时代职业教育服务"三农"更有用武之地［J］. 中国农村教育，2020（07）：18-19.

需失衡可以看出，人才培养供给不适应技能需求，因此，需要进行农村职业教育人才培养模式创新与改革。一方面，要实施产教融合，深化"工学结合"的人才培养模式，其实质就是校企协同育人，将理论与实践教学、教学过程与生产过程结合在一起培育人才。① 另一方面，要注重培训的多元性，如举办职业能力短期培训班，入村提供生产技能指导服务；根据当地农业发展需求，向学生传授农业技术、职业技能；信息化时代也要求教育的信息化，在农村职业教育人才培养上能够更多地利用信息技术推广数字化职业培训模式。② 此外，在电商领域，有学者探索了"三创型"即"创新创造创业"人才的培养，提出实施"课堂内+课堂外"的双课堂弹性学习方式，实施"互联网+现代农业"的双融合实战教学模式。③ 最后，还要构建适合不同专业群特点的课堂教学模式，强调专业技术教育和技能培养，加强操作性训练。④ 在人才培养模式创新上，南通市如东县建立了"如东学习网"线上学习平台，分门别类开设了万余门线上课程，已经形成了 30 万人次的学习规模，为泛在学习（U-Learning）式的学习型社会奠定了基础。⑤

6. 脱贫攻坚视域下农村职业教育政策分析研究

种类 6 包括政策和脱贫攻坚 2 个关键词。教育政策研究的核心问题包括政策过程研究、政策价值研究、政策文本研究等。⑥ 在本研究种类下，学者主要进行了教育政策演进研究和文本内容分析研究。分析我国 40 年农村职业教育政策的演进，可以看出每个阶段都和时代发展紧密结合。农村职业教育政策价值逻辑演进特点表现为：价值向路的选择更为成熟、合理；推展路径更加科学；目标定位渐次清晰。⑦ 职业教育主动服务乡村振兴战略的政策体系分成四层三

---

① 马彦蕾. 乡村振兴战略下高职院校提升人才培养质量研究 [J]. 现代教育，2018（10）：48-49.

② 李怡，曾新洲. 乡村振兴战略背景下基于乡村需求的职业教育发展对策探析 [J]. 中国农村教育，2019（27）：19-21.

③ 张猛. 基于乡村振兴战略的"三创型"电商人才培养模式研究 [J]. 电子商务，2019（05）：63-64.

④ 于禾，尤伟. 乡村振兴战略下高等职业教育人才培养质量的现状与优化 [J]. 职教发展研究，2020（01）：43-48.

⑤ 薛应华，王华，张松斌，等. 论"乡村振兴战略"人才支撑体系的构建——以如东县为例 [J]. 中国农村教育，2018（13）：42-44.

⑥ 祁占勇，陈鹏，张旸. 中国教育政策学研究热点的知识图谱 [J]. 教育研究，2016（08）：47-56，98.

⑦ 丁红玲，李珍珍. 改革开放以来我国农村职业教育政策：历史回顾、价值逻辑及未来展望 [J]. 河北大学成人教育学院学报，2018（04）：88-95.

段，从横向看包括党中央、国务院发布的乡村振兴战略政策文件，国务院办公厅及多个部委支持乡村振兴战略的政策等四个层面；从纵向看三个阶段经历了单一部门单项政策、多个部门多项政策和多个部门综合性政策阶段。政策内容包括两个方面：一是服务脱贫攻坚；二是发展面向农村的职业教育和新型职业农民培养。① 有学者关注到农村职业教育经济政策，我们都知道，职业教育对经济有很好的促进作用，但是很少有学者关注经济如何适应并满足职业教育的需要。在这样的背景下，要积极构建法治化的职业教育财政政策话语体系，保证职业教育财政活动和形式乃至实质与内容的合法性，增强政策效力。② 有研究者对 25 个省级行政单位颁布的乡村振兴文本中的职业教育治理路径进行了分析，分析了政策关注的核心、重点以及政策持续性和较少关注的内容，并深入探讨了"治理有效"的职业教育治理体系的构建。③

7. 面向农村的高等职业教育发展历程研究

种类 7 包括高等职业教育和发展历程 2 个关键词。在乡村振兴视域下，高等职业教育理应面向农村承担起为农村培养人才的责任。农村早已是职业院校生源的主要来源，有数据表明：中职学生中 82% 是农村户籍，高职学生中则是 53%。但是，高等职业教育面向农村，不仅指将农村学生招到学校去，更是要为农村培养"留得住、用得好"的本土人才。④ 自中华人民共和国成立以来，我国农业高等职业教育经历了"萌芽、发展定位以及内涵建设"时期，农业高职教育作为与农业产业发展联系紧密的教育类型之一，经过多年的快速发展已形成相当的规模。然而在乡村振兴视域下，高等职业教育服务农村发展、服务农民培养等方面仍发力不足。一方面，农业高等职业教育招生难、经费紧缺、合作不畅、师资数量和质量不容乐观，制约了其规模的发展与作用的发挥。⑤ 另一方面，农村人口接受高职教育比例仍然偏低、农村学生回村就业情况不乐观、培训和服务成效不明显。⑥ 由此，高等职业教育要以更高的成效面向农村，

---

① 佛朝晖，陈波，张平弟. 职业教育主动服务乡村振兴战略的政策分析 [J]. 中国职业技术教育，2019（15）：60-66.

② 祁占勇，王志远. 经济发展与职业教育的耦合关系及其协同路径 [J]. 教育研究，2020（03）：106-115.

③ 任胜洪，陈倩芸. 乡村振兴战略中的职业教育治理路径——基于省级乡村振兴政策文本的分析 [J]. 中国职业技术教育，2019（15）：67-73.

④ 苏华. 加快发展面向农村的职业教育 [J]. 中国农村教育，2019（13）：9.

⑤ 何正东. 我国农业高等职业教育发展历程及展望 [J]. 中国农业教育，2019（04）：18-23.

⑥ 何杨勇. 高职教育服务乡村振兴的举措、困局与路向 [J]. 高等职业教育探索，2019（03）：12-18.

服务乡村振兴。为了使广大农民适应现代化社会，实现农民的现代化，各地高职院校应积极整合有特色、有影响力的专业资源，开展创新创业工作。① 积极响应"互联网+乡村振兴"战略，探索农村电商、乡村旅游等服务，② 面向农村培养农村新型人才。

（四）高频关键词热点知识图谱及分析

将 37 个关键词构成的相异矩阵导入 SPSS 进行多维尺度分析，绘制出乡村振兴视域下农村职业教育研究的热点知识图谱（见图 3-2），以便进行各个关键词之间的深入分析。在图 3-2 中，小圆点代表高频关键词所处位置，各个小圆点的距离越近则关系越紧密。四个象限代表的含义各不相同，如处在第一象限就表示这些关键词是学科研究中的重要内容和热点，是学科研究的活跃主题。③

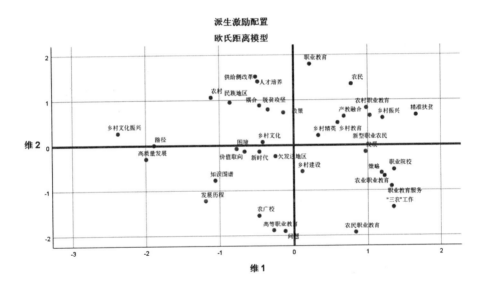

图 3-2 乡村振兴视域下农村职业教育研究热点知识图谱

从我国乡村振兴视域下农村职业教育研究热点的分布可以看出：种类 1 主要分布于第一、第二象限，说明其是乡村振兴视域下农村职业教育研究的热点，

① 米振生，孙晓慧，王闯，等."乡村振兴"背景下地方高等职业教育创新创业工作新策略——以聊城职业技术学院为例 [J]. 安徽农学通报，2020（Z1）：132-133.

② 张钊，吴佳欢，许文敬，等."互联网+乡村振兴"背景下高等职业教育产教融合育人路径研究——以电子商务专业群视角 [J]. 知识经济，2020（13）：121，123.

③ 钟伟金，李佳. 共词分析法研究（二）——类团分析 [J]. 情报杂志，2008（06）：141-143.

是当前学科研究的活跃主题，尤其是将农村职业教育与乡村振兴联系起来研究，紧跟当今政策重点。而民族地区、乡村文化振兴等位于第二象限，且联系比较松散，说明其研究不够稳定，还有进一步发展空间。种类2、种类3主要位于第三、第四象限，且关键词间联系不够紧密，说明农村职业教育发展的价值取向问题及欠发达地区农业职业教育需要加强研究。种类4位于第一和第四象限，说明产教融合、精准扶贫和乡村教育是研究的重要内容，但职业教育服务"三农"工作及乡村建设研究却尚不成熟。种类5和种类6均处于第二象限，这表明农村职业教育人才培养模式和农村职业教育政策分析研究表现活跃，但结构松散，不能自成一体，还需学术界深入探索。种类7位于第三象限，因面向农村的高等职业教育对乡村振兴起着至关重要的作用，其也被学界置于关注领域，已经形成了一定的研究规模，但不够活跃，有待进一步探讨。

三、结论与展望

以上研究表明，乡村振兴视域下农村职业教育研究的热点主要集中在农村职业教育价值取向等7个方面，研究内容覆盖面较为广泛，为推动农村职业教育更好地服务乡村振兴做出了重要指引。人才兴，则乡村兴；乡村兴，则国家兴。农村职业教育要充分发挥出人才培养动能，为农业农村现代化赋能，让农村成为安居乐业的美丽家园。为此，仍然需要加强职业教育服务乡村振兴各方面的研究。

一是要拓宽农村职业教育价值取向研究。一般说来，农村职业教育的发展方向与其价值取向密不可分。主流的"离农""为农"价值取向的本质都忽视了农民自身，不利于农民的长远发展。当前研究也多关注农村职业教育服务乡村振兴、服务三农的价值取向，然而在乡村振兴视域下，要实现建立"农业强""农民富""农村美"的现代化农村，绝不可忽视农民的发展，没有农民的振兴，就不可能实现乡村的全面振兴。农民的诉求归根结底与乡村建设的方向是一致的，教育要看到农民这个最重要的价值主体。因此，要丰富农村职业教育价值取向的内容，农村职业教育的价值取向研究要向着"以人为本"这个核心靠近，加强农民的可持续发展能力和道德建设，加强农民对乡风文明的认同感，同时建设好现代化农村，让农村能够留住农民，农民愿意建设农村。

二是深化农村职业教育国际比较研究。根据文献的计量统计分析发现，当前国内在乡村振兴视域下农村职业教育的研究都是立足于我国农村发展现状，很少涉及国外经验的借鉴。当前国外的农村职业教育在发展中取得了丰富的经验，通过将农村职业教育研究拓展到国际视野，可对我国农村职业教育发展起到一定指导作用。进行国际比较研究，首先，要加强对发达国家农村职业教育的研究，分析其农村职业教育建设路径；其次，将国内国外进行对比研究，找到可以借鉴的要点；最后，要立足我国本土社会情况进行农村职业教育建设研究。在借鉴国外经验时，既要有开放包容的心态，又要有批判性意识、创新意识，不可不假思索地生搬硬套，更不可一味崇拜，要注意最终目的是为我国农村职业教育发展建言献策。

三是创新农村职业教育人才培养模式研究。教育绕不开的永恒话题就是人才培养，职业教育中人才培养尤其关系着职业教育本身的发展和学生未来的发展，如果职业教育像普通教育一样培养学生，那这些学生在社会竞争中更会处于弱势地位。在对文献资料进行聚类分析以及多维尺度分析时发现，农村职业教育人才培养模式仍需深入探究。当前学者并没有提出具体的人才培养模式，大多是产教融合、工学结合这样较为宽泛的原始概念，缺乏具体实际操作。即使有较为具体的模式，也只是个别院校、个别地区在实践，缺乏广泛推广的远景。农村职业教育培养的人才类型多样，有以就业为目标的学生，有对劳动力转移的培训，也有新型职业农民培育等，入学的学生更在年龄、基础水平上相差甚远。因此，针对不同类型的人才，就要开发有针对性的人才培养模式。同时要注意人才培养模式的创新性与可推广性，以理论为基础，开发更加科学、更加适应当前经济社会发展的人才培养模式。

四是注重农村职业教育政策过程研究。当前学者进行的较多的是乡村振兴视域下农村职业教育政策演进及政策内容分析研究，对政策过程关注较少。教育政策过程的核心内容包括政策制定、政策执行和政策评估，[①] 教育政策过程体现着一项政策制定、实行的全过程。对教育政策过程进行研究不仅能够了解一项政策是如何产生的，还能够看到政策在执行中是如何运作的，在研究中有助于发现政策制定、执行、评估过程中出现的问题，以便更好地改进教育政策。当前我国各省市为响应乡村振兴战略发布了不少相关政策文件，那么除了文本分析，进行政策过程研究也是必不可少的。首先，在政策制定上，加强政策制定的科学性、公平性、合理性研究，让专家、一线教师、产业相关人员等利益

---

① 祁占勇，陈鹏，张旸. 中国教育政策学研究热点的知识图谱 [J]. 教育研究，2016
（08）：47-56，98.

相关者参与政策制定，体现政策制定主体的多元性，吸取多方意见，使政策制定更加科学有效；其次，在政策执行上，如何宣传、选择试点、进一步推广，如何有效执行，这些都是需要研究的问题；最后，要加强教育政策评估研究，教育政策执行效果如何，教育政策的改进，都需要建立起完善的教育政策评估制度，通过评价的反馈，更好地服务于政策过程的良性循环。

第四章

乡村振兴视域下农村职业学校的使命与发展策略

乡村发展问题是国家长久以来关注的重点和解决的难点，乡村的全面、和谐、健康、创新发展越来越成为事关国家全局的重大战略部署。基于改革开放四十多年来的中国特色社会主义社会建设经验，党和政府为实现全面建成小康社会、基本实现社会主义现代化的两个百年目标，紧紧围绕"五位一体"总体布局和"四个全面"战略布局，提出和实施了乡村振兴战略，始终致力于解决农村地区区域经济社会发展及农村人口物质和精神双重需求问题，取得了一定程度的乡村建设成效，获得联合国教科文组织的高度肯定。但我国乡村振兴战略实施时间较短，仍需进一步扩大发展空间，寻求更多社会支持力量。

乡村振兴的关键在人才，农村职业教育作为区域人才培养的主力，必然在振兴乡村方面具有无法比拟的作用和价值。早在《国家中长期教育改革和发展规划纲要（2010—2020 年）》中就已经指出，要加大培养适应农业和农村发展需要的农业生产能手，增强涉农专业的发展比例，不断发展带有农业气息的职业学校，使得职业学校更好地服务新农村建设，同时统筹协调城乡、东西部的合作发展，使得城市和东部服务农村和西部的建设。发挥各级各类学校在新型农民、进城务工农民和农村劳动力转移培训中的不可替代的作用。十九大报告中乡村振兴战略的提出进一步使各级各类农村职业学校承担了培养适宜的技术技能人才的重任，肩负起乡村振兴的时代使命。农村职业学校作为乡村振兴重要组成部分，其作用自然不可或缺。但农村职业学校自身的生存、城镇化建设和乡村振兴开展，都取决于农村职业学校的发展合理与否。为了农村职业学校更好地服务于国家乡村振兴、脱贫攻坚、区域协同发展等战略实施，巩固已取得的乡村振兴成果，加大乡村建设力度，明晰农村职业学校在乡村振兴中的使命、反思农村职业学校的办学成为当下迫在眉睫的任务，具有重大的实践意义。

一、乡村振兴视域下农村职业学校的使命

随着产业升级和经济结构调整步伐的不断加快，国家发展站在了新的历史起点，中国特色社会主义建设进入新时代，我国社会主要矛盾随之转化为人民日益增长的美好生活需要和不平衡不充分的发展之间的矛盾。农业农村作为中国特色社会主义建设中的短板，突出体现了发展的不平衡和不充分，因此，党和国家高度重视"三农"问题的解决，在十九大报告中提出实施乡村振兴战略，坚持农村农业优先发展，促进城乡融合发展，加快推进农业农村现代化。农村职业学校因其人才培养的特殊性和鲜明的地方性，必然在乡村振兴的推进过程中具有不可替代的作用和价值。为使农村职业学校教育达到服务乡村振兴的要求，必须厘清乡村振兴的特征，明确农村职业学校在乡村振兴中的使命与担当。

（一）基于政策文本的乡村振兴特征阐释

经过多年不懈努力，我国在"三农"建设方面取得了巨大成就，为进一步推动农村农业发展奠定了坚实基础。但农业发展质量效益竞争力不高、农产品供求结构不均衡、农民持续增收后劲不足、农村内部自我发展能力较弱、城乡差距明显①等问题依然阻碍着现阶段"三农"工作的顺利开展，亟待得到国家、社会的重视和解决。顺应农村农业发展的新时代要求，党的十九大将乡村振兴上升到国家战略高度予以部署，并提出产业兴旺、生态宜居、乡风文明、治理有效、生活富裕的总体要求。2018年中央一号文件，乡村振兴视域下的总要求，按照国家决胜全面建成小康社会和第二个百年奋斗目标分两个阶段实现的战略安排，将乡村振兴战略的实施目标划分为三个阶段，即至2020年，乡村振兴取得重要进展，基本形成制度框架和政策体系；至2035年，乡村振兴取得决定性进展，基本实现农业农村现代化；至2050年，乡村全面振兴，全面实现农业强、农村美、农民富的目标。乡村全面振兴不仅依赖于乡村的内部力量，城镇资源的支持也是关键影响因素，城乡要素的有序流动是乡村全面振兴的重要体现。因此，综合乡村振兴相关政策规定，结合2050年乡村全面振兴的目标要求，我国乡村振兴的特征主要体现在以下三个方面。

1. 城乡融合发展

城乡关系是经济社会发展中最基本的关系形态，城乡协调发展程度彰显着国家整体建设水平。随着全球化、新型工业化、城镇化和农业现代化的同步发

---

① 党的十九大报告辅导读本编写组. 党的十九大报告辅导读本［M］. 北京：人民出版社，2007：209.

展，缩小城乡之间的发展差异，成为我国重要的建设任务。城乡经济水平拉近的关键在于"三农"问题的有效解决，而城乡融合发展则是解决新时代"三农"问题的突破口。因此，党和国家在实现农业农村农民全面发展的乡村振兴战略中强调对"三农"问题的重视，指出要坚持农业农村优先发展，加快城乡融合发展体制机制、政策体系的建立和完善，提高农业农村现代化的推进速度。为加强乡村振兴战略贯彻和落实，我国对其进行了详细部署，确定了阶段性的发展目标，并依据目标对城乡融合建设水平提出相应要求，即到 2020 年，城乡基本公共服务均等化水平得到进一步提高，初步建立城乡融合发展体制机制；到 2035 年，城乡基本公共服务均等化得以基本实现，城乡融合发展的体制机制建设更加完善。总之，在乡村振兴实施过程中要坚决破除城乡融合发展体制机制弊端，通过健全落户制度、完善激励机制、制定乡村振兴用地保障制度、建立城乡建设用地增减挂钩节余指标跨省域调剂机制等方法，充分发挥市场在资源配置中的决定性作用，推动城乡要素的自由流动和平等交换，形成工农互相促进、城乡互相补充、全面融合、共同繁荣的新型城乡关系，推动农业强、农民富、农村美目标的达成。

2. 区域特色凸显

"农业强"是国家在整体上实现乡村全面振兴的要求，但每个地区的产业结构存在一定的差别，因此，不同农村地区的发展应将"产业兴旺"放在首要位置，以"农业农村优先发展为原则"，结合自身资源和绿色环保理念建立区域性特色产业，推动区域的产业振兴，以区域振兴为基础实现国家的乡村全面振兴。支撑性特色产业的有无决定着乡村的兴衰，其一旦形成就能够调动广大农民参与农村生产的积极性、增强农村生产能力，保持农村经济发展的旺盛活力，为农村地区全面可持续建设提供保障。当然，产业特色化并不意味着完全抛弃农业，而是应以农业全面升级为基础，不断扩展农村生产力的视野，构建具有地方特色的一、二、三产业融合发展体系，提升农村经济建设的速度和质量。十九大报告中明确提出实施乡村振兴战略，促进农村一、二、三产业融合发展。随后，国家相继出台了作为十九大报告乡村振兴战略实施的具体化政策，更为细致地对农村农业发展进行了规划和说明，要求乡村振兴应坚持因地制宜、循序渐进的原则，科学地把握乡村的差异性和不同地区发展走势的分化特征，设计合理的顶层规划，突出重点，因地施策，打造一村一品、一县一业乡村发展新格局。同时，通过实施休闲农业和乡村旅游精品工程，利用闲置农房开展民宿、养老、互联网+农业等项目，开发农业多种功能，培育新产业新业态，使农村一、二、三产业在融合发展中同步进步和收益，形成根植于农业农村、由当地农民主办、彰显地域特色和乡村价值的产业体系，① 实现乡村区域特色产业的兴旺。

3. 乡风文明形成

乡风文明是实现"农村美"的软件基础，是乡村全面振兴的精神动力和智力源泉。习近平总书记强调，文明特别是文化是一个国家和民族的灵魂，文化兴则国运兴，文化强则民族强。我国应坚定文化自信，为新时代中华民族伟大复兴中国梦的实现提供指引，使中华民族的发展迈向更加辉煌的新征程。中国作为世界三大农业起源中心之一，在几千年的农业经济社会里，沉淀出了深厚的乡村文化。中华文明根植于乡村文化，对乡村文化进行传承和创新是我国文化自信的重要体现，也是我国现阶段实施乡村振兴战略的灵魂所在。在首次提出实施乡村振兴战略时，党和国家就充分认识到乡村文化在农业农村发展中的重要作用，把乡风文明建设纳入乡村振兴战略的总要求，使其成为国家关注的焦点，并随即出台大量相关政策予以部署和指导。2018 年，中共中央、国务院出台文件提出乡风文明是乡村振兴的保障，乡村社会文明程度的提高需要采取加强农村思想道德建设、传承发展农村优秀传统文化、强化农村公共文化建设以及开展移风易俗行动等措施，促进物质文明和精神文明共同进步，优化农村人居环境。同年，在乡村振兴战略阶段规划中，对繁荣发展乡村文化工作做出具体安排，指出我国应持续推进农村精神文明建设，在深入践行社会主义核心价值观、巩固农村思想文化阵地、保护利用乡村传统文化、健全公共文化服务体系的基础上，倡导诚信道德规范、重塑乡村文化生态、广泛开展群众文化活动，提升农民精神风貌，逐步形成文明乡风。

（二）乡村振兴视域下农村职业学校的使命

1. "离农"与"为农"兼顾促进城乡融合发展

城乡融合是对新型城乡关系的重塑，是推进乡村振兴战略和破解新时代乡村建设矛盾的必然选择。城乡融合的关键在于破除城乡二元桎梏，促进城乡生产要素的自由平等流动，逐步缩小城乡发展差距。城乡差距从表面上看是经济的差异，其根本在于地区之间人的发展水平的差别。首先，据 2017 年的统计数据显示，我国城镇常住人口占全国总人口的 58.52%，但拥有城镇户籍的人口仍仅占全国人口的 42.35%②，说明仍有大量的农村人口涌向城镇，而农村整体生

---

① 乡村振兴战略规划（2018—2022 年）［EB/OL］. 中华人民共和国中央人民政府官网，2018-9-26.

② 李国鹏. 以城乡融合发展推动乡村振兴的路径探析［J］. 农业经济，2019（03）：33-34.

活水平低于城镇，城镇人口较少进入农村发展，造成了常住农村人口规模缩小；其次，城镇户籍人口的受教育程度普遍较高，其掌握的知识和技能一般强于农村常住人口和农村转移人口，导致城乡之间人口质量存在差别。解决这一问题的关键在于振兴农村学校，用优质的农村学校为城乡差距的缩小培养适宜人才，为城乡均衡发展注入更多动能，促进城乡的融合。农村职业学校作为农村学校的重要组成部分，应充分满足城乡的人才需求，做到"离农"与"为农"兼顾。一是农村职业学校可以充分吸收和利用城镇资源发展农村人口适应城镇的职业能力，推动城镇化的发展进程。二是农村职业学校的目标和任务是服务"三农"，必须坚守本色，在培养农村人口掌握现代农业生产技能和知识的基础上，吸引城镇人口接受培训参与农村建设，实现农村与城镇人才资源的双向互动，为城乡融合发展提供充足动力。

农村职业学校主要通过两种方式实现"离农"需求。一是通过提升农村人口的学历，为部分农村人口提供进入城市生活的机会。农村职业学校起着基础性的教育作用，形成与高等职业教育的层次上的衔接。农村职业学校属于中等职业教育，重点培养的是技能型人才，起根本性的作用；高等职业教育主要培养高端技能型人才，发挥引领性的作用。中高职衔接在构建现代职业教育体系和发挥职业教育的产业吸引力中，占据着核心位置。中高职衔接是培养经济社会发展需要的高端技能型人才的有效体系，为经济的发展提供高素质技能型人才。在普及高中阶段教育和乡村振兴的政策指引下，农村职业学校的学历教育作用受到国家的关注和重视，成为农村人口向外流动的重要途径，并且在国家不断加强建设职业教育的过程中，农村职业学校形成了多元化的升学渠道，其毕业生可以通过参加普通高校的职业教育单招考试、高职学校自主招生考试、全国普通高等学校招生考试以及高等职业学校综合评价招生、符合条件的免试注册招生等形式进入高职或本科学校继续深造，尊重学生的选择，为学生提供离开农村的通道。二是农村劳动力转移培训，满足农村人口流向城镇就业的需要。在工业化的驱动下，城镇化顺势而生，农村人口向城镇流动是自然的历史过程，是实现国家现代化的重要标志，2014 年我国提出城镇化阶段性发展目标，即到 2020 年，我国常住人口城镇化率约达到 60%，努力实现约 1 亿农村转移人口在城镇落户。① 党的十八大以来，随着户籍制度改革的深入推进，逐步放宽了城镇落户条件，提高了农民工落户城镇的可能性。虽然我国在不断推动城镇

---

① 吴兆明. 农村转移劳动力职业教育与培训作用机理实证研究［J］. 成人教育，2017（07）：53-56.

化的发展，但现阶段城镇化的水平依然明显滞后于工业化进程，其主要原因在于农村转移人口就业技术技能的缺失，难以融入城市社会。因此，农村转移人口人力资本的提升需要以就业为导向、以技术传授为主要内容的农村职业教育为之发力。农村职业学校应首先站在城镇建设的高度，科学化、专业化地分析其就业技能需求，以短期培训为主要形式，使农村转移劳动力获得城镇生存能力；其次，农村职业学校可以根据城镇发展变化，通过中长期培训，不断更新农村转移人口的职业技术、提升农村转移人口的内在素质，使其能够深度融入城镇生活，促进其市民化的实现。

"离农"与"为农"并不是简单的二元对立关系，"离农"从一定程度上讲是间接的"为农"。根据我国 2017 年的统计数据显示，农村人口仍占全国总人口的三分之一以上。农村人口众多使我国出现人均耕地面积、农业生产规模较小的状况，在此基础上，农业机械化、产业化、规模化难以实现，农业生产成本无法降低，导致农民从事农业生产的收入水平不高。其主要的解决方式是转移大量农村剩余劳动力，加快农村土地的流转，盘活土地资源，形成集约化、规模化的农业生产模式，实现农业现代化发展，推动乡村社会经济的振兴。因此，实现乡村振兴的路径是我国应适量减少传统农民的数量，加大对高水平、高质量综合性农业生产者的培养。农村职业学校作为培养农村地区从事农业生产劳动者的最直接力量，必然具有不可替代的价值。第一，农村职业学校能够参与培育新型职业农民。为加强有文化、懂技术、善经营的新型职业农民队伍的建设，国务院出台乡村振兴相关政策，支持新型职业农民通过弹性学制参加包括农村职业学校教育，进一步提升自身从事农业生产的能力，为乡村振兴注入新活力。第二，农村职业学校能够为农村建设提供专业人才。农村职业学校可以综合利用丰富的教育培训资源，基于当地的实际建设情况，灵活调整专业设置，建立适宜的人才培养模式，培养农村职业经理人、乡村工匠、文化能人等一批专业化人才，满足农村一、二、三产业融合发展以及农业生产规模化对专业人才的需求，推动乡村振兴目标的实现。

2. "借智"与"改技"并举适应区域发展

乡村振兴的关键在于区域的特色发展，其产业兴旺是重要支柱力量，尤其要注重农业的深度改革和创新，实现国家的"农业强"。"特色"就是指一个事物的与众不同之处，往往与这一事物生存发展的特定环境存在直接关系。把握乡村特色，实现乡村在新时代的价值是乡村振兴的根本途径。正如 2019 年习近平总书记在江西考察时强调，实施乡村振兴战略的总目标是实现农业农村现代化，而加快推进农业农村现代化的重要措施是根植于当地的文化习俗和资源禀赋发展特色产业和特色经济。把握乡村特色产业的本质，关键在于突破乡村产业就是农业的传统观点，发展农业的多功能性，推动乡村一、二、三产业的融合发展，促进规模化特色种植和文化休闲产业的形成。党和国家政策方针能够为乡村特色建设提供指引，科学技术以及新型技术人才是其实现的基础和保障。特色产业的建立不能凭空产生、一蹴而就，必须在充分了解地区特点的基础上借鉴其他地区的先进经验，以保持本地区产业结构改革的稳定性和快速性，并且需要依赖于科学技术的改造和推广，促进农业农村现代化的实现，为乡村振兴注入动力。自"科教兴国"战略提出以来，农村职业学校担负科技传授和推广的责任也日益凸显，农村职业学校就是借鉴、改造、推广其他地区经验和科学技术的重要基地，因此，在乡村振兴过程中，农村职业学校需要继续发挥"借智"和"改技"的功能，以推动该地区特色产业的蓬勃发展。

　　"效率"成为当今社会发展的主题，然而仅依靠自己探索难以取得高效的成功，必须学会借鉴成功经验，降低失败概率，节约时间和资金成本，即懂得"借智"。在推进区域特色发展、实现乡村振兴中，同样需要向获取成功的地区借鉴先进的经验，使本地区获得快速发展。在中华人民共和国建立初期，农村职业学校建设就是我国借鉴苏联经验的主要力量，培养了大量适宜人才，为当时我国农村农业的发展做出了突出贡献。"三农"发展是乡村振兴的关键点，因此，农村职业学校仍应发挥"借智"的功能，提高区域产业的生产效率和生产特色。农村职业学校扎根农村，能够更加清楚地了解当地经济发展的特点和需求，经过对比和筛选，可以使借鉴更具优势和针对性。首先，农村职业学校建设的重点应围绕第一产业，在综合其他地区农业发展的优秀经验的基础上，结合当地农业所需确立人才培养目标，积极开设涉农专业，培养部分自愿留在农村的群体从事农业生产的现代化先进技能，促进当地农业的迅速发展；其次，与城市相比，由于农村地区发展缓慢，自然资源、文化资源遭到的破坏程度较低，且当地人口对本地的文化传统、风俗习惯、地理风貌等的了解程度较深，农村职业学校可以在借助这一系列优势的基础上，借鉴同类型其他地区农村职业学校在旅游业、休闲产业等方面所采取的人才培养的有力措施，减少一定的人才培养探索环节，为本地区特色发展快速提供专业人才，满足产业所需，推动当地经济发展。

　　"科学技术是第一生产力"。先进的科学技术不仅在工业生产中具有不可或缺的作用，在农业生产中同样被需要，尤其是在农业农村现代化、乡村振兴战略的要求下，其作为农村产业发展的重要推动力量日益受到国家和社会的重视。传统农业改造以及新技术、新材料、新能源应用，都需要将先进的科学技术广泛地应用于农村产业，进而不断提升农村产业的生产效率、提高农产品的质量、保证食品的安全，因此科学技术是改变农业增长方式的关键，是农业农村现代化的动力源泉。农村产业技术的科学化是农业农村现代化的体现，但其应用是农业农村现代化的落地。因而，农业农村现代化的实现最终依赖于从事农村生产的主体，由农民的综合素质决定。农村职业学校早在20世纪80年代中期为改变当时农业技术转化率不高的问题，就已经肩负起农业技术推广的重任。在农业科学技术如此被需要的今天，农村职业学校需继续改进和发挥其在科学技术传播方面的重要功能。虽然有关农村生产的科学技术的研发能够适应大部分农村地区，解决大量的农村产业问题，但地区之间产业的发展状况、生产环境千差万别，需要科学技术推广部门结合本地区特点进行相应的调整，增加其应用的有效性和契合度。农村职业学校作为农村农业科学技术的推广主体，能够运用自身对当地真实情况的了解，汇集教师、当地产业带头人、科研专家等组成团队，对已有的科学技术结合本地实际进行改进，使其更具地方特色，并且可以运用学校和农村的生产设备在实践中继续改进，增强科学技术与当地产业的贴合度，将其传授给当地劳动者，推动本地区产业的特色发展。

3. "提质"到"立德"渐进实现乡风重塑

乡风文明是"农村美"的重要体现，是乡村振兴战略的内在要求，是实现乡村振兴的关键点和立足点，是乡村全面振兴的主要特征，没有乡村文化的振兴，乡村的全面振兴将成为空谈。乡村振兴，既要塑形，又要铸魂，即在人们物质生活日益得到满足的同时要兼顾对其精神层面的照顾，凝聚乡村人口的精神动力，达成文化共识，最终采取共同行动，进一步推动乡村振兴的发展。良好的乡风能够浸润人心、引人向善、规范日常行为以及凝聚乡村力量，使农村人口以更好的精神面貌、积极的生活态度促进乡村振兴的实现。乡风文明的源头必然是乡村文化，中华文化是中华民族的血脉，乡村文化是农民的精神家园，乡村振兴要保留和传承优秀的乡村文化基因、守正文化根脉、有效遏制陈规陋习、树立文明新风。① 乡村文化建设的不断推进使乡风文明得以形成，为乡村人民的生活提供和谐稳定的社会环境，使其能够安居乐业，为乡村的永续发展提供长久动力。而文化的保留和传承需要依托一定的载体，除了依赖于村居建筑、风俗习惯、民间信仰等方面外，人是最主要的途径。没有人与人之间的代代相传，丰厚的乡村文化将不复存在，当其个人素质得到普遍提升时，文明乡风才能得以建立。人接受文化熏陶、积累文化知识的最直接、最高效的方式是

---

① 中华人民共和国农村农业部. 关于进一步推进移风易俗建设文明乡风的指导意见［EB/OL］. 中华人民共和国农村农业部官网，2019-9-4.

通过教育。自 20 世纪 90 年代中叶开始，我国不断加强对素质教育的重视，农村学校必然也随之在教育教学过程中更加关注人才素质的提升。但农村人口并不能全部进入普通教育体系接受长期全面系统的文化教育，因此，农村职业学校具有地处农村以及教育方式灵活的优势，使其同样成为农村人口掌握乡村文化必不可少的路径。

乡风文明形成过程中，人人都是塑造者。个体修养的提升是全体公民素养提升的前提，有利于推动社会文明的进步。公民素质提升和精神文明建设皆主要体现在对人们文化素养的提升，而文化素养的有效提升途径在教育。乡风文明的形成在于对农村人口综合素养的提升，农村职业学校原本就具有提高人口素质的功能，因此农村职业学校教育是农村人口"提质"的重要力量。首先，农村职业学校可以运用现场分析、幻灯片讲解以及实际演示等教学方式，充分挖掘乡村文化，帮助适龄学生提高内在素养，也可以通过送学生进入乡村企业实习、参加农村劳动、组织外出演出等方式使学生自己操作和体验，在不断的学习中，更加直观地感受到蕴藏在农业劳动中的农民智慧和农耕文化，加深学生印象，潜移默化地助力乡村文化的传承。其次，农村职业学校可以通过长短结合的培训，将愿意接受农村职业教育的非适龄农民纳入受教育者行列，在对其进行技能培训的同时，培养其对爱祖国、爱农村、爱农业、爱家庭的意识和品质，逐渐提升其内在素养，使其主动注重对生活环境的保护和对和谐人际关系的维护，为农村集体生活营造良好氛围。最后，采取终身教育措施，使农村人口由"提质"向"立德"渐进。农村职业学校可以通过开展巡回演讲、开展特色培训班、网络宣传等方式不断加强乡村文化传承的深度和广度，改变农村居民不良的生活习惯和风俗信仰，提升农村人口的思想道德水平，帮助其逐渐建立起符合社会主流的道德观、价值观，进而使其在潜意识的指导下，自然而然地做出规范的、合理的行为，实现乡风重塑，促进乡风文明的最终形成。

二、农村职业学校服务乡村振兴的现存问题

乡村振兴战略是新时代国家对乡村建设做出的重大部署，具有更强的进步性和创新性，需要农村职业学校调整自身功能定位以适应国家的战略调整。但当前我国农村职业学校的建设和发展依然较为保守和传统，其功能与乡村振兴的需求之间存在诸多不适宜的现象，即办学思路不清晰且城镇化倾向明显，办学特色不明显且同质化现象突出，扶贫安排不合理且与实现长效脱贫矛盾，素质培养不重视且与形成文明乡风疏离，使农村职业学校不能有效推动乡村振兴战略的实施。

（一）办学思路不清晰且城镇化倾向明显

乡村振兴战略的提出主要是为了促进"三农"发展，因此，农村职业学校应面向农村，为"三农"提供服务，以适应乡村振兴的发展需求。但当前我国农村职业学校存在城镇化倾向明显的问题，更加强调为城市服务，使农村职业学校逐渐丢失服务"三农"的本质，与乡村建设相背离。虽然我国在宏观战略上指出要促进工业化、信息化、城镇化、农业现代化同步发展，但"同步"意味着共同进步，农业现代化与城镇化处于同等重要的地位，所以，农村职业学校不能顾此失彼，需正视自身在乡村建设中所存在的问题。

一是当前我国农村职业学校中学历教育占比较高，呈现"普教化"发展倾向，无法推动当地农业农村实现现代化。与普通教育相比，农村职业学校教育最大的特点是向学习者提供专业知识和专业技能。然而在实践发展中，农村职业学校忽略自身优势和内在条件，盲目迎合农村民众的需求将其办成学历教育。根据有关数据显示，在我国农村职业教育领域中，学历教育占绝对主导地位，有超过90%的农村职业学校把大部分资源用于支持学历教育[1]，造成非学历教育发展程度严重不足，违背了其办学的初衷。一部分地区直接将农村职业学校办成"考试补习班"，偏离其固有的职业属性，例如重庆某县区将学生按照中考成绩进行分类，分别编入升学班和就业班，而升学班的主要任务就是教授学生普通文化知识，以应付升学考试[2]，送学生进入更高更好的学府。甚至一些学校直接将升学率作为招生简章的主要内容，并着重进行讲解宣传，以吸引大量的生源。甘肃省某县职业技术教育中心在2018年招生简章中详细介绍了本校的升学情况，四年间该校有170名学生先后被兰州交通大学、兰州理工大学、甘肃医学院、天水师范学院、重庆人文科技学院等本科学校录取，每年的本科升学率保持在10%左右，而高职学校的录取率高达98%以上。

二是农村职业学校在农村富余劳动力转移培训中，对促进农村劳动力向城镇流动的关注度较高，对在农村内部进行富余劳动力产业转移培训的重视不足。农村职业学校作为农村职业教育的主要组成部分，是转移农村剩余劳动力的有效手段，也是培养和造就新型农民的主要途径。但是，当前农村职业学校在办学中却越来越走向极端。仅仅招收初中毕业生，多是为城市输送合格的劳动力。

---

① 孙莉. 乡村振兴战略下农村职业教育的改革与创新发展 [J]. 教育与职业，2018 (13)：5-11.

② 王剑峰，毕林. 西藏工县吾村农村劳动力转移就业的现状、挑战及对策调查 [J]. 黑龙江民族丛刊，2018 (06)：43-49.

当前国家各项政策措施的调整，加之协调城乡发展这一目标的提出，中国的城镇化将呈火箭式的速度发展，相应地，这也带来人类历史上最大规模的人口转移。在此背景下，农村职业学校专业设置"城市化"也是理所当然。然而，农村的现代化也不容忽视。乡村振兴战略中提出构建农村一、二、三产业融合发展体系，转变农业生产经营模式，健全乡村旅游、休闲农业、农耕文化体验等新业态培育机制，实现生产与消费多层次对接。人是这些活动得以实现的重要推动力，因此，需要农村职业学校为农村保留部分劳动力，并将其培养成为各级各类高素质人才，以保障乡村振兴战略的顺利实施。但我国农村职业学校更注重向城镇转移劳动力，在一定程度上忽视了农村地区的建设需要。山东省某地区，人社局负责人表示计划开展涵盖 1.4 万人的农村劳动力转移培训，目的是使农民在实用技术培训中能够掌握一技之长，更好地立足于城市，享受城市化发展成果。西藏某村通过农村劳动力转移顺利实现转移就业的 53 人中，超过半数进入县域以外的地区进行就业①，并且我国农村劳动力培训多以电焊、育婴师、家政服务等专业为主，对乡村旅游、农业生产管理等方面的培训力度不足，总体体现出为城镇服务的特征。虽然在城镇化战略指导下，农村职业学校可以为城镇建设提供人才支持，且农村富余劳动力转移对农村规模化生产具有一定的作用，但不能偏向于一种极端，影响其自身服务乡村振兴的能力。

（二）办学特色不明显且同质化现象突出

乡村特色发展是维持乡村社会经济繁荣的长久之计。实施乡村振兴战略必须要以区域特色产业为"龙头"，始终紧抓特色产业和产业振兴的"牛鼻子"，带动农业农村向现代化迈进。没有与地域发展相契合的特色产业作为支持，乡村振兴将成为无源之水、无本之木，其宏伟目标的实现也将成为空谈。特色产业建设需要农村职业学校为当地培育特殊专业人才，以此为根基推动产业的兴旺。但目前我国农村职业学校的建设大多同城市职业学校，甚至与普通中等学校雷同，未将农村视作自身生存、依赖和服务的广阔天地，没有充分与当地特色产业发展相对接打造独特的"农"字品牌。

一是农村职业学校涉农专业开设严重不足，千篇一律地开设如计算机、学前教育、物流管理、电子等专业，服务"三农"的定位越来越模糊。学校的专业设置体现其发展的方向，从侧面反映出其服务的地域定位。农村职业学校与城市职业学校相比，其本质区别在于农村职业学校应立足于农村，服务于农村、

---

① 王剑峰，毕林. 西藏工县吾村农村劳动力转移就业的现状、挑战及对策调查 [J]. 黑龙江民族丛刊，2018（06）：43-49.

农业和农民的发展，因此涉农专业的设置必不可少。当前，我国农村职业教育为获得生存、适应市场的发展需求，纷纷逃避对涉农专业的设置，甚至随意删除涉农专业，即使是冠以农字头的职业学校，农业类专业招生也难以超过招生总人数的50%。据各行业部门的不完全统计①，我国各类中等农业职业学校只剩下237所，中等职业学校农林类涉农专业招收学生数量从2010年的110.4万人，逐年下滑，到2016年减少至29.3万人②，使农村建设人才需求得不到充分满足。因为涉农专业报考人数较少，通常会导致学校既定招生计划无法保量完成，用以维持学校运转的国家经费也将随之减少。因此，农村职业学校为扩大招生规模，不断添加热门专业，与农村区域特色发展脱节，走上与城市职业教育趋同的道路。从重庆市所属县区的中等职业学校的调查结果来看，90%以上的中等职业学校调整了学校自身的专业设置，85%以上的涉农中等职业学校开设了非农专业，且非农专业的招生比例占到60%—80%，主要集中在计算机、数控机床和汽车维修等领域，而涉农专业由于生源和资金不足的问题，大部分处于停办或减少招生的状态。③ 河南省某贫困县职业中学2018年的招生计划中设置了18个招生专业，主要集中在信息技术类和教育类，并无涉及农林牧渔类专业的招生规划，忽视其以农业生产为主的区域建设特色④，对农民就近就地就业造成阻碍。

二是农村职业学校教学模式单一、教学内容不适宜、师资力量薄弱，不利于具有区域特色新型职业农民的培育。教学模式和教学内容是农村职业学校顺利推进教育教学的途径和载体，决定了人才培养的质量和效率，需要随着时代的变化做出相应的调整和改变。现阶段，农村职业学校尚未在教学模式、教学内容方面做出较多的创新，各地区依然主要以传统的教学模式和教学内容为主体，呈现出同质化、单一化特点，对具有地域特色的多元化新型职业农民的培育产生消极影响。虽然部分学校迈出了探索的脚步，但由于地区资源的限制和自身条件的不足，所作出的尝试大多持续性不强，致使农村职业教育在教学模式和教学内容上无法取得突破式进展。如河南省某县的调查显示，新型职业农

① 张成涛，张秋凤. 乡村振兴背景下农业职业教育的机遇、挑战与应对 [J]. 中国职业技术教育，2019 (03)：79-85.
② 陈工孟. 中国职业教育年鉴 (2018) [M]. 北京：经济管理出版社，2018：54.
③ 黄颖，葛鑫，张洪冲. 乡村振兴战略背景下农村职业教育价值取向的重塑与实现路径 [J]. 成人教育，2019 (07)：67-71.
④ 陈鹏，王晓利. "扶智"与"扶志"：农村职业教育的独特定位与功能定向 [J]. 苏州大学学报 (教育科学版)，2019 (04)：8-15.

民的培训安排与其他地区差异性不大，受调查者对新型职业农民的培训并不看好，从培训模式看，认为"不合理"的人数占比为 39.29%，认为"非常不合理"的人数占比为 10.71%，从培训内容看，其中有 37.5% 的人认为"不丰富"，有 14.29% 认为现有模式较为"单一"。① 证明农村职业学校新型职业农民培训模式和培训内容有待进一步改进，必须跳出传统守旧的怪圈，寻求符合地区和农民实际需求的特色发展之路。此外，校企深度合作模式、网络职业教育办学模式被忽视，学生就业范围狭窄。现阶段，我国正在不断加大校企合作的深度，但农村职业学校由于地理条件、思想观念等方面的限制，与当地企业的联系不够紧密，致使其校企合作办学模式少且大多流于形式，教学内容缺乏地域特色，并且由于农村职业教育存在信息资源共享平台缺乏、专业技术人员不足及网络销售渠道开发不畅等问题，在校学生无法接受更广泛、更专业的技术技能培训，使学生的培养千篇一律，同时也无法接触到优质的就业信息、不能打开思路，成为创业的主体，从而减少了毕业生就业创业的机会，降低了就业的质量。同时，在农村职业学校的专任教师中也存在一定的问题，较大部分专业理论课教师是由原来的文化课教师转岗而来，理论知识教授尚可，但实践技能缺乏，"双师型"教师的质量和数量远未达到国家的标准，且教师拥有的知识和技能与地方的发展特色不接轨，与其他地区农村职业学校教师相差无几。

（三）素质培养不重视且与形成文明乡风疏离

与普通高中相比，农村职业学校更突出基本文明素养和职业道德教育；与城市里的职业学校相比，离现代发达文明较远的农村职业学校更加需要职业道德的启蒙。农村职业学校主要培养的是实用型中等技术人才，他们未来从事的行业往往理论知识要求比较低，但是职业道德要求比较高。如何让他们中的一部分人顺利进入社会，顺利开始他们的职业生涯，在校期间的基本文明素养的培养和职业理想、职业道德的培养显得非常重要。因此，农村职业学校应加强基本文明素养教育，帮助农村学生树立正确的职业理想，确立正确的职业观、择业观、创业观，形成符合社会和个人实际的就业观，提高自我就业能力，做好适应社会、融入社会的准备，为他们的生涯发展奠定良好的基础。

乡风文明的形成依赖于农民素质的整体提升，是乡村全面振兴得以实现的关键一环。正如诺贝尔经济学奖获得者舒尔茨所说："土地与人口本身不尽是导致落后的主要与绝对性影响因素，而劳动者的技术能力和人文素养水平的高低

---

① 海景景. 睢县新型职业农民培训问题研究［D］. 郑州：河南财经政法大学，2019.

才是决定落后的关键点。"① 农村人口较低层次的劳工素质结构会在一定程度上制约农村地区产业的转型和发展，限制农村和谐生活氛围的产生。"据国家统计局汇编的第三次全国农业普查资料显示，当前我国农业生产经营人员中，未上过学的人口占比为 6.4%，小学文化程度的人口占比为 37.0%，初中文化程度的人口占比为 48.4%，高中或中专文化程度的人口占比为 7.1%，大专及以上文化程度的人口占比为 1.2%，② 因此农业生产经营人员的受教育程度不高，整体素质有待提升。"因此农村常住从业人口的受教育程度不高，整体素质有待提升。同时，农民工整体文化水平集中在初中以下，总体文化素质状况堪忧。根据《2018 年农民工检测报告》显示，在全部的农民工中，未上过学的人数占比为 1.2%，小学文化程度的人数占比为 15.5%，初中文化程度的人数占比为 55.8%，高中文化程度的人数占比为 16.6%，大专及以上的人数占比为 10.9%。③ 由此可见，农村人口综合素质水平偏低问题亟待通过高效的教育形式快速解决，农村职业学校在此过程中的作用不置可否。

　　虽然农村职业学校在农村人口素质提升方面肩负着应然的责任，但受工具主义与功利主义思想的影响，现阶段我国农村职业学校在实践层面该功能仍未得到凸显，其本身的"教育性"遭到忽视。在积极推动建立"双证书"制度、完善职业学校毕业生直接升学渠道的政策指导下，部分农村职业学校开设了升学班与技能班。升学班为提高升学率大量设置与高考直接相关的科目，压缩原有与技能训练相关的课程，使学校成为考试辅导基地。如渝东南地区某县的职教中心中，其文化课、专业课和实践课的比例为 1.7 : 3.2 : 1，文化课与实践课相加的占比未超过学校总课程设置的半数，且文化课的开设并不是为了丰富学生内在精神世界，主要强调的是与高考考试科目的接轨。④ 而在技能班中又偏向另一个极端，过于重视教育的"职业性"，轻视对受教育者综合素质的培养。以河北省某县职教中心为例，该学校将机械加工专业的人才培养目标设为：面向各类机械制造企业培育熟练掌握机械原理，能够看懂较复杂的机械零件图纸，具有中等机械加工操作技能，可以从事产品加工制造、安装调试、运行维护、

---

① 舒尔茨. 论人力资本投资［M］. 北京：北京经济学院出版社，1990：44.

② 中华人民共和国中央人民政府. 第三次全国农业普查主要数据公报（第五号）［EB/OL］. 国家统计局官网，2017-12-16.

③ 中华人民共和国国家统计局. 2018 年农民工监测调查报告［EB/OL］. 国家统计局官网，2019-04-29.

④ 李小娜. 农村职业教育培养目标定位研究——基于渝东南民族地区的考察［D］. 重庆：西南大学，2014.

常规监测和售后服务等不同类型工作的技能型人才。将会计专业的人才培养目标设为：面向中小型企业和会计服务类机构，培养具有一定理论水平与较高实际操作技能，能够从事出纳、会计核算和财经相关服务工作的技能型人才。毕业后能够获取会计从业资格证书的学生可以胜任单位会计岗位工作，优秀毕业生可以初步达到中级会计师资格水平。可见其忽略了学生的全面发展，学生"一技之长"的训练成为学校教育工作的焦点，缺乏对学生人文素养、评判精神和精益求精的工匠精神等综合素质的塑造，不能充分体现习近平总书记提出的乡村振兴背景下，乡村人口发展既要"富口袋"又要"富脑袋"的指导思想，在一定程度上限制了乡村文明的形成速度。

综上所述，农村职业学校发展与乡村振兴之间存在诸多不相适宜的地方，虽然这种局面并不是由单一因素造成的，但农村职业学校自身建设水平不仅是影响农村职业学校功能定位与作用发挥的最直接、最基本因素，也是服务乡村振兴的基础。人才尤其农业农村优质实用人才是达成乡村全面振兴的支撑性力量，农村职业学校作为培养农村建设人才的主要渠道，其自身建设的水平决定了其人才培养的数量和质量，从而影响乡村全面振兴中"农业强、农村美、农民富"任务的完成速度。由于历史和社会原因，我国农村职业学校建设长期处于落后状态，农村职业学校的发展呈现出小、散、弱的特征，在办学理念和办学能力方面存在较为严重的问题，导致办学水平较低，使其因内部支持力量欠缺而不能与乡村振兴的需求完美契合，在一定程度上造成办学资源的浪费，从而不能实现其助力乡村振兴效能的最大化。

首先，农村职业学校的办学理念较为落后，使其在人才培养的道路上逐渐"迷失"方向，失去自身的办学特色，弱化了其为乡村振兴服务的信念和动力。一是农村职业学校面向"三农"服务的思想不够清晰和明确，"离农""去农"倾向显著，并且尚未清醒地意识到问题的严重性和时代的进步性，其积极尝试与乡村振兴战略接轨的趋向不明显，使农村职业学校的发展陷入举步维艰的境地。一位县级职教中心校长在深入访谈的过程中表示：政府没有在乡村振兴战略出台后将该区域的职业学校负责人汇集在一起召开具体会议，也没有细致地分配落实相关乡村振兴战略的任务，所以现在不知道怎样将其落到实处，因此现在学校的整体发展情况与以前基本相同，没有太大的改变。[①] 而绝大多数县级职教中心为满足家长和学生的需求，更侧重于学历教育而不是涉农实践教育。

---

① 柯婧秋. 乡村振兴战略背景下县级职教中心的办学功能定位研究［D］. 上海：华东师范大学，2019.

二是农村职业学校对受教育者的全面发展的关注度较弱，不仅体现在教育过程中，而且着重体现在最终的评价体系中，尤其在短期培训中更为凸显。因为学校过于强调学历教育，所以对学生综合素养和实践能力的提升不够重视，对学生的评价方式往往过于简单，停留在结果性评价层面，以卷面成绩和技能证书为主要评价参考。以某县为例，某县职教中心通过期中和期末两次考试成绩来综合考查学生在校期间的努力和进步情况，形成最终评价结果。这种结果式评价缺乏对学生全方位、多层面的了解和认识①，也反作用于教育教学过程，影响其对学生全面发展的重视。短期培训对农民掌握技能的要求更高，因此最终结业证书的发放主要依据农民参与课程的时长和最终的技能掌握情况，极少涉及对农民内在素质提升与否的评价，使农民的全面发展受到限制。

其次，农村职业学校办学能力不足问题，一直是困扰其发展的关键因素，影响着农村职业学校办学的综合效益和生命力，进而制约着其为乡村振兴的服务能力。乡村振兴需要农村职业学校为其培养大量能够利用先进技术从事农村农业建设的人才，所针对的培育对象不仅包括适龄青少年，还应更广泛地包含愿意留在农村从事农业生产的群体，以灵活的办学模式、适宜的市场对接措施满足他们的学习需求。但从办学模式看，现阶段我国农村职业学校办学的模式缺乏多样性，主要以建立在乡镇区域的学校教育为主，相对忽略培训的重要作用。而学校位置的固定性以及容纳学生的有限性，使教育的覆盖范围减小，削弱了更多农村人口掌握技术技能为乡村振兴注入更强活力的可能性。同时，校企深度合作模式和信息化办学模式被忽视，尽管我国不断出台校企深度合作推进政策，但农村职业学校的校企合作层次仍然较低。以内蒙古某市农村职业学校的情况为例，校企合作模式虽然存在，但两者之间的合作深度远远不够，大部分停留在浅层沟通阶段，产教融合较为松散，产业与教育链的直接联系流于形式②，人才培养质量没有得到显著提高。另外，由于信息化办学模式的缺乏，使学生无法接收到更专业、更广泛的技术技能教育，造成人才培养总是滞后于时代的发展，导致供需失衡。从市场对接层面看，农村职业学校在开展教育和培训前后没有建立有效的调研和动态追踪机制，使专业的开设、内容的设置以及人才的培养缺乏针对性、地域性和长效性，影响乡村振兴战略的落地和实施。

---

① 王瑞. 县级职教中心培养机制研究 [D]. 长春：东北师范大学，2017.
② 李艳娟. 乡村振兴战略背景下赤峰市农村职业教育发展问题研究 [D]. 呼和浩特：内蒙古农业大学，2019.

三、乡村振兴视域下农村职业学校的发展策略

农村职业学校作为推动乡村蓬勃发展的重要力量，与乡村振兴战略的实施必然紧密相关。其多重功能的精准定位和现实问题的解决是服务乡村振兴的前提与基础，而保障农村职业学校健康可持续发展，并融入乡村振兴的实际内核是农村职业学校助力乡村振兴的核心要义。因此，从乡村振兴战略的部署、农村职业学校的现存发展困境出发，深入探索乡村振兴视域下农村职业学校的建设路径，有利于加强对农村职业学校的改革与创新，充分释放农村职业学校的改革红利和时代价值。

（一）通过转变办学思路来培育适宜人才

办学思路决定农村职业学校的发展方向，是其人才培养工作的灵魂。积极正确的办学思路不仅使人才培养目标制定有所依据，而且能够引导和规范学校教学活动的有序开展，提高其自身办学的生命力和顺应社会潮流所需的能力。农村职业学校是农村实用人才培养的主力军，为乡村振兴培育实用人才必然是其不可或缺的责任。乡村振兴的主阵地在农村，因此，农村职业学校为乡村振兴提供服务的关键点在于改变传统办学思路，树立面向"三农"服务的意识，强化对受教育者全面发展的关注和落实，以期以农民个体适应市场的可持续发展来推动实现乡村的全面振兴。

1. 树立面向"三农"服务的观念

"三农"问题是国家建设过程中长久存在的问题，是达成国家均衡发展亟待解决的问题，是关系乡村振兴能否实现的问题，也是农村职业学校服务乡村振兴应考虑的关键问题。近年来，农村职业学校发展举步维艰，招生越来越难，从上级部门到基层教育部门，从领导到老师，他们都承受着大大小小的压力，而且，学生的学习积极性很差，整体来看，农村职业学校似是一座牢笼，困住了太多相关的人。许多学者也都对此进行了反思与研究，有学者认为，我国农村职业教育，现在的主要职责是：对欲离开农村到城市工作的农民和农民子弟，按照有关城市方面工作技术和知识的要求，对他们进行教育；针对留在农村的农民，按照现代农业的发展需求，对农民进行新的经营技能和有关致富技术的教育。而近几年农村职业学校的问题越来越突出，这些问题都严重地影响了农业机械化、农村城镇化的发展，也影响了农村职业学校的社会服务功能的发挥。对于这种情况，其他学者也指出了相应的应对办法。在目前我国仍有大量剩余

劳动力需要快速转移的阶段要求下，农村职业学校在很长的一段时期内，要兼顾培养"离农"人才和"留守"人才，并坚持以前者为主，这是农村职业教育应始终坚持的面向"三农"的办学定位，只有如此，才能更快、更好地推进社会主义新农村的建设。①

　　"三农"发展成为我国乡村振兴战略实施中的核心，应动员一切社会相关力量为其提供帮助。其中人才队伍建设对"三农"兴盛、乡村振兴具有重要支撑保障作用，实用人才作为必不可少的组成部分使农村职业教育面临着新课题和新挑战。因此，农村职业学校在新时代不仅应加快自身的发展速度，还要依据国家、社会需要解决好服务面向的问题。农村职业学校教育既要面向国际、面向未来、面向现代化，又要牢固坚守自身使命，树立服务于农业、农村和农民的观念。面向"三农"服务理念的确立能够使农村职业学校进一步认清自身的发展道路，明晰自身区别于城市职业教育的发展优势，并顺势而为，充分挖掘潜力，在乡村振兴中开拓出大展身手的新天地，成就自身发展特色，进而获得国家的重视和支持，成为乡村振兴的人才输送支柱。

　　聚焦"三农"应是农村职业学校助力乡村振兴功能发挥的重要指引，但近年来，我国农村职业学校在价值取向上趋向于"离农"，主要为城市和非农业培养和提供人才，使接受农村职业学校教育的农家子弟对城市文明和工业文化逐渐充满热情和向往，对农业、农村和农民越来越陌生和疏离，导致乡村振兴中的农村建设人才紧缺。因此，农村职业学校应转变办学的理念，不能仅仅针对城市培育人才，要树立面向"三农"服务的理念，为乡村振兴增添动力。首先，针对学生个体而言，应强化其热爱农业、农村、农民的意识。农村职业学校应改变原有的只关注城市发展变化，使受教育者培养目标和内容的构建始终追随城市建设脚步的办学态度，注重在设置的教育教学目标和活动中添加涉农内容，帮助受教者逐步建立热爱"三农"的深厚情感，使其愿意从事农业、留在农村、成为农民，在推动乡村振兴事业的蓬勃发展中发光发热，实现自我价值。其次，针对社会发展而言，农村职业学校应着重关注"三农"的发展，以适应乡村振兴的建设需求。当然，这一措施并不是要求农村职业学校只能为"三农"服务，而是侧重点应在于"三农"。例如五大连池市的县级职教中心就确立了"以农为本"的发展定位，开设9个涉农专业，为当地培养实用产业人才和新型职业农

---

① 马建富. 农村职业教育定位探析 [J]. 河北师范大学学报（教育科学版），2009（11）：79-84.

民，同时，学校进一步扩宽职能，开设一部分与城市发展相关的职高班、中专班等。学校以"为农"为主、"离农"为辅的模式，使之成为城乡劳动者接受知识技能的重要阵地。因此，农村职业学校应通过调整专业、改变课程等方式凸显为"三农"服务的理念，保持乡村振兴的人才供应活力，并在一定程度兼顾为城市发展所需，避免与其他领域完全脱节。

2. 确立注重人的全面发展的思想

在马克思主义的人的全面发展的教育思想指导下，我国马克思主义者对其进行中国化、本土化的创新和发展，逐渐形成具有中国特色的人的全面发展的教育理念。2018年，习近平总书记在全国教育大会上着重强调了我国要坚持中国特色社会主义教育发展道路，培养德智体美劳全面发展的社会主义建设者和接班人，实现教育强国的发展目标。[①] 农村职业教育作为教育体系的组成部分，必须要坚守这一人才培养原则，重视人的全面发展。同时，乡村振兴战略目标的达成应把整体农村人口作为人力资源进行充分开发，使其展现出最优的可持续发展状态，提升乡村振兴的速度和持久度。而农村人口这一状态的呈现需要以自身的全面发展为基石，以农村职业学校教育为主要途径。因此，农村职业学校应确立注重人的全面发展的思想，并将其渗入人才培养过程。

根据人的全面发展的培养要求，我国当前农村职业学校对其的关注和实施程度依然差强人意，过分追求效率和效用使其在人才培养中出现片面化现象，忽视对受教育者个人素质和思想意识的提升，导致受教育者自我学习能力和社会适应力存在不足，无法在乡村振兴中持续发挥应有的价值。因而，农村职业学校应树立和彰显人的全面发展的思想，增强受教育者参与乡村振兴的持久力。首先，农村职业学校应加强对农村人口公民素质的提升。无论是在正常学校教育中还是在技能培训中，都需要改变以往对文化基础课程的轻视，对该部分内容进行添加和补充。农村职业学校除根据国家相关规定单独设置一定比例的文化基础课程外，还应在其他专业课程和实践课程中渗入文化教育内容，以隐形课程的形式存在于教育教学活动中，潜移默化地提升农村受教育人口职业道德、社会品德等综合素质，为进一步达成"农村美"添砖加瓦。其次，农村职业学校应促进相对贫困人口"智""志"的双重发展，在提高"智"的基础上推动相对贫困人口价值观念的重塑，形成"以智提志""以志促智"的良性循环，

---

① 习近平. 坚持中国特色社会主义教育发展道路　培养德智体美劳全面发展的社会主义建设者和接班人 [EB/OL]. 新华网，2018-09-10.

使相对贫困人口步入长久脱贫的道路。可以通过课前设置脱贫成功经验分享，课程讲解过程中穿插既活跃气氛又振奋人心的励志小故事，课后的个人之间沟通交流和媒体互动共享等方式，不断增强相对贫困人口的脱贫动力和勇气，以期顺利完成相对脱贫任务，为乡村振兴奠定坚实基础。

（二）通过创新办学模式来合理利用资源

办学模式是农村职业学校展开实际人才培养活动的中介，对人才培养和学校发展质量都具有深刻影响。农村职业学校办学模式是在特定的条件下，结合社会和学校自身的发展规律，通过较为成熟的办学思想的指导而最终确立，主要探讨的是农村职业学校的具体运行状态。一定的办学模式只能适应特殊的时代环境，随着社会进程的推进，农村职业学校必然需要紧随社会的变化不断创新办学模式，以获取更广阔的发展基础和空间。新时代，为解决我国社会的主要矛盾，乡村振兴战略应运而生，为农村地区的未来建设指明了方向。而农村职业学校立足农村，面向"三农"的独特属性，使其既是乡村振兴的一部分，又是乡村振兴的重要推动力。因此，农村职业学校必须适应乡村振兴的社会大背景，积极革新调整办学模式，整合利于自身发展的优质资源，以提升办学实力的方式支撑乡村的全面振兴。

1. 打造"校地合作"实践模式以增进服务特色

以目前的发展状况来看，"校地合作"实践模式大部分存在于优质学校与落后地区之间，属于帮扶关系，并取得了不俗的成绩，积累了一定的实践经验。这种合作模式不仅能够用于跨区域之间，而且能够移植于同区域学校与地区之间，使区域学校教育更具地方特色，提升其服务的聚焦性和针对性。现阶段，乡村振兴战略的实施提出必须坚持区域特色发展的原则，因此，有必要关注农村地区之间的不同，实现区域间的差异化发展，推动地方依靠自身特色建设走上振兴之路。农村地区特色的凸显需要特色人才做支撑，只有将学校的人才培育与当地的特色建设相结合，才能使受教育者符合区域发展需要，个人能力在区域振兴过程中得以充分施展。农村职业学校作为区域教育的组成部分，可采取"校地合作"的办学模式加强自身与区域之间的联系，实现其人才培养的独特性和实用性，为区域发展增添力量。

农村职业学校助力乡村振兴进程中由于长期受到传统办学模式固化的影响，办学形式较为单一，办学特色不够明显，使其获取的实际效益不高。因此，在我国经济社会进入新的历史阶段的同时，农村职业学校应直面自身办学模式中存在的问题，逐步形成并开展"校地合作"实践模式以增强其服务区域快速发展的特色，助力区域经济的腾飞。首先，农村职业学校应与地方政府保持一定频度的信息共享。农村职业学校必须主动与政府联络，表明自身发展的需要。政府应对此进行详细登记，并在收集到有用信息时予以及时地推送和答复。另外，政府可以作为沟通的桥梁，引导当地行业、企业与农村职业学校进行协作，强化合作双方的信任程度和合作力度。其次，农村职业学校应自主寻找当地的企业参与学校建设，提升其人才培养与地区发展的契合度。在国外已有非常成熟经验值得我们借鉴和学习，如德国的"双元制"模式、澳大利亚的"行业主导"模式、美国的 CBE 模式等，皆借助企业的力量实现了职业教育自身的发展。因此，农村职业学校可以与当地从事农产品生产的企业建立长期的合作关系，邀请其参与学校人才培养计划、教学内容、培养方式等方面的研究和制定，使毕业生能够直接为当地所用，留住可用人才，在为企业输送人才的同时促进区域的发展。

2. 开展"互联网+"教育模式以拓展服务空间

随着信息技术的迅猛发展，互联网已经全面进入大众视野，成为人们了解、认识世界的重要窗口，对人们的生活方式产生巨大影响。"互联网+"作为新常态下促进经济增长的新引擎，推动着移动互联网由"消费互联网"转向"产业互联网"①，甚至渗透进教育领域，为农村职业学校的发展提供新路径。乡村振兴不能闭门造车，必须使农业、农村、农民与最新的信息和技术接轨，适时改变发展策略，使乡村建设始终处于经济建设前沿。农村职业学校作为与"三农"发展联系紧密的信息入口，其应该重视互联网的重要作用，通过开展"互联网+"教育模式，增大受教育者与信息接触的广度和频次，以灵活、迅速的优势提高人才培养的效度。同时，为农村职业学校毕业生提供更为广阔的就业创业空间，有效提升"三农"的发展水平，助力乡村振兴的达成。

农村职业学校"互联网+"教育模式开展的益处不仅在人才培养方面得到彰显，而且有利于农产品的远销，促进农业的发展，进而促进农村整个地区社会经济的振兴。但当前乡村振兴视域下我国农村职业学校在信息资源平台建设和网络销售渠道开发方面存在严重不足，使农村人口无法得到更为广泛和专业的技术技能培训，也无法成为创业的主体。因此，农村职业学校应充分利用互联

---

① 刘茂先. 信息基础设施"硬"起来，互联网与各行业"+"起来 ［N］. 人民邮电报，2015-07-14（08）.

网的优势，开展"互联网+"行动。首先，农村职业学校需要运用互联网扩大教育资源的覆盖面，使更多受教育者接触到优质教育资源，完成自身能力的提升。农村职业学校作为实行的主体，可以通过合作、购买等方式获得丰富的互联网课程资源，建立学校课程资源库，为农村人口搭建在线学习的平台。同时，农村职业学校可以运用已经发展较为成熟的网络平台，开发微培训、微课程和微测评等培训方式，使农村职业学校的教育形式由单一的课堂传授转向多种培训措施相结合，满足农村人口随时随地学习需要。其次，农村职业学校可以帮助农村人口借用互联网的力量解决农产品销售问题，延长产业链，促进"农民富"的实现。农村职业学校可开展"互联网+农业"计划，集中向农村人口传授互联网销售技术，并在教师的指导下建立合适的网络销售路径，将生产和销售进行绑定，减少转运环节，节约资金成本，让农民在此过程中得到实实在在的利益，感受到社会对农产品的大量需求，从而进一步坚定其接受农村职业学校教育的决心和从事农业的信心，促使乡村发展日益向好。

（三）通过强化供需对接来满足区域需求

乡村振兴的主阵地在农村，需要实现的是农村地区方方面面的繁荣发展，因而一切为服务于乡村振兴的力量应重视需求层的需要，瞄准农村地区的建设进行发力。农村职业学校主要侧重于面向农村、为了农民，其推进过程中必须以农业、农村、农民的实际需求为起点，服务农村整体经济建设。由此可见，农村职业学校教育的开展与乡村振兴战略的落实之间存在耦合，农村职业学校助力乡村振兴应关照到区域的发展需求，根据国家政策和农村地区实际情况的变化及时调整内在设置，尽量达到供需平衡的状态，减弱人力、物力资源的浪费。同时，农村职业学校基于国家战略要求和区域建设培养人才，可以使所培育的人才能够恰如其分地发挥自身的作用，在实现其自我价值的同时推动区域经济的快速进步和乡村振兴战略的顺利实施，形成"一举多赢"的良好局面。

1. 专业设置接轨农村产业

随着乡村振兴战略的不断推进，国家和人民对农产品品种的多样化和高品质提出了新要求，这意味着农业生产的效率需要随之提升，满足农产品的保质保量供应。在该战略的引导下我国农业正在实现转型升级，逐渐由粗放的传统农业向精细化的现代农业迈进，更加注重农业生产的高效性和可持续性，更加需要专业化的高层次技术技能人才从事农业生产。农村职业学校承担着农村地区农业技能人才的培养与输送使命，必须主动适应农村农业经济发展的新常态，强化供应层与需求层对接程度，使内部建设与农村产业发展相匹配，为农村社会的振兴提供适宜的人才类型。专业设置是农村职业学校体现发展特色的关键，在一定程度上决定了人才供给的类型。因此，农村职业学校应调整已设专业，克服盲目大量开设趋同于城市职业教育专业的问题，针对地区要求探索建立涉农专业，寻求充分发挥自身价值的独特道路。

乡村振兴过程中必须要坚持农村农业优先发展的方针，重视农村产业的振兴。因而乡村振兴视域下农村职业学校不仅需要关注个体的发展，还应及时把握时代脉搏、聆听时代声音，在专业设置上注重与农村农业的接轨，适应农村产业结构的变动。首先，农村职业学校应增加涉农专业的开设数量，结合地域特色延长专业设置链。涉农专业开设单一化、独立化是其吸引力不足的重要影响因素，需要加强专业间的联系，形成链化培养，实现培养效益最大化。以江苏省车辐山镇为例，车辐山镇的经济作物以大蒜为主，是全国有名的大蒜之乡。该地区的车辐中等专业学校根据乡村产业结构的变化调整了涉农专业的设置，建立了具有车辐山特色的专业体系，不仅开设了大蒜种植专业，而且将大蒜的收购、深加工以及销售融入专业设置，为大蒜产业链的发展提供"一条龙"服务，激发当地农民接受培训的热情。其次，农村职业学校应保障涉农专业开办的质量。对涉农专业的设置不能持有一劳永逸的态度，必须根据农业科技的进步和社会需求的变化进行优化，保持人才培养的与时俱进。日本农业农村现代化程度较高与农村职业教育涉农专业设置具有较强的开放性不无关系，其涉农专业总能与外部环境的变动相契合。20世纪90年代，日本为适应农业的发展，从原有农业专业中分化出农业经济科，添加与农产品价格相关的内容；为应对食品产业的进步，其对食品加工和食品流通科进行了相应的升级。① 我国农村职业学校应汲取国外经验，使涉农专业在保持一定稳定性的基础上随机而动、应时而动，切实保障实用人才参与农村农业建设的持久生命力。

2. 课程建设涵养乡土文化

中国社会的乡土特性决定了乡村厚土是我国人民生命得以退守的永恒家园，是国民从技术围裹的现代藩篱中可以退而守之的生存底线②，乡土文化则是长

① 王雷. 农业供给侧结构性改革背景下农村职业教育制度变革研究［D］. 西安：陕西师范大学，2018.

② 刘铁芳. 乡土的逃离与回归 乡村教育的人文重建［M］. 福州：福建教育出版社，2011：2.

期生活于特定乡村区域的人们共同创造出来的物质文明、精神文明以及生态文明的总和，具有深厚的群众基础，容易产生情感共鸣，进而引导人们的具体行动。因此，守住流淌在人们血液中的汩汩文脉，并将其发扬光大是守护乡村、振兴乡村的重要举措。乡村振兴中"乡风文明"的形成和"农村美"的达成依赖于乡村优质文化的传播和传承，农民是实现乡村文化振兴的关键主体，农村职业教育是重要媒介。因此，农村职业学校教育应注重涵养乡土文化基因，将乡土文化融入课程体系，培养接受教育的农民与农业专业人才的良好生活习惯和对乡土的热爱之情，使其根植于人们的内心，外化于人们的行为，实现农村地区的和谐发展。

乡土文化是乡村振兴的依靠，农村职业教育助力乡村振兴则务必在课程建设中彰显乡土文化特色，发扬乡土文化传统，为农村发展留住优秀实用人才。但农村职业教育在课程中充分融入乡土文化并非易事，必须采取一系列强有力措施来支持达成目标。首先，农村职业学校可以专门设置传承乡土文化的课程。不同地区之间的乡土文化既具有共性也具有个性，针对共同的乡土文化可以在不同区域设置统一课程，减小学校设置课程的任务量，同时，为受教育者学习地域特色乡土文化铺路。针对地域特色乡土文化的课程设置，农村职业学校应对区域特色文化进行深入的调研，整理调研资料，形成调研报告，经过学校内部和专业人士的多次商讨，根据学校教育目标制定该学习领域的目标，进而以此为指导进行相应的课程编制。在课程方案实施之前需要再次广泛征求教师和家长的意见，寻找开发的乡土文化课程中的不足，并做出必要修正，以确保课程开发的贴切性和适用性，使受教育者更易于接受。课程实施中要及时评价，根据评价结果和区域社会需求的变动不断修订课程，添加乡土文化新内容。其次，农村职业学校教育可以将乡村文化中的优秀因子引入其他课程，如将吃苦耐劳、淳朴善良、敢于拼搏等精神以及当地优良的民俗习惯通过情景再现、影片观赏等方式渗入课程计划，并通过具体的教学活动影响受教育者价值观念的形成，确立正确的荣辱观和幸福观，明白"幸福是奋斗出来的"的道理，增强其服务农村、从事农业的愿望以及自觉保护乡村文明的品质。

3. 师资引进注重双重素质

师资力量是一个学校实现良好发展的重要保障。农村职业学校想要保证办学定位落到实处，就必须引进高技能人才和有经验的种地能手，确保学校各个专业的教学质量。现实中，大多数农村职业学校的教师是转岗而来，即由普通高中的教师直接转到职业学校，还有一部分是大学毕业以后直接到职业学校担任专业理论课教师，技能课教师很少，所以，农村职业学校的教学基本上与普通高中相似，学生的学习兴趣也不高。农村职业学校走出这种恶循环的良好方式就是提高师资力量，引进"双师型"教师，尤其是引进一些掌握本地特色技能的"双师型"教师，体现农村职业学校的区域特色属性。在美国，与它完善的职业技术教育体系相匹配的就是拥有一支高素质、稳定的职教师资队伍。

美国拥有一支结构完整、师资雄厚的职教师资队伍，它是很多中等职业学校无法与之相比的。这支队伍，不仅包括高等师范学校专门培养的师资，而且还有企事业单位的在职人员、在职的专家、教授等。在职教师资的培训上，学校通过开展各种各样的灵活性强的培训，诸如竞岗、转岗、交流等，造就了许许多多的"双师型""一专多能型"的职业教育老师。激励教师制度方面，实行按劳分配，多劳多得，少劳少得，岗位工资和绩效工资相结合的方式；在管理考核教师方面，提倡教师充分发挥个性特长，营造一种充满活力、人人敬业乐业的工作氛围。农村职业学校也可以与高等师范学校合作，引进师资；聘请企事业单位的高技能人才等；涉农专业邀请一些农业学校的专家，有经验的种植老农等，把理论与实践巧妙地结合起来。

德国职业学校的教师有着更为严格的要求。在德国，国家的统一考试有两次，想要成为实习老师，两次考试都通过了才可以，然后通过一定的试用期，合格后发放教师资格证书。这些老师不仅要完成规范的基础教育，经过双元制培训、获得专业资格证书，而且还要明白专业的理论知识和技术实践知识，具备从事相关专业的工作经验。[①] 因此，农村职业学校承担起新型职业农民的培养，必须注重教师引进的双重素养，形成特色化的"双师型"教师队伍，招收适龄学生和留守农民，进行现代农业经营与管理的教育，使他们服务乡村振兴的建设。这种做法不仅缓解了学校招生难的问题，而且解决了一部分农民的就业问题，助推了乡村振兴的建设工作。总之，农村职业学校要发挥出以下两大功能，"双师型"教师在其中发挥着重要作用。一是提供职业准备教育，因为高考失败，不能继续接受普通高中教育的学生，由于年龄尚小，正确的世界观、人生观尚未形成，在社会上独立谋生的技能也尚未完全形成，农村职业学校应该为他们提供职业准备教育，"双师型"教师不仅要对他们进行技术技能教育，而且要注重对其展开素质教育，帮助其成长为全面发展的人，同时要因材施教，

---

① 吉婧. 农村中等职业教育目标定位及其办学模式研究［D］. 武汉：湖北工业大学，2011.

对于有着不同职业规划的学生要采取不同的教学内容，实现人才培养的个性化和特色化，进而确保他们在新的历史发展时期，掌握适合自身发展的人文素养和生存、生活技能，能够在社会上谋得一席之地。二是提高具有劳动能力的农村成年人的文化素质和技能水平。他们因为生活和教育条件的约束，不能接受更多的教育，早早地开始成家、养家，学习着成为一个社会人。在新的发展时期，随着社会的发展和进步，他们必须应对新的时代和生活环境。对于那些离开自己土地的农民，农村职业学校提供给有关从事非农业生产劳动的培训，从而保证他们在新的发展环境下，能够继续谋生，使他们走进城市后成为一名合格的工作者。对于仍然留在当地从事农业生产的劳动者，农村职业学校应请教师结合本地产业特色教给他们经营管理现代农业的技能和知识，使他们既能独立发展商品农业，增加收入，又懂得科学高效的种田技术，进而帮助他们改变传统的农业经营方式。①

---

① 李延平. 职业教育公平问题研究 [M]. 北京：教育科学出版社，2009：142.

第五章

乡村振兴视域下农村职业教育培育新型职业农民的意蕴与政策供给

党的十九大报告把乡村振兴战略作为党和国家未来发展的"七大战略"之一，关系着国家全局的、长远的、前瞻的总体布局，是国家发展的核心和关键问题，即关系我国是否能从根本上解决问题以实现国家整体发展均衡、城乡统筹、农业一体化的可持续发展，为我国全面建成社会主义强国打下坚实的基础。

实施乡村振兴战略，推动农村经济社会发展，关键在人，就是要让农民来做主角，他们不仅是农村的主体，更是乡村振兴的主要人力资源。随着新型职业农民队伍初步形成规模，"谁来种地""怎样种好地"等问题将迎刃而解，乡村振兴也必将指日可待。值得注意的是，改革开放一方面为我国带来了巨大的物质财富，但另一方面也改变了我国传统的社会人口结构。随着工业化、城镇化进程日益加速，农村劳动力转移分化日益加剧，农村"兼业化、老龄化、低文化、空心化"现象日益突出，谁来坚守乡村振兴的前沿阵地，谁来传承"三农"事业创新发展，是摆在我们面前不容回避的现实问题。毋庸置疑，新型职业农民是乡村振兴的主力军，乡村振兴的受益者是农民，建设主体也理应是农民。从目前来看，农村地区人口转移到城市的现象比较突出，尤其是西部地区，乡村衰落已经是一个不争的事实。如何把人留住，这就需要从国家层面制定得力的政策并将其落到实处，为乡村振兴提供切切实实的人才支撑。

2018年，中央一号文件指出全面建立职业农民制度，实施新型职业农民培育工程，大力培育新型职业农民，助力乡村振兴。新时代的新型职业农民是具备高文化、善经营、懂管理、懂技术的现代农业从事者，而长久以来，由于我国农业产业的特殊性，即便是改革开放极大地充实了农民的腰包，依然无法改变他们是社会弱势群体的地位象征，他们与新时代的新型职业农民要求依然存在差距，农民问题已经到了不得不重新审视的时候了。基于此，新型职业农民培育不仅要关照农民的物质和技术需要，还要关注农民的思想和价值观的形成。这就需要深入挖掘新型职业农民培育的政策支持，构建新型职业农民培育模型，确立好新型职业农民培育的各个环节；深入探索新型职业农民培育的现状，发掘新型职业农民培育存在不足的原因；借鉴发达国家的经验，立足于国情完善新型职业农民培育路径，调动广大农民的积极性和创造性，抓好新型职业农民培训教育，做到有的放矢、以点带面，从而为我国逐步建立起一支稳定的新型职业农民队伍，促进乡村振兴战略在农村落地生根、开花结果尽微薄之力。

一、新型职业农民培育的理论基础及政策依据

（一）新型职业农民培育的理论基础

1. 人力资本理论

人力资本理论最早来源于经济学的研究，20世纪60年代，美国两位曾获得诺贝尔经济学奖的经济学家西奥多·舒尔茨和加里·贝克尔创立了人力资本理论。"人力资本理论之父"经济学家西奥多·舒尔茨对教育投资与农业的关系进行了系统分析，坚决主张使农业经济学成为现代经济学中不可分割的一部分，发展中国家应注重发展和引进新技术，使教育作为一种重要的农业投资形式或载体发展人的能力，通过统计资料的计算结论，他指出，同样的投资用在教育上要比用在其他方面的收益率更高。在市场经济条件下，投资的收益率差距会对人们的经济行为造成刺激，无论是企业家，还是农民或个人，甚至是家庭主妇，对他们进行教育投资都会促进社会经济迅速增长，进而提高国民收入。因此，重视和加强农业人口的人力资本投资具有重要的意义。

经济学家贝克尔是"经济学帝国主义"的开创者，他相信可以用经济学来分析人的所有行为，他也坚持教育和培训是人力资本最重要的投资，学校教育带来的其他方面的收益相当大。在现代农业中，人力资本和技术之间有密切的联系，农民必须能够掌握多种技能，灵活应对商品市场未来的诸多变化。由于人力资本管理对市场变化具有敏锐的感知力，使资本的投入更加具有侧重点，此外，还能够对人力资本的效果进行衡量，以及结合经济学分析模型进行更长远的预测，进而采取前瞻性的行动。因此，在农民培育中，人力资本理论能够引导政府对农民培育的投资，提升农民的农业素养，加快推进农村经济社会发展，推进乡村振兴建设。

众所周知，我国是农业大国，实施乡村振兴战略有利于解决国计民生的根本性问题——农业农村农民问题。"农村经济社会发展，关键在人"。当前，我国乡村面临着诸多问题：农业资源与环境的强约束；农村土地细碎化，农户分

散经营模式阻碍了农业现代化进程；农村人口呈现老弱化、脆弱化特征。① 这些情况导致难以支撑现代农业发展，难以推进乡村振兴。因此，根据人力资本理论，培育新型职业农民是一种非常重要的人力资本投资，通过对农民进行教育与培训，使他们掌握丰富的农业技术知识、农业经营与管理知识等，开拓他们的视野、提升他们的农业素质、生态素质和科技素质，使他们能利用先进的技术进行农业生产操作与经营管理，进而创造出更高的经济效益。总之，人力资本理论对新时代培育新型职业农民以加快农业现代化和推进乡村振兴具有重要的意义。

2. 乡村教育理论

20 世纪二三十年代，为救济农村、改造农村，知识界形成了投身乡村建设运动的强大动力，包括陶行知、晏阳初、梁漱溟、黄炎培等。

陶行知是中国近代教育史上的乡村教育先行者，他认为中国农业的发展水平关乎中国的兴旺发达，农业发达必须仰赖于农民的进步，农民的进步则必须将教育与农民相结合。因此，陶行知认为农村教育是适合我国国情的，是为农民群众实际需要的现代教育。他提出乡村教育，特别是针对十岁以上大多数儿童、大多数成人，都要从经济及娱乐两方面倾注心血。教师得人，则学校活；学校活，则社会活。他对"村民需要什么教育"做出了回答：一是消除文盲，二是普及农业科学，三是培植合格公民。普及农业科学……目的在于增进农民的生产力……农业科学以服事农民，指导他们增进生产实践为主旨。②

晏阳初对中国农村教育寄予了积极的希望，并提出了实施的措施。他认为中国的农村虽然破产，而人才很丰富，有的是人，只要你肯给他们以好的教育，那是很大的富源……青年农民当中，真有不少的天才，受了短期的平民教育，就能表现出他们很丰富的智力与才力……实现的步骤：一是研究实验，包括人才上的条件、事业上的条件、经济上的条件、时间上的条件、社会上的条件；二是训练人才，为什么要训练，谁来训练，训练什么；三是表证推广。③ 他认为在民众教育中，主要对象应该是农民，其中，最需要教育的又是青年，而最缺乏教育机会的也是青年。④ 民众教育的主要任务是培养知识力，培养生产力，

① 刘彦随，龙花楼，王介永. 中国农业现代化与农民［M］. 北京：科学出版社，2014：6-8.

② 陶行知. 论乡村教育改造［M］. 西安：陕西师范大学出版社，1989：46-49.

③ 晏阳初. 平民教育与乡村建设运动［M］. 北京：商务印书馆，2014：86-96.

④ 晏阳初. 平民教育与乡村建设运动［M］. 北京：商务印书馆，2014：143-147.

培养组织力。①

　　梁漱溟是乡村建设运动的领导者之一，在他看来，乡村建设运动的主力是占人口绝大多数的乡村居民，最重要的是要改变多数人的文化习惯，使已经"文化失调"了的民众回归本土传统文化。梁漱溟认为农民群众是救国的主力军，救国的起点是启迪民心、开发民智，强调用教育唤起农民的自觉，号召农民自救。② 他认为中国属"村落社会"性质，主张"农业立国"，"吾为农国，农业根本不适于资本主义而适于社会主义"。他阐扬"乡学"传统，倡导"孔家生活"以改造乡村文化，应在农村设立基层组织——"乡农学校"，明确"乡农学校"由四部分人构成：负责日常行政管理的校董会、负责监督或训导的校长、教员和学生。除教员外，"乡农学校"的其他构成人员都是当地的居民③，肯定了农民教育的积极作用，肯定了"乡学"的功能，对乡村文化改造、中国文化改造寄予了希望。

　　黄炎培是 20 世纪初最早看到乡村教育重要性的第一人，他的乡村教育理论形成和发展于他的职业教育理念、职业教育范围和职业体系的加深与完善。④ 黄炎培一心想走出一条实业救国的道路，他认为"救国之本在实业"⑤，并提出了"富教兼施"，"富、政、教合一"的"大职业教育主义"。他认为以前所办的平民职业教育是限于中等及以上人家的青年，但是来上学的多是中等及以下人家的青年，中等及以上人家很少有青年需要职业教育。⑥ 因此，他认为职业教育应转向中等及以下的人家，据此，他肯定了乡村教育的重要性，要求乡村学校"当为适于乡村生活之教育"。

　　陶行知、晏阳初、梁漱溟、黄炎培的教育理论均指出，中国农民对中国振兴具有重要的作用，中国农民必须接受教育，中国农民有教育的可能性，通过乡村教育将帮助中国实现振兴。陶行知深刻地揭示了农民与农业的关系，农业与国家的关系，中国兴旺发达必须仰赖于先进的农业，先进的农业必须依靠进步的农民。新型职业农民是新时代最先进的农业生产者，通过提高新型职业农

①　晏阳初. 平民教育与乡村建设运动［M］. 北京：商务印书馆，2014：394.

②　孙继文. 梁漱溟"乡村建设"述论［J］. 河南大学学报（社会科学版），1998（2）：84-87.

③　盛邦和. 梁漱溟"乡村建设"思想及其发展观叙论［J］. 江苏社会科学，2007（3）：151-154.

④　许瑞泉. 黄炎培农村改进理论与晏阳初乡村教育思想之比较［J］. 科技信息，2006（7）：201，205.

⑤　沈灌群，毛礼锐. 中国教育家评传［M］. 上海：上海教育出版社，1989：635.

⑥　中华职业教育社. 黄炎培教育文选［M］. 上海：上海教育出版社，1985：145.

民的各方面素养，将极大地促进中国农业走向现代化，促进乡村振兴、祖国兴旺。晏阳初认为中国农村具有大量的青年人才，要重点给予青年先进的农业教育。新型职业农民是农民中的代表，他们具有一定的社会见识与一定的现代思维，应加强培育新型职业农民，使他们的才智得到充分发挥，进而推动农业生产力的进步。梁漱溟指出当代的农民应该有家国情怀的乡村文化。新型职业农民从传统农民中走出来，具有浓郁的乡土文化，他们是农民中的佼佼者，他们具有家国情怀，应肩负起国家对农业给予的希望。黄炎培则指明了如何实施农民教育，即要实施适应乡村的职业教育。在新型职业农民培育过程中根据不同地域新型职业农民的实际需要，分类培训，将促进他们深入认识自己从事的产业，进而促进农业发展。

（二）新型职业农民培育的政策依据

政策是国家政权机关、政党组织以权威形式标准化地规定出来的在一定的历史时期内应该达到的奋斗目标、遵循的行动原则、完成的明确任务、实行的工作方式、采取的一般步骤和具体措施。新型职业农民是农村的主体，更是农村的建设者，培育新型职业农民将对加快乡村振兴、全面决胜小康社会具有重要的意义。新型职业农民培育政策对新型职业农民培育具有一定的指导作用。

本部分以"中华人民共和国农业农村部官网""中华人民共和国中央人民政府官网"作为资料来源，采用检查搜索的方式（检索时间为 2018 年 7 月 1 日），去除新闻发布会、新闻宣传、地方政策法规、地方培育计划等非国家政策文本，筛选出与新型职业农民有关的有效政策文本 36 份。其中，中共中央、国务院的文件有《关于加快推进农业科技创新持续增强农产品供给保障能力的若干意见》（2012）、《关于加快转变农业发展方式的意见》（2015）、《深化农村改革综合性实施方案》（2015）、《关于落实发展新理念加快农业现代化 实现全面小康目标的若干意见》（2015）、《"互联网+"现代农业三年行动实施方案》（2016）、《全国农业现代化规划（2016—2020 年）》（2016）、《关于完善支持政策促进农民增收的若干意见》（2016）、《关于创新体制机制推进农业绿色发展的意见》（2107）、《关于实施乡村振兴战略的意见》（2018），农业部的文件有《"十三五"全国新型职业农民培育发展规划》（2017）、《农业部关于推进农业供给侧结构性改革的实施意见》（2017）、《2018 年农业科教环能工作要点》等，以及教育部的文件《中等职业学校新型职业农民培养方案试行》（2014）等。之后，采用政策文本分析法，厘清我国新型职业农民培育政策，主要涉及 6 个方面。下面将进行具体的阐述。

1. 新型职业农民培育主体多元化

新型职业农民培育主体与新型职业农民培育客体相对应，是指实施新型职业农民培育内容的传播者，即实施培育的组织或机构，包括官方组织和民间机构。新型职业农民培育官方组织包括涉农职业学校、农业广播电视学校、农业科研院所和农技推广机构。新型职业农民培育民间机构包括农民专业合作社、龙头企业、农业职业教育集团和专业技术协会。涉农职业学校以中等职业学校为主，主要是通过开设生产种植、农业工程和经济管理三类专业来培育新型职业农民，使他们具有自我发展能力、较强农业生产经营和社会化服务的能力。中等职业学校经历了从参加新型职业农民培育工作到成为新型职业农民培育基地和重点关注农业中等学校的发展过程。例如，2012年《关于加快推进农业科技创新持续增强农产品供给保障能力的若干意见》（以下简称《农业科技创新意见》）首次在国家文件中提出"新型职业农民"，规定了其培育对象及给予的相应支持，但未对中等职业学校的功能做出说明，中等职业学校主要是作为传统的教育教学基地按政策要求加快中等职业教育免费进程（《关于全面深化农村改革 加快推进农业现代化的若干意见》（以下简称《深化农村改革意见》）。直到2014年《中等职业学校新型职业农民培养方案试行》（以下简称《中职农民培育方案》）发布，才要求中职培育新型职业农民，并明确了培育的专业。2015年《关于落实发展新理念加快农业现代化 实现全面小康目标的若干意见》（以下简称《农业现代化意见》）则要求培育主体集中到农业职业学校，并"将全日制农业中等职业教育纳入国家资助政策范围"。高等农业院校主要是作为推广农业技术的平台，为新型职业农民培育工作、新型职业农民培育体系提供教育和科研阵地、理论支持和科学依据。为确保农产品的稳定供给实现农业现代化，以及为农业现代化提供人才支撑，高等农业院校从开办涉农专业作为重要新型职业培育基地逐渐转向完善农民培育体系。如2012年《农业科技创新意见》要求推进"高等农业院校……办好一批涉农学科专业，加强农科教合作人才培养基地建设。"2017年《"十三五"全国新型职业农民培育发展规划》（以下简称《"十三五"规划》）要求"鼓励高等农业院校大力实施卓越农林人才培养计划，创新教育培养模式，面向现代农业培养领军型职业农民。"农业广播电视学校主要是为农民提供现代农业生产和实用技术知识的绿色证书教育培训、新型农民科技培训、农村劳动力转移培训、创业培训和各种实用技术培训，使农民培训逐渐具体和专业化。如《2013年农村劳动力培训阳光工程项目实施指导意见》（以下简称《2013年培训意见》）要求以农业广播学校为主体的学校整合编制培训规范，制定教学计划，开展系统培训。2015年《农业现代化意见》进一步补充"健全农业广播电视学校体系,定向培养职业农民",以确保亿万农民大力推进农业现代化。2017 年《"十三五"规划》明确了以农业广播电视学校为主体的学校资源整合培育新型职业农民的具体工作,使农民培育工作逐渐走向专业化。农业科研院所主要是开展重大农业、农村经济的科技研究,从主要以推广农业技术为任务,逐渐通过"农业科研院所+多方资源+市场主体"的方式来培育新型职业农民。例如,为加快农业技术的提升,2012 年中央一号文件要求农业科研院所深化改革,以创新农业科学技术、推广农业技术为主要任务。为持续推进农业现代化,2015 年《深化农村改革综合性实施方案》(以下简称《农村改革方案》)要求进一步推进农业科研院所改革,促进产学研、农科教紧密结合。2017 年《"十三五"规划》则要求农业科研院所参与到新型职业农民培育中,"统筹利用农业科研院所等各类公益性培训资源……充分发挥市场机制作用"。

新型职业农民培育民间机构包括农民专业合作社、农业龙头企业、农业职业教育集团和专业技术协会。农民专业合作社主要通过组织"农二代",开展实用技术培训;农业龙头企业依托现代农业人才支撑计划,与其他农业组织企业组建农业生产实训基地,积极培养农业后备人才;农业职业教育集团要立足行业、依托企业、采用现代职业教育产学研结合发展模式,促进集团成员单位资源共享、互惠互赢,推动院校与企业共同发展,培养高技能农业人才。[1] 专业技术协会则着力开展有针对性的科技培训、信息交流和产业研讨、外出观摩等活动,帮助学员增长才干。[2] 随着社会的发展,新型职业农民培育民间机构从单一的农民专业合作社到多类型的培训机构协同发展。为加快农民掌握务农技术,2012 年《全国农业科技促进年活动方案》明确指出农民专业合作社"开展实用技术培训"培育新型职业农民。为使农民更加具有适用性和实用性,《农业部关于切实做好 2014 年农业农村经济工作的意见》(以下简称《2014 年工作意见》)增加了"农业产业化龙头企业"作为培育的实习实训基地。为强化职教集团为农业农村经济发展提供科技支撑,2018 年《农业科教环能工作要点》将培育主体拓展到"农业职业教育集团"。同年,《关于实施乡村振兴战略的意见》《农业部关于大力实施乡村振兴战略加快推进农业转型升级的意见》则增加了"专业技术协会",以加快破解乡村振兴农村专业技术人才的瓶颈。

---

① 郭静. 职业教育集团产权改革与实现形式 [J]. 教育发展研究, 2013 (5): 76-80.

② 辽宁省科技厅. 培育农民专业技术协会 促进农业科技推广创新 [J]. 中国农业科技导报, 2001 (3): 73-76.

2. 新型职业农民培育内容与时俱进

新型职业农民培育内容是指为实现新型职业农民培育目标，经选择而纳入到培育中的知识、技能、科技和价值观念等，它与新型职业农民培育形式相对应，培育形式是外壳，培育内容是本质、灵魂，包括"基本能力"和"综合素养"，一般通过课程来体现。新型职业农民培育中的"基本能力"包括"专业知识""专业理论""生产技能""经营技能"和"管理技能"。新型职业农民培育中的"综合素养"包括"农业素养""文化素养""科技素养""生态素养"和"法治素养"。新型职业农民培育中的"基本能力"包括"专业知识""专业理论""生产技能""经营技能"和"管理技能"。"专业知识"即专业内相对稳定的系统化知识。为新型职业农民培育开设的专业通常有种植、畜禽养殖、农业工程、水产养殖和经济管理等，不同的专业具有不同的系统化知识。"专业理论"即专业内不仅概括性强而且抽象度高的知识体系，如种植专业内有粮食作物生产、蔬菜生产和茶叶生产等理论。"生产技能"包括农业种植技能、畜禽养殖技能和水产养殖技能等。"经营技能"包括农业生产经营技能、农业企业经营技能、农产品经营技能等。"管理技能"包括农业生产管理技能、农业企业管理技能、农产品管理技能。政策文本常将"经营"与"管理"联系在一起为"经营管理"，要求农业企业管理技能开设的内容与农业企业经营技能开设的内容大同小异，但农业企业经营技能偏重于市场，农业企业管理技能偏重于产业基地的农业管理。此外，要求各地根据农民的实际需要、特点与学习规律等因素展开摸底调查，适当调整课程内容，包括职业素养、科学发展等。在新型农民培育试验期，《中职农民培养方案》对新型职业农民培育阐释的比较全面，包括专业、课程、教学、考核等。为确保各方向的专业性发展，《"十三五"规划》对各方面进行了补充，在"生产技能"培育上，重点设置新技术、新装备等的应用，信息化、质量安全等的内容；在"经营技能"与"管理技能"上，要重点设置品牌创建、企业管理等与经营相关的内容。

新型职业农民培育中的"综合素养"包括"农业素养""文化素养""科技素养""生态素养"和"法治素养"。"农业素养"即要求新型职业农民掌握农业基础知识，《中职农民培养方案》对"农业素养"的教学内容进行了规划，包括《现代农业创业》《农业安全生产》等课程。"文化素养"既要求新型职业农民理解和树立正确的世界观、人生观、价值观等意识形态层面的要素，又要了解自然科学和技术、语言和文字等非意识形态的部分，主要课程为《农村社会文化艺术实践》《实用英语》《新型职业农民素质与礼仪》等。"科技素养"即要求新型职业农民要掌握"互联网+'三农'"的系列内容，如"互联网+"

新型农业经营主体、现代种植业、现代林业等（《"互联网+"现代农业三年行动实施方案》），建设新型职业农民信息化服务云平台，充分利用云计算、大数据、智能装备等现代信息技术手段以满足农民对互联网普及的需要（《关于创新体制机制推进农业绿色发展的意见》）。"生态素养"即要求新型职业农民依据绿色农业法律法规及标准，坚持绿色兴农、开放助农的原则，发展种养结合的循环农业，推进生产、生活、生态协同发展（《关于创新体制机制推进农业绿色发展的意见》）。"法治素养"即要求新型职业农民对如《农村土地承包法》《农民专业合作社法》等绿色农业、家庭农场、龙头企业和农村集体产权制度改革等的相关法律法规有所理解，并能依法自愿使用它们，促进农村形成一个由农村基层党组织建设的村民自治实践、治理有效的法治乡村。

3. 新型职业农民培育方式多样化

新型职业农民培育方式是指新型职业农民培育所采取的模式和方法，根据新型职业农民培育具体情况采取不同的模式和方法将能改善培训效果，进而提高培训质量。新型职业农民培育模式包括"校地合作""校企合作""政企合作"和"校校合作"。"校地合作"是参与性、互动性和实践性较强的模式，即采取强调农业生产技能提升的"分段式、重实训、参与式（《关于做好2014年农民培训工作的通知》，以下简称《2014年培训通知》）"或强调以产业发展为立足点的"一点两线全程分段（《'十三五'规划》）"的培育模式。为保证农产品的稳定供给，要立足于产业发展、农业生产周期，通过农民田间学校、送教下乡等模式来实现学生的实习与实训，进而对不同层级、不同领域、不同类型的新型职业农民进行具体的、精准的、有差异的分类指导，提升他们的生产技能和经营管理水平。"校企合作"是通过产教融合把产业与教学密切结合起来的模式。为满足农业对技术性农民的需求，《2014年工作意见》增加了"农业产业化龙头企业"培育模式，强调企业与学校教学密切结合，实现管理、师资、设备等优质教育资源共享，促进学历、技能和创业培养相互衔接，促进培育具有创新性、实用性和实效性的新型职业农民。"政企合作"是坚持政府主导，通过政府购买服务的模式，支持农业大户、农业龙头企业、农民专业合作社等承担培育任务。如《关于加快转变农业发展方式的意见》提出政府购买农产品服务，"加大农产品促销扶持力度"。为大力培育新型职业农民，保证农产品供给，则增加了政府购买培育服务，如《"十三五"规划》《2018年农业科教环能工作要点》均指出要充分发挥市场机制的作用，采取政府购买服务等方式，支持农民合作社、农业职业教育集团等承担新型职业农民培育任务。"校校合作"即以农业广播电视学校为中心辐射的新型职业农民教育培训模式，即统筹利用农广校、农技推广机构等各类公益性培训资源，形成新型职业农民培育的强大合力。2012年对以农业广播学校为主体的校校合作的陈述比较含糊，多指出构建以农业广播电视学校为主体的培训体系。《2013年农村劳动力培训阳光工程项目实施指导意见》（以下简称《2013年培训意见》）明确了校校合作，要求整合各级农广校、农职院、推广机构和农机校的培训资源。《"十三五"规划》则明确了农业广播电视学校的具体工作，要求以农业广播电视学校等专门组织管理机构作为新型职业农民培育工作的基础平台，要做好培育计划、认定管理事务、数据库信息维护等基础工作，提高培育工作的专业化、规范化水平。

新型职业农民培育方法是指在一定培育思想的指导下采取的实现培育思想的策略性途径。新型职业农民培育方法主要是通过"媒介运用""实习实训""开展示范"和"宣传引导"等来实现。"媒介运用"即利用现代信息化手段展开培育。现代媒体最初主要是作为授课教师传播教学内容的手段（《中职农民培养方案》）。随着互联网的迅速普及，在培养方式上，又拓展了"移动互联服务、在线管理考核和政策配套等服务（《'互联网+'现代农业三年行动实施方案（2016）》）"。此外，要利用大数据、智能装备等现代信息技术手段实现网络课堂、现代远程在线教育和移动互联服务等。"实习实训"即利用农业生产实训基地、创业孵化基地、农业园区或企业，为农业后备人才提供实习条件。《中职农民培育方案》指出，培育主体可以根据专业要求，组织学生到多种实训基地进行技能训练。此外，有条件的地方，鼓励和支持农业企业、农业园区、农民合作社等市场主体建立实训基地和农民田间学校，初步形成"一主多元"的新型职业农民教育培训体系。"开展示范"是指以区域为示范点，使省、市或县作为新型职业农民培育的榜样或典范。如《2014年培训通知》要求分别在省、市、县遴选2个示范省、14个示范市和300个示范县。《"十三五"规划》肯定了示范培育对新型职业农民培育规范化、系统化具有积极的作用。因此，《2018年农业科教环能工作要点》要求示范培育继续扩大。"宣传引导"则是利用现代化媒介加强传播，引导整个社会认识、支持新型职业农民的发展。如《2014年培训通知》指出"要求各地加强组织领导……注重宣传引导……培养新型职业农民队伍"，新型职业农民培育宣传多以政府之力而为之，多采用线下引导的方式。随着新型职业农民培育宣传引导工作的逐步完善，允许在互联网等虚拟媒介平台上开展"全国十佳农民""全国农村创业创新优秀带头人"等评选资助活动，充分利用多方资源加强宣传与引导。

4. 新型职业农民培育对象主要来自农村

新型职业农民培育对象相对于新型职业农民培育主体，是指新型职业农民培育过程中的客体，是新型职业农民培育内容的最终接收体，包括"就业型对象"和"创业型对象"。新型职业农民的"创业型对象"包括农村青年、返乡农民工、农村大中专毕业生和退役军人。2015 年《农业科技创新意见》按照人才的来源对培育对象进行分类，明确"创业型"新型职业农民培育生源主要是未升学的农村初高中毕业生、农村务农创业青年和返乡创业农民工。随着培育的专业化要求，《全国农业现代化规划（2016—2020 年）》指出按产业类别、人才功能对培育对象进行分类，将"创业型"新型职业农民分为农村实用人才带头人、农村青年创业致富"领头雁"、现代新型职业农民和新型经营主体带头人等。通过相应的培训内容，如创业培训、金融服务、结对帮扶等，使他们服务于务农创业和农村基层工作。

新型职业农民的"就业型对象"包括农业规模化经营主体、农村信息员、农村基层干部、农技推广人员、农村经纪人和农业社会化服务人员。2008 年，中共十七届三中全会提出我国农业规模化经营主体包括家庭农场、专业种养大户、农民专业合作社和农业企业。专业大户是指生产单一产品且具有一定规模一定产值的家庭经营主体。① 家庭农场经营者是指从事大规模的、集约的和商品化的经营主体。② 农民合作社是指农民自愿联合，采用民主管理的互助性经济组织，一般指是对农民合作社负责人进行培育。农业企业是指生产经营农产品的盈利性经济组织，一般指培育企业管理人员。③ 农村基层干部作为乡村建设、乡村振兴的领导者，一方面要求对他们进行思想教育，提高他们的理论素养，强化他们的公仆意识，另一方面要求用新思想、新技术武装他们，使他们掌握新本领。④ 农技推广人员是传播农业技术的载体，他们被分层分类进行定期专业技术培训（《农业科技创新意见》）。农业社会化服务人员是在商业性农业发展的基础上，围绕农业生产部门从事的服务型工作的人，包括日常生活的服务人员、工作学习的服务组织和商品加工生产的服务企业⑤，包括农村信息员、统防统治植保员等。农村信息员是指接受农村商务信息服务信息员培训后帮助当地农民提高应用商务信息服务的人（《农村商务信息服务体系建设试点工

---

① 孟园. 陕西省畜禽养殖专业大户的现状 [J]. 西北农林科技大学学报（社会科学版），2013（4）：88-92，97.

② 黄仕伟，王钰. 中国特色家庭农场：概念内涵与阶段特征 [J]. 农村经济，2014（10）：17-21.

③ 农业社会化服务体系 [EB/OL]. 百度百科，2020-10-29.

④ 农业部. 开展农村职业技术教育培训为新阶段农业和农村经济发展提供智力支撑 [J]. 职教论坛，2002（15）：14-16.

⑤ 夏英. 农业社会化服务问题的理论探讨 [J]. 农业经济问题，1993（6）：41-45，16.

作办法》）。农村经纪人是指活跃在农村经济领域以促使涉农商品与他人进行交易的中介服务者，包括科技经纪人、娱乐经纪人和加工经纪人等。

5. 新型职业农民培育评价涉及培育主体和政府

新型职业农民培育评价是指对新型职业农民培育效果进行诊断、检验和判断，进而完善新型职业农民培育体制机制的途径，包括"新型职业农民评价"和"官方工作人员评价"。

"新型职业农民评价"是指对新型职业农民进行的评价，包括对其进行"培育中考核"和"培育后跟踪"。"培育中考核"的"新型职业农民培育评价"，是指对学习者的考试考核，如2014年《中职农民培养方案》明确新型职业农民培育的考试考核方式有过程性的、终结性的和实践成果的考核。过程性考核是对学习过程进行测评，终结性考核是对课程的结业进行考试，实践成果考核是对农业素质进行综合测评。"培育后跟踪"的"新型职业农民培育评价"，是指对培育后的农民进行跟踪和评价，主要是以在农业广播电视学校为主体的新型职业农民培育体系。

"官方工作人员评价"是指对政府工作人员的工作成绩进行评价。一是对农技推广服务人员的工作绩效进行工作考核和专业技术职务评聘（2012年中央一号文件），考核其是否能为农民提供精准、实时的指导服务。二是对各级部门执行任务的情况进行评定，采取督导考核的方式，建立考核奖惩制度，将评定结果纳入政绩中，并直接关系下年度任务资金安排（《"十三五"规划》）。

6. 新型职业农民培育保障围绕农业和农民

新型职业农民培育保障是指对新型职业农民培育给予的支撑与支持，保障的力度影响着新型职业农民队伍的数量与质量以及新型职业农民的从业态度，包括"资源保障"和"人才保障"。新型职业农民培育资源保障涉及土地流转制度、农业补贴制度、农村基础设施和农村金融制度。新型职业农民培育人才保障涉及师资队伍建设、人才流动制度、职业准入制度和医疗保障制度。新型职业农民培育资源保障主要是对农村地籍进行调查、制定法律规范，保障新型职业农民从事农业活动。长久以来，由于工商企业占有较多资本，土地流转政策主要是针对工商企业的土地承包经营权入股发展农业产业化经营（《2014年工作意见》）。2016年以后，城镇化进程加快，农民逐渐占有资本，逐渐转向建立土地流转机制并引导农民流转承包土地（《关于完善支持政策促进农民增收的若干意见》），使土地流转作为"两新"融合（推动农村新型社区建设和新型小城镇建设融合）的重要保障（《"十三五"规划》）。农业补贴制度主要是实施"绿箱"政策和"黄箱"政策。"绿箱"政策涉及农业的一般服务，包括粮食生产下的补贴和环境保护下的补贴。"黄箱"政策主要是对农具、农民等进行补贴以保障农业农村投入稳定增长，补贴力度逐渐增大，如2012年中央一号文件要求对农民专业合作社、种养大户和主产区加大补贴。《2014年工作意见》则要求大力开展农业补贴办法试点试验。与此同时，由于农业发展面临着农产品价格低、生产成本高的新挑战，要求加快转变农业发展方式，扩大"绿箱"政策，改革"黄箱"政策，要求补贴向新型农业经营主体倾斜（《国务院办公厅关于加快转变农业发展方式的意见》），也要加快完善粮食主产区利益补偿机制（《农业部关于推进农业供给侧结构性改革的实施意见》，以下简称《供给侧改革意见》）。农村基础设施是新型职业农民顺利开展农业活动的前提，包括建设节水供水重大水利工程、农田水利、高标准农田、"四好农村路"等，使城乡基础设施差距显著缩小。《农村改革方案》提出，要完善农村基础设施建设投入和建管机制。随着互联网覆盖面的扩大，要求实现"互联网+"基础设施（《"互联网+"现代农业三年行动实施方案》），同时，加大农业基础设施投入（《关于完善支持政策促进农民增收的若干意见》）。农村金融制度是"三农"持续保持活力的保证，主要体现为建立职业农民扶持制度。2012年，中央一号文件指出，国家大力支持和完善涉农贷款税收激励政策、推进农村信用体系建设和稳定县（市）农村信用社法人地位等。随着市场的进入，《农村改革方案》要求结合市场创新农村金融制度，完善信贷执行政策和加大保险保障力度（《全国农业现代化规划（2016—2020年）》）。当然，农村金融终究要回归本源，与"三农"紧密结合，更好满足乡村振兴多样化金融需求（《中共中央 国务院关于实施乡村振兴战略的意见》）。

　　新型职业农民培育人才保障涉及师资队伍建设、人才流动制度、职业准入制度和医疗保障制度。师资是新型职业农民培育的灵魂，一是在选聘管理制度上，优先遴选熟悉"三农"、具有丰富专业知识和实践经验的专家和农技人员，同时，各省份农业主管部门应组织对各地培训师资库进行年审以确保教师水平（《2013年培训意见》）。但由于师资匮乏，《中职农民培养方案》提出可以遴选经验丰富的"土专家"。二是合理配置师资力量，开展师资培训，省、市、县分工协作，重点培训适应互联网需求的师资（《"十三五"规划》）。人才流动制度主要是为了推进新型职业农民和新型农业经营主体"两新"融合、一体化发展而建立的规范。最初的人才流动制度比较模糊，主要是通过土地流转、农业补贴、医疗保障等政策来引导人才流动。如2012年的中央一号文件仅表述为"进一步完善农业科研人才激励机制、自主流动机制"，2015年的中央一号文件表述为"制定促进协同创新的人才流动政策"。2016年后，人才流动机制才较为具体，强调城乡医保的对接，畅通参保人员双向流动的制度转换通道（《关于完善支持政策促进农民增收的若干意见》）。职业准入制度即经过培训取得农业资格证后从事农业的制度。目前，我国农业准入制度门槛低，主要是对新型职业农民进行认定管理，开展职业农民职称评定试点（《农业部关于切实做好2014年农业农村经济工作的意见》）。随着农民培育规模的扩大，要求规范新型职业农民认定，既有原则上的认定管理办法也有针对有条件的地方的分级认定（《"十三五"规划》）。另外，农业专业大户认定标准、认定办法和名录制度等也不断规范与完善（《供给侧改革意见》）。社会保障制度主要是支持新型职业农民对接城镇社保，强调有条件的地方要支持新型职业农民参加城镇职工养老、医疗等社会保障，解决他们长远发展的后顾之忧（《"十三五"规划》）。

通过对新型职业农民培育政策进行文本分析，可以发现新型职业农民培育政策比较全面和细致，关注了新型职业农民培育的方方面面，包括培育主体、培育内容、培育对象、培育方式、培育评价和培育保障等，要求培育主体多元、培育内容丰富、培育对象广泛、培育方式多样、培育评价恰当、培育保障充分。然而，当下新型职业农民培育社会主体参与机制不活跃，主要以官方的组织为主；培育内容界定模糊，更新机制欠缺；培育方式陈旧，缺乏创新；培育对象范围狭窄，不具有可持续性；培育评价不完善，缺乏后期评价；培育保障机制不足，保障不充分。

（三）新型职业农民培育的历史溯源

诺思（Douglass C. North）认为："历史是至关重要的……因为现在和未来是通过一个社会的连续性与过去连接起来的，过去决定了今天和明天的选择。"[1] 乡村振兴视域下农村职业教育培养新型职业农民的可能性和必要性并不仅仅取决于当下的抉择，其合理性和合法性在历史中已然存在根基。

中国最早的职业教育可以追溯至商朝，学徒制是我国民间职业教育的主要开展形式，及至元朝在"社学"中开始设置农业职业教育课程，虽然比欧洲农业学校的开办早四百多年[2]，但农村职业教育或职业教育并未作为专有名词被正式提出。直至清末，在"西学东渐"的大背景下，实业教育逐渐在中国落地生根，以注重实用为标志的近代职业教育开始生根发芽。历经数次战争的破坏，

---

① IKENBERRY G J. Constitutional Politics in International Relations [J]. European Journal of International Relations, 1998（2）：147-177.

② 李延平，陈鹏，祁占勇. 我国当代农村职业教育研究 [M]. 西安：陕西师范大学出版总社，2018：173.

农村经济已接近崩溃，农业生产难以满足日益增长的人口所需，学习西方先进农业技术势在必行，农业学堂适时而生。1898 年，张之洞在奏折中提出："窃惟富国之道，不外农工商之事，而务农尤为中国之根本。惟中国农民向多朴拙，其于地学化学，制器利用，素未通晓"①，故应在湖北省设立农务学堂，内设农、蚕两科，兼办畜牧，传授务农知识与技术。1902 年，在学堂附近建设试验农场，方便学生参与实践劳作。随后，"职业教育"一词出现在光绪三十年姚文栋《山西农务公牍》中，指出"论教育原理，与国民最有关系者，一为普通教育，一为职业教育，二者相成而不相背。……本学堂兼授农林两专门，即是以职业教育为主义"②，大批新式实用农业学堂在政府和社会浪潮的推动下如"雨后春笋"般陆续建立，"以教授农业所必需的知识技能，使将来能从事农业为宗旨；以各地方种植、畜牧日有进步为成效"③，培养了大批农业专门人才，至1909 年全国各级各类农业学堂共有 95 所，在校学生 6028 人，且农业实业学堂被纳入《奏定学堂章程》，使其走向制度化和规范化，至此我国以农业教育为主的农村职业教育体系初步形成。

农村职业教育于政治格局混乱中逐渐兴起，农村的衰退和农业生产供给的不足使其日益受到重视，农业教育依托于农务学堂成为其主要组成部分。迫于生存所需，农业教育尤其重视种植、桑蚕、畜牧等科的设立，强调内容的实用性和学生的实践性，通过学堂与试验农场邻近而建的方式，强化学生从事农业的动手能力。农务学堂虽然侧重于学生实用知识和技术技能的获得，但也设置了修身、中国文学、体操等普通科目，以弥补学生思想与体格之不足。

辛亥革命后，政权更迭，为使农业教育适应社会的发展需求，对其作出相应调整。经过酝酿与思考，1922 年确立新学制，采用美国的"六三三制"，由国民教育转向平民教育，农村职业教育受到极大关注。一批先进教育界工作者意识到，中国素来以农业立国，是传统农业大国，占据全国人口绝大多数的农民必然不能被教育所忽略。因此，以改善农村落后现状与农民生活为目标的乡村教育运动得以蓬勃开展，推动农村职业教育呈现出繁荣发展的气象。晏阳初在"民为邦本，本固邦宁"的民本思想以及华工服务经历的影响下，认识到中国真正最大之富源不是矿产，"而是三万万以上不知不觉的农民，只有把农民的智慧培养、发展起来，民族才有真正复兴之一日"。④ 针对农村"愚、贫、弱、

---

① 樊期曾. 东北农业教育史 1906—1985 [M]. 沈阳：辽宁教育出版社，1987：21-22.
② 黄炎培. 三十五年来中国之职业教育 [M]. 北京：商务印书馆，1931：138.
③ 舒新城. 中国近代教育史资料（中）[M]. 北京：人民教育出版社，1961：764.
④ 马秋帆，熊明安. 晏阳初教育论著选 [M]. 北京：人民教育出版社，1993：71.

私"的问题，其在定县展开以"除文盲，做新民"为宗旨的平民教育，包括文艺、生计、卫生、公民四大教育类型，其中生计教育与农村职业教育联系最为紧密。生计教育以"训练农民生计上的现代知识和技术，增加其生产"为目标，采取灵活的教育方式，遵循简单、实用、经济的基本原则向农民传授农业、畜牧业方面的科学技术知识①，依靠农民文化知识和务农技术技能的提高，推动乡村经济建设。梁漱溟面对乡村的破败状况，提出"中国社会是乡村社会，办教育的往前走，天然要转到乡村②，乡村建设不取道于民众教育将无办法可行"③，且乡村居民虽届以成人，但对新生活方式所需的习惯能力尚未成熟，势非经教育不可的观点。基于此，梁漱溟展开了轰轰烈烈的乡村教育实验，以成年农民为主要教育对象，区学、乡学以自由的社会教育方式为主，注重农民的精神陶冶和植树、选种等适宜地区发展的实际知识与技能的传授，并提升农民的终身学习能力，使其以充沛的活力参与乡村建设。陶行知呼吁"中国向来所办乡村教育，完全走错了路：他教人离开乡下向城里跑，教人吃饭不种稻……教农夫的子弟变成书呆子，像这种教育绝不能普及，也不应该普及，应另图生路"。④ 乡村教育是"立国的根本大计"，应以活的乡村教育教农民生利，"职业以生利为作用，故职业教育应以生利为主义。……凡养成生利之教育，皆所谓之职业教育"。⑤ 农村职业教育应与乡村实际生活相联系，以生利为基准，以"教学做"合一的方式承担提升农民道德品质、生产生活技术的重任，培养全面发展的"真农人"，解决乡村发展之忧患。黄炎培以中华职业教育为依托，在"大职业教育"思想的形成和指导下大量开展农村职业教育实践活动，指出"办职业教育，须同一切教育界、职业界努力沟通和联络"⑥，"为大多数平民谋幸福"。平民以农民为主，农村职业教育应将"富农"和"教农"相结合，教学安排"万万不可妨害农民农作时间，所授予的知识和技能，须完全切合他们生活的应用"⑦，进而实现"使无业者有业，使有业者乐业"的目标。

政治动荡、民生凋敝，人口占有量极高的农民成为振兴国家的主要力量。

---

① 熊明安，周洪宇. 中国近现代教育实验史 [M]. 济南：山东教育出版社，2001：456-457.

② 马秋帆. 梁漱溟教育论著选 [M]. 北京：人民教育出版社，1994：187.

③ 梁漱溟. 梁漱溟教育论文集 [M]. 上海：开明书店，1945：75.

④ 陶行知. 陶行知全集 [M]. 长沙：湖南教育出版社，1984：85.

⑤ 陶行知. 陶行知全集 [M]. 长沙：湖南教育出版社，1984：11.

⑥ 黄炎培. 提出大职业教育主义征求同志意见 [J]. 教育与职业，1926（71）：1-4.

⑦ 上海中华职业教育社志编辑组. 上海中华职业教育社志 [M]. 上海：上海古籍出版社，2007：229.

怀着"拯救乡村、复兴中国"理想的教育家们纷纷开展乡村教育实验，虽然在具体实践中采取的行动和措施不尽相同，但其推动农村职业教育发展的不同表象下的实质却具有较大的相似性和共通性，农村职业教育不应成为农民逃离农村的教育，应契合乡村实际生活需要，以学校、社会等不同的教育形式灵活地提升农民的基本道德素养和务农技术技能水平。

中华人民共和国的成立开启了中国社会主义建设新征程，农村职业教育的发展进入新阶段。在土地改革的推动下，农村地区的生产热情高涨，农民文化知识和技能水平的不足成为提高生产效率的"拦路虎"，以"扫盲"和"发展生产"为主要目的农村职业教育陆续展开，中等农业学校、农民业余学校和农业中学成为主要开办形式。1949年中等农业学校在读学生数约为1.4万人，到1951年中等农业学校在读学生数翻了一番，全国大约有500万农民以业余教育为主要依托在坚持学习，提高自身文化政治水平和生产技术。① 1953年《中等农林技术学校整顿原则》指出，含有农业技术传授的学校应尽量靠近农业生产场所开办，快速提高学生的农业技术，使之能获得扎实的农业实践能力，为农业生产提供高效服务。同时，部分农民业余学校在实践过程中积极开办初中班，设技术课帮助农民学习农业科学技术和相关生产经验②，使之逐渐成长为初、中级农业技术人才，更加有效地参与农业生产。在"第一个五年计划"政策方针的指导下，我国于1956年完成社会主义改造，农村职业教育呈现出良好发展态势。为进一步适应农业发展的需求，1958年，时任中共中央宣传部部长的陆定一提出，创办半耕半读农业中学的倡议。同年3月，江苏省海安县双楼乡创办了我国第一所民办农业中学——双楼农业中学，其办学目的是培养"有一定文化知识的新式农民"③，学校以"农忙少学，农闲全学，特殊情况不学，取消星期日制度"为基本原则④，教学时间密切配合生产季节，采取"半耕半读"教学模式，不耽误学生正常务农生活，开设政治、语文、数学、农业知识和卫生常识五门课程，具体学习内容均与农村生活和当地农业生产息息相关。随后，其举办经验得到广泛推广，在与实施两种教育制度主张的共同推动下，迎来全民办学高潮，江苏、河南、福建等地先后建立起大量农村中学，"半耕半读"形

---

① 俞启定，和震. 中国职业教育发展史 [M]. 北京：高等教育出版社，2012：142.
② 毛伟霞. 农村职业教育功能定位的历史回顾与反思 [J]. 职教论坛，2015 (25)：63-67.
③ 柳森. 江苏省大办农业中学运动述论 [J]. 江苏大学学报 (社会科学版)，2015 (4)：63-69.
④ 赵丽敏. 江苏农业中学创办始末 [J]. 档案与建设，2009 (7)：47-48.

式的农村中学在全国范围得到迅速发展，培养的学生一般从人民公社来，最终回到人民公社为农村建设服务。① 农村中学虽因建设过快，在发展过程中遭遇波折，但不可否认其为农村提供大量农业技术技能人才的事实。以江苏省为例，从 1958 年到 1963 年，"农业中学已为农村人民公社培养十二万毕业生，二十多万肄业生，每个生产队至少有一名中学生，多则达到七八名中学生在农业生产一线工作"②，有效地解决了高小毕业生升学困难和农村技术力量短缺问题，推动农村经济走向复苏。

中华人民共和国成立之初，国民经济恢复的要求以及社会生产力快速提升的现实迫切需要技术技能人才做支撑，农业技术技能人才的培育必然不可或缺。中等农业学校、农民业余学校和农业中学等农村职业教育机构逐渐在农村地区大量涌现，以基础文化知识和务农技术技能为主要学习内容，积极采用半日读书、半日种地等方式灵活开展半农半读，增长学生的劳动时间，使学生充分参与农业实践，为社队培养了一批有觉悟、掌握粗浅文化的农业劳动者。

十一届三中全会拉开我国改革开放的序幕。对内改革首先从农村开始，在全国范围内推广家庭联产承包责任制。新的生产组织方式加快了农村经济的发展，农村建设对生产技术和科学知识的高要求与相应技术技能人才供给不足的矛盾逐渐凸显，农村职业教育的重建获得党和政府的广泛关注。1978 年全国教育工作会议指出要对中等职业教育进行改革。中等职业教育改革中要求县级以下的职业教育要面向农村，为农村的各类建设服务。鉴于此，县办农民技术学校和各类农民职业教育培训相继涌现③，农村教育综合改革实验有序推进。县办农民技术学校属于农业中等专业教育，面向农村实际，因地制宜地开设农学、果林、畜牧等专业，以较为系统的农业科学文化基础知识和基本技能为教学内容，紧密结合农村劳动、生活特点，开展教学实验和生产实习，切实提高学生解决实际问题的能力，为农村人民公社、生产队培养具有相当于中等农业科学技术水平的人才。④ 河北阳原县是开展农村教育改革试验的先行试点地区，其县办农民技术学校的开办具有典型示范作用。该校主要开设农学、牧医、林果

① 祁占勇，范鹏丽. 中国共产党百年农村职业教育价值取向的实践探索与基本特征 [J]. 当代教师教育，2021（02）：1-8.
② 欧阳惠林. 新型的学校 远大的前程——为纪念江苏省农业中学创办五周年而作 [J]. 江苏教育，1963（16）：4-6.
③ 王羽菲，祁占勇. 新中国成立 70 年来我国农民职业教育培训的嬗变轨迹——基于政策与法律文本的分析 [J]. 职业技术教育，2019（36）：19-28.
④ 中国教育年鉴编辑部. 中国教育年鉴（1978—1982）[M]. 北京：中国大百科全书出版社，1982：98.

和工艺美术四个专业,具有包括温室、大棚、果园等试验基地,采取长短结合、校内外基地结合的方式,注重教学的实践环节,培养适用于当地的中初级技术人才和其他合格劳动者。① 同时,在"农科教相结合"和"三教统筹"的改革推动下,我国形成了多种类、多层次、多形式的农民职业教育培训网络。农民职业教育培训以县乡村农民文化技术学校为主阵地,坚持因地制宜、因材施教原则,针对青壮年农民、文盲青少年以及农村基层管理干部等不同培养对象确定不同培养目标,安排差异化教学内容,做到按需施教、学用一致,通过课堂教授、现场培训和函授等形式实施短期和业余培训,培养学员成为热爱农村,有理想、有文化、懂技术、善经营的新型劳动者。② 据统计,1990 年全国乡镇农民文化技术学校约 3.7 万所,乡镇农民文化技术教育基地达到 66.5 万个,村办农民文化技术学校超过 25 万所,共培养农民学员约 3334 万人。③ 此外,农民文化技术学校还肩负着试验示范和技术推广的重任。

改革开放是当代中国发展进步的活力之源,推动中国社会主义政治、经济、文化建设迈向新台阶。农村改革使以县办农民技术学校、农民文化技术学校等为载体的农村职业教育进入以科学文化知识传授为基础,以技术技能培育为重点,长期教育与短期培训共存,实施系统化、多元化、差异化教学的新阶段。农村职业教育不仅承担培养适用于当地的中初级技术人才和新型农民,而且要发挥试验示范和技术推广作用,以为农村经济建设提供多角度、全方位的综合服务。

总而言之,我国农村职业教育从萌芽走向成熟经历了不同的历史阶段,政治、经济的复杂变化推动农村职业教育产生相应的变革。虽然不同时期农村职业教育所处的政治经济环境、所满足的社会需求、开办的机构、开展的形式、传授的内容以及承担的责任等均存在或大或小的差异,但农村职业教育作为推动农村经济发展的重要主体地位从未改变,其始终遵循初心,牢记使命,坚持为"三农"服务的价值取向,立足农村,以满足"三农"实际建设需求为基础,强调教学内容和教学方法的适宜性,理实结合,实现培养道德品质、科学文化知识、技术技能全面发展并留在农村长期从事农业生产工作的、具有时代特征的农民的目标,充分体现其"为农"属性。

---

① 徐德明. 阳原县职业技术中学前影 [J]. 人民教育,1988(12):1.

② 国家教育委员会,农牧渔业部,财政部. 关于乡(镇)农民文化技术学校暂行规定 [J]. 中华人民共和国国务院公报,1988(02):59-62.

③ 何东昌. 中华人民共和国重要教育文献(1976—1997)[G]. 海口:海南出版社,1998:3169.

二、农村职业教育培育新型职业农民的实践路向

一直以来，解决好"三农"问题都是全党工作的重点，农村职业教育必须顺应时代需求，围绕"三农"建设进行转型和回归。在迎来中国共产党成立一百周年之际，我国脱贫攻坚战取得全面胜利，巩固脱贫攻坚成果与全面乡村振兴建设有效对接是现阶段的重大战略任务。借鉴脱贫攻坚战取得伟大胜利的经验，在乡村振兴视域下，"志、智、技"依然是农村职业教育培育新型职业农民的关注点和落脚点。因此，立志以定向强化农民务农动力、强智以引领塑造农村现代气息、持技以立农促进农业转型升级，是农村职业教育服务"三农"，培育"爱农业、懂技术、善经营"的新型职业农民，实现"农民富、农村美、农业强"的全面乡村振兴的应然实践路径。

（一）立志以定向强化农民务农动力

志愿和志趣是决定事业发展方向、引导事业走向成功的关键因素，志向的确立能够有效凝聚力量，精准实现奋斗目标。农民是推进乡村建设的核心力量，新型职业农民是乡村振兴的生力军，因此，在乡村振兴视域下，必须激发农村务农劳动力与务农后备力量参与乡村建设的内生动力，唤醒其乡土情怀，建立其务农信心，引发其职业认同，使其以"爱农"的蓬勃姿态向新型职业农民转型，为乡村全面振兴提供强劲推动力。农村职业教育在乡村人才培育中具有不可或缺的地位，面对全面乡村振兴中"农民富"的目标要求，农村职业教育必须要回归服务"三农"的价值取向，以新型职业农民为主要培养对象，增强其务农的动力和实力。

农村职业教育要树立服务"三农"的志向，锁定新型职业农民为主要培养目标。农村职业教育的重点培育对象应是农民而非学生，是著名职业教育专家福斯特（Philip J. Foster）的观点，也是我国建立农村职业教育的初心。乡村振兴视域下农村职业教育应改变主要以学生为培养主体、向城镇输送劳动力的现状，转向以培养新型职业农民为己任，为农村农业的现代化提供充足的高质量劳动力。

首先，要调整教学内容设置，使其充分体现涉农特色。应改变以升学为目的的培养思路，使理论与区域农业发展相结合，为本地的农业生产培养人才。如交通运输类专业可以向农产品运输、储存和配送方面转化；信息技术类专业可以向互联网农产品销售、农业网络课程开发等方面转化；加工制造类专业可以向农产品深加工等方面转化，且加强不同内容之间的关联性，为整个农业生产链提供各类技术技能人员。另外，针对农业生产管理和一线务农人员的培养内容设置所占比重较低，应着重予以添加。其次，改变教师能力结构，使其具备培养新型职业农民的素质和能力。"欲化农民，须先农民化"① 是晏阳初于百年前对乡村教育提出的忠告，对今天农村职业教育培养新型职业农民仍有重要指导意义。为解决教师长期从事理论教学工作而对农村、农业、农民的实际发展现状不甚了解的问题，农村职业教育可以通过培训与实践相结合的方式重构教师能力结构，定期参与农村、农业培训使教师了解农村、农业的实时变化及未来趋势，长短结合的不定期实践使教师深入参与到农民的生活和农业生产中，明了农村、农业的实际建设情况和农民的现实需求。基于此，教师可以进一步发挥自身的能动性、自主性和创造性②，将理论与实践相结合，重新架构教授内容，提升新型职业农民的从业知识和技术技能的实用性。

针对农村务农劳动力与务农后备力量，农村职业教育应以唤醒乡土情怀、建立务农信心、引发职业认同为重点，充分激发其"爱农业"的情感，破解其趋于城镇化和过度功利化的心理，促使其向新型职业农民转化，为乡村振兴提供内生活力。首先，中国作为古老的农业大国，人们对土地的天然亲近和复杂情感已经融于血脉、刻入基因，在灵魂深处始终保留着最古朴的乡土情结，但时代发展的洪流使其被深埋和掩盖，使农民产生逃离农村、逃避农业的行为。因此，农村职业教育培育新型职业农民振兴乡村，必然要唤醒受教育者的乡土情怀。一是以新型职业农民培训项目为依托，融入乡村情感教育内容，激起受教育者关于乡村生活的回忆，产生情感共鸣，体会到乡村社会的温情与美好；二是可以与当地政府合作建立乡村百年发展历史长廊，向受教育者展示乡村发生的巨大改变，使其认识到在党和国家的强力推动下我国乡村建设已取得重大突破，未来的道路充满希望和光明。其次，农业是乡村振兴的基础，处于优先发展的战略地位，但农业生产的低效率和低收益使人们逐渐对务农致富失去信心，放弃从事农业劳动，因此，农村职业教育培育新型职业农民需帮助受教育者重建务农信心。一是可以通过数据展示和实际计算对比传统生产投入产生的收益与使用现代化农业技术实施生产产生的收益差距，用清晰的数字展示现代化农业技术的应用不仅能提升生产速度，而且能够提高产量的事实，使受教育者了解务农困境在现代化农业技术的支持下将会得以改善，从而萌发学习现代

① 晏阳初，赛珍珠，宋恩荣. 告语人民 [M]. 桂林：广西师范大学出版社，2003：144.
② 何菊玲，赵小刚. 新中国乡村教师队伍建设政策演进的历史逻辑与优化策略——基于政策文本的分析 [J]. 陕西师范大学学报（哲学社会科学版），2021（04）：71-91.

化农业技术的兴趣。二是可以发扬榜样的力量，通过融入新型职业农民成功致富的案例，增强其对从事农业生产的信心。最后，职业认同感低是人们不愿成为农民的重要原因。农村职业教育可以通过向受教育者展现成为新兴职业农民的实际收益增长，或邀请创业成功的新型职业农民讲述自身经历，使受教育者以收益的角度产生职业认同。另外，农村职业教育可以以越来越多取得高学历的青年人，可以在城市获得工作机会却乐于回乡成为新型职业农民的人员为典型，编制优秀新型职业农民典范案例册，向受教育者展示现代农业生产所具有的强大吸引力，使受教育者认识到成为新型职业农民与选择其他职业的平等性，增强其职业认同。

（二）强智以引领塑造农村现代气息

与时代发展相宜的智慧的汇聚是推动社会前行，实现社会现代化发展的基础性力量。乡村振兴是国家现代化的必经之路，乡村劳动者的现代化是实现乡村振兴的重要支撑。新型职业农民作为乡村劳动者现代化的典型代表，其培养必然要强调内在素养的现代化，即"智"的现代化，现代科学知识的掌握和基础人文素养的提升能够引导其有效参与乡村生态农业建设和乡村文明建设，推动全面乡村振兴中"农村美"的目标顺利实现。农村职业教育是培养新型职业农民的主体力量，但在实践中依然存在诸多问题亟待解决。因此，农村职业教育要结合乡村建设需要及新型职业农民可持续发展需求进行转型，以教育现代化推动农业农村现代化，① 以教育振兴服务乡村振兴。

农村职业教育的办学模式需由学校为主、培训为辅转向培训为主、学校为辅，满足乡村所需建设人才的"智"的可持续发展。福斯特（Philip J. Foster）的农村职业教育思想得到国际社会的广泛认可，他指出虽然正规学校教育对农村发展具有重要作用，但其主要是通过基础教育而不是学校形态的职业教育，农村职业教育的开展重点应是农民培训。② 同时，随着我国乡村振兴战略的实施，乡村对高质量新型职业农民的需求量不断增加，当前大量农村成年劳动力向新型职业农民转变的需要，新型职业农民的后续可持续发展诉求，均表明农村职业教育应向培训为主转型，且大有可为。因此，农村职业教育应以针对新型职业农民的培训为主，为乡村振兴提供适宜人才。另外，农村职业教育在转型的同时要采取分层分类的差异化培养措施，克服目前培训中存在的"漫灌"

---

① 祁占勇，王羽菲. 乡村振兴战略背景下农村职业教育现代化的指标体系与行动逻辑［J］. 西南大学学报（社会科学版），2020（04）：67-77，194.

② 石伟平. 国际视野中的农村职教改革与发展［J］. 教育发展研究，2009（05）：56-59.

问题，促进新型职业农民的个性化发展。首先，农村职业教育可将新型职业农民培训分为生产经营型、专业技能型和社会服务型等类型供受教育者自行选择，并为其选择作出合理建议；其次，不同类型的新型职业农民培训需依据受教育者自身所具备的能力基础，设置不同层次的培训内容，并采取模块化的教学方式使受教育者在不同类型和层次的培训之间存在流动的可能性，保证新型职业农民的个性化和多元化。分层分类的农村职业教育应充分尊重受教育者自身的意愿，利用"最近发展区"理论合理确定受教育者的学习起点，使教育内容更容易被接受和理解，提高新型职业农民的培育质量，促进农村职业教育向现代化迈进。

农村职业教育应以现代化农业生产过程为基础重新架构课程体系，并加强对新型职业农民精神世界的充盈，使新型职业农民能够采用科学绿色的技术手段进行农业生产，以更高的道德标准引导自身的日常行为，促进生态农业和乡村文明的崛起。首先，以现代化农业生产过程为基础重新架构课程体系，但并非简单地复制实际的现代化农业生产过程，而是将理论与实践相结合进行系统化的处理，破解以学科知识体系为基础架构课程所造成的理论与实践"条块分割"的弊端。以现代化农业生产过程为基础架构课程体系应经历完整而复杂的过程，一是应对现代化农业生产过程进行实地调研，详细了解每个生产步骤和环节；二是总结不同生产过程的异同，在此基础上对现代化农业生产过程进行基于教育学的系统化处理；三是邀请专家对初步形成的新型职业农民培训课程体系进行评议；四是结合意见组织修改，并重复评议和修改两到三次，形成较为成熟的基于现代化农业生产过程的课程体系；五是在进行试点、修改的基础上广泛推广。其次，农村职业教育促进新型职业农民精神世界的充盈必须采取一系列支持措施使之达成。一是可以依据区域特色专门设置传承乡村文化、匠人文化、生态文化的课程或依托文艺表演形式送文化下乡，使受教育者较为集中地、明确地接受优秀传统文化的洗礼，清晰地认识和感知优秀传统文化的魅力，自觉传承和发扬优秀传统文化。[①] 二是可以将乡村文化、匠人文化、生态文化中的优秀因子融入其他课程，如将淳朴善良、精益求精、环境保护等精神以及当地优良的民俗习惯通过情景再现、影片观赏等方式渗入课程计划，通过具体的教学活动潜移默化地影响新型职业农民正确价值观念的形成，产生共同

---

① 熊晴，朱德全. 民族地区职业教育服务乡村振兴的教育逻辑：耦合机理与价值路向[J]. 教育与经济，2021（03）：3-9.

体意识①，促进乡村现代化和谐氛围的产生，实现乡村文明振兴。

（三）持技以立农促进农业转型升级

科学技术是第一生产力。先进的科学技术在农业生产发展全过程中的广泛应用，将有效提高农业能级与效率。② 因此，先进的科学技术不仅在工业生产中发挥着不可或缺的作用，在高质量农业生产中同样被需要，尤其是在农业农村现代化、乡村振兴战略中"农业强"的目标要求下，其作为农业转型升级的重要推动力量日益受到国家和社会的重视，成为农村职业教育培育新型职业农民的核心内容。

农村职业教育要动态更新已有的技术技能传授内容，并加深与现代农业生产性实训基地合作的深度和广度，保证自身开展技术技能教育基础与实力的与时俱进，以培养高质量的新型职业农民，促进农业的转型升级，助力乡村产业的兴旺。首先，现代农业科学技术的快速发展和广泛应用对新型职业农民的技术技能更新速度提出新要求。农村职业教育是新型职业农民技术技能获得的主要途径，因此，农村职业教育必须对外界的变化作出及时的判断和反应，灵活调整和添加技术技能传授内容，确保新型职业农民培养的适时性和实用性。对现代农业科学技术发展作出判断并非易事，需要建立专门的调查和预测团队，以对本地区现代农业科学技术应用情况进行调研为基础，深入解析国家相关政策内容、研究国外农业科学技术的发展经验和趋势，并与其他地区保持信息沟通。以大量的理论和实践资料的搜集、汇总、分析为依据，以合理的时间间隔对本地现代农业科学技术的发展作出判断和预测，对应调整农村职业教育的技术技能传授内容。其次，现代农业生产性实训基地是新型职业农民技术技能知识得以深化、修正和应用的重要载体，农村职业教育需要增强与现代农业生产性实训基地合作的深度和广度。相近地区的农村职业教育机构可以尝试联合开办现代化农业生产试验基地，或与多地多个规模化农业生产大户建立深度合作关系，建立实习实训基地共享联盟，使生产、实践与教学同步进行，充分满足不同受教育者的实习实训需求，提升新型职业农民技术技能掌握水平，在生产实践中有效推动农业的转型升级。

---

① 薛晓阳. 扩大的共同体：乡镇农民的道德教化及共同体想象——兼论滕尼斯乡村共同体理论及其教育遗产 [J]. 陕西师范大学学报（哲学社会科学版），2017（02）：161-170.
② 张鸿，王浩然，李哲. 乡村振兴背景下中国数字农业高质量发展水平测度——基于2015—2019 年全国 31 个省市数据的分析 [J]. 陕西师范大学学报（哲学社会科学版），2021（03）：141-154.

农村职业教育要以线上线下相结合的方式对新型职业农民技术技能掌握进行系统化、跟进式培养，满足新型职业农民的终身教育需求，从而为农业转型升级的持久性、乡村振兴的延续性提供充足动力。首先，在线下教育过程中要对新型职业农民的教育收获和应用进行追踪调查，深入田间地头汇集农业生产中的共性问题，使之融入下一次教育内容或据此调整原本的教育安排，使农村职业教育真正符合新型职业农民的实际需求。另外，针对技术技能培养的内容设置全然随着实践问题的产生而进行大量变动的行为并不可取。农村职业教育培养新型职业农民具有一定的规律性，因此，系统性和顺序性是新型职业农民技术技能培养不可违背的原则。农村职业教育应坚持技术技能培养内容设置相对稳定性与随机应变性的统一，增强新型职业农民技术技能获得的扎实性和实效性，提升新型职业农民对不断发展进步的农业技术、产品的适应能力，避免在过快的农业现代化进程中被淘汰。① 其次，运用互联网技术，开发线上技术技能培训空间。突如其来的疫情打破教学常规，线上教育迅速成为主流教学形式。疫情的发生为艰难前行的线上教育提速增档，使教育和互联网的结合更加牢固和融洽。疫情虽然不幸，但线上教育探索的经验仍值得借鉴和传承。农村职业教育培养新型职业农民可以借助线上教育迅猛发展的势头，开发线上技术技能培训资源，如开发技术技能培训系统优质课程、建设虚拟仿真技术技能教学平台、与企业合作共同制作技术技能培训小游戏等，满足新型职业农民个性化、多样化、趣味化和终身化的学习需求。

三、农村职业教育培育新型职业农民的提升策略

当前，我国新型职业农民培育存在着社会主体参与机制不活跃、培育更新机制不足、培育方式缺乏创新、培育对象不具有可持续性、培育评价体系不完善、培育保障不充分等问题。因此，为培育新时代促进农业现代化、振兴乡村的有中国特色的新型职业农民队伍，新型职业农民培育应在培育主体、培育内容、培育方式、培育对象、培育评价和培育保障等方面不断完善，促进新型职业农民培育朝着更加科学化、民主化和制度化发展。同时，应从多元视角出发，综合运用教育传播理论、人本主义理论、批判理论等多种理论分析范式，不断完善新型职业农民培育的模式，促使完备新型职业农民培育内容、高效制定新型职业农民培育政策、科学形成新型职业农民培育主体与培育对象的互动机制，

---

① 祁占勇，王志远. 乡村振兴战略背景下农村职业教育的现实困顿与实践指向 [J]. 华东师范大学学报（教育科学版），2020，38（04）：107-117.

确保"三农"的发展与壮大，早日振兴乡村。

（一）加快完善新型职业农民培育主体共同培育制度

随着市场机制的成熟，我国新型职业农民培育主体应多元化。多元化才能形成竞争，更好地保证人才培育质量。由于我国新型职业农民培育采取的是政府主导和市场参与的原则，因此，培育主体一方面要根据国家的需要明确任务，又要根据市场的情况及时调整培育内容。在培育主体上，政府一要根据劳动力市场情况满足需求，制定适宜的政策，支持民办职业教育的发展；二要建立完整的现代职业教育体系，改变职业学校原来重视理论的弊端。

1. 官方组织方面

官方的新型职业农民培育主体是指由政府牵头组织的教育或科研事业单位，包括涉农学校、农业广播电视学校、农业科研院所、农技推广机构等。由于政府的大力支持，官方的新型职业农民培育主体呈现"热"的趋势，然而，与过去得出的结论一样，百姓的态度却是"冷"的，目前官方培育主体处境尴尬，特别是许多农业学校在招生时普遍遭受到"冷遇"。这就需要政府重新定位职业教育，改变以往的"职教观"，建立专门管理职业教育发展的"职教管理机构"。

第一，深化以职业学校为主的培育主体。在 20 世纪 60 年代，经济学派的英国学者巴洛夫提出，较于普通教育，职业教育具有更高的投资价值，发展中国家应把投资重点放在职业教育上，通过举办职业教育，使学生掌握现代生产技术，从而发挥其在本国经济中的重要作用。事实上，我国新型职业农民培育的发展似乎给人一种错觉，即农民培训大多指接受短期的培训或中专层次的涉农职业教育，很少涉及高职和研究生阶段的教育。纵览发达国家或地区，职业教育和农民教育则总体上呈现了教育上移的趋势。

第二，及时设立新的培育主体。随着农业科技的不断深入，必然选择提高农村经济效益和农民收入，使传统农业走向现代农业，这就需要探索出现代化农业发展路径，如建设现代农业园区。因此，新型职业农民培育应积极进行调整，建立新的培育主体，培育相应的新型人才。国外发达国家已经建立了完善的农民培育体系，通过多元化的培育主体对农民进行不同层次的培育，如英国有完善的、分工明确的农民教育培训体系，能为农民提供多类型、多层次的农民职业教育，有 13 所大学和 40 所学院提供学位课程教育，每个郡的农学院提供 2 年的专业文凭教育，200 多个地区的农业培训中心组织提供国家农业证书培训教育和大批由社会或个人举办的培育内容多样的农民培训机构。①

---

① 蒋平，吴建坤. 英国职业农民培育的经验与启示［J］. 世界农业，2014（05）：69-71.

第三，明确各培育主体的权责。我国新型职业农民培育主体以农业广播学校为点向外扩散，但各级、各类实施主体在新型职业农民培育上边界模糊、权责不明，倾向于强调新型职业农民参与培育的数量，在一定程度上影响了新型职业农民培育的质量。因此，应严格规范各实施主体，使他们能够分层级、分类别进行培育。大多数发达国家已经形成了以政府组织培训教育为主导，设立专门机构负责农民培育，社会关注和私人企业培训组织为补充的培育体制，如英国、美国、法国、日本和韩国分别设立农渔食品部农业培训局、农业部推广局、农业部、农民研修所和农村振兴厅指导局与道农民教育院。①

2. 民间机构方面

新型职业农民培育的民间机构是指企业事业组织、公民个人等社会力量利用非国家财政性资源举办面向社会的新型职业农民培训机构，有农民专业合作社、农业龙头企业、农业职业教育集团和专业技术协会。同样，政策文本的"热"与民间的"冷"形成了鲜明对比，使民间培育主体处于一种弱势地位。许多非正规化的民间机构没有涉及农民，与官方风风火火的组织形成了对比。随着我国改革开放蓬勃发展，近些年更是实行了"一带一路"战略，这将进一步诱发我国市场的繁荣发展。因此更需要政府重新重视民间机构在培育新型职业农民上的作用，改革职业教育体系，形成民间机构积极参与的机制。

第一，重视非正规的培育主体。20 世纪 70 年代，英国著名教育经济学家布劳格论证了福斯特的"职校谬误论"，他指出，职校办学成本高，缺乏高学历且实践经验丰富的教师，课堂教学与企业中的工作难以匹配。随着该论证在学术界不断地被著名学者们肯定，人们逐渐发现，以学校为本的职业教育也是失败的。因此，我国新型职业农民培育不能完全依赖官方的培育主体，而应重视市场导向的新型职业农民培育，采用正规培育与非正规培育相结合，正视非正规的新型职业农民教育与培训，要求农业企业来承担培训，吸收大量的农民进行培训。

第二，以非正规化培育为主要培训方式。福斯特认为，职业教育的重点是非正规的在职培训，因为只有具有周期短、门槛低、见效快的非正规教育培训才能适应快速变化的市场，他的观点得到了学界许多学者的支持。新型职业农民的培育是一种职业教育，新型职业农民培育也应以非正规化培训为主。目前，非正规化培训已成为国外职业教育发展的趋势之一，并取得了良好的效果。如

---

① 李学军，郭晓荣. 国外农民培育经验对中国培育新型农民的启示 [J]. 世界农业，2011 (8)：20-27.

英国的农民培训，各郡首先根据农业从业人员情况制订计划，之后农业学院不定期地进行农业新科技培训。①

第三，以非正规化教育为主建立农民学习激励机制。早在 1999 年 4 月有关人员在韩国举行的执行教育大会上就强调，"终身学习与培训：通向未来的桥梁"。只有通过终身学习和接受终身教育，才能终身就业。新型职业农民是一种终身职业，因此，终身学习对他们来说具有重要的意义。构建终身教育体系则是一件非常紧迫的事情，为实现这一目标，一方面要完善新型职业农民培育的政策与外部法律法规，从宏观上设计开放灵活的面向所有学员的职前就业和职后训练；另一方面要从微观上依据技术掌握所需的学习时间、作息时间等设计适应个人需求的课程、教学计划等。

（二）建立新型职业农民培育内容更新机制

新型职业农民培育内容是培育对象学习主要内容的来源，影响着新型职业农民培育目标是否能够实现。虽然政策要求新型职业农民培育内容要不断地根据时代发展、实际要求进行更新，但政策理想与政策执行之间总是存在着偏差，政策文件上关于新型职业农民培育内容的"留白"给培育机构以可乘之机，往往使培育内容滞后于现实的需要。因此，政府应根据当地的规划、发展目标，按照类型、产业、阶段和等级的差异制定培育标准，形成更新培育内容的机制，使培育内容除了具有规范性外，更具有针对性。

1. 提升新型职业农民的关键能力

2017 年《关于深化教育体制机制改革的意见》（以下简称《意见》）明确提出，在终身发展、适应时代的要求下，要注重培养学生的关键能力，并进一步指出四种关键能力，即：合作能力、认知能力、职业能力和创新能力。21 世纪是互联网的时代，新型职业农民培育内容应与现代互联网密切联系，加强农民的认知、创新等意识，培育他们的关键能力。

第一，培育内容结合互联网不断更新，提升新型职业农民的关键能力。如部分国家在其农村增加了两种访问互联网的方法——农民纤维—光学和移动互联网服务或其他设备，目的是通过大力建设高速互联网对农民进行远程教育来不断更新农业科技培育内容，更新生产技能知识。研究表明，农民采用互联网学习农业技术比坚守传统的、一成不变的农民能获得更多的收益。② 此外，一

---

① 石伟平. 比较职业教育 [M]. 上海：华东师范大学出版社，2001：361.

② SMITH A D, PAUL C M, GOE W R, et al. Computer and Internet Use by Great Plains Farmers [J]. Working Papers, 2004 (3)：461-500.

些政府组织农民参与到网络上的专业性学习与交流来提升他们的能力，如韩国就在网络上开展了农业专业相关的讲座、研究学习活动、交流活动等。①

第二，培育内容应以创新创业培训为重点。我国农业历史悠久，然而，在农业生产、加工、销售上仍不够创新。例如，虽然我国自古就有加工豆腐、火腿的方法，但几千年来没有创新他们的加工方式，然而在产业化的今天，日本和西班牙则分别创新了豆腐和火腿的加工方式，并在世界上享有一定的声誉。因此，我国新型职业农民培育主体应不仅要负责新型职业农民技术、技能培训，而且还要为新型职业农民提供一系列职业指导、创新指导、创业服务和销售指导，促进中国农业立足于世界强国之林。

2. 提升新型职业农民的核心素养

农业是利用动植物的生长发育规律，通过人工培植来获得产品的产业。传统农业和现代农业均逃不了农业的这个规律，但传统上农业是最容易进入的职业，而现代农业则是技术含量越来越高的职业。现代农业在生产过程中已经不像过去那么简单，仅凭老一辈人的经验很难使农业获得最大收益。此外，现代农业逐渐转向了个性化生产，这种生产在要求农业从业者具有普通职业能力的基础上，更强调创造能力，即对操作技能要求降低，对心智技能要求提高。因此，在农业技术不断更新、个性化要求不断强烈的今天，如何使农业从业者保有从事农业永不褪色的素养呢？这就需要使他们具有从事农业的核心素养，具有一定的文化基础，又能自主发展和参与到社会活动中。

第一，延长普通教育年限。现代农业生产内容正在发生着深刻的变化，更多地取决于从业者的智能而非体能，而智能表现在个体的能力和素养上。然而，新型职业农民素养的养成非一朝一夕可得，且在市场经济的背景下，素养的养成也绝非易事，职业教育界的学者们普遍认为，只有进行具有较长时间宽基础、活模块的普通教育才能促进学生拓展知识、提高自身的能力和素养。因此，为了提升新型职业农民的素养，首先需要延长他们的普通教育年限，增强他们继续学习的文化基础，使他们在农业生产领域具有迁移能力；其次进行活模块课程改造，在传统的知识传授、职业技能培训里加强如思考力培养的课程、农业新科技课程、社会实践活动等。

第二，建立灵活的新型职业农民培育体系。新技术的发展以及在农业生产中的应用，使大量新的岗位快速产生，有时这种岗位变换是非常迅速的。因此，

---

① 李毅，龚丁. 日本和韩国农民职业教育对中国新型职业农民培育的启示［J］. 世界农业，2016（10）：59-64.

新型职业农民培训应能在农业生产培训的基础上及时对新型职业农民培育做出调整，使农民既能容易消化所学知识、技术和技能，而且能通过感知、视觉体验等获得更多的灵感，为未来自主发展打下基础。基于此，就要求新型职业农民培育体系必须具有充分的灵活性。一是大力发展非正规的教育培训，在乡下设立短期的培训点，取代正规的培训；二是与同类的企业密切合作，让更多农业企业参与到农民培训中。

（三）创新新型职业农民培育方式

新型职业农民培育方式是指在新型职业农民培育过程中所采取的模式和方法，选择不一样的培育方式将产生不同的培育效果。当下，新型职业农民培育过程中培育方式的选择上存在混乱、守旧、不完整、实践性不强等问题，在新时代的召唤和现代农业的要求下，新型职业农民的培育方式应与时俱进，及时更新与完善，使教师在培育过程中可以选择最恰当的培育方式从而最大化地实现新型职业农民培育的目标。

1. 完善和创新新型职业农民培育模式

新型职业农民培育模式是指在一定的教育理论或思想的指导下，按照新型职业农民培养目标和规格，确定相对稳定的新型职业农民培育的内容、课程体系、管理制度和评估方式的总和。2017年《"十三五"全国新型职业农民培育发展规划》指出，新型职业农民培育模式要坚持理论与实践相结合，集中培训与现场实训相结合，线上培训与线下培训相结合。由此可见，新型职业农民培育模式是一个整体，它的主体是农民，新型职业农民培育模式应以农民为本，根据他们的成长规律，根据培育目标的要求不断更新，做好顶层设计。

第一，新型职业农民培育模式应具有完整性，具有反馈环节。美国教育心理学家加涅的信息加工理论认为，人对信息的加工要经过动机、领会、习得、保持、回忆、概括、作业和反馈八个阶段。虽然新型职业农民培育模式与实际紧密结合，培育模式多样，具有实践性、短期性、多样性和实用性的特点，促进农民对培育内容的领会、习得、保持、回忆和概括，并能运用所学知识进行一定的操作，但新型职业农民培育模式缺乏反馈环节，不能对人才进行跟踪与监测，阻碍了新型职业农民培育模式的改进，从而影响新型职业农民培育的质量，因此，新型职业农民培育反馈环节是有必要的。

第二，新型职业农民培育政策应具有超前意识，加强新模式的运用，如校校合作的新型职业农民培育模式。新型职业农民培育政策提出要统筹利用各类公益性培训资源进行校校合作，但未对校校合作进行具体的规范，具有滞后性。

新型职业农民培育政策与现实存在差距，政策的更新速度比较慢，因此，政策应能够对现实做出预测，出台相应的法令以保障农民培育得到更好的发展。

第三，创新学校培育模式，建立学校农场辅助校地合作、校企合作等方式。虽然人才培育模式的创新与政府评价及其他社会因素很明显地存在关系，需要政府与社会积极地调整。但是，新型职业农民培育效果最根本的保障还在于学校自身的努力，应该支持学校承担起教学改革以及人才培育模式的创新，并承担主要责任。如建立学校农场，使它作为新型职业农民技能技术培训的重要场所以及创业的样板，让农民体会种植过程带来的成就感，进而加强自主学习和钻研农业的能力。当然，创办学校农场需要有良好的物质基础，这就需要学校整合与优化教育资源。

2. 恰当运用新型职业农民培育方法

新型职业农民培育方法是指在一定培育思想的指导下采取的培养和教育的策略性途径，是教师和学员为实现共同的培育目标和完成共同的培育任务，在培育过程中运用的手段。当确定了培育目的，并有了相应的培育内容之后，就必须要有富有成效的培育方法。否则，完成培育任务、实现培育目的的良好愿望就要落空。由此可见，培育方法就一定意义来说关系着培育的成败，对完成培育任务、实现培育目的具有重大意义。当前，科技进步，农业生产发展日新月异，客观主义者认为没有适合于教材本质的、适合于人的本质的培育方法。① 因此，一方面要对培育过程中使用的培育方法做长期的规划，另一方面要根据培育目标的客观要求和实际情况来选择恰当的培育方法。

第一，明确培育方法。新型职业农民培育方法多样、全面、与时偕行，但正是由于方法多样，如何选择培育方法或在多大程度上运用方法以最大化保障培育质量依然是个问题。迪尔凯姆认为未来是一个"有机团结"分工精细化的社会。因此，方法运用的比例应被科学地计算，使方法与培育内容、培育对象相适应，具有一定的规范性又具有一定的弹性，如英国就采取了"夹心面包"式培育方法，即第二学年的培育采取实习实训，第一、第三学年采取校内学习。② 特别是智能时代、大数据时代的到来，则更加需要培育方法被计算。

第二，加强职业指导。我国近代职业教育先驱者黄炎培认为职业教育必须由职业学校教育、职业指导、职业补习教育三者构成。③ 新型职业农民培育是

① 刘敏. 常用教学方法分析应用 [J]. 河南农业，2006（10）：44.
② 蒋平，吴建坤. 英国职业农民培育的经验与启示 [J]. 世界农业，2014（05）：69-71.
③ 石伟平. 比较职业教育 [M]. 上海：华东师范大学出版社，2001：380.

一种职业教育、一种人力资源管理，从事农业是他们的职业，新型职业农民是社会主义农业现代化建设的重要力量。因此，新型职业农民的发展不仅是单纯的农业问题，更是深刻的社会问题，关系着国家和社会的稳定。如何解决新型职业农民发展的问题就逐渐成为重大的理论与实践课题。基于此，应加强培育过程中专业领域内的职业指导以及培育后的职业跟踪指导，充分应用在培训中所学的知识与技能，进行生产、经营等活动，产生出经济效益，实现新型职业农民培训的经济功能，从而促进新型职业农民事业健康发展、社会和谐稳定。目前，世界上有一些发达国家，如英国、日本，已建立较为完善的职业指导体系。①

第三，开展实习实训。任何知识源于实践，归于实践。农业是与实践相结合的产业，农业也是需求不足的产业，新型职业农民培训对农业结构调整具有积极作用。实习实训就是将所学要付诸实践或在实践中进行学习，因此，新型职业农民实习实训无疑是农民培育中最重要、最关键的环节之一。新型职业农民实习实训前已经经过一定时间的专业理论训练，掌握了一定的专业知识和相关操作技能，而实习实训是将所学到的专业知识和操作技能在实践中加以运用，真正能够为学员所用。毫无疑问，高质量的实习实训对一个新型职业农民来说是终身受益的，在农业龙头企业或实践基地实习实训期间，会有农业龙头企业优秀的新型职业农民或经验丰富的农业专家进行农业疑难点的分析与讨论，在一定程度上改变学员的思维、提高自己的农业实际问题处理能力，为调整农业结构打下良好的基础。

（四）拓宽新型职业农民培育对象范围

科技迅猛发展的时代，随着民生需求的上升和对生活品质追求的提高，如何让科技与农业及农产品密切结合，让农产品优质高量，让消费者满意就成了重大问题，其中新型职业农民起着最重要的作用。新型职业农民是农业生产与农业再加工的人力资源，首先要能运用科学技术进行农业生产，其次要运用科技对农产品进行加工。而就业型培育重点不突出、创业型对象不足，后生长的新型职业农民未涉及等问题的存在，一定程度上削弱了我国农业人力资源的发展。

1. 就业型对象培育应有侧重

人力资源是社会发展的基础，人力资源开发的程度影响着社会持续发展的

① 范安平，张释元. 发达国家的农村职业教育：经验与借鉴［J］. 教育学术月刊，2009（11）：93-95.

程度。领导者是乡村的重要人力资源，领导者的影响力对于组织目标的实现具有关键性的作用，通过党员干部的带头引领、先锋模范作用将调动起群众的积极性，充分实现乡村人力资源开发。目前，我国正在实现从"制造大国"到"创造强国"的转变，培养创新精神和创新能力必不可少。但是，新型职业农民培育在这方面显得不足，不仅相关课程极少，而且就如何培育创业人才更是支撑不足。只有确保人们既能安居乐业，又能凭借自己的能力创造一个可预期的发展前景，才有助于实现社会发展的基本宗旨。

第一，加强培育具有党员身份的新型职业农民。美国管理学家哈罗德·孔茨认为领导是一种影响他人的艺术过程，优秀的领导可以使人们心甘情愿地为实现组织的共同目标而努力。① 可见，领导是社会组织顺利开展活动的重要条件，在集体活动中具有重要作用。国家对具有党员身份的农民给予了重视，在多份政策文件中指出，在农村实用人才的培养上，党员干部要发挥好"领头雁"作用。但是，我国农民培育体系还比较欠缺。亚洲发达国家日本，则巩固和完善了现有的农民培训体系，着力培育农村基层干部，加强他们的组织能力、带动能力、农业技术、农业素养等，使其成为农村建设的带头人以及农村建设实施规划的指挥员和战斗员。② 我国与日本同属于亚洲国家，应借鉴日本农村振兴的经验，在新型职业农民培育上，应分层分类进行培育，重点加强党员干部的培训。

第二，拓展有意愿创业的农民参加培训。随着科技的变革，生产自动化程度不断提高，大量体力劳动为机器所代替，导致工作岗位大量递减。那么如何缓解未来的就业压力呢？美国是世界上生产自动化程度最高的发达国家，但却拥有着最高的就业率，其中一个很重要的原因就是增加创业就业机会。③ 因此，在一定条件下，应该通过农民创业培训来解决国内（农民工在城市无业、农村未升学青少年失业、退伍军人等）这一问题。目前，一些国家已经开始在农民培育中增加了新的内容，即创业教育，或称自我雇佣教育。④ 通过这种教育，学员可以获得创业所需的知识，提升创业的能力，进而创造新的工作机会，解

① 周黎岩. 王熙凤的管理艺术对临危受命型领导的启示 [J]. 领导科学，2016（24）：12-13.

② 李青彦. 日本农业远程教育特点对我国新农村建设的启示 [J]. 现代远程教育研究，2007（4）：50-54，72.

③ 徐国庆，石伟平. 21世纪世界职业技术教育发展的课题与展望 [J]. 外国教育资料，2000（6）：65-70.

④ 石伟平. 比较职业教育 [M]. 上海：华东师范大学出版社，2001：382.

决失业问题。因此，新型职业农民培育不仅要培育就业的人才，更要培育能创造就业机会的人才。

2. 拓展创业型培育对象

当前，由于文化程度不高缺乏自由的思想、常年外出打工导致思想禁锢等原因，农民创新能力极为不足。此外，由于农村的特殊环境，农民创业代价大，特别是在市场经济体系不发达的地区，创业成功的农民比率很低，打击了农民创新创业的积极性。因此，解决"三农"问题首先要拓展培育对象，其次要营造良好的经济氛围，加强创业能力。

第一，拓展创业对象。当下新型职业农民培育对象的筛选是基于一定的指标，如已有的种养规模、对农民的帮扶程度等，使得培育的对象主要集中在有业者。而农民创业是新型职业农民培育发挥经济功能的关键，政府应探析创业的意义，使社会无业者有业，进而促进社会稳定。因此，政府应发挥宏观调控的作用，把新型职业农民培训对象扩大到"无业农民"，通过对他们进行培训，把农业生产、管理、经营中的知识、技能转移到他们身上，使他们通过创业机制，创造"工作岗位"。当然，新型职业农民培训对象还应当包括未升学的青年。

第二，强化创业能力。现代农业科技日异月殊，大规模农业生产已成为趋势。因此，培育主体应首先广泛采取点对点的培育模式，帮助农民掌握农业科技。二是加强创业心理品质的培训，如创新意识、创业意识、市场意识等。三是加强创业知识的培训，如财务知识、管理知识等。四是加强创业过程的详细指导，增强农民的创业自信心。五是为农民提供市场信息咨询，即在农村尚未建立完善的市场体系之前成立市场信息中心。

3. 关注新生型培育对象

未来对新型职业农民要求标准将不断提高，除了要求其掌握技能和专业性知识以外还要求其具备世界的视野，掌握前沿科技，并利用其进行农业科学研究的更高规格的作业，而政策文件提到的新型职业农民培育针对的多是成年人或接近成年的青年，这就使得农民培育的有效时间较短，只能传授一些短期可习得的知识、技能。此外，由于他们缺乏长久以来农业知识的熏陶难以在农业领域创新使我国迅速跻身世界农业强国的行业。因此，新型职业农民培育对象除了从横向上根据产业的需要培育不同的新型职业农民，还应从纵向上将培育对象延伸至农村中小学，培育农业的后发力量。

第一，在纵向上进行拓展，在农村义务教育阶段应渗透"三农"的相关知识、技能、情感态度等，形成初、中、高正规教育及非正规教育贯通的农民职业教育体系,为培育出真正的大国现代化新型职业农民奠定基础。如日本、韩国均在所有小学、初中不同程度地开设与农业相关的课程,职业农民培育对象已经延伸到青少年群体。厚积而薄发,创新来源于思想的自由,思想的自由来源于知识的积淀。当然,要避免体现过早职业分流反而禁锢学生思维的情况。因此,新型职业农民培育还应在高中文化程度后采取宽基础、活模块的课程模式进行具有针对性的专业基础理论和基本技能培训。

第二,重视中学后培训。20 世纪 70 年代,教育大反思认为由于过早分流,长学制的职业教育模式弊端十分明显,如学生应变能力差、反应迟钝,与此同时,随着社会与经济的发展,学生的文化基础知识愈显薄弱。[①] 因此,在 90 年代,发达国家将职业教育的主要年龄阶段推迟到了"中学后"。新型职业农民是从事农业的职业,同样在从业者的培育上要弱化中学阶段的农业专业训练,强化中学后培训。我国学者指出,可以设立"双学籍、双文凭"模式,学生在普通高中学制内学习所有必修课和部分专业基础课,毕业时部分学生参加高考未被录取则进入后一年的职业学习。[②] 这种要求学校同时进行升学预备教育和就业预备教育,对培育新生代新型职业农民具有重要的借鉴意义。

(五) 建立完整的新型职业农民培育评价体系

在经济全球化背景下,我国"三农"问题必须从时代变迁的大背景出发,在国际化的大视野中认识"三农"问题。"三农"问题首先是农民问题,2017年,《"十三五"全国新型职业农民培育发展规划》指出,现代农业发展关键在人,培育新型职业农民就是培育中国农业的未来。新型职业农民关系着我国农业现代化的进程,密切联系着国家粮食安全、重要农产品有效供给和农业国际竞争力的程度。因此,培育高质量的新型职业农民将早日促进"十三五"规划目标的实现。而如何培育高质量的农民呢? 除了既定的培育内容外,是否还需要进行完善和更新呢? 答案是肯定的。这就需要对新型职业农民培育进行评价。评价是检验培育效果的最好方式,评价有助于对培育过程中的不足进行改进。

1. 加强对新型职业农民培育跟踪评价

新型职业农民培育跟踪评价是指实施新型职业农民培育规划后,及时组织力量对新型职业农民培育后的情况进行调查、分析和评估,包括对新型职业农

---

① 惠圣. 效率视野下的我国职业教育 [J]. 河南职业技术师范学院学报 (职业教育版),2008 (1):5-7.

② 石伟平. 战后世界职教发展轨迹与当前发展趋势 [J]. 外国教育资料,1997 (1):47-51.

民利用培训中所学的知识进行农事活动的过程、农产品销售所获得的经济效益，以及自身给他人、环境带来的影响，从而及时提出并采取有效的改进措施。

第一，进行培育后的绩效评价。新型职业农民培育后的绩效评价是指通过确定的评价方法、量化指标和评价标准，对国家农业绩效目标的实现程度及所安排预算的执行结果进行综合性评价。新型职业农民绩效评价分为直接评价和间接评价，直接评价包括技能水平、新颖度、社会效益、经济效益等①，间接评价包括农技交流、农业工程、奖励、人才培养等。经济是国家的命脉，美国就有两大支撑产业，其中一个就是农业。我国是一个农业大国，但不是农业强国。因此，通过对新型职业农民培育后进行绩效评价，分析新型职业农民参加培育后对农业经济的贡献，分析其中存在的不足及原因，完善培育过程或其他支撑力量，使新型职业农民实现农业优质高产，使农业达到最大收益，助力我国早日成为农业强国。

第二，进行培育后的个人评价。新型职业农民个人评价是指运用一定的评价方法和评价标准，对国家规定的新型职业农民个人素养目标所实现程度的评价。新型职业农民个人评价分为道德水平评价和个人能力评价，道德水平评价包括政治表现、遵纪守法、科技素养、生态素养等②，个人能力评价涉及经营水平、管理能力、知识更新能力等。具备较高道德水平和较强能力的新型职业农民将是村里的得力实用人才，更是带领农村集体进行现代化农事活动的领导者。通过对新型职业农民培育后的个人进行评价，提升他们的道德和能力将有助于促进我国解决"三农"问题。

2. 健全新型职业农民评价反馈机制

新型职业农民评价反馈是培育主体与学员双方教与学的互动活动，是一个复杂的信息传递系统。培育主体在这个过程中是培育信息的传输者与学员反馈信息的接收者。新型职业农民评价反馈机制是学员在接收教学信息后，要对接收到的信息进行加工与处理，将其输出并传递给培育主体，培育主体则根据学员输出的反馈信息进行分析，对学员的学习情况做出判断与决策，从而调整教学进度、教学策略等。由此可见，新型职业农民评价反馈对培育的完善具有重要的作用，而健全新型职业农民评价反馈机制则是保障新型职业农民评价反馈的最基本的保障。

---

① 孟步瀛. NSFC 管理科学项目成果评价指标体系研究 [J]. 科研管理，1996（3）：21-24.

② 文魁，谭永生. 试论我国人才评价指标体系的构建 [J]. 首都经济贸易大学学报，2005（2）：5-8.

第一，强化培育主体自身的评价。新型职业农民培育主体指的是在新型职业农民培育这一事务中，承担主要工作的组织或个人。目前，新型职业农民培育主体包括官方组织和民间机构，但以官方组织为主，如涉农职业学校、农业广播电视学校、农业科研院所和农技推广机构，其中又以涉农职业学校为主和农业广播电视学校为主。新型职业农民培育主体评价是指新型职业农民培育过程中对以涉农职业学校为主和农业广播电视学校为主的培育主体进行评价，包括培育内容安排、授课教师、课程安排、教材选择等，通过对新型职业农民培育主体进行评价，了解和分析参加培育的农民在接收教学信息后的信息加工与处理情况，对他们的学习情况做出判断与决策，调整相应的培育内容或环节，提高培育质量。如英国就专门成立了一个独立于政府的评价机构——英国教育办公室，每年对农业院校的教学效益、办学条件和师资队伍进行监督与评估，定期公布农业院校的综合评估结果，而这一结果将与来年教育经费分配的多少密切联系。①

第二，吸收社会组织的评价。狭义的社会组织是指公共关系的主体，他们是组织群体为有效达到共同的特定目标而按照一定的宗旨、制度，系统地建立起来的共同活动的集体。虽然国内已经有一些社会组织对新型职业农民进行评价，如中华人民共和国农业农村部，但更多地是从数量上来做统计，未对培育出来的新型职业农民的质量进行评价。因此，有必要引入其他社会组织，如联合国粮食及农业组织、农业合作经济组织。社会组织的有两个作用：一是调整新型职业农民培育中不同构成要素之间的关系，使之达到有序化、统一化、整体化；二是组织新型职业农民培育的相关部门、成员服从组织的统一要求。因此，社会组织的评价对于优化评价环境，如社会宣传、机构协同、政策支持和加强培训的具体方面将起到积极的作用，吸收社会组织的评价具有积极的意义。英国的经济与商业研究中心（CEBR）就对职业教育的具体方面进行了评价（包括农民的职业教育），如2013年该组织对英国职业教育的培育模式（现代学徒制）进行评价，并预计了十年后现代学徒制增加的人数，为英国政府经济的调整提出了参考。②

（六）深入拓展新型职业农民培育保障

马斯洛需求层次理论认为，人有五个层次的需求，像金字塔排列，逐级上

---

① 蒋平，吴建坤. 英国职业农民培育的经验与启示［J］. 世界农业，2014（05）：69-71.
② 蔡巧燕. 基于英国现代学徒制的新型职业农民培育模式的构建与实践［J］. 山西农经，2016（17）：10-11.

升：对生理需求、安全需求、社交需求、尊重需求和自我实现需求。在发展中国家，绝大多数人追求生理需要和安全需要，而高级需要占主导的人数比例较小。① 我国是一个发展中国家，首先，应保障新型职业农民的低层次需求；其次，我国新型职业农民是一群有别于传统农民的人，他们有自己的产业，是一种职业的身份，通过农业生产经营活动来获取自己的尊严；最后，我国新型职业农民是接受了较高教育的人，以及被党和国家赋予时代使命的人，他们通过自己的事业来带动周围的群众，获得价值的实现，最终协助国家解决好"三农"问题。因此，我国应大力支持新型职业农民，给予新型职业农民充分的保障。

1. 加大资源保障力度

我国大量农村青壮年劳动力进城，使城乡人口流动带来了许多变化，改变着我国社会结构，空巢村、留守儿童村的大量存在已成为当下广大农村不争的客观事实，"乡愁"转变成确确实实的"乡衰"。一是老龄化问题突出。2010年，农村60岁及以上人口老龄化率为14.98%②，远远超出了联合国10%的界定标准。二是绝大多数农村青壮年处于非完全务农状态。占农村总人口的52.82%的3.56亿农村青壮年中有近70%的青壮年劳动力处于"半工半农"的兼业状态。③ 如何确保农产品的稳定供给、确保农村兴旺就面临着严峻的挑战。因此，这就需要国家加大财力、物力等资源的保障，使更多的农民返乡创业。

第一，完善多种补贴制度。粮食安全是国民健康生存最基本的保障，也是国内经济最根本的基础。我国有十四亿人口，在科技信息时代，粮食安全不能寄希望于外国。因此，一是完善农业补贴制度。农业补贴的目的在于保证农民发展农业的积极性，保证农产品产量。人是经济人，当下，从事农事活动的人越来越少，过去的农业补贴力度已经不能调动起农民的积极性。人是农业生产的根本，这就需要加大农业补贴。如农业补贴应深入生活补贴，减轻农民的生活负担。二是完善基础设施建设。基础设施的建设程度影响着农业的生产效益、农产品的交换速度等，基础设施政策应拓展到农村生活基础设施、农村社会发展设施等，最重要的是要适当地给予农业基地在完善基础实施上以支持，帮助新型职业农民提高农业生产量。

第二，创造农产品的销售途径。一是建设农产品交易平台。21世纪是网络

---

① 马斯洛需求层次理论 [EB/OL]. 百度百科，2021-10-31.
② 国务院人口普查办公室. 中国 2010 年人口普查资料 [EB/OL]. 国家统计局官网，2021-11-02.
③ 刘彦随，龙花楼，王介永. 中国农业现代化与农民 [M]. 北京：科学出版社，2014：7-8.

时代，通过移动手机购物以及电子商务向三、四、五线城市渗透已经成为电子商务的趋势。网络时代给人们提供了极大的便利与好处，农产品也应加入到电子商务的行业中。当下，由于缺乏销售的平台，缺乏具有政府公信力的农业平台，新型职业农民的优质农产品不能得到最高效的流通，与此同时，导致农产品积压价格下降，农业收入锐减。因此，国家应建立和宣传第三方交易平台，提升平台的公信力，使农产品生产者（新型职业农民）能够在网上与消费者进行交易。此外，国家还应在大城市建立具有地方特色的农产品实体店，使西部优质农产品能在实体店进行销售，最终形成三位一体的品牌建设。二是在财政上进行引导。金钱是用作交换商品的标准物品，具有交换媒介、支付手段等功能，缺失金钱将无法实现这两个功能，因此，国家应将更多的财政分配转移到农业，使政府为农民发展提供"买单机制"①，如美国为了鼓励百姓"注册职业农民"，联邦政府在农村金融政策上提供了信贷、纳税和农业直接补贴等方面的支持。②

第三，建立扶助制度支持创业。当下，我国农业发展增长需要从粗放式转向集约型、从投资推动型转向创新推动和消费投资协调、从外向主导型转向内需主导型，这就需要具有创新、创业能力的人才在农业转型的进程中发挥作用。当下，国家对有意向创业的农民则关注不够，而创业除了是转型期的趋势要求外，更是促进社会的稳定的重要因素。因此，国家应建立扶助制度，一是借助网络等多种媒体，对创业进行宣传，营造创业的氛围；二是提供切切实实的优惠政策，对有意向创业的农民提供适当的补助，使他们从农业活动中看到希望，积极返乡进行创业，使"大众创业，万众创新"不是一句口号。

2. 重视人才保障

长期以来，我国在人才储备上基于"人力资源派"的观点，政府首先根据经济发展规划进行"人才预测"，再依据所预测的结果制定出"人力发展规划"，最后形成一定数量的"人才储备"。新型职业农民作为新时代的重要劳动力，其培育亦遵循该理论。近年来，中央出台了一系列重要文件对新型职业农民培育做了部署安排。因此，我国在新型职业农民培育上既以人力资源理论为根据进行人才预测，又根据市场进行调整，一方面坚持政府主导进行的人才规划，另一方面结合市场机制尊重农民的意愿。市场导向的最大缺陷是自发性、

---

① 李燕萍，蒋文晶. 国外农民开发的经验对我国新型职业农民培育的启示 [J]. 前沿，2008（12）：137-141.

② 史洁. 美国职业农民的培训教育体系研究 [J]. 世界农业，2014（12）：169-172.

盲目性和滞后性，这就在一定程度上加重了农业问题。这就要求国家完善人才流动机制，使人才能尽其用，充分发挥人力资源的优势。

第一，完善职业认证制度。目前，新型职业农民职业资格证没有统一的颁发办法，在一定程度上影响新型职业农民的职业认同感。新型职业农民职业认同感影响着新型职业农民对从事农业的忠诚度、向上力和事业心，缺乏职业认同感将会厌恶职业、产生职业倦怠、没有奋斗的动力，更严重的是为了达到利益最大化，不择手段，生产不安全食品，影响国民健康。所以，提升新型职业农民的职业认同感就成了迫切要求。那么要如何提升新型职业农民的职业认同感呢？最重要的是要建立国家新型职业农民的认证制度。一是强调职业的平等性，给予新型职业农民一定的法律地位，使新型职业农民在农业体系里有上升的空间。二是确定认定标准，建设职称评定体系，不仅要认可农民的工作经验，给予他们与正规培育同等的法律地位；还要进行职业等级认定，实行农民资格考试制度。如欧洲发达国家英国、法国、美国、德国等都分别制定了相应的法规《农业培训局法》《农业教育法》《毛雷尔法案》《职业教育法》等，规定必须经过严格的培训考试合格后发给职业资格证书才有资格成为职业农民。① 当然，目前来说，新型职业农民培育跟踪评价是不足的，通过评价而进行认定也是不足的，这就需要加强跟踪评价并在评价的过程中依据评价指标对新型职业农民进行认定。

第二，建立人才流动机制。人力资源是社会生产中的重要资源，必须进行有序的流动。人力资源管理的最佳途径是提高人力资源的使用率，而使用率必须基于人才流动。当今中国农业要发展、乡村要振兴、国家要富强，人才必然是最重要的载体，因此，要人尽其用，充分发挥人力资本的作用，充分发挥农业领域人才的作用。而如何使人到扎根农村进行农业现代化生产呢？这就需要建立完善的"引才"机制。一是加大资源保障。确实提供优惠政策，在原来调动农民积极性的农业补贴政策上加大补贴，给予更加便利的土地流转优惠政策，确保医疗、农业基地基础设施的保障。二是通过"人才引进"，将优秀的农业人才纳入国家农业系统，使他们有职业上升空间，提高他们的积极性，鼓励高层次人才到农村推广科技文化知识和技术。② 三是完善教师授课模式，如借鉴大学的导师制，为下乡进行指导的老师提供政策优惠，使他们以师徒传承的方式跟踪几个新型职业农民，激发他们以多种方式来帮助他们。

---

① 李玮. 国外农民培训对我国培育新型农民的启示 [J]. 农业经济，2009 (8)：56-58.

② 金英姬. 韩国的新村运动 [J]. 当代亚太，2006 (6)：13-22.

第六章

乡村振兴视域下农村职业教育现代化的
指标体系构建与行动逻辑

新时代党和国家对"三农"问题做出了新的战略部署，中国农村进入了全面发展时期，农村职业教育也被赋予了新使命，是乡村振兴的重要推动力，肩负着智力支持、文化建设的重要职能，应该在乡村振兴中起到引领作用。[1] 习近平总书记在2018年全国教育大会中指出，党的十九大做出了优先发展教育事业、加快教育现代化、建设教育强国的重大部署。教育现代化是教育发展过程中呈现出的高水平教育形态，努力实现教育现代化成为新时期国家教育顶层设计和教育系统实践变革的重要任务。农村职业教育在我国现代职业教育体系中具有不可替代的战略性地位和基础性作用，直接关系新农村建设、新型城镇化建设、新型农民的培养与和谐社会构建的成效。[2] 农村职业教育现代化立足农村，区别于城市教育现代化，承载着时代新任务。农村发展的根本出路在于现代化，农村职业教育现代化是农业农村现代化的基础和支撑，是农村教育的根本变革，是全社会主体参与的改革与发展农村教育的实践活动。这既是一个主体性参与的动态发展过程，也是一个延展性的目标体系。没有农村职业教育现代化，就没有农村教育现代化，更不可能有教育现代化。2019年，中共中央、国务院颁布的《中国教育现代化2035》提出了"职业教育服务能力显著提升"的发展目标。《国家职业教育改革实施方案》明确要求"服务乡村振兴战略，为广大农村培养以新型职业农民为主体的农村实用人才"。农村职业教育现代化包括物质、制度、观念三个层面的现代化，以适应并助推农村现代化发展为目标，遵照农村社会特征和受教育者身心发展特点实现农村职业教育向现代教育的整体转换过渡的过程，探索出各具特色的农村现代化教育模式，完成培养全面发

---

① 朱德全，黎兴成. 中国农村职业教育研究70年：研究嬗变与范式反思 [J]. 西南大学学报（社会科学版），2019（06）：5-19，201.
② 李延平，任雪园. 农村职业教育的公共性危机及其法治保障 [J]. 陕西师范大学学报（哲学社会科学版），2016（06）：144-151.

展的时代新人的重要任务，最终实现人的现代化这一根本出发点与归宿。① 农村职业教育现代化是与农村现代化相适应的教育发展特征和趋势，它既是应对农村现代化需求之策，也是农村教育"面向现代化，面向世界，面向未来"的应然选择。

农村人力资源开发对于振兴乡村，建设新时代下的现代化农村具有重大作用。自"十一五"规划提出要将开发农村人力资源作为解决"三农"问题的根本任务以来，我国在培育新农村、新农民，发挥农村人力资源的巨大储量和潜力提高农村劳动力素质，实现新农村现代化建设方面取得了显著的成效。2020年政府工作报告"十五个加强"中指出，要落实脱贫攻坚和乡村振兴举措，坚决打赢脱贫攻坚战，着力抓好农业生产，拓宽农民就业增收渠道，提高农民生活水平，这对新农村建设发展提出了更高水平的要求。

随着区域工业化进程和农业产业现代化的需求，对于劳动者的综合素质要求变得愈来愈高。简单的体力劳动方式，很难满足社会发展需求。要不断加强农村的教育投入，发展产业导向性的农村职业教育、高等教育，鼓励政企合作、校企对口的方式，培育新农业新农村的专门人才。对于普通散户农户，要加强农业技术、技能技术的帮扶和跟踪指导，让其依靠技能提升劳动力增值，实现自我多元发展，从而促进农村剩余劳动力有效转移，加快实现乡村振兴、人民富裕的根本追求。农村职业教育现代化作为教育现代化的重要组成要素之一，从木桶原理的角度来看，也是当前全面实现教育现代化的薄弱环节。作为推进农村发展的关键力量，农村职业教育在自身发展过程中面临着诸多痼固顽疾：一方面在程序化运作下，出现办学模式单一、发展定位模糊、课程设置偏离农村实际、"升学无基础，务农无技术"等现实问题；另一方面单维的"自系统"封闭式管理加速了"普职成"教育系统之间的疏离，难以有效解决人口职业转变、产业结构调整、农村土地及地域空间变化等城镇化进程所带来的现实问题，在一定程度上造成农村资源配置要素结构性失衡、"去农离农"等问题丛生，严重阻碍了农村城镇化、农业现代化和美丽新农村建设，牵制了我国乡村振兴与农村可持续发展。② 由此看来，实现农村职业教育现代化依旧任重道远。那么，乡村振兴视域下农村职业教育现代化有哪些方面的现实意义？如何设计并建构

---

① 李学良，杨小微. 论基础教育现代化2030的前景展望与路径选择 [J]. 河北师范大学学报（教育科学版），2017（05）：26-30.

② 朱成晨，闫广芬，朱德全. 乡村建设与农村教育：职业教育精准扶贫融合模式与乡村振兴战略 [J]. 华东师范大学学报（教育科学版），2019（02）：127-135.

出农村职业教育现代化指标体系？相应实现农村职业教育现代化的行动逻辑是什么？解决好这些问题对于实现乡村振兴战略目标、促进我国社会主义新农村建设都有所助益。

一、乡村振兴视域下农村职业教育现代化的现实意义

乡村是人类生存和生活的重要场所，乡村善治是国家治理体系和治理能力现代化的基础。中国是一个农业人口大国，中国乡村是全世界人口最多、差异最大的乡村。按照国家卫健委的统计估算，"到 2030 年中国人口城镇化率达到70%，农村人口还有 4.5 亿"。① 乡村振兴战略是十九大做出的重大决策部署，是全面建设社会主义现代化国家的重大历史任务。农村职业教育作为农村教育的重要组成部分，是联系人与乡村社会的文化纽带，在乡村振兴战略的指引下，农村职业教育现代化显现出其"工具价值"和"本体价值"。具体而言，"工具价值"体现在农村职业教育现代化能够促进乡村产业振兴，实现农业农村现代化，推动农村经济社会可持续发展；"本体价值"强调农村职业教育现代化促进人发展的价值，主张农村职业教育满足人的基本生活需要，发展人的个性与潜能。因此，实现农村职业教育现代化是解决好"三农"问题、跟进农村农业现代化、支撑精准扶贫工作的必然选择，实现农业强、农村美、农民富的乡村全面振兴的关键。

（一）实现农村职业教育现代化是支撑农业现代化建设的迫切需要

农业农村发展和工业城市发展是密切相关的。中华人民共和国成立以来，农业农村发展的定位随着经济社会发展在不断调整变化。中华人民共和国成立初期，重工业是建设重点，对农业的定位是提供"发展工业所需要的粮食和原料"，由此基本确立了"农村支持城市、农业养育工业"的方针和政策，国家通过征收农业税和工农产品"剪刀差"进行工业化积累，加速了工业化进程。改革开放之后，中国实现经济奇迹实际有两个很重要的因素，一是廉价的土地，二是廉价的劳动力。农业、农村、农民又为加速工业化和城镇化进程做出了巨大的贡献。进入 21 世纪之后，中央提出了"三农"工作是全党工作的重中之重；党的十六届四中全会做出了中国已经进入"工业反哺农业、城市支持农村"阶段的判断；党的十六届五中全会明确了实施"以工促农、以城带乡""多予、少取、放活"的重大方针。党的十九大又明确提出了"要坚持农业农村优先发

---

① 联合国开发计划署 . 2013 中国人类发展报告［EB/OL］. 中华人民共和国中央人民政府官网，2013-08-28.

展"，这是以习近平同志为核心的党中央在新的发展阶段对中国城乡关系、工农关系做出的重大战略调整。在城乡发展不平衡、农村发展不充分的大背景下，实施乡村振兴战略，加快推进农业农村现代化，必须把这一重大战略部署落到实处。①

农业农村现代化与国家现代化并举，实现农业现代化是乡村振兴战略的重要战略需求，培育乡村发展新动能，加快实现由农业大国向农业强国转变。农业现代化是将依赖直接经验和手工工具的传统农业转变为发展现代科学技术、现代生产手段和先进设施装备农业的过程②，包括"农业生产手段现代化大大降低农业劳动者的体力强度，提高生产率；农业生产技术科学化提升农产品品质及其国际竞争力；经营方式产业化以形成产业化的先进农业，形成种养加、产供销、贸工农一体化的经营格局"③ 等三个方面。农业现代化是将传统农业转变为现代农业的过程，是农业大国迈向农业强国的必经之路。要促进现代农业的发展，必须解决中国农村人口数量庞大且素质不高的问题。农业现代化目标的推进需要大量具有科学技术、知识和管理能力的农业技术人才。在农业现代化的建设进程中，人力资本无疑是最关键的因素，只有积极培育能够适应现代农业发展的新型职业农民，农业现代化建设才能拥有更多的智力支持和人才保障。换言之，现代农业与传统农业是存在很大差别的，要转变传统粗放式的生产模式，向精细化的生产方式迈进，集约化、规模化、专业化以及标准化将是我国农业现代化建设的主要标准。通过职业教育，农民可以学习和掌握先进的技术知识和职业技能，拥有较强的经营和管理能力，满足现代农业对劳动力素质和就业能力的要求，推动农业产业结构调整。农业的机械化和规模化生产使过剩的农村劳动力流向城镇。发展农村职业教育，完善转移培训体系，为农民、农业转移人口和失业或再就业人员从事"多样化"和"非农化"职业提供学习文化和技术培训的机会。农村人口不仅能够接触到生产方式、生活方式的新观念，还能具备在城镇就业的职业技能和文化素养，助力于乡村振兴和城镇化建设。对此，只有通过积极开展农民职业培训，才能有效弥补他们职业素质上的短板，使他们不仅能够操作农业机械，还能转变农业生产观念，掌握一定的农业经营技巧，进而有效参与到农业现代化的建设进程中来。农村职业教育现代化实现程度越深，所体现出来的现代化技术和水平越高，是加快农业现代

---

① 熊小林. 聚焦乡村振兴战略 探究农业农村现代化方略——"乡村振兴战略研讨会"会议综述 [J]. 中国农村经济，2018（01）：138-143.

② 黄育云. 农村职业教育与农业产业化、农村城镇化、农村现代化互动研究 [M]. 北京：中国农业出版社，2005：54-55.

③ 李云才. 中国农村现代化研究 [M]. 长沙：湖南人民出版社，2004：156.

化的必由之路。一是农村职业教育现代化要求深刻落实质量兴农战略。技术进步从供给和需求两个方面影响农业的投入产出状况、生产要素的配置和转换效率进而影响农业结构。其中供给主要是通过提高劳动者素质、改变生产的物质技术基础、扩大劳动对象范围、提高管理水平等途径起作用。农村职业教育现代化紧跟国家质量兴农战略规划，重视农业生产质量效度理念在教学过程中的渗透，采取多重手段合理布局农业生产力，优化现代农业走上增产与提质并举之路，农村职业教育现代化与农业现代化的核心要义不谋而合。"小农经济、个体经营"这种现有的农业生产关系已经不适应生产力的发展，现代农业要求高组织化程度的生产模式。产供销一体化、要素投入集约化都要求有一个强有力的农业经济合作组织做支撑。兵马未动，粮草先行，农村职业教育发挥先导作用，培训新型农民，依靠他们实现农业生产组织化。为此，要突破原有农业生产经营机制，采取培训新型农民、延伸产业链条、形成产业龙头等手段，通过先进、实用的农民技术教育培训调动农民参与的积极性。二是农村职业教育现代化发展倡导积极构建农业对外开放新格局。农村职业教育的现代化发展能够使有限的资源朝着更加合理化配置方向发展，通过技术化手段的传授与培训提高我国区域特色农产品国际竞争力，深化与"一带一路"沿线国家和地区农产品贸易关系，加深农村农业的开放化程度。三是农村职业教育现代化发展助力构建农村一、二、三产业融合发展体系。现代农业是多功能农业，农业多功能化需要相关产业融合发展，在农业与相关产业交叉、融合发展中充分展现现代农业的多重功能，农村三大产业融合发展是我国农业现代化进程中的必然选择。现代职业教育拥有提供现代信息服务、中介服务、咨询服务、技术服务等多种专业能力，[1] 改变以往农村单一的产业经济结构和发展模式，深刻促进农村三大产业融合发展，延长产业链、提升价值链、完善利益链。

（二）促进农村职业教育现代化发展是强化乡村振兴人才供给的优先选择

解决好发展不平衡、不充分的问题，必须打破人才瓶颈。当前，我国农村职业教育在人才培养方面还存在着培养目标单一化且缺乏前瞻性、教育供给与社会需求脱节、教学内容更新缓慢、专业设置调整缓慢滞后等问题，[2] 其现代化发展薄弱阻滞着乡村振兴系统工程的进程与效果。教育具有形成人的功能，

---

① 刘军. 乡村振兴战略下农村职业教育的公共性危机及破解路径 [J]. 教育与职业, 2018 (13)：12-19.

② 许娟. 基于精准扶贫的农村职业教育问题审视与发展路径 [J]. 教育与职业, 2017 (18)：25-31.

因而人才需要教育与由于人需要形成自己才赋予教育形成人的功能都是教育价值形成的根源。① 在乡村振兴视域下，农村职业教育作为一种类型教育，其功能也是形成人，价值在于促进人的自我实现。因此，促进农村职业教育现代化发展理所应当是强化乡村振兴人才支撑的优先选择，肩负着新时期提升农村人力资本及劳动力素质、促进农村剩余劳动力转移的人才供给新使命。

一是有助于促进农民观念的现代化。只有人的现代化的教育真正实现，教育才有可能让受教育者按照人性化的方式去引领、规划其他社会生活领域的现代化。② 人的现代化体现在对改变现状的积极渴望，对先进思想和新鲜事物的不懈追求，不畏权威也不封建迷信。农村居民社会组织化程度不高，因循守旧的小农意识造成观念扭转难度大。农民观念现代化是农村职业教育现代化的核心，农村职业教育的现代化发展可以引导农民自觉、积极为农业现代化道路发展贡献力量，从观念的现代化开始，培养农民的现代人格与公民意识，使其成为社会主义新农村建设的参与者和主力军，为创造安定、稳定、和谐农村环境提供有利的软实力支撑。借助职业教育的育人功能，重塑农耕文化的价值观以农耕文化的重塑创造良性循环的农村文化生态，在价值认同的前提下让更多的乡村建设者主动成为乡村文化的实践者和传播者。通过农耕文明的传播和农村文化的发展让更多的农村人认识到农村文化的价值，使更多的农村人重新审视农耕文明和农村文化，更好地理解农耕文明和农村文化的时代性特征。增强农村人的责任感和归属感，重塑农耕文明精神，在乡村振兴战略的实践中形成共同的文化认知，激发更多的农村人积极主动追求农村职业教育以提升自己为乡村振兴添砖加瓦的能力。

二是大力培育新型职业农民。传统农民向新型职业农民的转型，既是一种角色转变，也是个体不断学习发展的过程。在我国的传统农业改造过程中，职业教育作为一种与产业结合最为紧密的类型教育，依然成为新型职业农民角色转变的重要途径。③ 与传统农民相比，新型职业农民更善于应用科学技术进行农业经营，在自我选择和市场选择的共同作用下，可以及时应对市场变化，较好地破解了"谁来种田"的问题。十六届五中全会通过的《中共中央关于制定

---

① 郝文武. 当代中国教育哲学研究：从概念建构到理论创新和实践变革 [J]. 北京师范大学学报（社会科学版），2010（06）：5-14.
② 王天平. 社会转型时期乡村教育的价值取向 [J]. 西南大学学报（社会科学版），2017，43（01）：79-86.
③ 颜廷武，张露，张俊飚. 对新型职业农民培育的探索与思考——基于武汉市东西湖区的调查 [J]. 华中农业大学学报（社会科学版），2017（3）：35-41.

国民经济和社会发展第十一个五年规划的建议》提出了"要按照生产发展、生活宽裕、乡风文明、村容整洁、管理民主"的要求，扎实推进社会主义新农村建设。这些目标和要求的实现，需要培育大量有文化、懂技术、会经营的新型农民。"有文化"很容易理解，即新型农民要具备一定的文化知识，拥有较高的文化程度。但据调查，2012 年，我国从事农业生产的劳动力中，文盲占 4.3%，小学文化程度的占 39.8%，初中文化程度的占 53.3%，高中文化程度的占 6.3%，大学及以上文化程度的仅占 0.61%。① 这一调查数据显示出当前农村人口低文化水平的现实情况已经成为一个不容忽视的问题。"懂技术"是指新型职业农民应掌握先进的农业技术，具备一定的科学素质，但实际状况与理想水平差距明显，令人担忧。"会经营"要求新型职业农民有一定的经营和管理能力，能够合理组织配置人、财、物、信息以及土地等资源，掌握成熟的经营模式，具有敏锐的市场洞察力。② 这一要求实现难度更大，但只有具备了以上能力，敢于和善于经营的新型职业农民才能在市场竞争中站稳脚跟，不断增加收入，改善生活水平。可见，提高农村人口素质，培养具有较高文化水平、掌握先进生产技能和善于经营的新型农民成为推动社会主义新农村建设的当务之急，想要实现上述社会主义新农村建设的 5 个要求，将传统型农民转化为新型职业农民的最直接和最有效的途径就是通过农村职业教育。因此，发展农村职业教育事业是落实科教兴农方针、提高农村人口素质的关键，必须从农村长远发展和我国现代化建设全局的高度，充分认识发展农村职业教育的重要性和紧迫性。③ 此外，职业教育通过发挥知识补偿性和能力发展性功能，既可以提升个体的人力资本积累水平和可行能力，还可以解决当前农业劳动者"后继乏人"的问题。④ 新型职业农民是传统农民的一次自我超越，也是农村职业教育现代化的价值选择。培育新型职业农民不仅是新型农业经营主体的重要组成部分，更体现了乡村振兴战略中坚持农民主体地位的基本原则。农村职业教育现代化是培育新型职业农民的主要途径，在农村职业教育现代化理念指引下，革新以往传统单纯农业生产技能培训的人才培养目标，以农村职业教育为工具载体，向原

---

① 张涛，邓治春，彭尚平. 统筹城乡职业教育发展的价值取向及机制创新 [J]. 教育与职业，2013（03）：5-8.

② 皮江红. 培养新型职业农民：农村职业教育的新定位 [J]. 高等农业教育，2013（8）：105-109.

③ 陈红颖，夏金星，匡远配. 关于农村职业教育应属于公共产品之分析 [J]. 中国职业技术教育，2007（17）：39-42.

④ 秦程现，杨嵩. 乡村振兴视角下新型职业农民培育现状及应对策略 [J]. 职业技术教育，2020（07）：54-59.

理、科学、技术导向转变，在现代化的农业生产劳动中探寻并实现自我价值。进一步完善落实学分制、弹性学习制、多样化学习成果转换制，实施新型职业农民培育工程，让农民成为有吸引力的职业，着力打造"有文化、懂技术、会经营"的新型职业农民，以农业劳动者的思想道德素质和科学文化素质并举实现农业劳动者现代化，充盈乡村振兴战略的人才储备。

三是统筹城乡公共教育的重要途径。城乡一体化发展是指把农村经济社会发展同等纳入国民经济社会发展战略之中，通过统筹城乡经济社会发展过程中的各种问题，打破长期以来的城乡分割的二元状态，实现以城带乡、以工补农、城乡互补，最终实现城乡共同繁荣，和谐发展。① 城乡一体化发展的内容包含多个方面，城乡职业教育的一体化发展是其中的一个方面，它是以城市职业教育支持农村职业教育，均衡城乡职教资源，推动教育公平的有效举措。坚持农业农村优先发展和城乡融合发展，这是顺利实施乡村振兴战略的前提保障。十九大报告第一次提出了"城乡融合发展"的论述，并将"建立健全城乡融合发展体制机制和政策体系"作为实现乡村振兴五大目标的主要路径。从政策层面看，从城乡统筹、城乡一体化到城乡融合发展，既保持了发展思路、发展目标的连续性，又根据新时代的新要求，在思路上有进一步的拓宽。城乡融合发展更加强调城乡发展的有机联系和相互促进，意味着解决好农村的问题要借助城市的力量，解决好城市的问题也要借助农村的力量，城市与乡村应水乳交融、双向互动、互为依存。统筹城乡教育是一种常态的价值原则，实现农村职业教育现代化充盈了统筹城乡教育的多样性，其多样性强调统筹城乡教育改革不是标准化的单一模式，有效防止在教育统筹实践中的同质化倾向与简单的模式复制。②《中共中央 国务院关于实施乡村振兴战略的意见》（以下简称《意见》）指出要优先发展农村教育事业，推动以城带乡、整体推进、城乡一体、均衡发展。农村职业教育作为弥合城乡教育鸿沟、实现教育公平的有力武器，其现代化发展是统筹城乡教育资源平衡的价值旨归。农村职业教育现代化发展席卷着"互联网+"等一系列信息化的教育方式入驻农村职业教育，筑就的教育公益道路将会有效地缩小城镇差距，拓展农村职业教育人才培养外延。

---

① 马建富. 社会转型与中国农村职业教育发展道路的选择 [M]. 北京：知识产权出版社，2014：111.

② 李涛，邬志辉，邓泽军. 中国统筹城乡教育综合改革：统筹什么？改革什么？——《国家中长期教育改革和发展规划纲要（2010—2020 年）》视阈下的"城乡治理论"建构 [J]. 西南大学学报（社会科学版），2011，37（03）：122-130.

（三）保障农村职业教育现代化质量是推进乡村绿色发展的必然举措

马克思指出，"人类本身是自然界的产物"，"一部社会发展史就是一部自然发展史"，[①] 呈现出人与自然和谐共生的美好画卷。实现"农村美"，"里子"与"面子"同等重要。"农村美"既是山清水秀的外在环境美，更是乡风文明构筑的内在美。社会主义新农村建设必将呈现乡风文明、村容整洁、管理民主的生态美景。在保障农村职业教育现代化质量基础之上，进一步满足乡村建设的可持续发展需要，对实现乡村绿色发展大有裨益。一方面，打造生态宜居，建设美丽新农村。在剧烈的社会变迁中，村落是反映乡土社会深刻变革的主要空间和集中表现，是农业生产的载体和联结人与自然的纽带。因此，推进农业现代化建设必须采用现代化手段保护乡村生态环境。依托巩固农村职业教育现代化质量水平抓牢乡村生态建设，在农村现代化技术专业教育的背景下，在实践教育教学环节中将现代农业中的农业生态环境污染防治技术、生态农业及循环农业建设技术等各项先进农业科技成果技术应用于美丽乡村管理应用模式，凸显农村职业教育之于乡村绿色发展的重要作用。另一方面，塑造乡风文明，繁荣兴盛农村文化。构建社会主义和谐社会是我国当今时代发展的主题，其不仅倡导人与人之间的和谐，还倡导社会各系统、各阶层之间的和谐。农村职业教育作为农村教育服务乡村振兴战略的功能主体，在脱贫攻坚、人才培养、文化传承等领域都起着至关重要的作用。中国社会以乡村为根基，乡村文明是中华传统文化的重要代表，城市文化的兴起难以阻断乡村文化的生息发展，因此需要以现代化精神来改造乡村文化、构建现代化的乡村文化和乡土文明。实现乡风文明需要精神文明与物质文明一起抓，充分发挥教育与道德的力量，提高村民文明素质，提升村民的内在美。作为新时期新农村文化传播的新型载体，农村职业教育现代化是搭建农村文化建设体系的重要手段。故而在农村职教现代化的进步发展过程中必须突出自身的文化内涵和意蕴，而非一种单纯的农业生产技能培训，还要把相应的规范、秩序以及道德要求传授给受教育者，将科学与民主的相关知识传授于农民，实现思想道德与科学文化素养双重提升，促进乡村文化繁荣，提升乡村魅力，助力乡村文化与精神文明建设。[②] 农村职业教育现代化也担负着传承优秀乡村文化的使命。丰富多彩的农耕文化、传统手工艺、传统曲艺、少数民族文化、民间文化为乡村职业教育提供了取之不尽的教育资源，乡村职业教育应把富有地方特色的传统文化传承与优秀的人文精神、道德规范融入人才培

---

① 刘湘溶. 人与自然的道德话语 ［M］. 长沙：湖南师范大学出版社，2004：52.
② 丁哲学. 乡村振兴战略需要大力发展农村职业教育 ［N］. 黑龙江日报，2018-01-02.

养的各个环节，充分发挥其在凝聚人心、教化群众、淳化民风中的重要作用。

二、乡村振兴视域下农村职业教育现代化指标体系的构设

为实现中国教育现代化 2035 的美好愿景，建设制度完备、体制机制健全、层次结构科学、基础能力现代化的现代职教体系，全方位把握农村职教发展现状，补齐农村职业教育现代化发展短板，采用科学的方法设置农村职业教育现代化指标体系。农村职业教育现代化指标体系是农村职业教育现代化的具体量度表达，作为衡量农村职业教育满足个人及农村发展需求程度、判断农村职教运行状况是否科学的参量系统，对保障农村职教活动、实现其现代化发展发挥着"指针"与调控作用。指标体系以农村农业现代化发展需求为导向，以农村职教发展具体情况为基础，瞄准职业教育可持续发展、扶持乡村振兴建设的终极目标，力求全方位立体式覆盖农村职业教育现代化系统，引领农村职业教育现代化发展，描绘我国教育现代化腾飞蓝图。

（一）农村职业教育现代化指标体系的文本分析

1. 理论基础

当前教育现代化评价框架采用决策导向型模式 CIPP 分析框架居多，其全程性、过程性和反馈性的特点符合职业教育现代化评定与监测的要求，具有严密的内在逻辑统一性。本研究在依据 CIPP 评价模式的基础上，参照借鉴国内外科学的教育现代化指标体系的先进经验，联系当前我国农村职业教育现代化发展过程中产生的现实诉求，设计了背景—发展环境、投入—教育保障度与教育统筹度、过程—培养质量度、产出—社会贡献度的系统框架结构。

2. 构设依据

主要源自政策文本与现有研究成果两方面。国家政策法规依据主要指以《中华人民共和国职业教育法》为中心，根据《意见》中"坚持优先发展农业农村，遵照产业兴旺、生态宜居、乡风文明、治理有效、生活富裕"的总要求，依据《关于加快发展面向农村的职业教育的意见》，结合《国家中长期教育改革和发展规划纲要（2010—2010 年）》《现代职业教育体系建设规划（2014—2020 年）》《国务院关于加快发展现代职业教育的决定》《教育部关于加快推进职业教育信息化发展的意见》《教育 2030 行动框架》《国家教育事业发展"十三五"规划》等相关政策法规，借鉴国内外现有教育现代化发展指标，在大量参考国内外相关文献、征求相关专家意见并反复研究修改的基础上形成的。

3. 使用说明

职业教育现代化监测指标体系涵盖5个一级指标、19个二级指标、84个三级指标即监测点。农村职业教育现代化很难用一种单纯的量化指标去衡量，因为教育作为一种社会现象本身是十分复杂的，单一的量化指标无法说明、纯粹模糊的定性指标难以概括，必然是将二者有机结合。① 该体系主要以量化结果作为评定依据，适当辅以定性描述。对于数据收集较困难的指标，通过发放问卷、专家评议等方法收集信息，综合分析后按照等级予以赋分。

（二）农村职业教育现代化指标体系的建构过程与方法

1. 建立层次结构模型

本指标体系依据《关于加快发展面向农村的职业教育的意见》中提出的五条意见提炼出发展环境、教育保障度、教育统筹度、培养质量度、社会贡献度五大一级指标，并根据职业教育现代化的发展要求、结合农村职业教育的特殊性，设计出二级指标以及相应的三级观测点。然后，通过 AHP 将决策问题的有关元素分解成目标、准则层次，在深入分析复杂决策问题的本质、影响因素及其内在逻辑关系的基础上，将决策产生的思维过程进行数学化呈现，② 梳理出层次结构模型（如图6-1）。

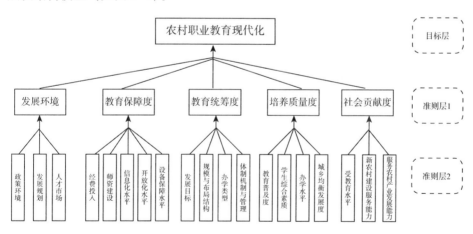

图6-1　农村职业教育现代化层次结构模型

---

① 熊明，刘晖. 教育现代化指标体系理论研究综述 [J]. 江西教育科研, 2007 (08): 11-14.

② 谭跃进. 系统工程原理 [M]. 北京：科学出版社, 2010: 208.

2. 构造判断（成对比较）矩阵

在确定各层次各因素之间的权重时，采用桑蒂（Santy）等人提出一致矩阵法，即不同时把所有因素一起比较，采取两两对比的较为简单的操作方法，利用相对尺度判断降低被调查者的选择难度，在结果的准确度方面有所保障。针对上一层某元素，从第二层开始，对下一层与之相关的元素（层间有连线的元素），两两比较后得出相应的重要性等级，其赋值如表6-1。

表6-1 元素两两对比时的重要性等级及其赋值

序号	重要性等级	a_{ij}赋值
1	i，j 两元素同样重要	1
2	i 元素比 j 元素稍重要	3
3	i 元素比 j 元素明显重要	5
4	i 元素比 j 元素强烈重要	7
5	i 元素比 j 元素稍不重要	1/3
6	i 元素比 j 元素明显不重要	1/5
7	i 元素比 j 元素强烈不重要	1/7

注：a_{ij} = {2, 4, 6, 8, 1/2, 1/4, 1/6, 1/8} 表示重要性等级介于表中相应值之间时的赋值

按两两比较结果构成的矩阵 A =（aa_{ij}）称为判断矩阵。易见 $aa_{ij} > 0$，$a_{ii} = 1$ 且 $aa_{ij} = \dfrac{1}{aji}$，即 A 为正互反矩阵。

3. 层次单排序及其一致性检验

层次分析法判断矩阵的建立过于依赖人的主观判断，主观的错误判断会带来整个评估方法的失败。为了解决这个问题，本研究采用德尔菲法获取原始数据，选择 10 位农村职业教育领域内的专业人士作为调查对象，将调查内容即指标体系中一级、二级指标制成相应表格，请他们发表意见并对指标按照表6-1中元素两两对比时的重要性等级进行相应赋值，运用统计方法得到一系列相对客观的判断矩阵并进行一致性检验。

建立一级指标的判断矩阵。根据表6-1中标度的含义及问卷调查的结果，

计算出各指标的几何平均数。$A_1 = \begin{bmatrix} 1.0000 & 0.5962 & 0.8363 & 0.6262 & 0.7276 \\ 1.6772 & 1.0000 & 2.4874 & 0.9559 & 1.8627 \\ 1.1958 & 0.4020 & 1.0000 & 0.8461 & 0.9830 \\ 1.5968 & 1.0461 & 1.1819 & 1.0000 & 1.9486 \\ 1.3744 & 0.5368 & 1.0173 & 0.5132 & 1.0000 \end{bmatrix}$

利用 MATLAB R2018a 软件计算出 A_1 的最大特征值所对应的特征向量为（0.14204　0.28788　0.16055　0.25178　0.15775）T。

下面对 A_1 进行一致性检验：第一，定义一致性指标 CI。由计算公式 $CI = \dfrac{\lambda_{max} - n}{n - 1}$，得 CI = 0.017878。第二，查出相应的平均随机一致性指标 RI（见表 6-2），得 RI = 1.12。建立一致性检验判别式，即 $CR = \dfrac{CI}{RI}$，得 CR = 0.015963 < 0.10，因而 A_1 的一致性是可以接受的。其他涉及对判断矩阵的检验都是按 A_1 的一致性检验步骤进行的，不再赘述。

表 6-2　矩阵阶数对应的 RI 值

阶数	3	4	5	6	7	8	9
RI	0.58	0.90	1.12	1.24	1.32	1.41	1.45

建立二级指标的判断矩阵。发展环境下的二级指标的判断矩阵为 $A_{21} = \begin{bmatrix} 1.0000 & 2.0867 & 1.7600 \\ 0.4792 & 1.0000 & 0.9642 \\ 0.5682 & 1.0372 & 1.0000 \end{bmatrix}$，可得 A_{21} 的最大特征值所对应的特征向量为（0.48912　0.24509　0.2658）T；CI = 0.00099886，RI = 0.58，经一致性检验得 CR = 0.0017222 < 0.10；所以 A_{21} 的一致性是可以接受的。

教育保障度下的二级指标的判断矩阵为：

$A_{22} = \begin{bmatrix} 1.0000 & 2.2275 & 2.8434 & 3.2504 & 2.3301 \\ 0.4489 & 1.0000 & 2.2016 & 3.0095 & 2.6327 \\ 0.3517 & 0.4542 & 1.0000 & 1.9885 & 0.8184 \\ 0.3077 & 0.3323 & 0.5029 & 1.0000 & 0.3906 \\ 0.4292 & 0.3798 & 1.2220 & 2.5602 & 1.0000 \end{bmatrix}$，可得 A_{22} 的最大特征值所对应

的特征向量为（0.37782　0.26333　0.129　0.079218　0.15062）T；CI = 0.033448，RI = 1.12，经一致性检验得 CR = 0.029864 < 0.10；因而 A_{22} 的一致性也是可以接受的。

教育统筹度下的二级指标的判断矩阵为：

$$A_{23} = \begin{bmatrix} 1.0000 & 0.8580 & 1.1729 & 0.7098 \\ 1.1655 & 1.0000 & 1.2765 & 0.5573 \\ 0.8526 & 0.7834 & 1.0000 & 0.5885 \\ 1.4089 & 1.7944 & 1.6993 & 1.0000 \end{bmatrix}$$，可得 A_{23} 的最大特征值所对应的特征

向量为（0.22368 0.23275 0.19226 0.35132）T；因 CI = 0.0052461，RI = 0.90，经一致性检验得 CR = 0.005829<0.10，因而 A_{23} 的一致性是可以接受的。

培养质量度下的二级指标的判断矩阵为：

$$A_{24} = \begin{bmatrix} 1.0000 & 1.0118 & 1.0801 & 1.2765 \\ 0.9884 & 1.0000 & 0.8634 & 1.0461 \\ 0.9259 & 1.1582 & 1.0000 & 0.9368 \\ 0.7834 & 0.9559 & 1.0675 & 1.0000 \end{bmatrix}$$，可得 A_{24} 的最大特征值所对应的特征

向量为（0.27119 0.24263 0.25006 0.23612）T；因 CI = 0.0041885，RI = 0.90，经一致性检验得 CR = 0.0046539<0.10，所以 A_{24} 的一致性是可以接受的。

社会贡献度下的二级指标的判断矩阵为：

$$A_{25} = \begin{bmatrix} 1.0000 & 1.1298 & 0.6084 \\ 0.8851 & 1.0000 & 0.7009 \\ 1.6435 & 1.4268 & 1.0000 \end{bmatrix}$$，可得 A_{25} 的最大特征值所对应的特征向量为

（0.28804 0.27836 0.43361）T；因 CI = 0.0038494，RI = 0.58，经一致性检验得 CR = 0.0066368<0.10，所以 A_{25} 的一致性是可以接受的。

4. 层次总排序及其一致性检验

二级指标权重占其对应一级指标的权重和该一级指标占总目标的权重的乘积即为此二级指标占总目标的权重。进行统计与计算处理后，综合各专家意见的各项指标权重值如图 6-2。准则层 1 对目标层、准则层 2 对准则层 1 的判断矩阵均通过一致性检验、满足一致性要求，因此整体一致性检验可以忽略。

结合相应观测点，农村职业教育现代化指标体系各级指标以及权重分配情况如表 6-3。综合分析各级指标以及权重分配情况，在实现农村职业教育现代化的过程中，一级指标中教育保障度（0.29）与培养质量度（0.25）所占比例最高，尤其是教育保障度作为农村职教的保障性指标，为整体过程的顺利运转提供了物质与人力保障，其重要性显著程度最高，认可度较高，扮演着主要角色；乡村振兴视域下，农村职业教育现代化的重要实现途径就是依托人才培养，提升其培养质量，进而有助于提高其现代化水平，为乡村振兴提供坚实可靠的现代化人才输送与保障。在二级指标中，重要程度较高的依次是经费投入

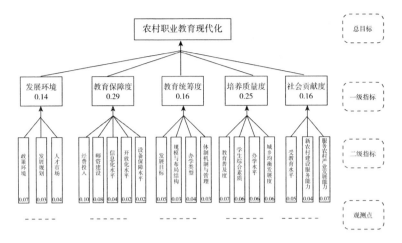

图 6-2　农村职业教育现代化指标体系各级指标及权重分配情况

（0.10）、师资建设（0.08）、政策环境（0.07）、教育普及度（0.07）、服务农
业产业发展能力（0.07）、体制机制与管理（0.06），对应相应一级指标下的核
心指标。由此可见，经费、师资、政策、服务能力等在现代化的农村职教中属
于决定性的主导力量，共同参与指引着农村职教的发展走向。

表 6-3　农村职业教育现代化指标体系各级指标以及权重分配情况表

一级指标及权重	二级指标及权重	观测点
A_1 发展环境 （$a_1 = 0.14$）	B_1 政策环境 （$b_1 = 0.07$）	C1 政策法规建设及落实情况
		C2 举办技能大赛平台
	B_2 发展规划 （$b_2 = 0.03$）	C3 列入区经济发展规划
		C4 列入区教育发展规划
	B_3 人才市场 （$b_3 = 0.04$）	C5 终身教育理念渗透
		C6 技能人才就业服务机构
		C7 就业巩固率
		C8 社会宣传表彰
A_2 教育保障度 （$a_2 = 0.29$）	B_4 经费投入 （$b_4 = 0.10$）	C9 农村、农业职业学校生均教育经费
		C10 预算内生均公用经费
		C11 企业事业组织、社会团体、其他社会组织和公民个人捐助
		C12 统筹培训经费和项目

续表

一级指标及权重	二级指标及权重	观测点
A₂ 教育保障度 （a₂ = 0.29）	B₅ 师资建设 （b₅ = 0.08）	C13 教师学历构成
		C14 专业教师和实习指导教师占专任教师的比例
		C15 "双师型"教师比例及构成多元化
		C16 专兼职教师比例
		C17 师德与专业能力建设情况
		C18 教师培训程度
		C19 教师考评奖励制度
		C20 教职工聘用制度和岗位管理制度
		C21 教师待遇水平
	B₆ 信息化水平 （b₆ = 0.04）	C22 教学网络平台建设程度
		C23 数字资源覆盖率
		C24 信息化教学时数占总学时比例
	B₇ 开放化水平 （b₇ = 0.02）	C25 "一带一路"沿线国家和地区农产品贸易对农村职业教育的影响
		C26 创业教育实施状况
		C27 社会及教育资源共享程度
		C28 产学研结合水平
	B₈ 设备保障水平 （b₈ = 0.05）	C29 生机比
		C30 生均专用设备（元）
		C31 实习基地达标率与使用率
		C32 校企合作实习机会涉及人数占比
A₃ 教育统筹度 （a₃ = 0.16）	B₉ 发展目标 （b₉ = 0.03）	C33 毕业生就业率
		C34 "有文化、懂技术、会经营"的新型职业农民，农村实用人才带头人和农村生产经营型人才，现代农业专业人才、创业人才
		C35 创建国家级中等职业教育以及改革发展示范学校

一级指标及权重	二级指标及权重	观测点
A₃ 教育统筹度 （a₃ = 0.16）	B₁₀ 规模与布局结构（b₁₀ = 0.04）	C36 普职招生比
		C37 普职在校生比
		C38 校均规模
		C39 农村职业学校布点与新农村建设需求契合程度
		C40 统筹城乡职业学校规划布局合理
	B₁₁ 办学类型（b₁₁ = 0.03）	C41 农村的职业教育
		C42 农业职业教育
		C43 职业教育与技能培训
		C44 农民学历继续教育
		C45 农民工培训基地
		C46 公办职业院校学校形式多样
		C47 民办农村职业院校健康发展
	B₁₂ 体制机制与管理（b₁₂ = 0.06）	C48 招生考试制度
		C49 涉农专业学生对口升学比例
		C50 政府主导、行业指导、企业参与情况
		C51 政府部门合作共建的工作机制
		C52 科研单位对口帮扶机制
		C53 组建农业职业教育集团
		C54 建立健全新型农民培训管理规章制度
A₄ 培养质量度 （a₄ = 0.25）	B₁₃ 教育普及度（b₁₃ = 0.07）	C55 农村适龄人口受教育率
		C56 困难人口受教育率
		C57 职业教育巩固率
		C58 农村居民参与率
		C59 从业人员继续教育年参与率
		C60 终身学习网络覆盖率
	B₁₄ 学生综合素质（b₁₄ = 0.06）	C61 思想道德水平
		C62 学业完成合格率
		C63 技能大赛参加与获奖情况

续表

一级指标及权重	二级指标及权重	观测点
A₄ 培养质量度 （a₄ = 0.25）	B₁₅ 办学水平 （b₁₅ = 0.06）	C64 人才培养模式与过程管理
		C65 优势专业、特色专业和涉农课程开发与专业建设情况
		C66 多种形式弹性学习制度
		C67 县域农村特色教学模式应用程度
		C68 校企共建公共教学平台规模与利用程度
		C69 农村职业教育评估标准与教育质量评价体系
	B₁₆ 城乡均衡发展度 （b₁₆ = 0.06）	C70 城乡职业院校差异显著性程度
		C71 校际差异基尼系数
		C72 均衡监测结果弱势学校变化情况
A₅ 社会贡献度 （a₅ = 0.16）	B₁₇ 受教育水平 （b₁₇ = 0.05）	C73 农村主要劳动年龄人口平均受教育年限
		C74 新增农村劳动力人均受教育年限
	B₁₈ 新农村建设服务能力（b₁₈ = 0.04）	C75 培养新型农民情况
		C76 农村人力资源开发程度
		C77 对建设生态宜居、乡风文明的美丽乡村贡献度
	B₁₉ 服务农业产业发展能力 （b₁₉ = 0.07）	C78 对乡村治理体系和治理能力现代化的影响程度
		C79 应用研究开发成果转化率
		C80 农村职业院校参与职教集团占比
		C81 采取校企合作培养技能人才的农村职业院校占比
		C82 产业结构与农村职业教育人才培养比
		C83 县域支柱产业人力资源培养占比
		C84 对县域新增 GDP 的贡献份额

三、乡村振兴视域下农村职业教育现代化的行动逻辑

根据一般系统论，系统要素作为构成系统的基本单位在系统中是相互联系、相互影响而非孤立存在的，各要素在相互作用下构成一个统一的、不可分割的整体。整体与要素相互依存，缺少任意一个，整体性质都会发生变化，要素也将失去其原有的功能和作用。① 农村职业教育现代化作为一项多层次的系统工程，单兵突进难以奏效，需要各相关要素共同发力支撑。立足服务乡村振兴战略的实施，从指标体系中背景—发展环境、投入—教育保障度与教育统筹度、过程—培养质量度、产出—社会贡献度的维度入手，确立发展环境、保障供给、管理统筹、人才支撑、社会贡献为相应组成要素，共同组成并支撑农村职业教育现代化这一整体系统，全面践履乡村振兴视域下农村职业教育现代化的行动逻辑。

（一）塑造良好的发展环境：实现农村职业教育现代化的基本遵循

良好的发展环境是积极推进农村职业教育现代化建设成长的沃土。一是要完善农村职业教育的政策环境。美国政策学家安德森认为，政策行动的要求产生于政策环境，并从政策环境传至政策系统。② 长期以来，我国的农村职业教育一直在夹缝中生存，依赖"政策倾斜"的路径存活，其法律地位较低。但从长远来看，农村职业教育要实现其长远发展，必须依靠"法律"路径，用法律来保障自身的基本权益。党和国家在制定农村职业教育相关法律法规的同时，还应建立新型职业农民培育独享的配套扶持政策，给予其更多的保障与支持。乡村振兴战略的提出后，农村经济发展将会出现新的变化，越来越多的人开始回流农村，面对农村的机会都加入到新型职业农民的队伍中去，学习农业技术发展农业。而我国《教育法》《职业教育法》《农业法》《农业技术推广法》的内容已经不能满足现在农村经济的发展，没有专门保护新型职业农民的权益和建立社会保障制度的法律。我国新型职业农民的培育与发达国家相比发展时间比较短，而且国家早期优先发展工业，农业的发展缓慢，随着经济和科技进步，农村农业的短板日益凸显，亟须解决乡村落后的面貌，开发农村资源，促进乡村振兴发展离不法律强有力的保障。完善新型职业农民培育相关配套政策，对于新型职业农民培育而言，最重要的是建立其独享的优惠政策。虽然国家相关政策文件中对农民培训有各方面的倾斜补贴，但真正用于新型职业农民培育的

---

① 贝塔朗菲. 一般系统论 [M]. 林康义，魏宏森，译. 北京：清华大学出版社，1987：51.
② 褚宏启. 教育政策学 [M]. 北京：北京师范大学出版社，2011：107.

资源与其所需相比，仍旧相差甚远，在当前大力培育新型职业农民任务面前，必须完善其独享性的激励政策。发达国家职业农民法律比较完善，所以应借鉴其经验尽快建立和完善有关新型职业农民培育的法律体系，对农村土地流转、运营自主权、新型职业农民培育、农业职业保障以及违背农业职业道德基准的惩处等各个部分进行具体的规定，并出台相应的配套政策措施，监督各相关部门及社会机构有效实施。将现有的相关制度法律化，通过这种立法的形式，让新型职业农民充分认识到自己在参与培育中所扮演的角色。逐步建立完善的农村职业教育法律保障制度，加大对农村职业教育的科学现代化管理力度和法律保障。以完善立法为基础，加强执法力度，积极推进《农村职业教育法》的颁布与实施，加强法治乡村建设。要紧跟时代步伐及国家大政方针的指引，积极丰富政策的时代内涵，紧密围绕乡村振兴战略的核心要求，及时出台有关新型职业农民培养的培养方案、培训细则、进修制度等，逐步构建完整的以新时期农村职教为发展平台的新型职业农民培养与认证体系。

二是形成新型职业农民培育的良好社会舆论。受传统小农思想的影响，不少农民对于土地拥有深厚的情结，这既是一种积极的力量，但在一定程度上也是农业现代化过程中的阻碍。新型职业农民培育是周期较长的工程，农民无法在短时间内享受到接受培训带来的变化，因而当获得收益与承担风险并存时，多数农民会选择安于现状。这种思想上的束缚在一定程度上对新型职业农民的培育造成阻碍。农民思想的转变是一个缓慢的过程，在这个过程中需要政府各部门不遗余力地做好宣传工作。首先，是地方教育主要领导要深刻认识到新型职业农民培育工程的重要作用，其教育理念及认识将在一定程度上引领甚至决定着农民对新型职业农民培育的态度，因而地方领导人员首先要树立正确积极的态度，发挥好其"领头羊"作用。其次，综合利用多种方式进行宣传。新型职业农民培育要充分抓住当前信息网络技术的浪潮，除利用电视、广播、报纸宣传外，还可充分利用新媒体的重要影响力，例如通过微信公众号推送新型职业农民相关新闻等方式进行宣传。此外，还可重点遴选农户进行入户宣传。最后，加大对新型职业农民的奖励激励和典型宣传力度。当前国家正在进行的"全国十佳农民""风鹏行动·新型职业农民"等评选资助活动是很好的宣传契机，通过典型和榜样带来的示范带动作用，提升农民的积极性和信心。

三是将农村职教发展规划纳入区域经济及教育发展规划中。《意见》指出，要加强各类规划的统筹管理和系统衔接，形成城乡融合、区域一体、多规合一的规划体系。要在区域县域发展的布局谋篇中增强农村职教的认可度，提升其在区域发展中的战略地位，增进农村职教与区域发展的协同并进。农村职业教育要紧紧地围绕农业产业结构调整转型升级，打造精准服务现代农业和农村发展的涉农专业集群，助推一、二、三产业融合，支撑农村新产业新业态发展。乡村振兴战略规划中提出推动乡村资源全域化整合、多元化增值，增强地方特色产品时代感和竞争力，形成新的消费热点，增加乡村生态产品和服务供给，拓展产业链、打造价值链、健全利益链。

四是紧密对接人才市场。在农业和农村部门的统筹协调下，采用政府购买培训服务的形式，统筹财政部门、教育部门、人社部门、扶贫部门以及涉农类职业学校或培训机构等联合开展新型职业农民培育工作，根据乡村振兴对经营农业性质的不同，可通过就地培养与吸引提升相结合的方式，采取分层分类、层层递进的方式开展新型职业农民培育工作。依据不同层次人才的需求，可将新型职业农民分为四种类型：围绕乡镇区域农业农村特色，培育"生产经营型职业农民"，保障从事本地区基本农作物的生产；围绕乡镇区域农村合作社的用工需求、周边经营性企业用工需求等标准，培育"专业技能型职业农民"，满足农村合作社和企业的用工需求；围绕土地托管、农机作业等社会化服务，培育"专业服务型职业农民"，提升农业服务水平；围绕电子商务、服务业等新兴产业，培育"创新创业型职业农民"，鼓励具备创新思维的农民从事新兴技术工作。充分重视人才市场和社会需要在农村职教现代化过程中的重要作用，激发市场活力，通过提升技能人才就业服务水平、社会宣传员表彰等多种形式活跃农村职教的人才培养，解决好教育与就业的对接问题，促进农村劳动力就业和农民增收。另外，需要注意的是，农村职业教育现代化的培养目标应定位于培养可持续发展的职业农民。"就业导向"是农村职业教育乃至所有职业教育的特点，但是"就业导向"的职业教育容易把教育对象固化在某一岗位或工种上。乡村振兴必将推动乡村产业结构的深层次调整，经济和科技的迅猛发展不断催生着新业态，劳动者主动或被动变换工作将成为常态。因而，农村职业教育需要在"就业导向"和受教育者长远发展之间谋求平衡，更加有利于受教育者的可持续发展。因应这一形势，农村职业教育要着力推动内涵式发展，追求高质量发展，运用"互联网+"（"互联网+职业教育""互联网+成人教育""互联网+社区教育"）、"学校+"（"学校+企业""学校+产业示范基地""学校+农业合作社""学校+农户"）等多种形式让乡村职业教育更接地气，更好地满足乡村振兴的现实需求。

（二）提供坚实的保障供给：实现农村职业教育现代化的应然路向

我国农村职业教育一直处于边缘化发展地带，无论是从政策支持还是财政投入上均无法与其他教育相比，这也是多年来制约农村职业教育发展不可回避的现实问题，阻碍着乡村振兴战略的推进。强化乡村振兴制度性供给，主要表现在要素配置方面要优先满足乡村建设需要，投入方面做到优先保障，优先安排公共服务。人力资本理论认为人力资本的收益性是累计而非一蹴而就的，人力资本的开发与收益并不是完全的线性关系，这决定了教育是一种多元投入的准公益性事业，必须形成多元投入的格局，要在资金安排、资源配置、招生就业、技能培训等方面，加大对农村职业教育的支持力度。

一是在物质投入方面，要提供充足、细化、妥善、监管的保障供给。我国各级政府应加强对农村职业学校的重视程度，保证日常的资金投入，尤其是关注地处偏远的山村地区的学校建设。这样才能维持实训基地的正常使用，并且随时更换被社会淘汰的实验仪器设备，保证职业学校的正常教学、实践操作不受影响。[①] 建立职业教育经费长效投入机制，政府设立职业教育发展基金，缓解资金困难，改善职业教育办学条件。与此同时，严格贯彻、完善农村职业教育资助政策。建立并完善农村职业教育生均拨款制度。根据国家职业教育发展的相关规划、规定，制定生均拨款制度或者职业教育发展经费标准并严格执行，保障农村地区职业教育经费投入，防止农村职业教育发展经费转移。对于农村中等职业学校符合国家资助政策规定条件的学生，尤其是农科类专业学生，使其按规定享受免学费政策、免学杂费政策、国家助学金、奖学金政策；同时，完善农民职业教育资助政策，提供面向农民、农村转富余劳动力、进城务工人员等的职业教育和培训资助补贴政策，调动农民接受职业教育的积极性，推动农村职业培训发展。通过对涉农专业学生、乡村就业学生学费减免等政策，引导优质生源向农业职业教育或涉农专业流动，提升学生生源质量。加大科研扶持力度，增强职业教育涉农科研项目数量与经费投入，鼓励职业院校科研人员围绕乡村振兴中的产业技术、经济发展、社会治理等问题开展研究，充分发挥技术创新引领作用。建立农村职业教育经费监管制度，及时公开农村职业教育经费的分配、使用情况，各农村职业教育机构的财务预算、决算、重大支出等，接受社会监督。同时，对农村职业教育经费使用结果进行绩效评价，保证每一分钱都花在有用的地方。要根据农村农业在发展过程中所产生的新需求进行适时调整与创新，优化资源配置机制，实现资源使用最优化，结合现代化的时代内涵与要求，拓宽资金筹集和经费投入渠道，摆脱农村职业教育低水平运转陷

---

① 刘颖. 发达国家农村职业教育研究述评及对我国的启示 [J]. 职教论坛，2015（18）：86-91，96.

阱；给予农村职业院校政策优惠，建立健全优秀贫困学生补助与资助制度；依照区域县域情况适当提高生均公用经费标准；推动免学费和助学政策的实施。此外，重视职业教育相关配套设备的保障供给，保障计算机配备和实习基地建设的达标率，确保计算机和实习基地的使用率，通过搭建教学网络平台、提高数字资源覆盖率、扩展自主开放资源量、增加信息化教学时数等提升农村职教的信息化水平。

二是在人才投入方面，要加强农村"双师型"师资队伍建设。做好农村职业教育现代化推进工作，需要依靠农村职教教师这一主力军。在明确了师资素质和水平是制约当前农村职业教育事业健康发展的主要根源之后，我们就必须把工作的重心放在如何加强与改进农村教师队伍建设上。[①] 目前我国农民职业培训的师资力量较弱，部分文化水平高的教师远离农村，对农村的实际情况不能实时掌握，农业实践经验少，这导致在培训过程中的知识结构单一，而培训教师也缺乏连续性，更换频繁，使得培训的质量和效果都不尽理想。结合职业教育特性，加强"双师型"师资队伍建设，夯实乡村振兴人才"双培"基石。通过"培养+引进"方式建设一支高水平职业教育"双师型"师资队伍。师资队伍除了结构和数量合理，拥有扎实的专业基础水平，还应充分发挥农广院校资源优势加强对专任和兼职职业教师的系统培训，提升教学能力，及时将新的知识和技能融入课堂中，理论联系实际，采取多种多样的教学方式，提高职业农民学习的积极性。

首先，在引进方面，吸引并遴选出优秀毕业生及相关专业技术人才及时充盈教师队伍，以《关于全面深化新时代教师队伍建设改革的意见》为指导，落实职业院校用人自主权，改变"唯学历"选人标准，建立职业教育教师入职新标准，引进一批高素质"双师型"教师，带领其他教师积极打造一个理论与实践双优的团队。同时促进教师合理流动，聘请当地农业技术能手以及企业、行业优秀技术员等来学校任教，包括扶持培养一批有知识、有技能、有闯劲的农村基层干部、农业职业经理人、乡村工匠、文化能人等乡村振兴所需的各类专业人才；加强专业技能人员的培训，培养农机手、植保员、农技员、防疫员等。建设一支专业化的兼职教师队伍，提升农村职教教师的学历达标水平，进而保障现代农村职教的教育教学质量。其次，在培养方面，通过建立教师与企业人员双向交流机制，定期对学校现有教师进行在岗培训，提供进修和实训的机会，

---

① 王鹏炜，司晓宏. 城乡教育一体化进程中的教师资源配置研究——以陕西省为例 [J].
陕西师范大学学报（哲学社会科学版），2011（01）：156-161.

使教师理论水平提高的同时，实践能力也随之进步。在农村职教教师队伍中率先构建终身学习体系和学习型组织，依托教育部启动实施的"教师教育网络联盟计划"，保证在职教师的培训与进修环节，有效提升农村职教教师专业技能、知识体系、教学能力素养。再次，强化农村职教中心的现代化信息校园环境建设，要及时迎合现代化农业的发展趋势与背景形势，提高现代教育技术的使用率，创新利用多样化的远程教育模式，加大农村远程教育投入使用，① 为教师的教学环境创设良好的氛围。最后，完善激励机制和评估评价体系。根据激励理论，人的一切活动都是对既定目标的追求，而目标在发挥激励作用的过程中其作用的大小，依赖于个人对目标价值大小的预测和目标实现可能性大小的预测。一个人将其目标价值看得越高，动机作用越强，完成某项任务的概率越高。因此，要引导农村职业院校教师确定合理的教学、实践以及专业发展目标，通过校内外培训、技能竞赛和网络学习等方式来完成目标，给予及时奖励，点燃教师的工作热情的同时可以提升其职业综合素质。此外，要继续建立健全教师的评估评价体系，包括教师职称、岗位和考核评价制度。对教师的工作起到激励和督促作用，鼓励教师为农村职业教育服务。公平透明的评估评价体系是对教师工作成效的最大鼓舞。在鼓励创新创造的时代背景下，要构建多元综合性的评估评价体系，激发教师的创新创造活力，才能为农村职业教育培养更多主动进行创新、创造的优秀人才。

（三）创新科学的管理统筹：实现农村职业教育现代化的行动指南

乡村振兴视域下，破解依赖传统农村职教的发展瓶颈、实现农村职教的现代化腾飞崛起，需要依靠科学的管理体制对农村职教进行统筹管理，完善其运行机理，实现农村职教管理的现代转型，② 才能使得农村职教现代化的推进掷地有声、扎实深入。

一是提升农村职业院校的基础能力。县级职教中心作为农村职业教育的重要办学主体，本身就具有多功能的特点。在新时期，乡村振兴视域下县级职教中心的应然功能定位确立为产业振兴功能、个体富裕功能、素质提升功能、繁荣文化功能、完善治理功能这五大功能。③ 乡村振兴战略从根本上离不开对人

---

① 喻涛. 现代化视野下的农村职业教育可持续发展 [J]. 继续教育研究，2017（05）：41-43.

② 魏明. 现代职业教育治理体系建设：理论审视与现实架构 [J]. 职教论坛，2015（10）：12-16.

③ 柯婧秋，石伟平. 乡村振兴背景下县级职教中心功能定位的困境与出路 [J]. 教育与职业，2020（02）：12-19.

才的需求。县级职教中心作为农村实用人才培养的主要办学机构，在乡村振兴视域下大有可为。可以说，乡村振兴战略为县级职教中心搭建了一个大的舞台，是县级职教中心历经 30 年发展变迁后在新时代重新彰显其独特价值的重要机遇。因此，县级职教中心要主动树立为乡村振兴战略服务的理念，加强为乡村振兴战略服务的责任感与使命感，秉承开拓创新、锐意进取的发展精神，针对乡村振兴战略的目标与要求，重新审视新时代新背景下的办学功能定位，推动县级职教中心的发展迈向新的台阶。根据区域实际，制定县级职教中心建设标准；全面改善薄弱学校基本办学条件，对县域内各类职业教育资源进行有效整合管理，将职业教育、社区教育、老年教育、成人继续教育等多种类型教育统合出融合立体发展模式，形成科学规划、凸显优势特色的新型发展格局；依托县级职教中心，积极开展各项针对乡村振兴计划的具体服务工作，合理利用广阔的社会与教育资源，开展一批社区学院教育试点，支持一批县级职教中心建设。① 与此同时，县级职教中心必须重视对农村各类群体的职业技能培训，并将其与学历职业教育一起视为县级职教中心的根本功能定位。县级职教中心开展职业技能培训，首先要厘清新型农民、留守妇女、劳动力转移农民工、在职人员等不同群体的培训需求，采用灵活多样的培训形式以及循序渐进的教学方法，注重培训的实效性而非形式性，提高接受培训者的实际收益。②

二是建立农村职教改革创新试验园区。在各县域内遴选出办学条件优良、办学积极性高的地区设立创新试验园区，以开放性的办学理念汇集行业企业以及多方社会力量参与到职业教育在广大农村地区的办学筹建与后续发展中去，积极探索股份参与制和混合所有制等多样化办学模式。此外，将改革创新实验园区建设发展与"绿色乡村"、"美丽乡村"、特色农家、乡村生态旅游等富民工程相融合，促进职业教育与绿色生态、现代农业、美丽乡村建设紧密结合，在人才培养的质量、数量和效益方面双赢，实现重大突破。大力推动职教资源向乡村汇聚，充分发挥职业院校在人才培养、科研研究、社会服务、文化传承创新和国际交流合作等方面的优势，助推乡村振兴，还能通过实践"育才"，鼓励学生走入乡村，根植乡土，真正亲农、事农、兴农。

三是发展农村职业教育集团。依照国际经验，自 20 世纪 60 年代，澳大利亚的"新学徒制培训学院"、德国的"跨企业培训中心"、美国的"综合教育集

---

① 张祺午. 服务乡村振兴亟待补齐农村职教短板 [J]. 职业技术教育，2017（36）：1.
② 柯婧秋，石伟平. 乡村振兴背景下县级职教中心功能定位的困境与出路 [J]. 教育与职业，2020（02）：12-19.

团"等集团化职教发展模式业已成为发达国家和地区职业教育实现创新突破的风向标杆。基于现实考量，我国农村职业教育发展水平落后，资源短缺，与实现农村职业教育现代化目标尚有距离。乡村振兴的有效治理必须充分发挥"农民主体、政府主导、企业引领、科技支撑和社会参与"的多方力量。因此，在职业院校层面要积极展开利益协调。通过创新多元办学体制，构建多元协同参与机制作为多方利益协调的中枢。通过职业院校的股份制、混合所有制改革吸引各类社会力量、社会资本有序进入涉农教育领域，基于现代职业学校治理结构完善政府、学校、企业、行业、社会团体等共同服务乡村振兴的长效机制。因此，发展资源互补、互利、共享、共赢的农村职业教育集团势在必行。在吸收借鉴发达国家的职教发展经验的基础上，深化产教融合、校企合作的集团化发展道路，充分发挥集团联合的广阔优势，整合各方秉持经济理性主义原则的潜在主体的利益诉求，达致利益的契合而自觉地选择"合作"策略，形成利益共同的稳定、长效、良性发展的农村职业教育集团，促进农业生产过程与职业教育的适度融合，推进校企间的联合教学，精准对接农业市场的现实需要。

四是整合治理主体，实施多元协同中的分工负责。第一，创新体制机制，吸引多元主体的积极参与。我国农村职业教育的发展面临着一系列体制性、制度性障碍，无论是政府主导的办学制度、不合理的投资渠道还是其内部行政管理制度都不同程度地制约了农村职业教育的发展，改革农村职业教育迫切需要体制机制的优化创新。乡村振兴视域下农村职业教育现代化的实现必须充分发挥农民主体、政府主导、企业引领、科技支撑和社会参与的多方力量。欧洲部分发达国家曾实行单一的农业政策，寄希望于通过政策的力量解决农村发展问题，在实践失败后都走向了综合性的改革与多元治理之路。[①] 在我国农村职业教育发展的过程中，除政府外其他相关主体的参与相对不够，所以需要打破这一格局，在政府承担统筹领导的责任之下变革体制机制。要转变单一的政府办学制度，鼓励农村职业教育投入市场化运作。2014 年，教育部等六部委联合印发的《现代职业教育体系建设规划（2014—2020 年）》旗帜鲜明地指出："完善鼓励社会力量办学的政策环境。充分发挥社会力量举办职业教育对加快建立现代职业教育体系、激发职业教育发展活力的重要作用"，同时指出："鼓励企业举办或参与举办职业院校，到 2020 年，大中型企业参与职业教育办学的比例

---

① 李明烨，汤爽爽. 法国乡村复兴过程中文化战略的创新经验与启示 [J]. 国际城市规划，2018（6）：118-126.

达到80%以上。"① 第二，合理分权放权，打造分工负责的治理制度体系。"条块分割、各自为政"的治理框架影响了职业教育助推乡村振兴的改革效能。因此，新时代职业教育助推乡村振兴的治理需要打破这种局面，建立分工协作的治理体系，要改革条块分割的行政管理体制，充分集中可用的教育资源，借鉴农科教结合的经验，把农村职业教育涉及的相关部门通过一定机制整合起来，由专门的部门统一协调各个相关部门的工作，形成合力，保证管理的统一性和协调性。② 减轻中央政府和省级政府的直接负担，由地市级政府和县级政府承担具体的领导和统筹职责，整合各类资源与要素。第三，深化利益协同。多元主体的参与和贡献，归根结底在于利益关系的协同。政府应在多元共治的立体架构中发挥主体作用和承担"元治理"角色，在职业教育服务乡村振兴的治理体系中承担领导统筹的职责，充分运用组织权威，做好分工与协调工作。

（四）强化适切的人才支撑：实现农村职业教育现代化的战略定位

乡村振兴战略实施的首要要求就是要把人力资本开发置于重要位置，农村职业教育现代化应将切实培养符合农村社会经济发展需求的劳动人才明确为战略定位，造就更多乡土人才，打造新型职业农民，找到破解人才瓶颈制约的良剂。

一是明确农民的主体地位，调动农民参与的内生动力。农村职业教育服务乡村振兴，核心是为农民服务，农民是参与主体和受益主体，但现实中农民常常处于失语状态，其主体地位没有得到有效发挥。农业现代化和乡村产业发展缺乏有能力、有热情的带头人，新型经营主体与农民的利益联结机制尚不够紧密，辐射带动农户能力有待提升。需要进一步提升农村职业教育服务乡村振兴的适切性、有效性，促进校企合作、校村合作、校农合作等多种合作形式，各方资源都要最终聚焦于农村职业教育的根本职能，培养符合乡村振兴需求的新型实用人才，不断提升农民自主创业和自我发展能力。乡村文化主体的重塑，是乡村文化内生机制的核心。农民不仅是文化振兴的受益者，更是文化振兴的主体。③ 所以，应促进农民积极参与并创造乡村文化生活，进而重构现代社会背景下独具乡村特色的社会伦理秩序、情感归属和价值认同。在文化内容和形式上也要呈现出乡土性、地方性，体现农民熟悉的生活经验，进而激发农民的

---

① 现代职业教育体系建设规划（2014—2020年）[EB/OL].中华人民共和国中央人民政府官网，2014-06-30.
② 杨洁.农村职业教育发展的制度性障碍分析 [J].职业技术教育，2008（31）：58-60.
③ 构建乡村文化振兴的内生机制 [EB/OL].人民网，2018-11-26.

文化自信与自觉。通过强化以农民为中心的文化主体建设，服务农民思想道德素养、文化知识素养、专业技能素养等整体提升，最终使其成长为高素质职业农民。要深深扎根于农民群体之中，开展系统调研，把握农民的真实文化渴求，探索建立农民文化的有效供给、精准施策、跟踪反馈机制；要发挥职业教育专业优势和培育对象优势，面向"三农"，研农、扶农、助农，开展乡村振兴责任主体、参与主体的引导培训，使其形成乡村文化振兴组织，带动文化建设相关主体协同共振、形成合力；要基于现代农业农村经济与管理的需要，着力服务好农民、农民工、新市民家庭，让更多有意愿的人增长才干，扎实务农、为农、向农，培育留得下、引得来、稳得住、会致富、能带动的专业化农业人才，并通过引导理性认知和情感皈依，强化自我身份认同与职业自信。① 因而，政府、农村职业学校、企业等都应从乡村的现实出发，尊重农民在乡村振兴中的主体地位，真正关切他们的利益与需求，激发内生发展动力，培养内生发展能力，从而推动形成农村职业教育服务乡村振兴的协同发展共同体。

二是要强化实用技能培训。马克思认为，教育与生产劳动相结合是实现人的全面发展的唯一办法。② 马克思的劳动教育思想充分表明了劳动与教育的无缝配适，彰显了在劳动中培养自由、和谐、充分、全面发展的人的精神内涵。目前，在大多数农村职教中心脱离生产实际、偏重理论学习、学用脱节等现象屡见不鲜，是农村职业教育现代化前进过程中的巨大障碍。澳大利亚农村职业教育发达的重要缘由就是始终倡导能力教育和素质教育并举，在大力开发实用技能方面倾注力量，避免技术脱离实际的尴尬局面。因此，未来中国农村职业教育的发展方向应该转向提升受教育者的劳动就业能力，把打造"一专多能"的实用型人才作为人才培养工作的重心，从技术操作能力、创新创业意识、市场化经营理念等方面着手，致力培养出有文化、懂技术、会经营的现代新型职业农民助力乡村振兴。立足于当地经济社会发展和新型职业农民培训诉求，科学遴选所设专业符合当地农业和农民需求的教育或培训机构，统筹使用诸如农业类院校或科研机构、农民专业合作社、涉农类企业等资源，将其资源整合形成合力，如精选周边职业学校或培训机构成立"新型职业农民培训学院"、与区域农业生产加工厂共建新型职业农民实训基地或农民田间学校等教育培训场所，利用专属场地（如农场、大棚等）、专业设备（如农机具设施等）、专业师资

---

① 周永平，杨和平，杨鸿. 文化振兴：职业教育融合赋能机制构建［J］. 民族教育研究，2020（03）：21-25.

② 靳希斌. 马克思恩格斯教育原理简述［M］. 北京：北京师范大学出版社，1992：109.

（如致富带头人等）进行专业化培训，培养一大批技术过硬、素质过高的新型职业农民。[①] 与此同时，积极推行"送教下乡"模式，将职业教育与培训送入乡村田间，让农村留守农民就地就近接受正规化、系统化职业教育，并根据不同层次需求，制定个性化培训方案，建立由职业学校导师、企业导师组成的创业就业导师制度，采用现场观摩、集中培训、入户指导、企业实践等多种学习方式，开展个性化培训服务。

三是对接行业岗位需求，优化课程内容与教学方法，提升人才培养适应性。农村职业院校要紧密依托乡村振兴战略提升办学理念，坚持为"三农"办学的宗旨，从"一切为了三农""为了三农的一切"出发，助推全面推进农业供给侧结构性改革，结合当地农村经济发展需求开展办学，使农村职业教育成为为广大农民提供现代化农业技术和就业信息服务的中心。农村职业教育现代化的第一导向为服务社会经济发展，其次为提供社会紧缺人才。农村职业教育的课程结构与教学内容，应从当地农业经济发展的实际需要出发，打破以学科为本位的课程体系，围绕当地农业主导产业，有选择性地开设课程，注重课程与教学内容的科学性、先进性、针对性、实用性和灵活性。还要为农村剩余劳动力转移服务，教授适应再就业的专业技术和能力。不断提升农村劳动者素质，拓展农民外出就业和就地就近就业空间，实现更高质量和更充分就业。一方面，确保课程设置与教育教学内容能够根据技术进步与产业升级进行动态调整，做到与时俱进，避免需求与供给之间的倒错规律，即低水平的专业供给过剩，而高水平专业又供不应求，造成了人才资源的浪费；另一方面，与产业企业界高度保持交流与合作，培育真正"有用"的人才，做到供需链的有效融合与对接，保证人才的规划与供给具有有效性和前瞻性。在教学中要重视实习实训等实践性活动与理论教学相结合，专业核心课程应符合企业生产实际和岗位技能技术的需求，实践性课程应与岗位需求和职业技能标准相适应，增强学生的工作实操能力。各级职教中心要遵照乡村发展的差异性程度多样化选择办学模式、专业设置、课程内容和教学方式等，成为助推乡村振兴、实现农村职教现代化的主战场。[②] 通过深度校企合作，产教融合，邀请行业企业专家共同参与专业人才培养方案的制定，紧贴行业、职业和岗位标准与规范，将乡村产业发展对学生的知识、技能新要求及时纳入课程体系、课程标准与教学内容中，增强人才

① 秦程现，杨嵩. 乡村振兴视角下新型职业农民培育现状及应对策略［J］. 职业技术教育，2020（07）：54-59.

② 张志增. 实施乡村振兴战略与改革发展农村职业教育［J］. 中国职业技术教育，2017（34）：121-126.

培育的精准性。在教育教学过程中突出"职业性""实践性"特点①，采取灵活多样的教学组织形式，重点培养学生自主学习与实践动手能力，教师在做中教，学生在做中学。利用现代互联网技术，推进"互联网+"课程建设，开发网络在线课程，如微课、慕课等，拓展学生学习"空间域"与"时间域"。

四是大力发展城乡融合的职业教育。教育民主化理论强调既要追求教育机会的均等，也要追求教育的自由与民主，更要追求以学生的差异和需求为本。乡村振兴是为解决人民日益增长的美好生活需要和发展不平衡不充分之间矛盾的重大决策，其关键是如何破解"二元社会"体制障碍，实现城乡均衡发展。改革开放40多年来，我国为破解城乡"二元社会"体制机制问题，经过了长期的实践探索。坚持城乡融合发展，就是要发挥市场无形之手的作用。市场在资源配置上最具效率，因此，要跳出乡村的具体场域，统筹县域、省域的城乡融合发展，给职业院校、企事业单位放权赋权，充分调动城市的职业教育、科学技术、资金信息等资源助推乡村的改革与建设。具体言之，第一，转变发展模式。由"城市优先""以农哺工""城乡非均衡"发展，转变为"以工哺农""城乡均衡""城乡统筹""城乡一体化"发展，实现"城乡融合""乡村振兴"总目标。农村职业教育要面向各地现代特色生态农业体系建设和新农村建设，从空间布局、专业设置、资源配置与服务定向上要加强城乡统筹。② 乡村振兴要求重构城乡关系、走城乡融合发展之路，因此，要通过多种方式引导城市优质职业院校与农村职业学校开展丰富多样的联合办学、教学交流，支持城乡职业学校在教师交流挂职、技术培训、课程研发、学生转段交换等方面开展多样化合作。③ 第二，转变体制机制。乡村振兴战略是我国新农村建设体制设计的升级版，是从根本上解决我国"三农"问题的行动纲领，也是解决城乡发展不平衡、农村职业教育发展不充分的重大策略。坚决破除城乡融合发展的体制弊端，健全城乡融合发展的政策体系，形成城乡互补、全面融合的新型城乡关系。构建农村一、二、三产业融合发展体系，建立产学研融合的农业科技创新联盟，提升农村一、二、三产业融合发展水平，形成城乡融合、区域一体、多规合一的政策规划体系。第三，转变发展路径。更加强调优先发展"三农"的主体地位和作用，农业现代化更加强调农村一、二、三产业的融合发展，农村现代化

---

① 吕斌. 推进职教供给侧结构性改革增强职业院校吸引力 [N]. 中国建设报，2019-05-18 (05).

② 邬志辉. 中国农村职业教育的战略转型 [J]. 社会科学战线，2012 (05)：194-199.

③ 梁宁森. 乡村振兴战略背景下农村职业教育的困境、机遇与优化路径 [J]. 高等工程教育研究，2020 (04)：157-162.

更加强调完善土地"三权分制"制度，农民现代化更加强调农村职业教育发展与新型职业农民技术技能的提升及其乡村精英的培育。重构城乡平等互补新格局，重构乡村治理新结构，重构乡村政策新体系，重振乡村产业新活力，重塑乡村文化新魅力，重构农村职业教育新格局。① 从根本上讲，城乡"二元社会"矛盾的破解，为乡村振兴战略提供了坚强的体制保障，也为农村职业教育的改革与发展注入了新的动力。

（五）汇集多元的社会贡献：实现农村职业教育现代化的价值旨归

乡村是国家经济社会的半壁江山，倘若治理不善，往往导致部分国家和地区在取得一定发展之后陷入"中等收入陷阱"。根据《乡村振兴战略规划（2018—2022 年）》，经济建设、文化建设、生态建设和政治建设等，"既是全面振兴乡村的重要内容，也是解决人民日益增长的美好生活需要与不平衡不充分的发展之间矛盾的主要抓手之一"。因此，职业教育助推乡村振兴也必须统筹治理内容，深化全面发展中的重点攻坚。以职业教育现代化发展理念为引领，以经济建设为突破口，带动乡村社会的文化建设、生态建设和政治建设，提升人民的幸福感。

首先，提升农村职教现代化理念。新的时代背景下，要确立"面向农村"的职业教育新理念、确立"城乡统筹"的职业教育新思维、实现乡村振兴的新目标。从顶层设计入手，面向各地现代特色生态农业体系建设和新农村建设，面向农村富余劳动力的转移及国家急缺的技术型人才，满足农村职业教育现代转型的战略要求。职业教育助推乡村振兴的治理要从"碎片化"的治理转向"系统性"的治理。从逻辑上来说，职业教育助推乡村振兴的治理主要有三个方面的内容：对职业教育的治理、对乡村建设的治理，以及对职业教育助推乡村振兴工作的治理。但由于体制机制等方面的原因，这三个方面的治理往往各自为政，分散管理。因此，职业教育现代化发展理念要从"碎片化"的治理转向"系统性"的治理，统筹考虑职业教育系统和乡村建设系统，基于对职业教育系统和乡村建设的治理，促进对职业教育助推乡村振兴工作本身的治理。在行动路径上，一是要以职业教育的类型特征来治理职业教育，跳出乡村职业教育的"本土思维"，在"大职教观"的理念中，统筹运用农村职业教育与城市职业教育、学历职业教育与继续职业教育等多样化的职业教育力量。二是统筹乡村建设系统，直面现代化和城镇化进程，农业现代化将减少从事农业生产所需的劳

---

① 张强，张怀超，刘占芳. 乡村振兴：从衰落走向复兴的选择［J］. 经济与管理，2018（01）：6-11.

动力，更多的农村劳动力将转移到非农产业，农村职业教育要为新型城镇化培养转移劳动力持续发力，进一步减少农村剩余劳动力、提高农村劳动力边际报酬、优化产业结构；全面升级乡村建设的"新目标"：从"生产发展"到"产业兴旺"，建设更加全面繁荣发展的乡村经济；从"生活宽裕"到"生活富裕"，持续促进农民增收、促进农民消费升级、提高乡村民生保障水平；从"村容整洁"到"生态宜居"，促进乡村可持续发展，建设人与自然和谐共生的现代化乡村；从"管理民主"到"治理有效"，要求健全自治、法治、德治相结合的乡村治理新体系；此外，还要以更高标准促进"乡风文明"。① 三是精准对接供给侧与需求侧，树立"精准化"的服务理念。在当前农业供给侧结构性改革背景下，农村职业教育应直面短板，强调面向"三农"培育新型职业农民，提升人力资源质量支撑农业供给侧结构性改革。② 职业教育为乡村振兴服务是产教融合、校企合作在乡村场域的具体实践，因此，有效的治理必须根据技能供给与劳动力市场需求，结合乡村新情况、乡村新业态、农民新需求，将职业教育系统的制度建设、体系建设、专业设置、课程建设、人才培养社会服务等融入乡村振兴全过程，实现教育链、人才链、产业链、创新链有机衔接。

其次，强化服务农业产业能力。实施乡村振兴战略的关键和重点是产业兴旺，产业兴旺就必须聚集众多经济主体。因此，必须要强化行业、企业、产业等全方位参与农村职业教育，为农村职教现代化发展持续注入活力。

一方面，创新乡村经济发展模式，以新的经济形态优化乡村生态，净化乡村文化，提升人民群众的幸福感。一是践行"绿水青山就是金山银山"的发展理念，在加大乡村经济开发力度的同时，做好生态保护。可以适当加大力度发展乡村旅游观光休闲产业。各地政府、地方职业院校要因地制宜，为乡村生态经济发展培养最好的人才。二是借助信息科技，做好"互联网+"、农村电商产业。新时代中国乡村经济的发展与腾飞要插上信息技术的翅膀，职业院校要加大力度培养电商人才，加大力度建设新商科专业群，同时为乡村农民进行必要的电商技术培训。实施"互联网+"职业教育精准扶贫，是新时期党中央促进新农村建设的新路径和新战略，并成为扶贫开发的有效途径和必然选择。③ 信息

---

① 熊小林. 聚焦乡村振兴战略 探究农业农村现代化方略——"乡村振兴战略研讨会"会议综述 [J]. 中国农村经济, 2018 (01)：138-143.
② 李延平, 王雷. 农业供给侧结构性改革背景下农村职业教育的使命及变革 [J]. 教育研究, 2017, 38 (11)：70-74.
③ 李延平, 陈琪. 西部农村"互联网+"职业教育精准扶贫的制度创新 [J]. 电化教育研究, 2017 (12)：32-36, 43.

时代背景下，互联网的发展日新月异，能否充分发挥互联网灵活、快速的优势成为职业教育精准扶贫的关键。互联网能够扩大优质教育资源的覆盖面，实现教育资源的共享。贫困地区教育资源匮乏，农村职业院校可以通过合作、购买等方式获取丰富、广泛的互联网课程资源并形成院校课程资源库，为贫困人口提供在线学习和接受教育的平台，将扶贫工作落到实处，帮助贫困人口就近、就地学到新知识、掌握新技术，在节约学习的时间成本的同时提升贫困人口的就业能力，解决贫困人口的就业问题；同时农村职业院校可以为贫困人口提供学习互联网销售的机会，根据教师的指导建立合适的互联网销售渠道，将本地的特色产品销往全国各地，帮助贫困人口实现自主创业，实现生产与销售的结合，减少中间转运渠道，节约资金成本。开展"互联网+"行动，将就业与创业结合起来，扩展农村职业教育扶贫新渠道，彰显信息技术独特的扶贫功能与价值。三是加强农产品加工业和农业生产性服务业的发展。过去几年，农产品加工依旧是广大乡村重要的创收渠道之一。因此，职业教育助推乡村振兴要辅助乡村社会以现代化生产技术和理念升级农产品加工与服务行业，以绿色、环保、乡土味的农产品生产与加工吸引消化劳动力，创造经济收入。现代农业发展催生乡村新业态，要协同农村职教与地域特色产业，延伸乡村新经济产业，促使农村一、二、三产业逐步融合。美国培养职业农民的一条重要经验就是支持农民发展特色产业。要有针对性地将产业发展需求与趋势及时融入职业农民培养，结合特色产业扶持发展规划，实现职业农民培养与特色产业发展互动，提升服务农业产业能力。

另一方面，优化乡村产业结构，提升农村产业的竞争力。在确保土地使用规范、粮食生产安全的前提下，职业教育助推乡村振兴要做好"加减乘除"四个方面的工作。一是要做"加法"，增加短缺农产品的生产。企业市场提供物资信息，科技公司提供技术支持，职业院校落实人员培训，优先做大做强乡村亟须的产业。二是做好"减法"，减少国内供大于求的农产品的生产。根据国内外市场需求情况，政府部门引导乡村砍掉生产落后、效率低下的产业，职业院校对相关从业人员进行新技术培训，辅助他们在创业中就业。三是做好"乘法"，推进城乡一体化的进程，整合一、二、三产业，延伸乡村产业链，提升农业生产的价值链、保障农村经济社会发展的供应链，为农民提供第三就业空间。四是做好"除法"，充分发挥职业院校、企业机构和科技站等力量，以知识、技术和资金的投入换取人力、时间的投入，用最小的"分母"，换取最大商值。①

最后，加强农村思想道德与文化建设。乡村振兴，乡风文明是保障。文明的乡风是汇聚社会资本的重要前提。社会资本本质上作为一种支持性的社会资源，主要表现在物质、安全、精神以及尊重方面的保障功能，在功能上与社会保障相契合，并带来人们心理满足感的普遍增强和经济社会发展的福利效应。根据马斯洛的需求层次理论，社会资本的深度与广度对于改善自身健康、提高个体劳动效率、改善心理与生理健康水平方面具有重要作用。② 同时，社会资本作为一种"穷人的资本"对农户缓解贫困起着重要的作用。③ 人力资本是体现在人身上的资本，也就是对劳动者实施普通教育与职业培训的支出以及其在接受教育的机会成本等在其身上的聚合，包括在人身上的各生产知识、劳动与管理技能以及健康情况多项指标总和。农村职业教育的最重要使命就是人才培养，即人力资本的开发。综合考虑学生职业核心能力、职业素质、可持续发展能力的培养以及乡村振兴繁荣发展、农村剩余劳动力转移对各种人才综合能力的要求，依据职业需求科学合理地设置专业，研发创新型课程，加强包括职前教育和继续教育等多种方式教育体系的建立。注重职业通识性教育和素质化教育，大类专业开设通用性课程，并且适当开设与职业相关的道德法律教育课程以及包括营销、信息金融、政策等在内的常识性课程，进一步培养出有信仰、有理想、有知识、有专业技术能够实地去服务农村的综合素质较高的新型人才，提升职业人才在乡村振兴战略中服务农村的实效性。优化农业从业者结构，加快建设知识型、技能型、创新型农业经营者队伍。

农村职业教育作为全面提高农民综合职业素质、精神文化修养、积累社会资本的基础工程和主要阵地，是农村精神文明建设的重要内容和根本途径。激活公共文化空间，通过职教社会服务，助力文化下乡，提升"三馆一站"等公共福利文化空间活力，丰富乡村公共文化服务；通过对传统文化的传承，激活传统文化活动，恢复传统文化空间；通过协同治理，丰富乡村日常文化，改变村民陈规陋习，倡导文明新风，促进村民知行合一、情意合一。④ 积极推进

① 沈军，陈慧. 治理有效：职业教育助推乡村振兴的路径改革 [J]. 国家教育行政学院学报，2020（08）：19-24，76.

② 孙博文，李雪松，伍新木. 社会资本的健康促进效应研究 [J]. 中国人口科学，2016（6）：98-106.

③ GROOTAERT C, IBRD W D, NARAYAN D, et al. Measuring social capital：an integrated questionnaire [J]. World Bank Publications, 2004（2）：201-220.

④ 周永平，杨和平，杨鸿. 文化振兴：职业教育融合赋能机制构建 [J]. 民族教育研究，2020（03）：21-25.

"文字下乡""技术下乡"和"思政下乡"活动，强化乡村的文化建设与组织建设。文化建设是乡村振兴的重要治理内容，在经济建设和治理的工作之外，有必要推进"文字下乡""技术下乡"和"思政下乡"的治理实践，实现文化兴村。① 一是"文字下乡"，事实上，"文字下乡"在中国有着非常古老的传统，但新时代的"文字下乡"不再是纯粹的"文字"下乡，而是服务乡村经济社会发展的时代文化、时代文艺进入乡村。因此，职业院校可以推行诸如田间学校、广场培训、典型示范等，通过校外教育与培训，提升乡土百姓的文化技术与文化素养。二是"技术下乡"，"技术下乡"不仅是提供直接性的技术服务，更主要的是针对乡村新产业的发展需求，职业院校对乡村百姓进行在线技术咨询，实现"互联网+培训"的个性化培训，为乡村经济腾飞提供教育培训和技术支持。三是"思政下乡"，广大乡土社会因为地广人稀、信息技术不如城市发达，而且党员数量偏少，基层党组织比较集中，对于党政方针的学习和了解渠道较少，职业教育开展"思政下乡"是联合乡村基层党组织进行时事政策教育普及、思想政治宣传的工作，以此做好乡村振兴的文化建设和组织建设。农村职业教育现代化要紧密结合乡村振兴战略要求，坚持教育引导、实践探索、制度保障三管齐下，结合当地农村的现实特征，促使职业教育在思想道德孕育培养方面深入公民道德建设工程，倡导健康文明新风尚，营造和谐愉悦的乡村氛围，形成社会资本，从精神层面革新农村职业教育现代化的崭新面貌。

在中国特色社会主义新时代，中国乡村建设取得了巨大成就，然而也还有更多重大的困难需要攻克。职业教育推动乡村振兴具有天然的适切性、可行性与必要性。大力发展农村职业教育，以职业教育助推乡村振兴，全面提升职业教育乡村振兴的治理能力，农村职业教育现代化发展服务乡村振兴的治理体系意义重大。农村职业教育现代化是撬动乡村社会"产业兴旺、生态宜居、乡风文明、生活富裕"的重要杠杆和有力抓手。为实现农村职业教育现代化发展，以现代化治理理念为指引，以乡村振兴为平台，以全面建成小康社会为目标，助推乡村全面振兴。

---

① 周永平，杨和平，杨鸿. 文化振兴：职业教育融合赋能机制构建［J］. 民族教育研究，2020（03）：21-25.

第七章

乡村振兴视域下农村职业教育的功能与理性选择

农村职业教育发展历程中一直承担两大重任，一是就地改造现有农民，将其培养为适应新时代农业生产要求的新型职业农民；二是向外转移农村剩余劳动力，使其在城镇就业。在不同的发展时期，两项任务各有偏重。在当前国家大力推进乡村振兴的时代背景下，农民素质水平的提升、技术技能与经营管理能力的增强对改革的推进有重要影响，因而面向农村、培育大量高素质的新型职业农民应该作为农村职业教育的首要目标人群。培养农业人才，实现乡村振兴，农村职业学校不可缺席。在实践中，新型职业农民的培育面临培育对象文化水平较低、科学素养较差、年龄结构偏大等突出矛盾，更不乐观的情况是经济新常态下城乡发展差距拉大，农业生产正面临后继无人的窘境。而农村职业学校中选择涉农专业的学生则是具备一定的文化基础、科学素养可培育性高、年龄较小且创造性较强的群体，他们是乡村振兴视域下农村职业教育的潜在培育对象，应该成为农业发展的接班人。

一、乡村振兴视域下我国农村职业教育的功能定位困境

在农业供给侧结构性改革对经营型、技术型、服务型农民需求较大的情况下，农村职业学校却未能调整自己的定位，仍在不断缩减涉农专业的规模，开设大量非农热门专业，农村职业学校"离农"教育倾向明显，开放性不足。

（一）农村职业教育变革方向没有顺应乡村振兴视域下新时代农村现代化的要求

农业农村现代化与国家现代化相依并举，实现农业现代化是乡村振兴战略的重要战略需要，培育乡村发展新动能，加快实现由农业大国向农业强国转变。农业现代化是将依赖直接经验和手工工具的传统农业转变为发展现代科学技术、现代生产手段和先进设施装备农业的过程，包括"农业生产手段现代化大大降低农业劳动者的体力强度，提高生产率；农业生产技术科学化提升农产品品质及其国际竞争力；经营方式产业化以形成产业化的先进农业，形成种养加、产

供销、贸工农一体化的经营格局"等三个方面。农村职业教育现代化，其实现程度越深，所体现出来的现代化技术和水平就会越高。一是农村职业教育现代化要求深刻落实质量兴农战略。农村职业教育现代化紧跟国家质量兴农战略规划，重视农业生产质量效度理念在教学过程中的渗透，采取多重手段合理布局农业生产力，优化现代农业走上增产与提质并举之路，农村职业教育现代化与农业现代化的核心要义不谋而合。二是农村职业教育现代化发展倡导积极构建农业对外开放新格局。农村职业教育的现代化发展能够使有限的资源朝着更加合理化配置方向发展，通过技术化手段的传授与培训提高我国区域特色农产品国际竞争力，深化与"一带一路"沿线国家和地区农产品贸易关系，加深农村农业的开放化程度。三是农村职业教育现代化发展助力构建农村一、二、三产业融合发展体系。现代农业是多功能农业，农业多功能化需要相关产业融合发展，在农业与相关产业交叉、融合发展中充分展现现代农业的多重功能，农村三大产业融合发展是我国农业现代化进程中的必然选择。现代职业教育拥有提供现代信息服务、中介服务、咨询服务、技术服务等多种专业能力，能够改变以往农村单一的产业经济结构和发展模式，深刻促动农村三大产业融合发展，延长产业链、提升价值链、完善利益链。

（二）农村职业教育没有为受教育者提供社会地位上升的有效途径

根据美国著名社会学家柯林斯的观点，"教育可以根据不同的形式区分为三种形式的教育，以训练谋生技能以及实用技术的'生存教育'和追求身份和地位的'地位教育'以及为寻求政治权利或控制国家官僚组织的教育"。[1] 中等职业教育以教授就业工作岗位职业需求技能和进行社会过渡的准备，具有明显的生存教育的特质。在我国职业教育史上，发展较好的一段时期是在 20 世纪 50 年代初期至 90 年代初期。那时中等专业学校的受教育者可以进入管理层，获得城镇户口。这时的职业教育甚至具有了"地位教育"的特征。

但随着社会的进步，经济的发展和产业结构的升级对文凭的资格要求提高，中等职业教育文凭无力与正规高等教育与高等职业教育的文凭相抗衡，地位下降。中等职业教育无法对持有者的身份地位进行改变，不再具备"地位教育"的特性。根据劳动和社会保障部关于"中国技能人才职业声誉调查"结果来看，有半数以上的人认为技能人才社会地位不高；46%的人不愿成为技能人才；将近 70%的人不愿让自己的孩子接受职业教育。而媒体在第九届"振兴杯"的青

---

① 谢石. 教育的天平——关于生存教育与地位教育 [J]. 山东教育学院学报，2007，（03）：16-18.

年职业技能大赛上对选手的采访显示，有近 80% 的技术工人认为，他们在政治上处于中等以下的地位。90% 的人认为在经济和社会地位上他们仍处于底层。另外通过调查公司对七个大型城市的抽样调查也显示，有 40% 的父母希望子女能拥有权势和名利，有 60% 左右的父母希望子女工作稳定、生活安逸。可见，技能人才不被大多数人接受的很重要的原因就是社会地位低。

农村劳动力持有职业教育文凭资格者，以身份来说是技术人员，即便其获得高级技工职位，也仍是蓝领工作者。尽管近年来我国各地高薪聘请高级技工而不得的消息屡见报端，但是这并不代表高级技工的身份地位有所改变。同时，高级技工的培养需要长时间的工作岗位实践经验，职业学校只能起到培养具有一定技能的劳动者的作用，而不能直接培养出高级技工。因此，农民在接受农村职业教育以后，也只能成为第二、三产业中的工人或劳动者，这些岗位处于职业声望的中下层，因此农民子弟并不会在第一时间选择职业教育作为向上流动的通道。

（三）农村职业教育机制创新没有重视涵养乡土文化基因

伴随国家对乡村振兴战略的不断推进，大量农村人口从第一产业向第二、三产业转移，越来越多的农民由农业人口转为非农人口。伴随这一转变，为农民职业和空间的转移提供服务则成为农村职业学校的重要内容，农村职业教育的定位悄然发生变化。基于农民及其子女对进入城市生活的强烈诉求，越来越多的农村职业学校将升学作为自己唯一的办学定位。再加上内外部因素影响，农村职业学校的办学质量与教学效果不佳，其办学规模与招生人数骤降。据统计，从 1984—1996 年，农村职业学校年招生人数由 32.54 万人下降到 15.49 万人，年递减 7.92%，尤其是涉农类专业的数量更是由 62.7% 下降到 18.75%，从 1994 年以后，涉农类专业更是加速下降。因而在农村职业学校办学不景气的情况下，农村职业学校为谋求生存只能迎合市场变化与家长诉求，将升学与服务城市作为自己的主要定位。但在农业供给侧结构性改革急需人才的当下，农村职业学校的定位显然已经偏离其初衷。

一方面，升学成为农村职业学校的主要定位。20 世纪 80 年代中期，随着改革开放的不断深入，中初级技术技能型人才缺乏制约了国家经济的发展。1985 年，《中共中央关于教育体制改革的决定》对中等教育结构进行调整，提出大力发展中等职业教育，使中等职业学校与普通高中保持适当的比例，通过结构调整为城市和农村培养大批中初级技术技能人才。在我国实现现代化、城镇化的进程中，尤其在追求学历至上的现实冲击下，尽管国家采取了很多积极的措施，但总体上，农村职业教育的发展处境艰难，与国家的政策目标存在较大差距。为了能在学历主导的环境中生存，许多职业学校不得已将升学纳入自己办学定位，将培养适应城市产业发展的人才作为其培养目标，以吸引更多农村青年进入职业学校，使职业学校在普通高中一支独大的形势下保住自己的生存空间。但事实上，选择涉农专业的学生在进入高等院校求学后返回村就业的几率极低。有研究发现，农业高校涉农专业毕业生中只有 4.40% 的人选择了到县城就业，而到乡镇就业的人仅占 1.10%，能到村里工作的人则寥寥可数。这种办学定位与目标定向在提高农村人口文化技术水平的同时，也强化了他们离开农村、跳出农门的愿望和具备了实现这种愿望的资本。改革开放以来大量农村劳动力向城市的持续转移本身就说明了这一点。农村职业教育在一定意义上成为"离农"教育，成为农村人才的"抽水机"。

（四）当前农村职业教育没有精准定位于培养新型职业农民

一所学校的专业设置能很好地体现其办学定位与功能定向，对于农村职业学校来说，其涉农专业的规模、类别、数量与质量便能反映出该学校的定位究竟是姓"农"还是姓"城"。而其专业结构，尤其是涉农专业与其产业结构的吻合度更能反映农村职业学校服务当地经济社会发展的程度。职业教育专业结构与产业结构吻合度是指区域职业教育的专业规模、专业类别与数量、专业人才培养质量等专业结构要素与区域产业发展需求结构对接的一致程度。因此农村职业学校在进行专业设置时首先要考虑当地经济社会发展对人才的需求结构。例如，陕西省某县正在进行产业转型，2015 年该县三次产业（农业、工业和除第一、第二产业之外的其他各业）分布为 24：27：49，呈现出以第三产业带动，第一、第二产业协调发展的格局。但据了解，该县的支柱产业仍是以农业为基础发展起来的各类农业产业。课题组在该县职教中心调研发现，该县共有在校生 2795 人，涉农专业也即第一产业在校生人数为 504 人，所占比例约为 18.0%，这一比例与第一产业占比相较还存在一定的差距。虽然这仅是对某一县域涉农专业情况进行统计，但参考其他学者的相关研究成果来看，全国各地涉农专业发展状况都不容乐观。

一方面，各职业学校涉农专业逐渐萎缩。农村职业学校开设的大多是沿海发达地区经济社会所需的专业，而与当地发展密切相关的涉农专业很少。2010年，教育部颁布新修订的《中等职业学校专业目录（2010 年修订）》中，中等职业学校专业数量为 321 个，其中涉农专业（农林牧渔类）专业数量为 32 个，占专业设置总数不到 10.0%。课题组在某县职教中心调研发现，在该职教中心所设置的 18 类（种）专业中，涉农类专业仅有"农机使用与维修"一类，该专业不仅具有较强的普遍性，且与当地特色农业发展不匹配，不能满足农村建设与农业发展对人才的需求。在涉农专业逐渐减少的情况下，涉农专业的招生数与在校生数也随之下降。2015 年我国中等职业学校农林牧渔类专业招生人数从 2011 年的 85.40 万人降为 34.33 万人，5 年时间降幅达 59.80%，而其在校生数也由 225.96 万人下降为 104.77 人，降幅为 53.60%。呈现出这样大幅度的下降，与农村职业学校纷纷"弃农"开设非农专业不无关系。2015 年中等职业学校招生总人数约为 479.82 万人，而涉农专业的招生人数只占 0.70%，还不足总数的 1.0%。2020 年，中等职业学校招生人数为 627.56 万人，占高中阶段学校招生总人数的 41.73%，涉农专业的招生不足总数的 1.0%。不论是从地方的情况来看，还是总观全国状况，涉农专业都面临难以为继的境地。农村职业学校专业设置"离农"倾向严重是一个普遍的现象，这也是农村职业教育不能为农业供给侧结构性改革培养年轻的和潜在的新型职业农民的主要症结所在。

另一方面，已设置的涉农专业教学质量不佳。首先，农村职业学校的涉农专业未能与当地特色优势产业相结合来服务于当地经济社会的发展。以四川省某县为例，核桃是该县产业的"名片"，是政府重点支持发展的产业。作为人才供给的该县职业技术中学理应设置相关专业，为本地核桃产业发展培养专业人才。但据了解，该校的涉农专业仅有旅游服务与管理、现代农艺技术两个专业，这两个专业的设置未考虑当地农业产业发展的需要，其设置未能体现区域特色。其次，农村职业学校的涉农专业在设置与调整上对市场变化的敏感性不强。农村职业学校涉农专业呈低迷的发展态势与其滞后的专业设置与调整不无关系。调研发现，涉农专业发展不好的职业学校其涉农专业存在两种情形，一是一直延续传统专业，期间未作改变与调整；二是一直在变化调整，但每一个专业的生命周期都不长。这些职业学校的领导与教师并未意识到问题的根源在于其未能对当地市场的变化做出适应与前瞻性预估，因而其涉农专业发展态势不佳。这种情况既打击了选择涉农专业学生的积极性，也影响农民对农村职业学校的印象，不利于农村职业学校的发展。

（五）当前农村职业教育没有尽可能挖掘农村人口红利

培育新型职业农民是农村职业教育应该主动承担的责任，农村职业学校在其服务对象的确定上，是否关注了成年农民是判断职业教育现代化发展水平的重要因素，也是衡量它是否能够承担起培育新型职业农民的核心指标。在农业和农村发展中，从成年农民的实际贡献率和农村劳动力人口结构的合理性上分析，他们都是最主要的力量，而我国当前农村职业学校的对象主要以适龄青年为主，成年农民并未纳入学校职业教育之中，这在一定程度上阻断了成年农民通过系统教育成为新型职业农民的途径，在一定程度上带来成年新型职业农民危机，影响农业供给侧结构性改革的进程。农村职业学校的对象问题涉及我国现有农村职业学校重新定位以及学校体制与机制的变革。

一方面，农村职业学校未向成年农民开放。著名经济学家舒尔茨在其著作《改造传统农业》中指出，对传统农业的改造要在良好的技术支持和制度保障下，从对农民的人力资本投资入手。当前对农民最好的投资就是将其培育为新型职业农民。农村职业学校进行新型职业农民培育的首选对象应该是农村专业大户、家庭农场主、农业企业负责人等成年农民群体，这类群体的共同特征是长期稳定地从事农业生产，且具备一定的文化基础，可持续发展性高，可培训力强。因此，农村职业学校在落实新型职业农民培育的过程中，成年农民必然不能被排除在外。中等职业学校招收的对象主要是适龄青年，而成年农民这一群体则未引起关注。对于农业生产而言，实践性强是其主要特点，农业生产者应具备农业生产的稳定性与长期性。青年学生年龄较小、职业取向尚未确定等特点决定了其只能成为新型职业农民培育的潜在对象。课题组在陕西省某市高职院校涉农专业调查发现，对于学生问卷中"毕业后就业地点"这一问题，几乎所有学生都选择"城市"这一选项，说明这一群体具有极大的不稳定性。而当前的农民群体是新型职业农民的确定群体，且具有较为强烈的接受系统教育的意愿。有研究显示，在需要自己承担培训费用的条件下，仍然有超过60%的农民表现出参与培训的意愿。所以，随着农业供给侧结构性改革的逐步推进，农村职业学校应该把农民作为其服务对象的重要组成部分，将其培育为新型职业农民，从根本上避免成年新型职业农民危机对农业供给侧结构性改革的影响。

另一方面，农村职业学校未能发掘普通农民、老年人、妇女等留守农民的潜在价值。2017年，中央一号文件提出的新型职业农民的培育对象中未提及这一群体——普通农民、老年人、妇女等农村地区的留守人员，这一群体因年龄较大、受教育水平较低而被排除在新型职业农民培育行列之外。事实上，农村留守农民是现阶段我国农村人口的主体，《2012年中国社会形势分析与预测》指出，农业户籍的在业人口中，有近三分之一的农业户籍者已不再从事农业生产，而是转变为非农就业，纯粹务农者的比例已下降到39%，而这一群体主要以妇女、老年人等留守农民为主。他们素质的提升直接影响农业供给侧结构性改革的成效，因而不能忽视这一群体。新型职业农民培育的一大特点是根据培育对象的特点将其培育成不同类型的新型职业农民，每一位农民都可以根据自身特点选择适合自己的新型职业农民类型。再加上随着农业现代化逐步推进，农业生产不再单纯依赖劳动力的大量投入与劳动强度的增加，以河北省和湖北省为例，2013 年河北省实现棉花种植生产机械化，其棉花种植产业平均每亩的用工量由 20 个工骤减为 4 个工。湖北省实现农业机械化后，仅油菜花种植就由平均每亩用 10 个工减少为 0.8 个工。由此说明，在现有农业机械化水平下，农民可以根据自身特点选择不同的劳作方式，一般来讲，发展当地特色种植业可以成为有效利用留守劳动力的办法，因此留守农民同样应该成为新型职业农民的培育对象，尤其是老年人和妇女，农村职业学校更应根据其群体特征对其进行合理培育。

（六）当下农村职业教育在农村治理环节中的治理效能发挥不足

农村职业教育具有公共产品的属性，它具有发展社会公共价值的作用，能够促进社会稳定和社会公平，具有公共产品的特征。农村职业教育一般位于经济较为落后的地区，需要政府的投资和扶持。而目前，由于我国农村职业教育管理部门较为混乱，供需市场之间存在错位，而政府的投入力度又不够，这些都严重影响着农村职业教育的发展。

教育部门、劳动部门和财政部门是目前我国县域职教资源管理的三大部门，多头管理的后果就是，在实际的运行中，资源被分割成了块状，缺乏统筹管理，整体上处于一种无序的状态。但是分割从各部门的角度来看，又都是相对完整的。而这样造成的资源分割，使得分属于不同部门的职业学校在办学方向上差异较大，在学校的结构布局方面，会产生重复设置，对职业教育资源是一种浪费。除了资源管理的分割以外，农村职业学校与农村社会职业教育部门也处于分割状态。虽处同一地域却各行其是，不能发挥资源的最大效用。如农村职业教育体系在办学机构上发展的比较完善，但是却缺乏专门的教师和实训基地。农业技术推广部门在专业教师和实训基地方面占优势，但是没有完善的培训机构。而其他一些社会组织，培训机构完善，但是教学机构、师资和实训场地却又处于缺乏状态。管理分散的后果就是各个部门各自为政，根据自己的特点需求和性质进行培训教育工作，致使培训出来的人在一些方面有所欠缺。农业科技的推广由农业局来管，教育局忙着扫盲，农广学校学历教育是主流，而农函大又主要集中在专项技术教育上，导致农民无法接受完整的职业教育或教育培训。农村职业教育这种多头管理，资源分散的状况，导致农村职业教育体系呈现条块状，严重阻碍了农村职业教育的发展。

对农村人力资源的开发需要依靠农村职业教育，这需要国家提供公共服务作为支撑。尽管近年来我国对于职业教育的重视程度正逐年增加，但是同普通教育相比，比重仍然偏低，农民教育培训的观念并没有得到重视，缺少针对农村劳动力的职业培训机构，且农民参加培训的成本较高。同时，由于我国东中西部教育资源分配不均，在西部等落后地区政府的财政支持投入应该会更加缺乏。

在国际上，职业教育和普通教育的成本的比例要在 2.5∶1 左右。这是因为职业教育需要大量的设备以供学习者进行实际的操作，这些设备需要大量的资金支持。而农村职业教育学校缺乏足够的资金和场地来进行厂房或实习基地的建设，主要资金只够用来维持学校的基本设施和日常开支。从《国家教育经费统计年鉴》来看，2012 年，中等职业学校的生均预算教育经费支出在 13674.84元，实际教育经费支出在 22734.33 元，普通高中预算在 9978.4 元，实际在16854.9 元。预算比在 1.37∶1 左右，与国际标准相差接近一倍。以投资普通教育的方式来进行职业教育的投资，直接受到影响的是实习设备和实习基地的建设。如果实习问题无法解决，那么职业教育也就只能是黑板上的空谈，起不到实际的培养实践能力的作用。

缺乏设备和实训基地使得职业学校的学生缺乏实践的条件，据中国社会科学院的调查，大部分学生表示自己缺乏实践的机会。在学校实训基地方面，有54.54%的学生表示自己没有去过实训基地，有 45.4%左右的学生在实训基地实习过，其中校内实训基地的占四分之三。在企业和单位实习过的学生仅占 20%。

政府缺乏足够的资金资助是导致农村职业学校的学生缺乏实践机会的主要原因，从根本上来说，缺乏实践的职业教育毕业生与普通学校的毕业生没有太大的差别，甚至在素质方面还比不上普通学校的学生。由于没有实践技能，农村职业学校的毕业生难以找到一份合适的工作，就业优势的缺失使农村职业教育不具备竞争力。

二、乡村振兴视域下农村职业教育的功能

现代职业教育体系从地域分布上看，主要包括城市职业教育和农村职业教育。在我国正处于打破城乡二元社会结构的大背景下，着力发展农村职业教育有着重大的现实意义。而农村职业教育主要包括职业学校和职业培训两种形式，两者在培训的对象范围、教学内容、管理主体和组织运作方式等方面有着明显的不同。因此，发挥职业学校的特殊作用和功能是发展农村职业教育的必然要求。① 回顾改革开放以来我国农村职业教育的发展可以发现，在不同时期，农

---

① 关晓会. 农村职业学校的定位与功能定向研究［D］. 西安：陕西师范大学，2014.

村职业教育都能很好地承担时代赋予它的重任。农村职业教育作为联系人与乡村社会的纽带，在乡村振兴视域下，有其存在的本体功能和工具功能。教育的本体功能是指教育促进个人发展的作用，教育的工具功能是指教育促进社会发展的作用。因此，农村职业教育促进农村人口发展的作用即本体功能，农村职业教育促进乡村社会发展的作用即工具功能。就本体功能而言，它主张农村职业教育能够转变农村人口的思想观念、培养新型职业农民和促进农村人口公民素养的提高。就工具功能而言，农村职业教育能够推进农村经济结构转型、助推农业农村现代化、实现人才合理分流、阻断贫困代际传递和促进乡风文明建设。

（一）农村职业教育对人的本体功能

虽然人们在不同时期对教育的功能有不完全一致的认识，形成人与促进人的自我实现是不同时代和社会教育的共同属性。职业教育是一个面向大众的教育，它必须是为了人最基本的生存和发展而服务，必须以人为本。在乡村振兴视域下，农村职业教育的功能也是促进人的全面发展①，促成农村人口的自我实现。

1. 转变农村人口的思想观念

人的社会化和成人的全面发展，都是教育活动的结果，都无一例外地要通过教育过程来实现。② 教育活动可以促进人思想观念的形成和改变，农村职业教育作为一种重要的教育活动，可以通过开展思想教育活动，转变农民传统的价值观念，引导农民树立积极脱贫的思想和扎根农村的理想，以推动乡村振兴战略的实现。

当下广大农村面临着"村里人想出去，村外的人不想进来"的尴尬局面。我国固有的传统思想认为农村就是社会的底层，农民（或农家子弟）理应是社会阶级的底层。受此影响，广大农村始终蔓延着"跳农门"的思想。对石家庄市中等职业学校学生就读意愿的调查发现，在就业地点的选择上，75.7%的涉农专业学生倾向于在城市工作，而非涉农专业学生城市就业倾向则高达91.3%，涉农专业学生的比例比非农专业学生低一些，而涉农专业学生选择"县城""农村"的比例相对高一些。各涉农专业中多数专业的学生倾向在城市工作，农林经济管理、果蔬花卉、园艺3个专业学生倾向城市工作的比例分别高达90.9%、

---

① 祁占勇，王志远. 乡村振兴战略背景下农村职业教育的现实困顿与实践指向 [J]. 华东师范大学学报（教育科学版），2020（04）：107-117.

② 胡德海. 教育学原理 [M]. 北京：人民教育出版社，2013：257.

93.3%、100.0%。涉农专业学生倾向在"乡镇""农村"就业的寥寥无几。因此，涉农专业学生不愿意从事一线的农业生产，希望通过对口升学"跳农门"，在城市从事与农业管理相关的工作。目前，情况并没有得到很大的改观，不论是农村职业学校就读的学生还是其家长，大都认为接受一定的教育后仍然留在农村从事与父辈们相同的工作是一种教育投资浪费。"跳农门"的思想进一步导致农村人口过度转移就业，农村"空心化"严重。农村"空心化"主要表现在农村人口"空心化"、地理"空心化"、经济"空心化"等多个方面。其中，农村人口"空心化"是农村"空心化"的根源，农村没有吸引人才、留住人才的土壤，才导致了其他方面的"空心化"。农村人口"空心化"主要指农村人力资本过度涌入城市，致使从事农业生产的人数不断减少，主要表现在原有劳动者的流失以及大量随迁子女的产生。相应地，农村职业教育的受教育对象锐减。我国农民工总量由 2013 年的 26894 万人增加到 2017 年的 28652 万人，外出农民工人数由 2013 年的 16610 万人增长到 2017 年的 17182 万人。同时，截至 2017 年，我国第一产业人才缺口达到 218 万人。此外，在此阶段，全国义务教育阶段初中在校生中进城务工人员随迁子女数量也出现了增长，且大量迁入到中东部大中城市。同时，2013—2017 年我国中等职业学校（机构）农林牧渔类专业招生人数总体呈递减趋势。农村职业教育应该以农村就业为导向，根植广大农村地区，设置涉农专业，以培育振兴乡村的基础型、技能型和管理型人才为目标。农民通过农村职业教育积极开展的思想政治教育，能够逐渐转变"跳龙门"的固有价值观念，从而扎根农村，更好地服务乡村发展。

2. 培养新型职业农民

建设社会主义新农村的目标是"生产发展、生活宽裕、乡风文明、村容整洁、管理民主"，实现这一目标，农村职业教育需要发挥重要的作用，它为农村职业学校的发展提供了机会，有助于更好地实现培训的功能，改变传统的功能单一的状况。而职业培训主要是培养现实的劳动力，短时间内培养出来的劳动力素质相对较低，所以，从新农村建设的长远利益考虑，培养高技能的新型农民就成为职业学校的重要任务。[①]

"新型职业农民"的概念于 2012 年正式提出，此前历经"新型农民""职业农民"等称呼的变化。[②] 新型职业农民是传统农民的一次自我超越，也是农

---

① 李延平，陈鹏，祁占勇. 我国当代农村职业教育研究 [M]. 西安：陕西师范大学出版总社，2018：213-214.

② 王雷. 农业供给侧结构性改革背景下农村职业教育制度变革研究 [D]. 西安：陕西师范大学，2018.

村职业教育的价值选择。如果说40多年前，农民可以依靠体力劳动和口耳相传的农业经验解决温饱问题，那么今天，在乡村振兴视域下，"爱农业、懂技术、善经营"成为新型职业农民的基本素质要求，他们一生不再从事一种职业，而是随时面临职位变迁；他们从事的工作也不再是生产线的一部分，而是需要了解整个生产线流程；他们从事的生产劳动不再是简单重复的、缺乏智力的，而是基于原理的、技术的；他们通过技术提升农产品质量的同时，还要善于经营和宣传。因此，新型职业农民不仅要有夯实的文化基础知识和专业的技术技能，还要具备农产品的现代销售管理能力，而农村职业教育正是为农民提供知识、技能和销售管理能力的最重要途径。

文化基础知识是支持个人理解接受新事物、适应社会发展和维持自身可持续发展的重要力量。随着我国经济发展方式的转变和产业结构的转型升级，职业种类的更替速度不断加快，个人一生可能需要从事多种行业的工作，即使不更换职业，也需要知识的纵向更新或横向扩展，而适应这种知识的更新、扩展就需要有较为扎实的文化知识基础和终身学习的能力。农村职业学校教育作为一种学历教育，不仅关注农村人口职业技术技能的培养，也重视文化基础知识的作用，培养农民的知识迁移能力和终身学习的意识，提升他们的个人发展能力，拓展个人发展空间，使其在面临技术发展和岗位变迁时能够从容应对，既能够在现有的职业中提升技术又可以自由更换职业。

技术技能是职业教育的本质和灵魂，是支持农村人口顺利就业、推动农村经济快速发展的直接动力。职业教育侧重于实践技能和实际工作能力的培养，其根本目标在于培养实用型技术技能人才，技术技能是其教学内容的核心与重点。通过技术技能的培养学生能够具备直接进入工作岗位的素养和能力，实现其就业需求。农村职业教育作为职业教育的类型之一，必然具备同样的功能和属性。通过农村职业教育，农民迅速有效地掌握先进的职业技术技能，获得生存发展的资本和立足的源泉，从而扩大农村人口的就业机会，达到脱贫致富的目的。

现代化的农业与传统农业相比，具有了更多的市场化的成分。农民的劳动成果不仅仅是为了满足自己的需要，更多地是要进入市场流通，创造更大的经济价值和社会价值。所以，农民不再只是种地、养殖和放牧者的角色，他们也是自己生产的各种作物和产品的经营者，而他们的经营管理能力决定了其创造价值的大小和增值程度。发达国家在现代农业生产中具有比较先进的经验，除了发达的农业生产技术，更在于现代农业营销和管理能力。因此，要实现我国农业现代化，促进农村发展，必须培养农民具备企业管理、市场营销、国际贸易等知识能力，养成参与竞争的市场意识，运用现代信息手段去把握市场供求信息的能力。

当前，我国处于城乡统筹发展的关键时期，随着高科技的逐步下乡，农业机械化、产业化程度不断提高，农民的内在主体性需求越来越突显出来。特别是近三年，农忙时间越来越短，很大程度上，归功于农具的机械化，例如大型收割机的应用。有文化、懂技术、会经营成为每个人的内在要求，因此，职业学校有一定的发展空间和市场需求。农村职业学校应该以质量为核心，切实培养出合格的新型农民。在农民掌握熟练的技术条件下，也传授给他们可以进行继续教育的文化知识，授予其相应的学历证书，使得农村职业学校的毕业生可以在任何需要的时候再学习，接受再教育，从而让农村职业学校成为具有高度生长性的职业教育。

3. 促进农村人口公民素养的提高

农村地区欠发达的经济状况限制了农村人口公民素质的提升，他们多数以从事农业生产为主，自给自足，农村地区发展缓慢对农村人口的公民素质的要求并不高，而较低层次的劳工素质结构也在一定程度上制约了农村地区产业的转型和发展，正如舒尔茨所说："土地与人口本身不尽是导致落后的主要与绝对性影响因素，而劳动者的技术能力和人文素养水平的高低才是决定落后的关键点。"

农村人口公民素质的提升关键在教育，对全体农村人口实施普通教育显然是低效且不现实的。农村职业教育能够在教授技术技能的同时潜移默化地进行素质教育，转变其固有的消极懈怠的思想观念，注重社会的政治思想、职业道德、行为规范的传递以及政治意识、政治信仰的培养，不断提升农村人口的思想境界和文明程度，引导人们以合理的方式进行生产劳动、解决日常生活中的矛盾冲突。而且与普通高中相比，农村职业学校更突出基本文明素养和职业道德教育；与城市职业学校面向城市人相比，农村职业学校对那些出生和生活在农村地区的人来说，是养成他们现代基本文明和职业道德意识的重要场所，这些人是促进我国乡村振兴的基本力量。

农村职业学校主要培养的是实用型中初级技能技术型人才，他们未来的就业领域对理论知识要求相对比较低，但对从业者的道德要求较高，因为他们提供的产品和服务与普通民众的基本生活需求关系非常密切，涉及消费者的生命安全、身体健康、生活幸福和生活质量。为确保他们能更好地进入社会，顺利开始自己的职业生涯，很好地胜任自己的工作，除了加强专业知识和技能的学习，更重要的是加强职业道德教育和树立职业理想信念。农村职业教育承担的是对劳动力的大职业教育，包括普适性的基本能力教育、生活教育和生态教育等。因此，农村职业学校一方面应教授实用性的技术技能，帮助农村地区的人们创造"看得见"的财富，从而促进其接受职业教育的热情，另一方面则加强基本文明素养教育，帮助农村学生树立正确的职业理想，确立正确的职业观、择业观、创业观，形成符合社会和个人实际的就业观，提高自我就业能力，做好适应社会、融入社会的准备，为他们的个人生涯发展奠定良好的基础。

（二）农村职业教育对社会的工具功能

教育的工具功能也称社会功能，包括经济功能、政治功能、文化功能、社会成层与变迁功能等。在乡村振兴战略下，农村职业教育的社会功能具有特殊的内涵，主要表现在经济功能、文化功能和社会成层与变迁功能三方面。

1. 推进农村经济结构转型

国家的经济结构包括产业结构、劳动力结构和技术结构。根据钱纳里和塞尔奎因的标准结构理论，经济的发展来源于工业化的推进，同时也会带动产业结构、劳动力结构以及技术结构的变动。①

美国商学院大学教授迈克尔·波特认为，在特定区域范围内，相互关联的产业的聚集，可以使该产业在这一区域具备可持续发展的竞争优势。实施乡村振兴的枢纽是推动乡村产业振兴，农村职业教育能够融合发展一、二、三产业，推进农产品供给侧结构性改革，有效整合农村产业发展。在乡村振兴的进程中，农村劳动力会因为人均收入的差异而从第一产业向第二产业流动，再向第三产业流动，这种转变同时也会带动农村劳动力结构变动。农村职业教育可通过培养培训各种专门人才，为乡镇产业提供较高文化素质的劳动者，为乡镇产业发展提供技术和智力支持。在自媒体时代，农村职业教育能够利用媒体对农村人口开展创业教育，能够组织回乡的打工人员向乡镇企业传递信息、交流技术和介绍经验，也能够提高为农村产业发展提供现代信息服务、中介服务、咨询服务、技术服务等专业培训的能力。换句话说，农村职业教育是推进农村产业融合发展的宝贵资源。农村职业教育有助于推进农业供给侧结构性改革。《关于促进乡村产业振兴的指导意见》指出，要以农业供给侧结构性改革为主线，实现乡村产业振兴发展。农业供给侧结构性改革是指通过自身的努力调整，让农民生产出的产品（包括质量和数量）符合消费者的需求，实现产地与消费地的无缝对接。当然，农村职业教育能够针对农民文化程度、从业取向、年龄阶段、发展意向等进行农业产业化经营、农业专业技能、农业管理、职业道德等方面

---

① 吕然. 城镇化背景下的农村职业教育的新使命［D］. 西安：陕西师范大学，2014.

的培训，从而有利于提高农产品的质量和有效供给。

农村经济的发展同时也带动了农村技术结构的变化。目前，我国农村地区的技术构成仍处于半自动化向自动化，半机械化向机械化的过渡状态，甚至在西部偏远地区还存在着半机械化和传统手工业的状态。但是随着我国农村经济的快速发展，自动化和机械化必然会取代现有的落后状态，劳动密集型为主的生产活动将被技术密集型的生产活动所取代。但我国现有的农村劳动力素质和从业人员的水平仍低于技术结构现代化的需求，从业人员中初级以下文化程度占了很大一部分，而技师和高级技师很稀有。职业教育作为培养应用型、技能型人才的教育，理应得到重视，对农村充足劳动力进行农村职业教育的培训来提升人才结构的层次，为乡村发展做贡献。

2. 助推农业农村现代化

2007 年的中央一号文件提出"社会主义新农村建设要将发展现代农业放在首位，实现以科学发展观统领农村工作，必然要进行农业现代化"。没有农业农村的现代化，就没有国家的现代化。国外成功经验表明，因地制宜地选择发展模式、强化农业从业人员技能培训、加大农业科技投入等是农业现代化持续发展的重要因素。

乡村振兴视域下，我国乡村发展目标由"农业现代化"转化为"农业农村现代化"，肯定和提升了乡村在国家现代化发展中的整体价值。农村职业教育因其固有的独特性，在实现农业农村现代化过程中扮演着不可替代的角色。构建现代农业产业体系、生产体系、经营体系需要大力发展农村职业教育。农业产业体系的现代化，主要指农业产业链的延长和产业链的增值。众多的农产品生产出来后，要高效、迅速地进入市场流通环节，动态地适应社会需求变化，就需要农村职业教育传递农业产业信息，提高相关人员在产品加工、流通、储运等环节的知识与技能。农业是工业发展的基础，现代农业也需要与现代工业相互依存，现代农业即为现代工业提供基础保障，现代工业同时也对农业实行反哺，科技的进步和现代工业体系的建立是我国发展现代农业的两大助力。现代化的生产体系强调要应用现代化的手段从事农业生产，用现代科学技术改造农业，实现农业生产的机械化、科技化、信息化转向，提高土地生产率、资源利用率和劳动生产率，提高农业素质、效益与竞争力。机械化的生产和农业科技的推广都离不开农村职业教育，没有掌握现代化生产知识和技能的人才，现代化的农业生产很难实现。现代农业经营体系需要整合所有相关要素，形成一种现实的生产能力。农村职业教育能够通过系统的教学和培训，传递诸如产业结构优化、产品加工增值、新技术新设备推广使用等方面的知识和技能，并进行多方面要素的组合。

发展多种形式适度规模的经营需要大力发展农村职业教育。适度规模经营就是要通过改变我国农业过度分散的、粗放的经营方式，使得小农户与现代农业衔接。我国农业规模化发展缓慢除了客观条件限制外，农民"小农观念"的影响也至关重要。改变农民的"小农思想"，提高农业规模化生产，进而提高农业的生产效率，农村职业教育责无旁贷。农村职业教育可以通过短期培训、政策宣传等方式，对我国的农业政策等进行解读、宣讲。此外，通过农村职业教育对农民进行技能培训，也可为他们提供更多的就业选择，从而解决小规模经营农户问题。

3. 实现人才合理分流

随着我国经济飞速发展和产业结构转型，我国农村传统生产模式也开始改变，很多农民面临失业和收入水平偏低的尴尬局面。由于农村人口没有充足的教育资源，没有赖以生存的专业技能，收入水平过低，就会使得城乡贫富差距越来越明显。因此通过农村职业教育提高农民专业技能和收入水平，实现人才合理分流是我们缓解收入差距维护社会稳定的主要手段。

农村职业学校属于初中后分流，即义务教育后分流。一部分学生升入普通高中，一部分学生进入职业学校，接受职业教育为就业做准备。进入职业学校的学生，通过学习不同的专业，掌握从事不同工作的能力，最后被放置在不同的社会岗位，实现合理的社会分工。社会分工既是社会进步的标志，同时也是对不同人所具有的不同天赋才能的尊重，更是每个人实现自己的社会价值的方式。每个人都可以通过职业学校教育，提高自己的劳动技能，适应社会分工的变化，确保社会发展的快速和有效，以最大限度满足人的需要。通过职业学校教育进行社会分工，是教育分流中的第一次分流，也是最早的社会分工形式。通过这次分流，不同的人接受了不同层次和水平的教育，一方面使受教育者的才能和个性得到发展，从而发挥出自己独特的个人和社会价值，满足了自我实现的需要，另一方面提高转移劳动力的技能水平，帮助增加农村人口的就业率，提高农民收入，推动乡村振兴，缩小城乡收入差距，维护社会稳定。同时，也促进了人才结构的优化，适应了社会经济产业结构的需要，加快了社会经济的发展。农村职业学校具有人才合理分流的作用，承认人的个体差异，适应了"适合的人接受适合的教育"的教育要义，同时满足了经济建设对各类初、中级人才和劳动者的需求，促进了劳动者素质的提高，极大地缓解了普通高等学校招生的压力，也有利于我国和谐社会的构建。

4. 促进乡风文明建设

教育对文化具有双重作用，一方面教育要受到社会文化的制约并促进文化的发展；另一方面，一定社会的经济、政治对教育的制约和教育对经济、政治的作用一般要通过文化折射出来。① 农村职业教育是处在一定社会文化背景中的教育系统，农村文化作为教育与经济、政治等的关系的中介以其自身的影响力潜移默化地渗透到职业教育系统的每一个角落。同时，职业教育在发展过程中通过对文化的传承促进着文化的发展，发挥着农村职业教育的文化功能。

文化传承是教育最基本的文化功能。社会通过教育将前人所积累的生产和生活经验、道德观念和行为规范、科学技术和人文知识等，有计划地传递给下一代人。正是由于教育活动，人类的文化才能够一代又一代地承接下去而不致中断。也正是基于这一基本功能，人们认为教育具有永恒性，以至于有的教育辞书把教育定义为"人类传递文明的手段"。② 乡风是特定乡村社区的村民在生活中共同遵循的规范或行为模式，包括人们的价值观念、风俗礼节、精神风貌和行为习惯等，是特定乡村社区文化的集中体现。乡风是乡村的灵魂，乡风文明是乡风在新时代发展到较高阶段或层次的状态。乡土文化是中华传统文化的摇篮和珍贵的文化遗产，也是乡风文明继续生长的丰厚土壤。乡土文化承载的是乡村的历史传统和发展轨迹，对农民寻求文化心理认同，维护乡村社会的稳定和发展等都发挥着重要作用。③ 农村社会以农业生产为主，农民在农作过程中积累了丰富的农耕文化，包括了"春生夏长，秋收冬藏"的农业生产规律；与自然和谐相处的农业哲学；"辛勤耕耘结硕果"的农业守则以及充满农民智慧的农耕工具等，这些都是农村社会的宝贵文化资产。农村职业教育可以深入挖掘这些资产所蕴含的优秀人文精神，充分发挥其在淳化民风中的重要作用，助力农耕文化在农村社会的绵延。此外，农村社会经过世代发展，流传下多种家族传统手艺、民间特色工艺、民间戏曲曲艺以及丰富的民俗文化，这些都是我国的文化瑰宝，是我国农村社会得以传承和发展的基石。农村职业教育能够根据当地实际情况，通过学校专业设置的形式或者职业培训的方式开班教学，为农村手工艺等的发展培养一批传承人，推动农村手工艺等的传递、更新。④

人类数千年的文明史所积累的知识不可胜计，而学生受教育的时间有限。即使是"终生教育"，所能传承的文化知识也只是沧海一粟。同时，任何文化都

---

① 潘懋元. 全面深入地认识教育的文化功能［J］. 教育研究，1996（11）：18-19.
② 潘懋元. 全面深入地认识教育的文化功能［J］. 教育研究，1996（11）：18-19.
③ 高维. 乡土文化教育：乡风文明发展根基［J］. 教育研究，2018，39（07）：87-89.
④ 薛瑞英. 乡村振兴战略下的农村职业教育功能研究［D］. 重庆：西南大学，2019.

既有精华，也有糟粕；既有社会发展和个人成长所需的知识，又有落后于社会发展或对个人成长不利的东西。因此，教育对文化的传递必须有所选择，将社会发展和个人成长所需的精华加以整理、继承、传播；而对陈旧的、无用的、有害的糟粕淘汰、剔除、摒弃。文化选择是教育的基本文化功能，尤其是面临信息社会的"知识爆炸"，如何使学生不致在信息狂潮中被冲垮，在知识海洋中被淹没，是值得认真研究的问题，教育的文化选择功能就显得更为重要。① 农村优秀的传统文化是我国的瑰宝，我们要保护、要传承；同时，农村社会中不乏落后、腐朽文化阻碍着农村社会的发展，对于这一部分文化我们要甄别、要摒弃。我国社会由农业社会发展而来，千百年的变迁中古代封建迷信思想在我国农村社会扎根最深，当前农村社会依然存在着超自然信仰，仍然存在着巫医神婆、驱邪大师、算命先生等一些迷信活动从事人员，还残留有"有病不医找神医""有求不应找神仙""有事不顺驱鬼怪"的迷信思想。② 农村职业教育应该发挥其文化选择功能，通过制订培养目标、设置专业与课程、编写大纲与教材，以及校园文化，摒弃传统文化中的糟粕思想，传承优秀传统文化和技艺，促进乡风文明建设。

三、乡村振兴视域下农村职业教育的实践指向

在全面建成小康社会的社会主义新时代，中国乡村建设取得了巨大成就，然而也还有更多重大的困难需要攻克。2017 年 10 月 18 日，党的十九大报告中提出实施乡村振兴战略，加快推进农业农村现代化。2018 年 2 月 4 日，中央一号文件《中共中央 国务院关于实施乡村振兴战略的意见》发布，文件对乡村振兴战略进行了全面部署。2018 年 3 月 5 日，国务院政府工作报告中再次提到，大力实施乡村振兴战略。职业教育推动乡村振兴具有天然的适切性、可行性与必要性。乡村振兴战略的首要任务是发展农村教育事业，关键问题是培养新型农业人才。职业教育作为连接教育与"三农"的枢纽和培养新型农业技术技能人才的主阵地，在大力实施乡村振兴战略和"质量强国"战略的大背景下，农村职业教育必须同步优先转向高质量发展阶段。中华人民共和国成立以来，我国农村职业教育的发展力量强劲，质量提升，体系逐步健全，为广大农村地区的经济社会发展提供了支撑。③ 同时，我们也清醒地认识到农村职业教育面临

① 潘懋元. 全面深入地认识教育的文化功能 [J]. 教育研究，1996 (11)：18-19.
② 薛瑞英. 乡村振兴战略下的农村职业教育功能研究 [D]. 重庆：西南大学，2019.
③ 祁占勇，杨文杰. 改革开放 40 年来农村职业教育政策的演进逻辑与展望 [J]. 中国职业技术教育，2018 (27)：43-50.

的诸多现实藩篱。乡村振兴视域下，农村地区广泛面临的诸多困境和农村职业教育长期发展过程中面临的多重困顿，重点指明今后我国农村职业教育发展理应迫切关注的农村现实问题与发展方向事关其是否可为，能否作为的前途命运。

（一）农村职业教育变革方向要顺应新时代农业农村现代化的需求

农业农村的现代化与农村职业教育现代化是相辅相成，与时俱进的。同时，农村职业教育必须扎根广大农村地区的差异性和特殊性，因地制宜办教育，充分发挥其应有的作用。

一是农村职业教育现代化建设要依靠政府的政策支持。农村职业学校教学设备的现代化更新离不开政府的财政投入与政策支持，因此，政府应设立专项资金用来支持农村职业学校更新设备，改善办学条件等。当然，更新教学实训设备，尤其是农业领域相关教学实训设备等相关优惠政策也应优先保证农村职业教育现代化的发展需要。同时，专项财政的投入要具有常态性，构建一种长效机制。此外，政策的倾斜与支持也是农村职业教育现代化发展的重要条件，应注重引导农村职业教育的现代化建设与发展，如推行新型农业技术员到农村职业学校进行技术传授。此外，还要加强培训符合农业生产教学，能够指导农民从事现代化农业的师资队伍。

二是农村职业教育要加大对现代农业技术和产品的推广和宣传。科学把握乡村的差异性和发展走势分化特征，适应我国广大农村地区的差异性、特殊性，因势利导，分类施策。农业技术和产品的推广与普及需要一定的知识基础，同时，更要考虑技术推广的可接受度与适应性。因此，对于相对落后的西部农村而言，目前农村职业教育在助推普及农业现代化时，要更多地关注广大农村地区对现代农业技术的可接受度，逐步消除对现代农业技术的"恐惧"与"抵触"。同时，对落后农村地区进行农业技术推广不能只是"说明书式"的教学，而应该是"手把手式"的传授，使其在顺应知识的基础上同化知识，真正实现现代农业技术的实际适用性。再者，对已经有效推广现代农业技术的其他农村地区，农村职业教育应侧重培养农业生产者对不断发展进步的农业技术、产品的适应性，避免过快的农业现代化进程使广大农民产生时代淘汰思想，尤其是广大农村妇女（更多的是缺乏识字教育者）。

三是农村职业教育要及时地进行内部革新和激发内生动力。首先，要结合区域特色与优势，优化专业及课程内容设置。完善农村职业教育需要优化其专业设置，只有结合本地区的区域特色和资源特点，才能将教育与经济更有效地结合，从而创造经济效益，带来社会财富；相反，专业设置得再好，拥有强大的师资力量，但是不适合本地区的经济发展需求，培训出来的人才也毫无用处，导致资源浪费。因此，我国的农村职业教育需要立足本地的优势农业项目，只有开发特色农产品，培养特色人才，才能为区域经济的繁荣以及自身稳定和可持续发展发挥有效作用。第一是结合当地农业的特点，从农业生产技能培训出发，设置能就业、好就业的特色专业；第二是根据农业现代化发展新形势，设置符合需求的新专业，例如，有关农产品深加工及农产品贸易的专业，以第一产业为基本，积极发展第二、第三产业的相关专业；第三是深化课程内容改革，突出能够提高技能水平和职业能力的实践教学，培养能够适应生产实际和职业岗位要求的专业人才，实现教、学、做三合一。① 其次，要加强课程内容、教学设计等方面的更新与建设。农村职业教育的课程内容和教学设计一定是在"姓农"基础之上，及时地融入现代农业发展的元素。如及时融入农业领域 APP、"互联网+农业"、农产品电子商务等。② 同时，农村职业教育课程内容的教授离不开先进教学设备普及。因此，要及时淘汰过时落伍的教学设备，引进先进农业现代化教学设备，提供在线学习、管理考核、跟踪指导服务等，通过课程内容革新和教学设计创新激发内生动力。

（二）农村职业教育体制机制创新要注重涵养乡土文化的基因

农民与农业专业人才作为未来乡村振兴的主体，在实现乡村振兴战略、推进农业农村现代化进程中起着关键作用。因此，农村职业教育要从体制机制入手，培育吸引和留住人才的土壤，注重涵养乡土文化的基因，为改变农村"空心化""造血"。

首先，要进行积极的招生制度与政策的创新。农村职业教育与农村经济社会发展存在着紧密关系，应该从源头上为乡村振兴发展招揽和培养人才。把握当地青年对故土的乡土情感，在国家现有政策基础之上，加大对涉农、农村经济管理等专业的建设力度，加强对有志服务乡村振兴发展的学生给予专项补贴。同时，要制定具有吸引力的涉农专业招生政策，面向初中毕业生招收涉农专业的学生，培育振兴乡村的基础型、技能型和管理型人才。国家也可依据"公费师范生"制度，建立"公费振兴乡村生"制度，构建一种由国家财政全额拨款支持的振兴乡村发展的"定向生"服务体系，明晰相关服务事宜。从长远来看，还应建立面向新型职业农民的开放式的职业教育体系，面向在职农民招生。

---

① 喻涛. 现代化视野下的农村职业教育可持续发展 [J]. 继续教育研究，2017（05）：41-43.

② 乡村振兴：三农财政支持每年三万亿 [EB/OL]. 搜狐网，2018-08-05.

其次，应倾心打造人才内生循环生态机制。从基层上看，中国社会是乡土性的。① 农民对土地有着特殊的感情，实施乡村振兴，就是要改变人才由农村向城市单向流动的局面，让曾经"走出去"的成功人士"走回来"，实现"人才回流"，把在城市积累的经验、技术以及资金带回本土，造福乡梓。农村职业教育除了侧重其在技术技能方面传授的独特性之外，更要坚守其作为教育本身应具有的涵养文化基因的高地。就乡土物质文化而言，农村职业教育要力争给予留乡与"回流"人才在农业农村现代化发展过程中必要的生存与工作技能培训。就乡土精神文化而言，农村职业教育要基于农村最本质的乡土情愫，融入现代城市生活的元素，因地制宜地开设能够满足广大农民闲暇之余娱乐需求的舞蹈演出、乡土音乐等专业，逐步缩小人们在农村与城市需求上的差距。同时，农村职业教育要为"空心化""造血"。物质外援和政策支持都是外因，也就是"输血"，而农村职业教育能从根本上改变人才的外流，是"造血"。② 为此，加强农村职业教育培养农技能手，提高农民经济收益是提高农民收入的有效途径。

再者，农村职业教育促进文化振兴，进而为新乡贤人才流入注入牵引力。"中国文化中重视亲情和乡情的元素是催生乡贤的文化动力。"③ 然而，现代化的大潮解构了传统乡村"熟人社会"的结构，传统乡贤文化资源不断流失。由此，依靠血缘得以维系的亲情、乡情等精神元素逐渐消逝，人与人之间的"心灵距离"越来越疏远。作为传统乡贤文化的传承与创新，新乡贤的产生依然离不开文化动力的牵引作用。新乡贤中的大部分人虽然身在外地，但他们与家乡之间的情感血脉纽带始终是无法割断的。实际上，文化振兴与人才振兴是相辅相成的。在弘扬社会主义核心价值观的背景下，乡村社会的乡规民约、家风家训等传统文化元素是新乡贤文化的有利载体，通过挖掘这些文化遗产，可以激活新乡贤与家乡之间的情感基因，从而为新乡贤"人才下乡"注入牵引力。

最后，农村职业教育服务乡村建设，为新乡贤人才流入增添吸引力。从乡村振兴的目标来说，新乡贤"人才下乡"的终极引力在于乡村社会本身。人口学关于人口迁移的"推拉理论"认为，迁移行为就是促使居民离开原住地的推力和吸引其流向某些特定目的地的拉力共同作用的结果：有利于流动人口改善

① 费孝通. 乡土中国 [M]. 北京：人民出版社，2015：1.
② 刘影. 城乡统筹视域下农村"空心化"治理策略 [J]. 高等农业教育，2017（02）：118-123.
③ 宋圭武. 乡村振兴与新乡贤文化建设 [J]. 学习论坛，2018（03）：41-46.

工作、生活条件的各种因素起到一种拉力的作用，反之就成为推力。① 因此，生态宜居是乡村振兴的基础，乡村社会自身的发展是吸引新乡贤"人才下乡"的原生动力。许多在外的新乡贤常年在城市工作、生活，早已适应了城市的一切，只有发挥农村职业教育的文化功能、经济功能，将乡村社会建设得更加美丽，使他们在乡村社会能够得到安居、福利、医疗等各方面的有力保障，才能够为新乡贤"人才下乡"增添强大的吸引力。

（三）农村职业教育培养对象要精准定位于培育新型职业农民

由于"跳出农门"思想的持续蔓延与农村劳动力的转移，使得我国"农民荒"问题隐现。若不从根本上解决"农民荒"问题，我国将面临无人愿意耕地的窘境，这将制约我国振兴乡村的全面推进。农村职业教育办在农村，贴近农业和农民，既是中国特色现代职业教育体系的重要组成部分，也是我国新时代农业、农村和农民工作的重要组成部分，在各级各类教育中具有培养新型职业农民的巨大优势。因此，把培养新型职业农民作为农村职业教育的首要任务，既是当务之急，也是长远之策，既是必须要做的，也是能够做成的。② 同时，《国家职业教育改革实施方案》在第二条明确指出："服务乡村振兴战略，为广大农村培养以新型职业农民为主体的农村实用人才。"在实施乡村振兴战略进程中，农村职业教育应把培养新型职业农民作为首要任务。因此，培育经营现代农业的新型职业农民是乡村战略背景下农村职业教育的可行路径。

新型职业农民培育是一项系统性、长期性的工程，也是一个涉及多个主管部门、多类培训机构的框架体系。为了保证乡村振兴视域下新型职业农民培育效果，各级政府要制定合理的培育规划，特别是要做好中长期规划和短期规划之间的协调和对接。发达国家新型职业农民培育的经验表明，新型职业农民培育作为一项准公共产品，不能离开政府的支持。许多发达国家建立了以政府主导、农业院校为主体，社会培训机构、农业推广机构等为补充的培训体系。基于国外的经验，我国在做好顶层设计和科学规划的过程中，需要做好以下三个方面的工作：第一，各级政府特别是县级政府要根据本区域范围农业经济发展状况以及农村社会发展实际情况，结合农业产业结构调整以及农民自身规模，科学合理制定本区域新型职业农民培育的规划与规模，保证培育的效果。第二，

---

① HAUSER P M, DUNCAN O D. The Study of Population：An Inventory and Appraisal［M］. Chicago：University of Chicago Press，1959：113.

② 张志增. 基于乡村振兴战略的农村职业教育改革创新策略［J］. 中国职业技术教育，2019（07）：38-44.

各级政府特别是县级政府要根据自身制定的培育计划，合理配置培育资源，建立以农业职业教育机构为主，社会培训机构、农技推广机构为辅的培训体系，合理、均匀地进行培育布局，灵活地按照各地的实际情况和农民实际需求，使当地调整和优化培训计划，推进各类机构培训资源之间的互补衔接。第三，充分调动各类培训主体以及各类涉农组织参与新型职业农民培育的积极性和主动性，就新型职业农民培育的方式、内容、方法、评价标准等问题进行细化，并及时向社会公开，接受社会的监督，最终形成一个开放式的新型职业农民培育体系，为乡村振兴战略的实施提供人力资源支持。

（四）农村职业教育功能发挥要不断挖掘老龄人口红利

农村人口老龄化来势汹汹，乡村振兴视域下，进行农村老年人力资本再开发，抓住老年人口"红利"的尾巴是当下农村职业教育需要关切的现实问题。

由于广大青壮年的流失与我国广大农村地区老龄化的加快，我国的农村更多地表现为"老龄型农村"。农村老年人是宝贵的人力资源，为了适应农村老龄化社会的需要，我国农村职业教育要积极回应农村人口老龄化，进行农村人力资本再开发，关切农村地区最迫切的现实问题。当然，老年人力资本再开发，并不等同于将亿万农村老年人口"驱使"在大量的农业劳动中去，而是能够在调整老年人力资本结构的基础之上，对有能力的老年人进行职业教育。当然，日本的经验值得借鉴，学习日本的"文化激励"，使农村老年人自由选择一种自我实现的方式，鼓励其由产业性为主的第二产业转向服务业为主的第三产业。

同时，农村职业教育也要适应农村老龄化社会需要，开发"银色产业"[①]。"银色产业"开发是助推农村人口"积极老龄化"的重要抓手，提倡"积极老龄化"有利于解决老年人力资本提升不足的问题，同时对于老年人身心健康发展具有促进作用。因此，农村职业学校应该从内部革新产生新动能，开设诸如老年护理、产品开发、产品包装等新型专业，并在设置专业时充分考虑农村老年群体的特殊性，使学制更具弹性。[②] 同时，助推农村人口从"健康老龄化"向"积极老龄化"转变，除了为老年人提供再就业所需的培训外，更需要为他们提供经验交流、知识共享的平台，使其"老有所为"。如在学校内外部组建

---

① 银色产业，也称养老产业（老龄产业），是以产品消费对象的指向性类群作为界定的依据和标准，从第一、二、三产业派生出来的新兴的、综合性的特殊行业，是专门为老年人生产和提供产品和服务，满足老年人衣食住行各方面需求的各行业的集成或集合。

② 陈衍，徐梦佳，郭珊，等. 面向 2030 年我国农村人口发展与职业教育现代化刍议 [J]. 河北师范大学学报（教育科学版），2017（05）：20-25.

"老年健康俱乐部",搭建全方位的中老年网络媒体和互动平台,提供健康养生、生活百科、养老政策咨询和广场舞教学等中老年人喜闻乐见的信息等。此外,农村职业教育还应根据老年人的兴趣爱好,开设保健、书法绘画、信息技术基础等有益于老年人身心健康发展的相关课程,满足和丰富老年人的精神文化生活,使其"老有所好"。如重庆万州区职教中心 2018 年开设老年教育免费培训班,培训开设了声乐合唱、舞蹈体操、书法绘画、计算机基础等课程,同时设有心理健康,养身保健、营养膳食等公共课程,每个专业都邀请资深专家进行授课,且每个专业都建立考核激励机制,每个班级都有专人进行管理。①

再者,为了更好地服务乡村振兴,必须保证足够的劳动参与率,老年人参与率的提升,除了能增加劳动力数量之外,还能够降低退休人员所占的比例。②提高劳动参与率,必须从主观层面出发,充分调动老年人的积极性,让他们更好地参与技能补偿,以便更好地落实"成功老龄化",当然,在这个过程中,政府部门应该充分发挥作用。考虑我国老年人职业教育的现状,适当借鉴国外经验,借助社会、企业和政府来共同构建多元化的补偿体系;以立法的形式加强建设,切实帮助老年人维护其合法权益;加大财政投入,进一步强化职业技能培训,保证资金投资到位;在"工业 4.0"的大背景下,全面构建多元化教育补偿体系,强调企业所扮演的角色,帮助企业履行社会责任;针对不同老年人进行合理安排,开展个性化培训,强化创新培训;全面推动成功老龄化,保障"老有所依",为老年人营造良好的环境。总的来讲,要助推实现乡村振兴,农村职业教育要关注可持续发展和发展的可能性,彰显教育价值与意义,树立"人人都是学习者"的理念,将每个人的潜力、活力、能力与利益相关者的无限动力相辅相成,办人民满意的教育,补偿为了生活与工作的技能,重拾老年人的信心,构建出更美丽的新时代乡土社会。

此外,开创适应乡村振兴战略各项规划的农村养老服务模式。在新时期新格局下,随着现代化步伐的增快,乡村文化振兴的推进,文明乡村的建设,生产生活方式的转变,生态宜居美丽乡村的创建,农村职业教育在养老服务方面也需进一步开拓。第一,打造农村老年人丰富文化模式,乡村文化振兴强调乡

---

① 开州区职教中心开设老年教育培训班,5 个专业随便选 [EB/OL]. 重庆晨报,2018-09-18.

② 翟振武,郑睿臻. 人口老龄化与宏观经济关系的探讨 [J]. 人口研究,2016(2):75-87.

村老年人精神慰藉方面的个性化需求，提升精神文化生活满意度，追求人文关怀得以实现；第二，创建农村老年人宜居环境模式，美丽宜居乡村是老年人生活的向往，开展农村老年人居住环境政治行动，全面提高农村老年人居住环境质量，保障老年人健康生活；第三，开创智慧互助型养老服务新模式，将科技化、智能化技术融入互助型养老服务中，并与其他养老服务方式有机结合，形成适宜本地特色的养老服务模式；第四，构建"互联网+健康"养老服务模式，结合互联网信息技术，将科技创新融入健康养老服务，加大农村老年人健康辅助技术的研发与应用，提升农村养老服务模式智能化水平。因此，结合乡村振兴战略规划，打造农村老年人丰富文化生活，创建农村老年人宜居环境，开创互助型的农村养老服务新模式，是乡村振兴视域下我国农村职业教育面临的新课题。

（五）农村职业教育作为"治理术"为乡村振兴贡献力量

农村职业教育服务乡村振兴战略亟须在理念转变、制度构建、机制创新和格局共建等方面寻求新的治理突破，才能攻克农村职业教育自身发展及其在服务乡村振兴实践中的困境和阻碍。

首先，要转变服务思维方式，以新发展理念引领农村职业教育服务乡村振兴。在乡村振兴视域下，新时期农村职业教育改革发展应聚焦"三农"需求、突出问题导向，同时，着眼长远、系统谋划，以科学的战略思维和发展理念引领农村职业教育服务乡村振兴战略。党的十九大报告强调，坚持创新、协调、绿色、开放、共享"五大发展理念"，深化供给侧结构性改革。这是"十三五"乃至更长时期我国经济社会的发展理念、发展思路和行动指南，对新时期农村职业教育发展和乡村振兴战略具有独特的时代价值和指导意义。因此，未来大力发展农村职业教育服务乡村振兴实践的思维转变需要从三个方面开展：一是树立精准化的服务理念。我国三十多年来的新农村建设经验表明，以往主要靠"满灌式""输血式"的外源性物质供给发展模式难以实现乡村可持续发展，新时期乡村振兴需要结合农村新情况、农业新业态、农民新需求调整思路精准供给。① 农村职业教育能够有效深入农村经济社会发展的细微枝节，精准对接乡村振兴的多元需求。由此可见，农村职业教育助力乡村振兴是基于"精准化"的理念，追求高效的乡村振兴战略目标。这就需要农村职业教育不忘初心、肩

---

① 任胜洪，陈倩芸. 乡村振兴战略中的职业教育治理路径——基于省级乡村振兴政策文本的分析 [J]. 中国职业技术教育，2019（15）：67-73.

负使命，牢固树立精准化理念，并将精准服务的理念内化为助力乡村振兴的实际行动，实现农村职业教育助力乡村振兴"滴灌式""造血式"精准供给。二是坚持统筹协调的实施方略。在宏观谋划上，乡村振兴、脱贫攻坚和大力发展农村职业教育的共同战略指向均在于实现农村经济社会全面发展。三者价值取向一致、内在联系密切。因此，在乡村振兴实践中应将三者有机结合起来，立足农村工作全局统筹谋划、协同推进、均衡发展。① 尤其要深刻认识农村职业教育在乡村振兴战略布局中的先导性、基础性和全局性作用。在具体实践上，农村职业教育服务乡村振兴实践是一项复杂的系统工程，系统中各主体、各层次、各环节间相互影响、相互制约，且具有复杂性和动态性特点，需要统筹协调系统内教育、资金、政策、制度等要素，构建起契合农村经济社会发展的良性生态系统。三是坚持供给侧的改革思维。实现农村职业教育发展与乡村振兴同频共振、协调发展必须强化农业供给侧结构性改革思维，促进农村职业教育人才培养、专业布局、社会服务等供给侧与乡村振兴需求侧各要素全方位对接、融合，实现农村教育链、人才链与产业链、创新链有机衔接，从而破解农村职业教育资源供给同乡村振兴需求之间的矛盾。

其次，农村职业教育助推乡村振兴的治理要从"碎片化"的治理转向"系统性"的治理。② 从逻辑上来说，农村职业教育助推乡村振兴的治理主要有三个方面的内容，即对职业教育的治理、对乡村建设的治理，以及对职业教育助推乡村振兴工作的治理。但由于体制机制等方面的原因，这三个方面的治理往往各自为政，分散管理。因此，农村职业教育助推乡村振兴治理理念要从"碎片化"的治理转向"系统性"的治理，统筹考虑农村职业教育系统和乡村建设系统，基于对农村职业教育系统和乡村建设的治理，促进对农村职业教育助推乡村振兴工作本身的治理。在行动路径上，一是要以农村职业教育的类型特征来治理职业教育③，跳出乡村职业教育的"本土思维"，在"大职教观"的理念中，统筹运用农村职业教育与城市职业教育、学历职业教育与继续职业教育等多样化的职业教育力量。二是统筹乡村建设全系统，全面升级乡村建设的"新

---

① 唐智彬，郭欢. 作为乡村"治理术"的农村职业教育：内涵与路径［J］. 教育发展研究，2020（Z1）：75-82.

② 沈军，陈慧. 治理有效：职业教育助推乡村振兴的路径改革［J］. 国家教育行政学院学报，2020（08）：19-24，76.

③ 李鹏，石伟平. 中国职业教育类型化改革的政策理想与行动路径——《国家职业教育改革实施方案》的内容分析与实施展望［J］. 高校教育管理，2020（01）：106-114.

目标"：从"生产发展"到"产业兴旺"，建设更加全面繁荣发展的乡村经济；从"生活宽裕"到"生活富裕"，持续促进农民增收、促进农民消费升级、提高乡村民生保障水平；从"村容整洁"到"生态宜居"，促进乡村可持续发展，建设人与自然和谐共生的现代化乡村；从"管理民主"到"治理有效"，要求健全自治、法治、德治相结合的乡村治理新体系；此外，还要以更高标准促进"乡风文明"。① 三是精准对接供给侧与需求侧，树立"精准化"的服务理念。农村职业教育为乡村振兴服务，是产教融合、校企合作在乡村场域的具体实践，因此，有效的治理必须根据技能供给与劳动力市场需求，结合乡村新情况、乡村新业态、农民新需求，将农村职业教育系统的制度建设、体系建设、专业设置、课程建设、人才培养、社会服务等融入乡村振兴全过程，实现教育链、人才链、产业链、创新链有机衔接。

最后，要增强农村职业教育服务乡村振兴能力，着力破解关键环节难题。一是加强农村职业教育能力建设，提升服务乡村振兴水平。办学经费投入不足是制约农村职业教育能力建设的关键和难点问题，突破这一难题关键是要实现办学主体多元化和投入机制多样化。农村职业教育属于公共产品，政府要按照公益性、市场化原则，构建政府为主、责任分担的多元投入机制。一方面，政府要强化投入主体责任，尤其是地方政府要对职业教育发展做出独立性、连续性、稳定性的规划。加大职业教育投入，并向农村职业教育倾斜，提高教育附加费用于农村职业教育的比例，建立中等职业教育成本补偿机制，大力推行免费涉农职业教育券制度。另一方面，政府要发挥融资主导作用，根据教育成本分担的能力原则和受益原则，使企业合理分担职业教育成本，借鉴国外经验做法对企业开征职业教育税。要综合运用立法、政策、信贷、税收等杠杆撬动社会资本，引导民间教育资本、各类公益基金、国际援助基金等精准对接农村经济社会发展多元化融资需求。② 二是创新农村职业教育发展模式，提升服务乡村振兴满意度。要大力推动农村职业教育培训模式改革创新，推行如农民田间学校培育模式、现场传导型培育模式、典型示范型培育模式等；深入调研各类涉农培训新需求，精准识别培育对象、精心设置培训内容；构建集在线知识学

---

① 熊小林. 聚焦乡村振兴战略 探究农业农村现代化方略——"乡村振兴战略研讨会"会议综述［J］. 中国农村经济，2018（01）：138-143.

② 张旭刚. 农村职业教育服务乡村振兴：实践困境与治理路径［J］. 职业技术教育，2018，39（10）：59-64.

习、在线技术咨询、资源信息共享等一体化"互联网+培训"的个性化学习培训新模式，打破时间、空间局限。三是拓宽农村职业教育服务领域，提升服务乡村振兴贡献度。农村职业教育要契合农村产业结构升级需要，承载好农业实用技术研发与推广使命；构建农科教相结合和产学研用一体化发展平台，推动涉农专业建设与农村新产业、新业态深度融合。同时，要承担起在新一轮土地确权等政策法规宣讲、乡村建设发展规划和田园综合体建设指导等方面的新任务。

第八章

乡村振兴视域下农村职业教育的目标定位与制度保障

《心理咨询大百科全书》中指出"目标"是"人们在各种活动中所预期和追求的客观标准在主观上的超前反映，它是人们为了满足需要而产生的一种期望。目标作为主观映象是人们对外界（或环境）能满足主观需要的诱因或刺激的反映。因为目标能满足人们的需要，故目标一旦形成便成为一种诱因并引起人们的行动"。可见目标的确立对于活动的发展方向具有指向作用，对于活动预期的效果达成具有内在指引作用。"定位"一词首先出现在营销学中，在1972年，由美国学者艾·里斯和杰克·特劳特针对企业和产品提出。① 简单而言，定位要以市场和顾客的需求为基础，进而在潜在客户的思想里给产品定位。② 因此"目标定位"一词可理解为基于活动所面向的市场与服务对象的需求，活动组织者对活动产生的预期效果的一种主观理性抉择。

新时代，党和国家在认真总结我国农村发展历史性成就和历史性变革的基础上，对"三农"问题做出了重大战略部署，提出实施乡村振兴战略的重大历史任务。③《中共中央 国务院关于实施乡村振兴战略的意见》明确提出振兴乡村要"优先发展农村教育事业。加强职业教育，大规模开展职业技能培训，促进农村劳动力转移就业和农民增收。"乡村振兴视域下，我国农村社会进入了全面发展的新时期，农村教育被赋予了全新使命，农村职业教育作为在县乡地域内开展学校职业教育和职业培训以服务农村地区人口就业和再就业的一类教育，肩负着提供智力支持、服务文化建设、促进人口就业的独特职能。因此，振兴农村职业教育事业，大力发展农村职业教育也成为乡村振兴战略中的重要部署。

---

① 艾·里斯，杰克·特劳特. 定位［M］. 王恩冕，译. 北京：中国财政经济出版社，2002：2-3.

② 王晓雪. 新型城镇化背景下农村职业教育目标定位及功能定向的个案研究［D］. 西安：陕西师范大学，2017.

③ 中华人民共和国农业农村部. 国家乡村振兴战略规划（2018—2022年）［EB/OL］. 中华人民共和国农业农村部官网，2018-11-29.

一直以来我国城乡二元结构下，农村教育长期面临生存困境，处于我国教育领地的边缘，长期的社会文化认知又导致职业教育在与普通教育的比较中处于边缘地带，而农村职业教育兼顾了教育地域的劣势和教育类型的劣势，自然面临着更为尴尬的发展境况。

新形势下，顺应国家乡村振兴的重大战略举措，重新确立我国农村职业教育的目标定位，不仅有助于推动我国农村社会的全面振兴与发展，而且对于推进农村职业教育内部改革，助力我国农村职业教育事业的振兴具有重大意义。因此，本章节中乡村振兴视域下我国农村职业教育的目标定位可理解为：乡村振兴视域下的战略需求，以实现我国农村社会政治、经济、文化和生态的全面振兴为工具价值，以服务农村地区人口的个体职业发展和满足教育需求为本体价值，从而对我国农村职业教育的服务目标及价值定位所作出的全面精准的理性抉择。

一、乡村振兴视域下农村职业教育的目标错位困境

新时代，伴随着农业生产、经营的现代化程度的不断改进与提高，以及社会经济建设的持续推进，不管是流向城市就业的人还是留在农村的人，对就业能力的要求发生了质的改变，职业教育和培训是确保获得就业机会和更好地谋生以及适应新的环境变化的必然途径和选择。所以，有必要对农村富余劳动力进行技能与素质培训以融入、适应城镇生存与发展的需要。此外，伴随着农村转移劳动力在速度与规模上的不断扩大，农村现有人力资源与生产水平能否保证农业生产的平稳持续对农村农民及农业生产提出了严峻的挑战。因此，提升农村农民的农业生产技能与经营水平成为乡村振兴对农民的必然要求。

从现实生产角度来讲，农村职业教育在推动农村富余劳动力转移，为城镇建设培养合格的劳动力以及为农村当地经济的建设和发展培养新型的职业农民、管理者和经营者等方面都发挥着重要的作用。农村职业教育对于农村地区人力资源的开发，不仅能够改善其生活方式、行为方式，提高生活质量，而且能够在精神文化建设方面满足人们对于现代文明的追求。因此，农村职业教育在促进"三农"问题解决与发展，以及推动新型城镇化的整体建设进程中扮演着难以替代的角色。但是当前，我国农村职业教育的目标定位难以满足农村社会建设、农村人口发展的需求以及城镇发展的需求。

农村职业教育服务乡村振兴不仅是一项技术性强的系统工程，更涉及思维

理念、价值取向等观念层面，是一个价值理性优先于工具理性的过程。① 在新时代乡村振兴视域下，我国农村职业教育不论自身发展还是服务乡村全面振兴战略都面临着实践思维和发展理念的障碍。

一方面，从农村职业教育自身发展现状来看，教育目标的错位导致发展方向的错位。多数农村职业学校致力于为学生提供对口升学、发展非农专业，毕业生倾向于非农产业的就业选择。这与我国乡村振兴战略的实施目的背道而驰，农村职业教育为乡村建设与产业振兴提供智力支持和人才支撑的直接服务目标出现了定位模糊的问题。农村职业教育的发展定位呈现出"离农"的状态。农村职业教育的发展定位逐渐忽略了当地经济建设社会发展的需求，基本上转变成为城镇输送劳动力的"就业教育"。具体表现为：一是农业类职业院校数量减少。据各行业部门不完全统计，1998 年我国有各类中等农业职业学校 500 余所，而目前仅剩 237 所。二是农业专业招生数量持续减少。统计表明，中职农林类招生人数自 2010 年到 2014 年，分别为 110.4 万、85.4 万、72 万、46.7 万、39.5 万人，呈连续下降趋势，环比降幅为 22.6%、15.7%、35.1%、15.5%。② 三是目前我国农村职业学校专业设置呈现出严重的"离农、轻农"现象，盲目开设热门专业，而忽视了与当地经济发展和农业产业紧密相关的涉农专业。如《中等职业学校专业目录（2010 年修订）》中，共 355 个专业，其中涉农专业（农林牧渔类）仅有 34 个，占专业总数的 9.85%。

另一方面，从服务乡村振兴战略目标现状来看，我国农村职业教育面临着价值功能弱化和服务定位传统化的困境。首先，从价值功能弱化来看，农村职业教育相较于普通教育，在政策与经费等方面处于天平的低端，且教育本身就具有教育周期的长期性、教育效果的滞后性、教育价值的潜隐性以及教育影响的不确定性，导致在乡村振兴等阶段性发展政策下，地方政府容易忽视农村职业教育的社会价值，将更多的工作重心和资源保障投入短期凸显政绩的领域。其次，从服务定位传统化来分析，应明晰乡村振兴战略的直接实施目的是解决我国新时代社会主要矛盾中的关键痛点——农村与城镇之间发展不平衡不充分，因此着力解决"三农"问题，实现乡村全面振兴的最终目的是通过乡村的快速发展与全面振兴，从而实现城乡融合、发展均衡、乡村与城镇互促互进。但长期以来，我国将农村职业教育定位为"为农村"的职业教育，农村职业教育发

---

① 张旭刚. 农村职业教育服务乡村振兴：实践困境与治理路径 [J]. 职业技术教育，2018（10）：59-64.

② 车明朝. 寻找真问题 破解真难题——新型职业农民教育培养重大问题研究 取得丰硕成果 [J]. 中国职业技术教育，2017（13）：11-16.

展的任务是"立足农村、服务三农"。① 但随着新型城镇化进程的加快，城乡融合发展理念的深入，以及农村资源匮乏、产业结构落后、经济水平较低、现代化人才不足的现状，乡村建设面临着发展原动力不足的困境，因此以城镇化带动乡村发展也是乡村振兴的一种可行性发展路径，如果农村职业教育仍然坚持传统的服务目标定位，单一地为农服务，将面临战略布局视野狭隘、发展路径窄化以及前瞻性发展思维缺乏的境遇，在实践中，既无法真正有效提升农村人口的文明素质和职业能力，也无法满足城镇化进程中各类实用人才的需求，与乡村振兴视域下的城乡互促互进、融合式发展理念相悖。

因此，在中国城镇化进程中，乡村振兴战略的实施要基于大的时代发展背景，进而来定位农村职业教育的服务目标，首要解决的问题是如何提升农村人口的综合素质与技术技能，进而促进农村劳动力能够在城乡之间、工农业之间实现合理流动，加快城镇化进程。由此来看，应该对农村职业教育的定位重新调整，赋予农村职业教育发展新的内涵，使得农村职业教育在发展中既能够为城镇化服务，还能够为农业现代化服务。

农村职业教育的目标定位所带来的一系列困境、问题与乡村建设对于人才的需求之间的差距与滞后都已成为制约乡村振兴与建设进程的关键性因素。也就是说，现有的农村职业教育在目标定位上不能适应和满足社会经济发展的新要求，因此，有必要对乡村振兴视域下农村职业教育的目标定位进行重新审视与思考。②

二、乡村振兴视域下农村职业教育的应然目标定位

乡村振兴战略的推进为农村职业教育赋予了新的发展使命，即加速经济社会转型升级的同时也找到自身新的发展方向，即适应经济社会发展方式转变的需要。其中，职业教育发展的内在属性要求就是适应经济发展方式的转变，通过对经济发展方式调整的适应与满足，进而促进社会经济的发展是职业教育发展的外在功能的表现。③ 农村职业教育的发展也应该主动适应社会经济发展的需要，为产业结构的升级及发展培养大量的技术技能型人才，以及为新农村的

---

① 曹晔，汤生玲. 城镇化和工业化过程中的农村职业教育 [J]. 职业技术教育，2007 (1)：66-69.

② 王晓雪. 新型城镇化背景下农村职业教育目标定位及功能定向的个案研究 [D]. 西安：陕西师范大学，2017.

③ 林克松，石伟平. 改革语境下的职业教育研究——今年中国职业教育研究前沿与热点问题分析 [J]. 教育研究，2015 (5)：89-97.

建设发展、农业现代化的推进培养新型职业农民。如今,我国新型城镇化的建设以及乡村振兴战略的实施为职业教育的发展带来了新的契机,也为职业教育人才培养指明了新的方向。农村职业教育的目标定位究其根本也就是培养什么样的人才,如何培养人才和为"谁"培养人才的问题。在实施乡村振兴计划的大背景下,农村职业教育的目标定位既是农村职业教育发展的一个基本问题,也是实现农村职业教育健康、长远发展的重要影响因素。因此,合理、科学的教育目标与教育定位不仅是保障国家和农民的利益在最大程度上实现的重要影响因素,也是实现农村职业教育自身发展的关键因素。所以,在顺应我国城乡结构均衡发展、补齐乡村社会发展短板的时代要求下,全面构思并科学制定我国农村职业教育的目标定位就显得尤为重要。

(一)政策视角下农村职业教育目标定位的解读

农村职业教育的目标定位是指农村职业教育办学目的的指向性和集中性,是农村职业教育发展目标、培养目标与服务目标的综合表现。在乡村振兴视域下,农村职业教育的教育目标定位逐渐从原有的为"城镇提供人才"的目标定向过渡到为当地经济社会发展和城镇发展共同服务的目标定向上来。2005 年《国务院关于大力发展职业教育的决定》指出,促进农村劳动力的合理转移以及农村小康社会建设的发展,积极开展、实施对农村转移劳动力的职业培训工作,提高转移劳动力的技术技能水平和文化科学素质,保障转移劳动力在城镇的稳定就业与生活质量;另一方面,职业教育也要积极促进社会主义新农村建设、推进农业现代化、农村就地城镇化建设的进程与步伐。2011 年,教育部等九部门《关于加快发展面向农村的职业教育的意见》中明确地提出,农村职业教育的发展要以推动县域经济社会的发展为目标,积极服务于新农村社会经济的建设与发展。2014 年《中等职业学校新型职业农民培养方案试行》提出,中等职业教育的发展要以服务于社会主义新农村建设以及农业现代化发展为目标,全民提升务农农民的科学文化素质与现代化农业生产能力,构建以新型职业农民为主的现代化农业生产经营队伍以促进农业增效、农民增收、农村发展。2018 年《中共中央 国务院关于实施乡村振兴战略的意见》明确提出,要优先发展农村教育事业,加强职业教育,大规模开展职业技能培训,促进农村劳动力转移就业和农民增收。

从政策内容解读中,可以看出农村职业教育作为职业教育的重要构成内容,是提升受教育者科学文化素质与技术技能水平的主要途径,也是培养新型职业农民和促进农村富余劳动力有效转移的重要手段。农村职业教育的发展在政策制度上得到稳固的保障，也为乡村振兴视域下农村职业教育的目标定位提供了政策依据。如何在实际发展中，增强农村职业教育为"三农"服务的效果，真正成为确保农民利益的有效手段，这成为在乡村振兴建设进程中农村职业教育目标定位的出发点与落脚点。农村职业教育的发展离不开理论的指导，更离不开政策的推动、保障与指引。对国家相关政策内容进行解读所获取的信息可以为乡村振兴视域下我国农村职业教育的目标定位的确立提供可靠的政策信号和发展导向。

（二）乡村振兴视域下确立农村职业教育目标定位应厘清的问题

在实施乡村振兴战略的背景下，随着社会经济结构的转型，以及人口结构的调整，农村职业教育的定位已不同于传统时期，农村职业教育的定位必须首先考虑三个维度。

首先是农村职业教育的发生地域。2006 年，国家统计局制定并发布了《关于统计上划分城乡的规定》，其中指出我国的地域划分为城镇与乡村，乡村是城镇以外的其他区域。由此可知，"乡村"才是和"城镇"同一层级意义上相对的两个概念。另外，"乡村"和"农村"是两个不能通用的概念，乡村包括农村，以及农村以外的非建制镇的集镇。① 但随着我国新型城镇化建设的推进以及农村现代化的不断实现，城乡之间的差别将逐步缩小甚至消失，我国经济社会结构最终实现一元现代社会结构的转变，农村职业教育自身存在并非永恒，乡村职业教育与农村职业教育的区别也就失去了必要性。农村职业教育是对农村区域教育的界定，它应首先是一个地域意义上的概念。除却城镇以外地区所进行的职业教育都可以称之为农村职业教育，其所涵盖的区域一般包括农村、县城以及农村新社区。

其次是农村职业教育的服务群体。追求高学历、获取较高的社会地位，通过职业教育实现向城镇的转移不失为一种重要的选择。而通过接受职业教育提高农民的再就业能力和转移就业能力，同样能够达到促使农民拓展生存空间并自由选择立足发展地区的目标。在乡村振兴视域下，农村职业教育应根据农村劳动力所分化的类型，开展不同内容、不同阶段的职业教育。简单地说，农村职业教育既要为农业现代化发展培养"新型职业农民"，以适应对现代化知识和

---

① 马建富. 社会转型与中国农村职业教育发展道路的选择［M］. 北京：知识产权出版社，2014：11-12.

生产技能的掌握，① 同时也要为新型城镇化的发展培养"新市民"，不断满足城镇产业结构的调整以及新兴产业对劳动力的需求。② 此外，针对农村区域大量的留守人员，包括留守妇女、留守老人以及留守残疾人等群体应开展职业生计教育和精神文化教育。

最后是农村职业教育的服务产业。农村职业教育要能够为社会经济发展提供高效率的服务，就必须要与之保持良好的动态适应性。那么，农村职业教育的定位就必须要准确、科学、合理。在计划经济时代，农村职业教育在最初的发展中致力于为振兴农村地方经济服务，随着市场经济的发展，农村职业教育逐渐偏离原有价值目标与服务目标，呈现出城镇化的倾向，偏离农村社会经济发展现实的需要。但在乡村振兴视域下农村职业教育的服务产业必须充分注意其历史性、动态发展性和前瞻性，必须用动态发展的眼光来确定其服务产业。根据我国农村受教育人口的群体特征，农村富余劳动力的转移方向、速度、规模以及劳动力转移的稳定性等特点，农村职业教育的发展在服务第二、三产业的同时，也能兼顾第一产业的发展需求。农村职业教育的定位不仅要持续满足农业现代化、农业产业链不断扩张的需求，保持自身发展原有的城市服务理念，并需要不断拓展适合第二、三产业发展的观念与策略。

（三）乡村振兴视域下农村职业教育的目标定位

立足乡村振兴的时代背景下，我国农村职业教育的战略性目标定位可从宏观性目标定位、人本性目标定位、社会性目标定位三个方面进行定义。

1. 宏观性目标定位：立足农村、助力乡村振兴与城镇化发展

党的十九大报告在强调实施乡村振兴战略的同时，也强调了区域协调发展战略，提出以城市群为主体，构建大中小城市和小城镇协调发展的城镇发展格局。在强调坚持新发展理念时，明确提出要推动新型工业化、信息化、城镇化、农业现代化同步发展。由此可见，乡村振兴战略与新型城镇化发展战略的目标是一致的，只是发展主体和关注区域有区别而已。乡村振兴战略从根本上来讲，主要是要补齐我国社会现代化发展中的短板，既为城镇化解除后顾之忧，又形成城乡融合的发展机制。因此，乡村振兴战略对城镇化而言，其推动作用也是显而易见的。③ 在新型城镇化进程中，我们不能忽视这个大的时代背景，而空

① 陈建新. 从培养新型农民视角探讨农村职业教育的发展［J］. 职业时空，2012（1）：16-20.

② 范红. 基于新型城镇化的农村职业教育发展［J］. 教育与职业，2015（29）：8-12.

③ 李明奇. 乡村振兴战略与新型城镇化的关系［J］. 党政干部学刊，2018（09）：70-74.

谈农村职业教育的发展与建设，要乡村振兴视域下战略与新型城镇化建设内在逻辑上的自洽性，形成两者的耦合机制，达到农村职业教育服务于乡村振兴战略，也服务于新型城镇化建设的动态效果。

我们应该看到我国的新型城镇化，不仅包括现有城镇的进一步集约化、现代化，还包括农村城镇化、农业现代化以及新农村建设。另外，我们可以看到，在城市化（城镇化）水平高度发达的西方国家，其农村社会并没有被严重地"边缘化"，更没有消亡，甚至还出现了"逆城镇化潮流"。因此，现阶段人类社会发展的现实使我们有理由相信，即便将来我国进入城镇化的高级阶段，我国农村这一社会形态依然会存在，依然需要服务于农村社会发展的"农村职业教育"。① 因此，那种"离农""去农"的农村职业教育，并非农村职业教育的应有选择。中华人民共和国成立以来，我国农村职业教育的定位一直存在着"离农"和"为农"之争。其实，这种争论在新型城镇化进程与乡村振兴建设中，已经失去了前提和意义。因为，在我国城乡结构一体化发展中，一方面，农村职业教育既要为农村工业化、信息化、农业现代化培养技术技能型人才，把有志于农村社会经济建设的青年留在农村；另一方面，也要通过积极开展农村职业教育促进农村富余劳动力的有效转移，帮助农民工市民化。② 简言之，无论是促进农村富余劳动力顺利转移，还是培养扎根农村、服务农业生产的"新型职业农民"，在本质上说都是"为农"，都体现了面向农村、服务农村的职业教育精髓，都是新形势下农村职业教育两种并行不悖的定位选择。因此，在乡村振兴战略进程中，我们需要让农村职业教育的发展定位面向农村的社会经济建设、面向农村的现代化建设，也需要促进农村职业教育服务于非农领域的建设和发展。

乡村振兴的建设工作首先着重要解决的就是农村劳动的技能和素质问题，包括农村留守人员的生活技能和对农村社会建设的技能与素质，以及农村转移人员在城镇的生活、生存技能与城镇相匹配的素质文明等问题。在乡村振兴视域下，提高农村劳动力的技能与素质已经不同于传统的方式与途径。教育，尤其是农村职业教育应当发挥更大的作用。乡村振兴战略不断地对农村职业教育的发展困境提出诉求，农村职业教育应该进行调整，不断赋予其新的内涵，使农村职业教育既能服务于农村社会的全面振兴，又能适合新型城镇化的发展

---

① 张胜军，马建富. 城镇化进程中的农村职业教育三问 [J]. 教育发展研究，2016（11）：61-65.

② 张胜军. 大力发展农村职业教育成了伪命题？——与宋飞琼教授商榷 [J]. 职业技术教育，2016（15）：60-64.

要求。

　　农村职业教育是我国二元经济社会发展的教育产物，它是一个动态的概念。① 随着我国新型城镇化建设进程的推进和城乡一体化发展的加快，城镇居民的身份也将趋同。农民这个概念不再是代表一类群体身份的名词，而逐渐成为一种职业的代名词，同时培养未来新型农民和促进乡村振兴与城镇化发展的农村职业教育也将成为一个地理视角下的教育概念，而不再具有特定的政治和经济涵义。乡村振兴战略提出促进农村劳动力转移就业，深化户籍制度改革，促进有条件、有意愿、在城镇有稳定就业和住所的农业转移人口在城镇有序落户，依法平等享受城镇公共服务指导思想。可见，乡村振兴并非仅仅聚焦于推动农业的全面升级和农村的全面进步，还要致力于农民的全面发展和个性化发展。因此，要想发展农村职业教育必须打破思维限制，建立健全城乡职业教育统筹发展体系。② 新型城镇化建设和实施乡村振兴视域下，农村职业教育的合理性、科学性定位是当前农村职业教育走出困境，实现长远发展的关键性决策。农村职业教育的目标定位不仅要考虑自身已有的"本体性"定位（为农村服务），还要认识到新时期农村职业教育的"派生性"定位（为国家发展服务）。

　　（1）农村职业教育的"本体性"定位：服务"三农"

　　近年来，中央一号文件的连续出台表明了"三农"问题在国家社会经济建设中的基础性地位不断被认识，重新重视。城乡经济一体化格局的形成离不开农业现代化的发展以及新农村建设的持续推进。作为推进新型城镇化建设和乡村全面振兴战略的人力支撑的重要来源，农村职业教育的发展要以农村社会经济发展的现实性、阶段性和目的性为依据，积极促进农村人力资源的开发，建立适应县域经济发展需求的现代农村职业教育体系。③ 农村职业教育应当承担起农村地区人才需求的培养，满足农村社会经济发展对于有文化、懂技术、会经营的新型职业农民以及农村新型管理者、经营者的需求，推进社会主义新农村建设，不断缩小城乡之间的差距，实现城乡的统筹发展。

　　（2）农村职业教育的"派生性"定位：助力城镇化发展

　　从根本意义上讲，农村职业教育的定位在于为当地经济社会的发展服务。但在乡村振兴发展时期，农村职业教育的定位只有体现出时代性、发展性、前

---

① 马建富. 农村职业教育名称及内涵解析［J］. 教育与职业，2010（30）：10-11.

② 马建富. 社会转型与中国农村职业教育发展道路的选择［M］. 北京：知识产权出版社，2013：203.

③ 中华人民共和国教育部. 教育部等九部门关于加快发展面向农村的职业教育的意见［EB/OL］. 中华人民共和国教育部官网，2011-10-25.

瞻性才能够真正发挥其价值与功能。从严格意义上来说，农村职业教育服务"三农"、助力乡村振兴的本体性定位服务是新型城镇化建设中一个重要的组成部分。但在现实的发展过程中，农村职业教育的发展是在国家社会经济发展的大环境中进行的，其定位也必然与国家社会经济发展的大趋势相一致才能真正实现自身的前瞻性发展。教育部于2004年发布了《农村劳动力转移培训计划》，明确指出要实现农村劳动力向城镇与非农产业的有序、有效的转移，就应该积极利用农村各种职业教育资源提升劳动力本身的技术技能与文化素质，进而能够有效地促进城镇化和工业化的发展，推动小康社会的建设。① 农村转移劳动力在城镇转移就业创业的过程，也是促进城镇建设的过程。农村职业教育促进农村富余劳动力的转移，不仅是农村职业教育根本性定位的目标之一，也是服务于新型城镇化建设的必要举措。从这个层面的意义上来说，农村职业教育的定位与发展也应体现出时代性的要求，积极促进新型城镇化的建设。

因此，立足乡村振兴的时代坐标，我国农村职业教育在遵循教育本体育人目标和响应乡村振兴时代号召的同时，应该秉承可持续发展理念，避免农村职业教育成为服务国家发展的阶段性教育工具，在阶段性使命完成后造成发展停滞、缺乏动力的困境。因此，基于国家长期的发展目标和发展使命，我国农村职业教育的原则性目标定位应是：立足农村、助力乡村振兴与城镇化发展。

2. 人本性目标定位：服务农民、全面提升农民的素质和生活质量

（1）开发农村人力资源，促进人力资源资本化

经济通常是被看作体现职业教育功能的主要领域，更是农村职业教育生存的基础与发展的主要价值体现。自从大工业生产对于工人实施"标准化作业"培训后，职业教育一直被企业视为提升劳动生产率的一项重要手段。对相关职业技能的掌握成为个体获得预期薪资与职位的关键性因素，否则就只能从事无技术含量或者技术含量极低，薪资待遇极少的工作。这就是职业教育对企业、对个体并存的经济功能，没有这项功能作为基础，职业教育，对于受教育群体而言，尤其是农村职业教育发展的价值与功能就大打折扣。② 然而同时，在传统城乡二元经济社会，农村劳动力被限制在土地上，以一种低效、浪费的形式存在。随着市场经济的发展，我国经济增长的动力主要在于"市场"的自由竞争，而不在于人力资源的开发。从总体上看，目前我国的生产模式对工人的技

---

① 中华人民共和国教育部. 教育部关于印发农村劳动力转移培训计划的通知 [EB/OL]. 中华人民共和国教育部官网，2011-03-24.

② 马建富. 社会转型与中国农村职业教育发展道路的选择 [M]. 北京：知识产权出版社，2014：72.

能要求并不高，工人的多技能尚未真正成为企业的需求①，农村富余转移劳动力在城镇更多从事技术含量较低的工作种类。农村劳动力资源由于未被"开发"或"开发"不到位，因而很难具有较高的社会价值，相当数量的劳动者则会一直从事原始的、简单型劳动，成为社会的"弱势群体"。最根本的原因则在于这些劳动者缺乏适应社会经济发展需求的技术技能，进而无法满足自身的生存与发展。

在乡村振兴战略实施背景下，农业现代化的深入推进和新农村的建设、农村的全面深化改革、农民适应生产力发展和市场竞争能力的不足，新型职业农民队伍建设亟须加强等，对农村劳动力资源的有效利用提出了时代性与发展性的要求。对农村人力资源进行投资，实现农村人力资源资本化可以通过正规学校、职业培训等多种途径。而在现实的发展条件下，农村职业教育是实现农村人力资源向人力资本转化的最主要、最现实的途径与方式。通过正规的职业学校教育和职业培训，能够提高农村人力资源开发的系统性、全面性与有效性，切合社会经济的发展与建设对于各类型人才在培养规格、培养质量与规模等方面的需求。② 教育的根本目的就是将受教育者培养成社会所需要的人，也就是通过教育，提高人的知识和技能，发展人的智力和体力，影响人的思想和品德，促进人的全面发展，这是教育的本质价值追求。农村职业教育的根本目的与价值追求也就是造就人、发展人，促使受教育者个性得以发展、人生价值得以体现。所以，农村职业教育也担负着为人的发展服务的职责与功能。简单地说就是，农村职业教育应该为农村劳动者的个性的发展以及生活的改善提供教育支撑。因此，发挥农村职业教育的本体价值是我们确立农村职业教育目标定位的首要前提。③

在这种情形下，农村职业教育本身必须革新理念，致力于促进农村劳动力资源的资本化。也就是说，职业教育将人力转化为一种资本，这种人力资本能够有助于改善自身的技术技能的结构，提高劳动生产率，以及实现在不同职业环境中的迁移。④ "内生经济增长理论"认为，对个人知识的投资，所带来的技术技能的提高，人力资本存量的增加对经济的增长速度具有直接的拉动作用，

---

① 徐国庆. 职业教育原理 [M]. 上海：上海教育出版社，2007：121.

② 马建富. 舒尔茨反贫理论与农村职业教育反贫策略的选择 [J]. 河北师范大学学报（教育科学版），2006（4）：109-113.

③ 马建富. 社会转型与中国农村职业教育发展道路的选择 [M]. 北京：知识产权出版社，2014：59-60.

④ 舒尔茨. 论人力资本投资 [M]. 北京：北京经济学院出版社，1990：48.

是经济增长的内生变量。① 值得指出的是，农村职业教育是提高农民职业能力，促进农民跳出贫困的最有利、有效的手段。这一理论对农村职业教育的发展带来了重要的启示，即加大对人力资本的投资是推动新农村建设以及城镇化进程的巨大力量。诺贝尔经济学奖获得者阿玛蒂亚·森在《贫困与饥荒》中指出，贫困不仅包括物质资料的缺乏，知识的贫困也是贫困的一种构成类型。它不仅是指教育资料的缺乏、水平的低下，更为重要的是指对于获取知识、交流的能力缺乏，以及途径或者手段的匮乏。② 农村职业教育正是提升农民知识能力和职业能力的最佳途径。

（2）培育新型职业农民，改善农民与农业的关系

自古以来，农村甚至农民就被作为一种贫穷的代名词，这不仅反映出以拥有生产资料为衡量标准的社会地位，更表明了其对于改善环境、开发资源、进行创造的一种知识能力与技术能力的缺乏。③ 诚如美国人力资本理论方面著名学者舒尔茨在《论人力资本投资》一书中所说："土地与人口本身并不是导致贫穷的主要与绝对性因素，而人的能力和素质水平的高低才是决定贫富的关键。"④ 我国农村地区自古以来以传统的小农生产经营方式为主，农业的生产与发展也只限于谋求温饱的追求，并没有高度的专业化分工与专门的生产知识的需要，也就不需要进行专门的教育培训。于是，传统农业的发展特点在一定程度上限制了农村劳动力素质提高的需求。反之，较低层次的劳动力素质结构又制约着传统农业向现代农业的转变速度与质量。

近年来，随着我国工业化、城镇化的加速，呈现出农村青壮年劳动力向城镇非农产业转移的潮流，农村出现村庄空心化、务农老龄化、农业兼业化、农村衰落化等诸多现象。⑤ 农业发展过程中农业劳动者技能失传、文明程度及素质低下、数量锐减、构架失调等问题越发严重。忽略农村经济水平对于高技术设备的拥有能力的限制，农村农业生产劳动者的结构现状与素质构成水平导致对于高效率农业设备的利用效率极其有限，农业科技成果的转化也呈现出举步

---

① 景琴玲. 我国农业职业教育发展模式研究 [D]. 咸阳：西北农林科技大学，2012：27.
② 姚远峰. 我国农村成人教育目标定位探析 [J]. 当代教育论坛，2004（11）：18-20.
③ 马建富，宦平. 职业教育开发农村人力资源的经济功能 [J]. 职教论坛，2004（9）：10-12.
④ 舒尔茨. 论人力资本投资 [M]. 北京：北京经济学院出版社，1990：44.
⑤ 盛子强. 新型职业农民培养的现实需求与发展思路 [J]. 中国职业技术教育，2014（20）：81-85.

维艰的局面。① 当前农村农业发展过程中不仅呈现出劳动力缺失的局面，且低水平劳动力限制了农业技术的转换与应用的速度与规模，更导致对原有的农业技术的低层次滥用，从而对农业生态环境带来了严峻的威胁。

农村职业教育在推动农村富余劳动力的转移和促使城镇转移就业的同时，也促使了农村劳动者把先进的城镇文化、生存和发展理念以及就业、创业的观念与观点等传播到农村。特别是在外接受了新理念、掌握娴熟的技术并有一定资本的农村劳动者返回农村进行创业，促进了当地新农村的建设。因此，农村职业教育促进农村富余劳动力的转移，并非农村职业教育功能效益的外溢，只不过这种效益的显现具有一定的时滞性而已。此外，农村富余劳动力的转移，扩大了其他农村生产者对于农村各种资源的占有量，使得现代化、规模化的农业生产成为可能。农村职业教育的发展，不断促进科学技术在农业生产领域的转换与应用，提高单位面积的产量和附加值，提高农村劳动生产者的科技水平，改善其文化素质水平，是发展现代农业的必由之路。

培养适应农业现代化发展需求的新型职业农民。在知识经济时代，一个人能力与素质的培养与获得更多是通过教育的手段来实现，主要是通过接受专业教育，尤其是受过职业教育（培训）的劳动者不断成为农村地区发家致富的领导先驱。2014 年《中等职业学校新型职业农民培养方案试行》提出为培养适应农业现代化发展需求以及新农村建设要求的新型职业农民，有必要对从事于农业生产、经营、服务和致力于农业社会发展的劳动者进行教育与培养。② 所以，农村职业教育，绝不是单纯地提高农村劳动力的文化程度与教育水平，更主要是通过成熟先进的农业技术的传授，促使农民在保护资源的价值理念下，合理有效地开发、利用自然资源，促使农村的建设与发展、农民的生产与生活更加的生态化。这种新型理念的更新与建立，必须依靠农村劳动者"能力与素质"的提高，必须通过农村职业教育的普及将传统意义上的农民变为时代发展必不可少的新型化职业农民。③

---

① 张桃林. 培育新型职业农民将伴随农业现代化发展全过程［J］. 农民科技培训, 2012 (5)：4-5.

② 中华人民共和国教育部. 中等职业学校新型职业农民培养方案试行［EB/OL］. 中华人民共和国教育部官网, 2014-03-21.

③ 马建富. 社会转型与中国农村职业教育发展道路的选择［M］. 北京：知识产权出版社, 2014：78.

（3）转移农村富余劳动力，推进农民市民化进程

通过受教育提升自身的知识与技能优势，实现向城镇的顺利转移，对于农村地区人口而言也是一种发展路径。长期以来，广大农村地区人口一直对于高等教育保持着充足的热情与需求，主要原因在于普通高等教育被农村子女看作改变自身现状、实现阶级流动的主要途径，而且还是"最体面""最公平"的方式。① 现阶段，通过农村职业教育实现由农村向城镇的转移，也能够改善农村人口的生存状态，实现其在城镇立足的愿望与目标追求。所以，农村职业教育必须反映并尊重农村民众的意愿，在确定农村职业教育定位时，充分关注农村劳动人口对于通过职业教育实现流动的需要，实现农村劳动者对于改变自身处境与社会地位的心理愿望，这也是我国乡村振兴建设进程中健全城乡之间要素合理流动机制在客观上的实际需求。

法国社会学家孟德拉斯在《农民的终结》中提到，进入工业文明时，农民将逐渐消失，消失的农民向城镇转移变为市民，进入第二、三产业。② 2006 年《国务院关于解决农民工问题的若干意见》提出在工业化、城镇化建设和农村劳动力转移的共同需求下，各地应大力开展农民工职业技能的培训，提高农民工外出就业的各种能力。③ 同时，《中华人民共和国国民经济和社会发展第十三个五年规划纲要》指出，对于符合条件的农村转移人口在大城镇的转移落户问题以及对于相应权利与义务的拥有，这就需要不断强化地方政府对于推动劳动力合理化、效率化转移，促进市民化进城等工作的主体责任。④ 这充分说明，通过教育实现劳动人口的流动是以推进社会公平、和谐建设的重要途径，也是乡村振兴战略实施的精神体现。利用职业教育改变农村转移劳动力的思想观念、生活方式和行为方式，促进农村转移劳动力的市民化进程，已经得到社会和政府的公认，变成了政府的决策与行为。

（4）构建和谐农村社会，促进农村物质精神文明发展

由城乡经济结构差异所带来的发展差距，是乡村振兴所面临的重大障碍与挑战。我国在扶贫的进程中通过采取资金扶贫、政策扶贫以及一系列的政策保

---

① 王一涛. 农村教育定位：实践与反思 [J]. 教育科学, 2006 (01)：19-22.

② 唐献玲. 农业产业转型升级中新型职业农民培育的思考 [J]. 农业经济, 2016 (1)：54-56.

③ 国务院关于解决农民工问题的若干意见 [EB/OL]. 中华人民共和国中央人民政府官网, 2015-06-13.

④ 中华人民共和国国民经济和社会发展第十三个五年规划纲要 [EB/OL]. 新华网, 2016-03-17.

障来推动农村经济社会建设发展，但并未取得预期结果。究其深层原因则在于农村劳动者素质较低，人力资源开发欠缺，并不能成功有效地实现对资源的充分利用与开发。通过农村职业教育，一方面提高农民的科学文化水平以及生产、经营、管理技能，使他们能够积极参与农村社会的物质文明、精神文明、政治文明以及生态文明的建设进程；另一方面，通过提高农村劳动力群体的科学文化水平与技术技能，扩大其职业流动的可能，提高其享受现代文明成果的能力；再一方面，通过农村职业教育促进农村劳动力对职业资格的获得，增强其获得就业创业的机会与优势。因此，农村职业教育是推动新农村经济建设与发展，促进社会和谐的必要前提。①

农村职业教育在传授技能的同时也将必要的素质与规范传授给受教育对象，为社会的稳定发展和政治制度的公共维护产生积极有效的作用。从职业教育发展历史来看，职业教育在保障教育公平，维系社会公正等方面具有救济的性质，职业教育在客观上有助于保障弱势群体的权益，使社会更加安定有序。从世界职业教育发展趋势来看，职业教育越来越成为一个国家经济发展、社会进步的重要手段，根本原因在于职业教育能够直接、及时提高国民的科学文化素质和技术技能水平，满足社会经济发展对于各种技术技能型人才的需求。从教育的社会属性来看，职业教育的目的与构建和谐社会的目的相吻合，二者都是为了全面地促进社会与个人的和谐发展与进步。从社会发展现实角度来讲，职业教育的发展与和谐社会的构建都是社会经济建设发展的需求。通过对职业教育的发展目的与社会经济的发展需求的共同考量，可以得出职业教育是推动乡村全面振兴，解决"三农"问题，构建和谐社会的重要手段与可靠途径。②

要实现农村社会的和谐，加强对农村人口的精神文明建设，通过对农村人口的思想政治、文化科学素质、思维方式等方面的影响，提高农村人口的精神文明生活质量与水平。另外，通过对农村富余劳动力进行职业技能教育与培训，不仅能够有效促进其转移，还可以提高其社会意识与素质文明，对于推动城镇的和谐与建设发挥着重要的价值。

3. 社会性目标定位：服务社会、为国家全局发展改革提供重要支撑

（1）促进社会公平

在社会学中，农民会因为社会结构和社会分层从而做出流动的选择，受教

---

① 马建富. 社会转型与中国农村职业教育发展道路的选择［M］. 北京：知识产权出版社，2014：61-62.

② 陈伟国. 职业教育在构建和谐社会中大有可为［J］. 职业教育研究，2006（11）：11-12.

育水平与采取流动行为有着正相关的关系。据统计，受教育程度越高越倾向于向城镇流动，而这也影响他们选择接受更高级教育的偏好。同时，当大量劳动力流动到城镇后，他们所产生的教育需求可能对城镇原有的教育承载量造成巨大的冲击。城镇为了保持供需平衡，可能会用一些政策方式降低这些教育需求，这其实就是对教育公平的一种影响。妨碍教育公平的另一种方式，体现在城乡教育的差异上，农村教育水平与城镇教育水平间有巨大差异。在这种情况下农村职业教育其实是在为受教育者提供一个向上流动的可能性，并尝试在城乡职业教育水平间找到平衡点。另外，对农村职业教育增加资金的扶持也是为了保障我国教育供求平衡的一项重要举措，同时也维护了我国的教育公平。

社会公平和职业教育之间的关系在于，首先职业教育需要在社会条件下有一个公平的发展环境，在教育资源分配，政策制度上都应该与普通教育同等对待。其次，职业教育要符合社会发展的需求，要以更宽广的视角看待问题，在设计培养方案时，要考虑学生的职业生涯发展和社会结构变迁等问题。同时，职业教育还应该为学生提供与接受普通教育的学生同等的教育机会和向上流动的机会。让他们可以通过接受职业教育改变家庭的生活状态，促进社会和谐发展。① 乡村振兴视域下，对农村职业教育的重新定义和战略地位的把控，是农村职业教育提质升级的关键节点，也是我国农村职业教育特殊属性与独特定位的凸显，通过对农村职业教育在政策、制度、经费、人力等方面的大力投入与发展关注，可促进教育公平，进而推动社会公平向前迈进。

（2）促进农业产业化与现代化

2007 年的中央提出"社会主义新农村建设要将发展现代农业放在首位，实现以科学发展观统领农村工作，必然要进行农业现代化"。② 我国处于由传统农业转型为现代农业的关键时期，我国农业和农村正面临翻天覆地的变化。农业是工业发展的基础，现代农业也需要与现代工业相互依存，现代农业即为现代工业提供基础保障，现代工业同时也对农业实行反哺，科技的进步和现代工业体系的建立是我国发展现代农业的两大助力。发展现代农业的总思路和目标是："用现代物质条件装备农业，用现代科学技术改造农业，用培养新型农民发展农业，提高农业水利化、机械化和信息化水平，提高土地生产率、资源利用率和

---

① 吕然. 城镇化背景下的农村职业教育的新使命［D］. 西安：陕西师范大学，2014.

② 中共中央 国务院关于积极发展现代农业扎实推进社会主义新农村建设的若干意见［N］. 人民日报，2007-01-30（10）.

劳动生产率，提高农业素质、效益与竞争力。"① 科技进步是现代农业发展的决定性因素之一，科技要创新，成果要推广应用，要将投入农业中的科技发挥出最大的效用，推广集约的、清洁的、安全的和可持续发展的生产方式。要大力普及现代农业技术，要让家家户户享受农业科技成果。完善农业科技的推广体系，提高技术人员素质，使他们成为连接上级科研机构和下级企业、组织和农户的桥梁。加快发展农业机械化，完善市场体系和交通设施，形成一个完整而流畅的促进现代农业发展的市场。

乡村振兴中的城乡统筹是一个最为关键的问题，农业现代化需要与城镇工业化齐头并进，才能使乡村建设发展进程和谐稳定。农业的现代化可以促进农村向农业特色城镇发展，使农村向中小城镇形态过渡，最后实现城乡地区的统筹发展。现代农业科学技术的掌握、大型现代农业机械装备的操控、农业生产效率的提升和规模的有序扩张需要有现代化视野、现代化技术的新型职业农民。因此，农村职业教育为农业发展提供了强有力的人才支撑，为农业的产业化与现代化发展提供了潜在的推动力。

（3）加快城乡融合发展

城乡融合是指相对发达的城市和相对落后的农村，打破相互分割的壁垒，逐步实现生产要素的合理流动和优化组合，促使生产力在城市和乡村之间合理分布，城乡经济和社会生活紧密结合与协调发展，逐步缩小直至消灭城乡之间的基本差别，从而使城市和乡村融为一体。"乡村振兴战略"关注人们日益增长的美好生活需要，推动"城乡一体化"发展成为更高阶段的"城乡融合"，将农村一、二、三产业整体融合起来进行发展，形成一个立体化的产业发展模式，对于形成"产业兴旺"的现代化农村具有非常重要的推动作用。② 建立健全城乡融合发展体制机制和政策体系是乡村振兴战略的实施目的之一。乡村振兴视域下我国农村朝着更加合理健康的方向发展，对于推动城镇化和城乡融合发展具有强大动力。

城乡融合是一种深度融合式发展理念，是涵盖了农村与城市在社会经济层面、文化观念层面、服务保障层面等多方位的融合。首先，社会经济层面的融合需要农村职业教育为农村人口提供定期的优质职业培训和高质量学校职业教育服务，来提升农村劳动力的创新创业能力、转移就业能力以及农业生产的经

---

① 中共中央 国务院关于积极发展现代农业扎实推进社会主义新农村建设的若干意见 [N]. 人民日报，2007-01-30（10）.

② 李明奇. 乡村振兴战略与新型城镇化的关系 [J]. 党政干部学刊，2018（09）：70-74.

营管理技术技能等，促进农民的职业收入稳步增长，逐步实现农业产业现代化、机械化、规模化发展，不断缩小与城市经济发展水平的差距。其次，文化观念层面的融合需要农村职业教育加强农村地区人口的个人基本素养与职业道德素养等全方位的素养培育，加强农村人口的绿色观念、创新观念、法律观念、职业观念、现代化观念等观念的形成，缩小与城市人口在观念和意识等方面的差距，培育一批又一批具备现代化发展理念和超强社会适应能力的新型职业农民。最后，服务保障层面的融合要求包括教育服务体系、医疗服务体系等在内的公共服务体系与城市公共服务体系的融合与一致发展。农村职业教育的提质升级和战略性发展定位在完善与提升农村教育服务体系方面具有重要意义，在加强农村人口受教育意识方面发挥重要作用。因此，农村职业教育基于其特殊的教育属性和教育服务功能，通过人口素养的提升和技术技能的培育，在促进城乡多方位融合发展方面发挥着不可小觑的作用。

三、乡村振兴视域下农村职业教育目标实现的制度保障

《中共中央 国务院关于实施乡村振兴战略的意见》（2018 年 1 月）、《乡村振兴战略规划（2018—2022 年）》（2018 年 9 月）中要求把农村教育事业摆在优先位置。农村职业教育贴近农民，扎根农村，对农村教育事业发展有重大影响。国家对农村和农村职业教育高度的关注对农村职业教育来说，既是一种挑战也是一种机遇。乡村振兴视域下，我们需要认真审视农村职业教育制度，明确其存在哪些问题，摆脱农村职业教育制度的困境，发挥农村职业教育制度的切实保障作用，从而使农村职业教育能够得到良性可持续发展。

（一）农村职业教育制度及其价值意蕴

1. 农村职业教育制度的内涵及内容

有关"制度"一词，学者们对其有过各种不同的定义。制度在早期被美国经济学家定义为"大多数人共同的既定的思想习惯"。① 道格拉斯·诺斯将制度分为三种类型：正式规则、非正式规则和这些规则的执行机制。正式规则又称正式制度，是指国家或统治者等按照一定的目的和程序有意识创造的一系列的政治、经济规则等法律法规；非正式规则主要包括价值信念、伦理规范、道德观念、风俗习惯及意识形态等因素；实施机制是为了确保上述规则得以执行的

---

① 祁永忠. 制度略论［J］. 生产力研究，2013（06）：8-12.

相关制度安排。① 而"农村职业教育是一种具有地域性的活动，特指举办地点在县级以下农村的各种职业培训与职业教育活动，目的是培养与农村经济社会发展相匹配的各种技术技能型职业人才。"② 基于此，所谓农村职业教育制度是指参与到农村职业教育中的各个成员都需要共同遵守的法律规范、法律准则、规则程序等的统称，并且是以保证职业教育系统中各个主体（包括个人与组织）依照规范的体系进行运行为目的的。

当然，职业教育制度有着不同的分类。有学者从制度哲学的角度出发，职业教育制度被划分成"职业教育基本制度与职业教育从属制度。"③ 依据制度经济学的理论，职业教育制度有"内在职业教育制度与外在职业教育制度"两个类别。④ 有学者依据利益相关者理论提出"职业教育制度涵盖了正式制度、非正式制度和制度实施机制。"⑤ 以上分类虽各自有其依据，却忽视了制度之间的连续性与整体性，割裂了制度之间的内在联系。

"制度关联理论认为，同一系统的制度领域内，不同制度之间相互关联，互为补充，发挥整体作用，广泛协调系统内各个要素。"⑥ 每种制度的产生、发展与变迁，通常都与其他的制度有着紧密的联系。制度之间构成一个紧密的，相互影响的系统。制度关联要求制度之间相互配合，从而保证系统的良性协同运行。因此，在农村职业教育制度领域内，也存在着紧密联系的制度系统，如农村职业教育法律制度、职业资格证书和职业培训制度、奖助制度和奖励政策、农村职业教育管理制度、农村职业教育监督和评价制度等，这些制度分别在系统中承担着规范、支持、激励、协调、监督的作用，且各个制度之间相互关联，共同维护农村职业教育制度的运行，使系统整体运转协调。从全局性的角度来看，农村职业教育制度主要涵盖了农村职业教育规范制度、农村职业教育支持制度、农村职业教育激励制度、农村职业教育协调制度、农村职业教育监督制

① 李晓红. 中小学导师制与班主任制的对比分析——基于道格拉斯·诺斯新制度主义理论 [J]. 世界教育信息，2017，30（21）：53-57.

② 梁宁森. 乡村振兴战略背景下农村职业教育的困境、机遇与优化路径 [J]. 高等工程教育研究，2020（04）：157-162.

③ 董仁忠. 职业教育制度论纲 [J]. 河北师范大学学报（教育科学版），2008（03）：115-120.

④ 董仁忠. 职业教育制度的结构和功能探微 [J]. 教育与职业，2007（09）：19-21.

⑤ 李懋，林仕彬. 职业教育利益相关者研究评述 [J]. 中国职业技术教育，2015（09）：26-31.

⑥ 贾建国. 我国农村职业教育发展的制度变革与创新 [J]. 中国农村教育，2010（04）：47-50.

度等五个方面。

农村职业教育规范制度是指维护农村职业教育依照法定方式运行的制度。具体而言，就是系统主体在开展制度活动时，必须遵行的规则。农村职业教育规范制度的内容包括两个层面。宏观上的农村职业教育规范制度是各级行政管理机构针对农村职业教育的方向引导和规范的法律法规。微观上的农村职业教育制度是各级各类的农村职业教育学校根据有关部门的要求，结合自身的情况，制订的学校自身的办学规范和方向引导。农村职业教育规范制度在系统中主要承担着引导的功能，保障了农村职业教育运行不会发生偏离。

农村职业教育支持制度是指推动农村职业教育制度专业化运行的制度，专业化的运行是以一定的资源投入作为基础的，当资源投入小于或等于结果产出时，制度能够发挥推动作用。农村职业教育的支持制度实施主体主要是行政管理部门，包括对农村职业教育的投入、职业资格制度、新型职业农民培育制度等方面。支持制度主要在系统中提供动力，发挥一般性、整体性的促进作用，农村职业教育支持制度使得农村职业教育资源得以有效利用，通过维护资源与环境的适配，优化配置，保证农村职业教育高质量发展。

农村职业教育激励制度是指确保农村职业教育运行效率的制度。依据美国心理学家斯金纳提出的强化理论，激励的实质可以看作是一种"正强化"。"正强化"是指当系统主体的行为产生对自身有利的结果时，则会重复这一行为，促进目标的实现。农村职业教育激励制度的主要途径包括税收、奖励等方式。激励制度的主体较为多元化，除了政府与地方行政管理机构，企业、个人等社会力量也是激励制度的重要组成部分。激励制度在系统中不是普遍性的动力作用者，而是通过采取各种手段调动激发部门的主动性和积极性，实现农村职业教育繁荣发展的目标。

农村职业教育协调制度是指保证农村职业教育组织化运行的制度。依据管理学理论，"组织通常具有鲜明的目标导向与严谨的结构，是各个要素有意识协调的活动系统。"① 农村职业教育各要素的组织化动态运行，是凭借协调制度加以调控的。协调制度强调的是系统内部各个主体之间的配合，协同产生作用，推进系统的运转。农村职业教育制度的协调制度主要指的是农村职业教育的管理体制，参与农村职业教育的各个主体集中力量，相互合作，各司其职，共同发展。

---

① 理查德·L. 达夫特. 组织理论与设计 [M]. 王凤彬，石云鸣，张秀萍，等译. 北京：清华大学出版社，2002：10.

农村职业教育监督制度是指纠正农村职业教育运行偏差的制度。农村职业教育存在多方的利益相关者，它们为了不同的利益追求会产生矛盾与冲突，这时监察和督促的行为能够防止系统偏离正确的发展方向。监督制度贯穿整个系统当中，它对农村职业教育规范制度、农村职业教育支持制度、农村职业教育激励制度、农村职业教育协调制度的全过程进行评价和监督，能够体现其余制度在系统中的落实情况，能够适时地反馈，进行相应的调整，维持系统的良性运转。农村职业教育监督制度的内涵广泛，不仅仅是政府部门监督、自我监督、群众监督等多主体的监督制度，还包括农村职业教育的评估体系。

2. 农村职业教育制度的价值意蕴

首先，农村职业教育制度是农村职业教育良性运行的基础。由于制度是在特定的历史条件在社会系统中产生的，良性运行和协调发展都是在特定的时间过程和空间条件中展开的。良性运行是一个多因素综合作用的结果，制度在事物发展过程中主要承担了发展路径的控制和合理导向的指引。农村职业教育制度使得农村职业教育的运行机制逐步从无序转向有序。恰当的制度保障了农村职业教育的良性发展。通过农村职业教育领域内的各个制度发挥其应有的作用，能够维护农村职业教育运行的连续性与稳定性。

其次，农村职业教育制度满足农村职业教育功能发挥的需要。"依据历史唯物主义理论，制度的出现是为了满足人们的某种需要。"① 农村职业教育具有促进农村人口发展的人本性功能以及促进乡村社会发展的社会性功能。人本性功能指的是农村职业教育满足个人发展的需要，发掘人的潜能与价值；社会性功能指的是农村职业教育满足社会发展的需要，促进农业经济产业化。农村职业教育功能的发挥需要农村职业教育制度发挥其应有的作用。

最后，农村职业教育制度是农村职业教育现代化发展的保障。"在社会与教育双重转型驱动下，农村社会的现代化必须在结构体系上形成农村教育尤其是农村职业教育现代化的同步跟进与融合共生。"② 农村职业教育的现代化是以人为主体的积极发展为根本目标，促进农村人口思想观念、社会物质条件和农村管理水平等方面顺应时代变革创新的发展进程。实现农村职业教育的现代化关键是要转变传统的"轻农"思想，培育符合农业农村现代化水平的技术技能人才。农村职业教育制度为现代化人才的培育提供了保障，从制度层面保障当地

---

① 张林. 论思想政治教育制度功能的异化表现及其应对 [J]. 海南师范大学学报（社会科学版），2015（10）：135-140.

② 朱成晨，闫广芬. 农村职业教育跨界发展的思维范式：系统性思维 [J]. 贵州社会科学，2020（06）：101-107.

人才的培育工作，使人才真正扎根于农村，切实服务于广大的农村地区，从根本上转变"跳农门"的思想观念，为农村职业教育现代化发展服务。

（二）乡村振兴视域下农村职业教育制度的有效供给

乡村振兴战略对农村职业教育的发展提出了新要求，农村职业教育的健康发展离不开完善的法律法规规范制度、健全的职业培训与资格证书支持制度、充分的奖助与奖励激励制度、科学的教育管理协调制度等农村职业教育制度体系的供给。因此要制定合理的农村职业教育制度体系完善策略，为乡村振兴目标的实现提供农村职业教育制度的实践指南。

1. 完善农村职业教育法律法规

完善农村职业教育的宏观规范制度最重要的是提高农村职业教育的法律地位。《中华人民共和国职业教育法》的实行，标志着职业教育法治框架的初步形成，但该法对于广大农村地区的职业教育发展缺乏针对性指导，因此，在内容上，农村职业教育需要单独立法来保障其指导作用。除了为农村职业教育制定专门法，在《中华人民共和国职业教育法》的后续修订过程中，应当高度重视农村职业教育，重视其对农村职业教育的规范作用。在执法环节上，对于法律法规的制定要提高其在执行过程中的可操作性，注意法律法规实施的细则，防止出现过于空泛而难以执行的情况。此外，还要明确执行过程的实施主体，对于主体违法行为要承担的后果进行具体清晰的界定，落实"违法必究"的指导方针，提升农村职业教育法律法规的执行力。

对于农村职业教育的微观规范制度的完善，最重要的是联系当前农乡村振兴战略的时代背景，把控其科学合理的定位。"农村职业教育要促进人的全面发展，致力于为农民的终身发展服务。"① 农村职业学校是由县级或县级以下的行政单位组织开办的，是农村职业教育微观层面的构成主体。在办学定位方面，根据乡村振兴战略的要求，农村职业学校要将培育新型农民作为自己的主要定位，促进校内涉农专业学生向新型职业农民转变，以创新思维谋求农村职业学校办学发展的新空间，为农村经济建设服务；在办学模式方面，农村职业学校要积极调整自身的办学结构，打破传统办学模式的桎梏。除了传统的政府办学模式，还要引入企业、行业、社会组织等多元主体参与办学；在办学形式方面，创新农村职业学校的办学形式，将长期培训与中短期职业培训相融合，满足当地农民不同程度的职业教育需求，加强与企业之间的合作，为新农村建设培养具有职业素养的新型职业农民。

---

① 马建富. 新农村建设视野下的农村职业教育定位 [J]. 教育与职业. 2009 (29)：5-8.

2. 健全农村职业教育职业培训与资格证书制度

首先，在农村职业教育投入方面，教育投入是农村职业教育支持制度的"动力源"。"职业教育通过对多种要素的投入，切实提升农村劳动力的职业能力和职业素养。"① 其中资金投入是支持作用最为突出的要素，为了保障对农村职业教育的支持，政府需要加大财政经费投入作为支撑，尤其是对于西部欠发达地区，政府要积极承担支持农村职业教育发展的责任，设置专项经费；同时，从现实状况上看，选择农村职业教育的许多家庭收入不高，无法承担过高的教育费用，因此，地方政府的财政支持是支撑农村地区劳动力接受职业教育的主要经费来源。乡村振兴战略要求针对教育基础薄弱的县域要推进职业教育，在中等教育方面，推广分类免除学杂费的政策，通过补充资金投入支持农村职业教育的发展。

其次，在职业培训制度方面，要"建立健全以县域职业教育中心为龙头、以乡镇社区教育中心和村民学校为节点，县、乡、村三级联动发展的农村职业教育培训网络"②。职业农民培训并非以转移农村劳动力为目的，而是要以提升农村劳动力的职业素养为目标，为农村的发展培育人才。因此，政府要鼓励企业提供与产业发展相适应的实训设备与实训场所为农村职业教育培训服务，帮助企业降低技术人才的培训成本，促进产学结合，提高劳动力素质。

最后，职业资格证书制度是农村职业教育强有力的支柱，针对当今社会对于学历教育的认可度远大于职业资格证书的现状，要采取一定的措施提升职业资格证书的含金量。针对职业资格证书制度与职业培训制度脱节的现象，要使职业资格证书制度成为职业培训和学校教育的导向与指引，加强职业资格考核与认定过程的规范，保证学校职业教育培训能够与职业资格认证衔接。对于地方的职业技能鉴定机构要拓宽自己的工作范围，加大辐射力度，将自己的服务对象定位为乡镇企业，助力乡镇经济发展。

3. 优化农村职业教育奖助与奖励制度

通过制度创新与政策激励等措施来调动各个主体参与组织农村职业教育活动的积极性，鼓励优质资源向农村有序流动。在当前乡村振兴战略的背景下，激励制度是改善农村职业教育资源匮乏现状的重要途径。

就民众而言，一是要针对当前农民参与职业培训积极性不高的现状采取具

① 刘奉越. 乡村振兴下职业教育与农村"空心化"治理的耦合 [J]. 国家教育行政学院学报，2018（07）：40-46.

② 王晓雪. 新型城镇化背景下农村职业教育目标定位及功能定向的个案研究 [D]. 西安：陕西师范大学，2017.

体措施，地方政府要通过村镇告示栏、地方广播等途径进行宣传，对村民进行详细准确地讲解，告知职业培训流程，配合物质激励的手段引导农民主动参与培训；二是要对贫困家庭建立助学制度，帮助农村贫困家庭接受职业教育，提供助学贷款、奖学金等扶持激励措施；三是要鼓励农村职业学校毕业生扎根农村，"如增加补助或免费提供创业信息，吸引有实用技能的人才造福农村。当地政府可以和农村中小型企业联手合作，适当减少企业税收用来提高毕业生经济待遇"①。

就教师而言，要加强农村职业教育"双师型"教师队伍建设。采取激励措施引入优质教师资源成为农村职业学校的骨干教师，给予为农村职业教育教师提供进修机会的高等院校进行政策支持；在保障公平的前提下，激励农村职业教育师资队伍结构的灵活动态调整，对于表现突出的"双师型"教师给予相应的奖励，提高农村职业教育教师提升自我素质与综合能力的积极性，让乡村能够成为发挥教师个人才能的天地，提高农村职业教育教师队伍质量。

就企业而言，通过减免税收、提供一定的职业教育培训补贴等方式，采用金融手段刺激优秀人才输送到农村，提高企业参与农村职业教育的积极性。促进以企业为代表的主体助力农村职业教育发展，增加参与主体的多元化，集结力量调动农村职业教育发展积极性符合乡村振兴战略的内在要求。

4. 理顺农村职业教育协调管理体制机制

为了促进农村农业的现代化发展，摆脱农村职业教育的发展困境，需要完善多层次的现代化农村职业教育体系。职业教育以就业为导向的性质，使其在运行过程中不免产生跨界交叉的现象，单一的部门无法满足职业教育发展的需要，因此，对部门之间的协调性要求很高。"农村职业教育不是一个独立的发展系统，对职业教育的治理更不是一个脱离农村整体系统的发展而进行的单系统治理，必须在融合性'超系统'中协同治理。"② 理顺农村职业教育管理的协调制度，统筹部间的协调与分工，才能切实形成农村职业教育的良性发展路径。

增强农村职业教育管理制度的统筹，一是要成立职业教育行政管理机构对职业教育进行管理。设置独立部门对职业教育进行统一管理，统筹协调农村职业教育的各个环节，是理顺农村职业教育管理协调制度的关键。二是各级政府需要相互联系，建立职业教育网络，致力于培养农业技术人才，大力推进农村

---

① 李延平，任雪园. 农村职业教育的公共性危机及其法治保障 [J]. 陕西师范大学学报（哲学社会科学版），2016（06）：144-151.

② 朱成晨. 协同与共生：农村职业教育融合治理的行动逻辑与支持系统 [J]. 国家教育行政学院学报，2020（01）：80-88.

经济建设，整合现有教育资源，优化合理配置，实现农村职业教育管理部门的科学布局。三是将针对地方农村职业教育的主要管理责任划分到地方县一级政府进行归口管理，清晰界定教育、农业、社会劳动保障与管理部门之间权责划分，减少部门之间的职能交叉，避免现实中条块化管理的局面；四是将农村职业培训的任务移交到当地的职业教育中心，地方职业教育中心通过对农村职业教育师资、资金等资源进行整合，能够提高资源的利用效率，防止有效资源的流失，以此能够提高职业教育的培训质量。

5. 明确农村职业教育监督与评价制度

农村职业教育的监督制度关系其他各个制度的运行把控，因此，加强对农村职业教育的监督与评价，建立相应的监督评价体系，有利于及时调整和完善农村职业教育的各个制度各个环节。

在监督制度方面，要打破农村职业教育长期缺乏监管的局面，地方政府要监督农村职业学校和职业教育培训机构的运行，提升信息反馈的速度，一旦发现不正当行为，要及时进行处理；同时，鼓励社会公众参与问责，借助媒体资源、公众等社会力量一同参与监督工作，提升农村职业教育工作的透明度；最后，政府也要进行内部监督，上级与下级之间，部门与部门之间互相监督，保证政府决策的科学性与合法性。

在评价制度方面，要因地制宜地设计针对于农村的职业教育评价体系。不能直接照搬城市职业学校的评价指标，而要根据农村职业教育的特点重新制订；政府要在宏观上把控农村职业教育评价工作，设立专门的评价部门，与现代化职业教育体系相适应；除了政府主导，农民作为农村职业教育的受益者，也应参与农村职业教育的评价工作，农民有权利对组织培训的企业与政府部门进行评价，企业与政府部门要以积极的态度予以及时反馈，根据评价结果改进自身的工作。

总之，农村职业教育对"三农"建设、新乡村运动等发挥着不可替代的作用，农村职业教育的发展是以全方位的制度保障为基础和前提的。因此，农村职业教育制度的完善事关乡村振兴视域下农村职业教育的良性发展。面对现有的制度困境，各主体应承担起相应的责任，完善制度框架体系，加强相互协同，共同推进农村职业教育制度的变革，发挥农村职业教育制度的保障作用，方能使农村职业教育获得持续发展。

第九章

投资职业教育能否促进农村劳动力增收

教育是国之大计、党之大计。① 长期以来，农村经济社会的发展离不开教育事业的有效支撑，特别是中国特色社会主义事业进入新时代以来，将农村人口负担转化为人力资本优势的教育功能被置于国家理想与国家战略发展的优先位置，受到党和国家的高度重视。2018 年，中共中央、国务院颁布的《关于实施乡村振兴战略的意见》指出，必须优先发展农村教育事业，把人力资本的开发放在首位。2019 年，中共中央、国务院颁布的《国家职业教育改革实施方案》指出要依托职业教育，"为广大农村培养以新型职业农民为主体的农村实用人才"。2020 年，教育部颁布的《职业教育提质培优行动计划（2020—2023年）》明确指出，"依托职业院校、培训机构、农业技术推广站等机构，面向'三农'提供全产业链技术培训服务及技术支持，为脱贫致富提供持续动力"。但从现实来看，我国农村发展与农村地区教育普及依然面临着十分严峻的挑战。全球性新冠肺炎疫情成为影响农村劳动力收入的不确定性因素之一，农业产品滞留情况严重，农村劳动力外出务工比例锐减，大大降低了农民群体的收入来源。同时，农村劳动力受教育程度偏低的现象依然普遍存在。《中国农村住户调查年鉴》（2019）显示，截至 2019 年年底，我国农村劳动力文盲程度占比3.9%、小学程度占比 32.8%、初中程度占比 50.3%、高中程度占比 11.1%、大专程度占比 1.6%、本科及以上程度占比 0.3%。在如此严峻的形势下，要实现"一个都不能少"的全面建成小康社会的伟大目标，亟须提升教育服务农村劳动力增收的水平，更好地发挥教育服务乡村振兴的基础性和关键性作用。

一、问题缘起

作为推动乡村振兴的重要力量，职业教育通过将潜在的技术转化为现实的

---

① 人民日报评论员. 教育是国之大计、党之大计 [EB/OL]. 央广网，2018-09-13.

生产力来提高农村劳动者人力资本的储备水平，是变人口负担为人力资源优势、实现乡村振兴的关键。职业教育在促进农村社会发展与精准扶贫中承担着促进农村劳动力自我实现、阻断贫困代际传递、促进乡村产业发展、助推农业农村现代化等四重功能。① 以浙江省为例，为服务美丽新乡村建设，浙江省委大力推广"文化礼堂"农村职业教育融合模式，构建培养"文化+技术+经营"三位一体新型农村劳动力服务平台，凸显了职业教育服务农村的价值理念。苏南地区作为我国乡村振兴的排头兵，通过成立"农林职业教育集团"，有效服务农村产业结构升级，实现农村产业在纵向上向高产量、高附加值、高科技含量的三高转向，横向上开始向深加工、休闲、旅游等拓展，衍生出更多的第二、三产业形态。

　　然而，现实中职业教育往往是农村劳动力无奈、被迫的选择。一方面，高昂的教育成本制约着农村学生选择职业教育的可能性。黑肯认为，个体的教育投资是根据自身所处的社会经济地位和条件做出的理性选择。② 世界银行研究表明，职业院校生均经费达到同级普通教育的 2.53 倍，实验实习设备成本更高，③ 联合国教科文组织相关机构测算，职业教育学费成本是普通教育办学成本的 2.64 倍。④ 同时，我国缺乏针对农村劳动力的职业教育经费投入机制。在技能偏态型社会发展带来巨大技术技能人才红利的背景下，贫困的农村学子也会因高额的教育成本对职业教育望而却步；另一方面，农村的发展催生出农村劳动力更多高选拔性的教育需要。正如布迪厄通过对文化品位、生活方式与阶级结构对应关系的研究表明，随着农村物质生活水平的进一步提高，农民群体愈发追求向上流动与自我实现的教育需要，传播实用知识的职业教育被等价于低文化品位与符号意义，是农民阶层身份区隔的重要因素。⑤

---

① 祁占勇，王志远. 乡村振兴战略背景下农村职业教育的现实困顿与实践指向 [J]. 华东师范大学学报（教育科学版），2020（04）：107-117.

② BECKER R, HECKEN A E. Higher Education or Vocational Training? An Empirical Test of the Rational Action Model of Educational Choices Suggested by Breen and Goldthorpe and Esser [J]. Acta Sociologica, 2009, 52（1）：25-45.

③ 李名梁. 发展职业教育亟须提高社会认同度 [N]. 光明日报，2013-07-13（10）.

④ 张少琴. 建设现代职业教育体系须突破四大瓶颈 [J]. 人民论坛，2015（13）：10-13.

⑤ GRENFELL M, EBRARY I. Pierre Bourdieu: Key Concepts [J]. French Studies, 2012（4）：517-518.

事实上，职业教育与提升农村劳动力收入之间存在着显著的正向关系。①职业教育通过传授文化与技术知识，为农村劳动力生涯发展服务。②在丹麦，相对于普通教育，职业教育为农村劳动力提供组合式技术技能培训，保障其高质量就业；③欧盟市场中，不同于传播通识知识的普通教育，职业教育更能赋予农村劳动力自主创业的能力，拓宽了贫困农民的就业渠道；④同时，相较于普通教育，接受职业教育更有助于印度尼西亚农民实现阶层跃迁，是提升经济收入的重要途径。⑤此外，也有观点指出，职业教育虽然在一定程度服务了农村劳动力增收，但牺牲了选择"地位取向"普通教育的可能性，将加固农民身份的"再生产"。⑥

国内相关研究表明，职业教育在总体上有效承担了服务农村劳动力增收的职能。⑦无论是中等教育阶段还是高等教育阶段，职业教育对农村劳动力收入都有显著的正向作用。⑧宏观层面上，有学者依托全国面板数据，论证了职业教育服务农村地区经济增长的效益，与普通教育相比，职业教育更有助于实现农村地区经济提速，产业升级。⑨微观层面上，有学者基于全国入户调查数据，比对了职业教育、普通教育对农村劳动力的回报率，发现职业教育更有助于带

---

① CHANIS S, TSAMADIAS C, HADJIDEMA S. The Rate of Return of Social Investment on Post-Secondary Initial Vocational Education and Training in Greece [J]. International Journal of Education Economics & Development, 2013 (1): 57.

② RZER J, THIJS B. Labour Market Effects of General and Vocational Education over the Life-cycle and Across Time: Accounting for Age, Period, and Cohort Effects [J]. European Sociological Review, 2019 (05): 5.

③ STRATEGY E., GOVERNMENT T. D. Denmark's National Reform Programme First Progress Report [EB/OL]. Mendeley, 2020-11-13.

④ PAUN G. LOO J V. DECY P. The benefits of Vocational Education and Training [EB/OL]. Research Gace, 2020-11-15.

⑤ MCMAHON, WALTER W, JUNG, JIN HWA. Vocational and Technical Education in Indonesia: Theoretical Analysis and Evidence on Rates of Return [J]. Spe Projects Facilities & Construction, 1989 (04): 1-21.

⑥ KUMAR K. Skill-specific Rather than General Education: A Reason for US-Europe Growth Differences? [J]. Journal of Economic Growth, 2004 (9): 167-207.

⑦ 李延平, 王雷. 农业供给侧结构性改革背景下农村职业教育的使命及变革 [J]. 教育研究, 2017 (11): 70-74.

⑧ 杨新铭, 周云波, 黎渊. 农村人力资本形成模式: 以天津为例——基于2003年天津农村家户调查数据的实证分析 [J]. 南开经济研究, 2008 (06): 111-121.

⑨ 陈鹏, 王晓利. "扶智"与"扶志": 农村职业教育的独特定位与功能定向 [J]. 苏州大学学报（教育科学版）, 2019 (04): 8-15.

动农村劳动力转移，实现农村劳动力增收。① 就职业教育与非农性收入的关系而言，有学者认为相对于普通教育，职业教育为农村劳动力提供一到两门实用性较强的专业技术，实现了农村劳动力在非农市场的谋生。② 也有研究分析了农业性生产与职业教育的密切程度，结果表明我国农户的农业性收入与职业教育高度耦合。③ 然而，由于研究起步较晚，大多数学者还停留在依据最小二乘法（OLS）探究职业教育与农村经济的关系。有研究者建立了最小二乘法估计模型，分析了接受职业教育与农户收入之间的相互关系，结果表明接受职业教育年限每增加一年，可以促进农村劳动力的个人收入增长 17.3%。也有研究结合最小二乘法与工具变量法，分析了职业教育与农村劳动力经济收入的关联度，发现职业教育对农村劳动力的回报率达到 2.4%。④ 当然，也有一些研究与上述情形不同，如有研究发现，职业教育对农村经济社会的发展形成一定阻碍，以至于沦为制约我国乡村振兴与农村可持续发展的绊脚石。⑤ 相较于普通教育，职业教育对农村地区经济的促进作用缺乏内生性动力，过度转移的劳动力对第一产业产生了显著的负向影响。⑥

　　实际上，职业教育与农村经济社会发展之间为高度耦合的利益相关者。⑦ 职业教育的发展依托于农村经济社会的支持，农村经济社会的发展离不开职业教育的贡献。然而，我国农村劳动力数量庞大，不同收入层次的农村劳动力投资职业教育带来的收益可能存在异质性。但从现有的研究来看，研究者并未关注职业教育回报率对于不同收入水平农村劳动力的回报率。同时，在研究方法

---

① 黄斌，钟晓琳. 中国农村地区教育与个人收入——基于三省六县入户调查数据的实证研究 [J]. 教育研究，2012（03）：18-26.

② 栾江，陈建成，李强，何忠伟. 高中教育还是中等职业教育更有利于增加西部地区农村劳动力非农收入？——基于异质性的处理效应估计 [J]. 中国农村经济，2014（09）：32-45.

③ 李延平，王雷. 农业供给侧结构性改革背景下农村职业教育的使命及变革 [J]. 教育研究，2017（11）：70-74.

④ 刘万霞. 我国农民工教育收益率的实证研究——职业教育对农民收入的影响分析 [J]. 农业技术经济，2011（05）：25-32.

⑤ 朱成晨，闫广芬，朱德全. 乡村建设与农村教育：职业教育精准扶贫融合模式与乡村振兴战略 [J]. 华东师范大学学报（教育科学版），2019（02）：127-135.

⑥ 屈小博，都阳. 农民工的人力资本积累：教育、培训及其回报 [J]. 中国社会科学院研究生院学报，2013（05）：73-79

⑦ 祁占勇，王志远. 经济发展与职业教育的耦合关系及其协同路径 [J]. 教育研究，2020（03）：106-115.

的选择上，大部分学者采用传统明瑟收入方程，以虚拟变量的形式表征个体是否投资职业教育，但由于虚拟变量将年度数据按阶段进行分类，模糊了数据在年度之间的差异，因而此方法在数据的处理方面失之笼统，并没有将有用数据深度挖掘出来。最为关键的是，社会调查往往不符合随机分组的原则，这势必导致模型中一个或多个解释变量与随机干扰项相关而引起结果的偏误，无法准确估算接受职业教育对农村劳动力收入的效益。为定量考察接受职业教育是否有利于促进农村劳动力的增收，同时避免上述问题，研究利用新近发展的倾向得分匹配的反事实估计，基于2018年"中国家庭追踪调查"（CFPS）的数据支持，对明瑟收入方程进行拓展，进而厘定职业教育对农村劳动力增收的影响。

二、数据与方法

（一）数据来源及处理

研究的数据来自中国家庭追踪调查（CFPS），是由北京大学中国社会科学调查中心实施的全国性微观层面的社会跟踪调查项目，调查样本覆盖了32个省/市/自治区的近1.4万个家户。CFPS基线数据项目从2010年开始，每两年一轮，并于2012年、2014年、2016年、2018年对2010年的原有家庭进行追踪调查。[①] 由于本研究重点关注投资职业教育对农村劳动力增收的影响效应，因而将研究样本限定在农村地区。同时，为避免农村观测样本出现严重的偏误，研究只保留年龄为18—60岁，已经工作且收入大于2000元的农村劳动力作为样本。

（二）变量描述

1. 因变量

本研究的因变量为个体收入，采用CFPS调查问卷中"过去12个月的总收入"数据结果作为研究对象。鉴于所选择的数据结果存在缺失值（42/4934），如果将其看做完全数据不仅会产生偏倚，甚至会得出误导性的结论，同时丢失大量信息，造成浪费。我们根据Rubin提出的多重差补思想（multiple imputation，简称MI），对每一个缺失值都进行m（m>1）次估计，形成m个数据集。这些数据集将会预先用相同的方法处理得到m个处理结果，然后对这些

---

① 贾婧，柯睿. 免费义务教育政策与农村人力资本积累——基于CFPS的实证研究 ［J］. 教育与经济，2020（01）：19-30.

结果进行综合分析最终完成缺失值的填补，有效提高预估值的准确性。为保障数据的有效性，我们以多重差补法主要变量取值为依据，将估计次数设定为 3 次，对因变量进行多重差补。

2. 自变量

本研究的自变量为"类型教育选择"（投资普通教育 = 0，投资职业教育 = 1，其中普通教育涵盖了普通高中教育与大学本科教育，职业教育囊括了中等职业教育与高等职业教育）、"高中阶段教育选择"（投资普通高中教育 = 0，投资中等职业教育 = 1）、"高等教育选择"（投资大学本科教育 = 0，投资高等职业教育 = 1），自变量均为二分变量。在倾向值匹配分析中，投资普通教育、投资普通高中教育、投资大学本科教育为控制组，投资职业教育、投资中等职业教育、投资高等职业教育为处理组。

3. 协变量

倾向匹配法中的协变量是指在接受处理之前就确定的变量，而非受到处理影响的变量。此外，除影响处理变量的协变量应纳入匹配模型，影响结果变量的混杂因素也应纳入匹配模型以提高估计的精确度。基于上述原则，本研究中的协变量是指影响农村劳动力教育选择以及影响农村劳动力收入的变量，并且这些变量都是研究个体接受处理之前就确定的变量。

借鉴相关研究及经验，我们选择如下因素作为协变量：（1）性别。性别的不同形塑着学习者教育选择的差异，男性更倾向于选择职业教育，而女性偏好普通教育。[1] 因此性别是影响农村劳动力教育选择的重要因素，需要在研究中进行控制。本研究中，性别是一个虚拟变量（男性 = 1，女性 = 0）；（2）认知能力。2018 年经合组织发布的 PISA 测试报告首卷中发现，数学、阅读与科学三类认知能力显著预测学习者的更高层次、学术类型的教育选择。[2] 因此，我们以 CFPS 中的连续型变量"2018 年数学测试题得分"作为农村劳动力认知能力的表征项；（3）家庭规模。家庭规模限制了农村劳动力教育资源的平均获取量，从而影响劳动力的教育选择。因此，我们选择 CFPS 调查中农村劳动力的"家庭

---

① EGUN A C, TIBI E U. The Gender Gap in Vocational Education：Increasing Girls access in the 21st Century in the Midwestern States of Nigeria ［J］. International Journal of Vocational and Technical Education. 2010（02）：18−21.

② GOVOROVA E, ISABEL BENÍTEZ, JOSÉ MUIZ. Predicting Student Well−being：Network A-nalysis Based on PISA 2018 ［J］. International Journal of Environmental Research and Public Health，2020（11）：4014.

成员人数"（连续型变量）作为协变量，纳入到匹配分析中；（4）父亲受教育程度。广泛用于个人社会经济地位探究的"布劳—邓肯"经典地位获取模型显示，父辈的受教育程度是影响教育选择与工作收入的显著性因素。[1] 我们选择 CFPS 中"父亲最高学历"变量，将之拟合为指数并从 1 到 6 赋值，分别表示父亲受教育程度为文盲/半文盲、小学毕业、初中毕业、高中毕业、大学毕业、本科毕业；（5）父亲社会经济地位指数（International Socio Economic Index，简称 ISEI）。ISEI 体现了农村劳动力家庭的文化资本和社会资本，是影响教育选择的重要因素，也是考察教育公平的重要指标。[2] 学校教育一定程度上承担着复刻阶层结构的职能，家庭条件优渥的学习者更倾向于普通教育而非职业教育。[3] 因此，我们将 CFPS 调查问卷中的连续型变量"父亲职业 ISEI 得分"作为协变量纳入到匹配分析中；（6）地理位置。我国幅员辽阔且地区差异较大的特点造就了教育资源在东中西部省份的差异性分布，并显著预测了学习者的教育选择。[4] 因此，地理位置应当纳入到匹配分析中，我们按照 CFPS 统计的农村劳动力省属国标码，分设三个虚拟的二分变量表示农村劳动力的地理位置，分别为：东部（东部＝1，非东部＝0）、中部（中部＝1，非中部＝0）、西部（西部＝1，非西部＝0）（见表 9-1）。

---

① BLALOCK H M, BLAU P M, DUNCAN O D, et al. The American Occupational Structure [J]. American Sociological Review, 1968 (02)：294-300.

② 任春荣. 学生家庭社会经济地位（SES）的测量技术 [J]. 教育学报, 2010 (05)：77-82.

③ 吴愈晓. 中国城乡居民的教育机会不平等及其演变（1978—2008）[J]. 中国社会科学, 2013 (03)：4-21, 203.

④ 巫丽君, 费坚. 个人择校行为的成本收益因素分析——基于内部报酬率的估算 [J]. 扬州大学学报（高教研究版）, 2006 (04)：3-6.

表 9-1　变量说明

变量类别	变量名称		变量说明
因变量	个人收入		2018 年统计节点下，农村劳动力过去 12 个月的总收入
自变量	类型教育选择		职业教育 = 1（处理组，包含中职与高职，记为职业组），普通教育 = 0（控制组，包含普中与本科，记为普通组）
	高中阶段教育选择		中等职业教育 = 1（处理组，记为中职组），普通高中教育 = 0（控制组，记为普高组）
	高等教育选择		高等职业教育 = 1（处理组，记为高职组），大学本科教育 = 0（控制组，记为本科组）
	性别		男性 = 1，女性 = 0
	认知能力		受访农村劳动力参与 2018 年 CFPS 数学测试题得分
	家庭规模		受访农村劳动力家庭成员数
协变量	父亲受教育程度		由受访者父亲已完成最高学历拟合而成的指数，1 = 文盲/半文盲，2 = 小学毕业，3 = 初中毕业，4 = 高中毕业，5 = 大专毕业，6 = 本科毕业
	父亲社会经济地位		受访农村劳动力的父亲的职业 ISEI 得分
	地理位置	东部	东部 = 1，非东部 = 0
		中部	中部 = 1，非中部 = 0
		西部	西部 = 1，非西部 = 0

（三）研究方法

1. 明瑟收入方程

美国人力资本理论学者明瑟指出"在人力资本中，教育与经验对收入的影响具有决定性作用，其他的人力资本因素视为次要变量或外生变量"，[①] 并根据人力资本理论推导出收入决定的函数。此类方法多用于计算教育的个人收益率，具体步骤如下：

$$\ln y = \alpha_0 + \alpha_1 Sch + \alpha_2 Exp + \alpha_3 Exp^2 + \sum \alpha_i X + \varepsilon \qquad (1)$$

式中，$\ln y$ 为劳动者工作收入的对数，Sch 为受教育年限，Exp 为工作经验，Exp^2 为工作经验的平方项；α_1、α_2、α_3 为各解释变量的相关系数，其中 α_1 为教育回报率，表示劳动者多接受一年教育可以提高收入水平的百分比；X 表示除教育和经验之外的其他控制变量，包括性别、地区、婚姻、职业等，而其他一些不可测因素纳入到残差项 ε 中，并满足 $E\ (\ \varepsilon\ |\ X) = 0$。

我国教育结构体系是普职融通、上下贯连的系统，为了估算职业教育对普通教育的相对回报率，可对明瑟方程进行拓展，引入断点与虚拟变量，有效理清各阶段、类型教育的回报率，以高中阶段教育选择为例：

$$\ln y = \begin{cases} \alpha_4 + \alpha_5 Sch + f(x) + \varepsilon, & Sch \leq T \\ \alpha_6 + \alpha_7(Sch - T) + f(x) + \varepsilon, & Sch > T \end{cases} \qquad (2)$$

式中，α_4、α_6 分别表示初中教育、普通高中在上一阶段的教育回报，α_5、α_7 分别表示初中阶段与普通高中阶段教育的回报率，T 表示接受初中教育的年限，将中等职业教育作为自变量纳入上式（假设模型在基础教育阶段结构稳定且教育回报同质），方程形式如下：

$$\ln y = \begin{cases} \alpha_4 + \alpha_5 Sch + f(x) + \varepsilon, & Sch \leq T \\ \alpha_6 + \alpha_7(Sch - T) + Di(\alpha_8 + \alpha_9)(Sch - T)f(x) + \varepsilon, & Sch > T \end{cases} \qquad (3)$$

式中，D_i 取值 0 或 1 的虚拟变量（中职时，$D_i = 1$，高中时 $D_i = 0$），$\alpha_8 + \alpha_9$ 表示中等职业教育回报在截距上的增量，α_9 表示中等职业教育回报在年边际上的增量。α_8 表示中等职业教育比普通高中教育在初中教育完成后高出的教育回报率。研究关注的是，纳入机会成本后，职业教育能否有效实现农村劳动力增收，我们引入中等职业教育与普通高中教育回报率的差值，作为"相对教育回

---

① GROSSBARD S. Jacob MincerA Pioneer of Modern Labor Economics ［M］. Boston：Springer，2006：6.

报率"，如下所示：

$$\alpha relative = \alpha_9 - \alpha_7 \tag{4}$$

相似地，我们也可以得到职业教育相对于普通教育的回报率，高等职业教育相对于大学本科教育的回报率。

2. 倾向得分匹配的反事实估计

扩展后的明瑟收入方程虽能估计出接受不同类型教育的回报率，但对于样本自选择带来的异质性问题缺乏控制。通过数据的描述性统计结果可知，投资不同类型教育的农村样本的社会经济特征差异显著。因此，若直接使用公式（2）（3）（4）估计出来的回报率必然存在很大偏误。倾向得分匹配法基于"反事实推断模型"试图通过匹配再抽样的方法使得观测数据尽可能地接近随机试验数据，以消除异质性问题与样本选择性偏差。鉴于此，需要进一步依托倾向得分法，在控制内生性因素的影响下估算接受不同类型教育对个人收益的平均处理效应，具体步骤如下：

第1，选择匹配变量 X_i。选取满足条件独立性假设，对于同时影响干预变量和结果变量的混杂因素都应作为匹配依据；

第2，构建基础回归模型估计倾向得分。采用罗森鲍姆和鲁宾建议的 logit 模型，具体如下：

$$Pi = (Xi\beta) = \frac{\exp(X_i\beta)}{1 + \exp(Xi\beta)} \tag{5}$$

式中，Xi 为虚拟解释变量，控制组取值为 0，匹配组取值为 1，β 为相关项系数，P_i 为个体接受职业教育的条件概率；

第三，进行倾向得分匹配。为使倾向得分估计准确，针对匹配后的处理组均值 $\bar{X}_{treat}$ 与控制组均值 $\bar{X}_{control}$ 进行"标准化差距"（Standardized differences）处理，如下：

$$\bar{X}_{treat} - \frac{\bar{X}_{control}}{\sqrt{(s_{x, treat}^2 + s_{x, control}^2)/2}}$$ 其中，$s_{x, treat}^2$ 与 $s_{x, control}^2$ 分别为处理组与控制组变

量 x 的样本方差，一般要求不超过 10%；

第四，根据匹配后的样本（Matched sample）计算平均效应。研究采用近邻匹配法、半径匹配法、核匹配法三种匹配方式对数据样本进行匹配处理。首先，近邻匹配法参加平均处理效应（ATT）估计量的一般表达式为：

$$ATT = \frac{1}{N_1} \sum i : Di = 1(Yi - Y0i) \tag{7}$$

其中，N_1为处理组个体数，$\sum i : Di = 1$（$Yi-Y0i$）表示对处理组个体进行的加总。其次，采用半径匹配法通过限制倾向得分的绝对距离保证匹配的稳健性，如下所示：

$$| Pi—Pj | \leqslant \delta \tag{8}$$

上式中，δ为限制距离，一般要求$\delta \leqslant 0.25Pscore$，$Pscore$为倾向匹配得分的样本标准差；最后，使用核匹配法来保证匹配效果的多样性，其权重表达式如下：

$$w(i, j) = \frac{K[(x_j - x_i)/h]}{\sum_{k: Dk = 0} K[(x_j - x_i)/h]} \tag{9}$$

其中，h为指定带宽（bandwith），$K[(xj-xi)/h]$为核函数。

第五，估算出倾向得分值后，以代理变量的形式，纳入到拓展后的明瑟收入方程中。

根据以上设定的模型，可以在控制内生性因素影响的基础上对投资职业教育与普通教育的农村劳动力进行匹配，估算出投资职业教育、中等职业教育、高等职业教育的相对回报率，进而探查在纳入机会成本后职业教育能否促进农村劳动力增收。

三、研究结果

（一）农村劳动力教育选择在主要变量上的差异分析

1. 描述性统计与匹配前平衡性检验

为检验匹配前处理组和控制组在匹配因素上是否存在显著差异，需要对相关变量进行描述性统计并对匹配前两组间是否存在显著差异进行检验（见表9-2）。

从描述性统计的结果得知，三组匹配变量的农村劳动力在性别、认知能力、家庭规模、父亲ISEI、父亲受教育程度、地理位置等六个变量的表现上存在显著差异（$P<0.05$）。具体而言，性别比例方面，普通组男性比例高于职业组，中职组男性比例低于普高组，高职组男性比例高于本科组，说明我国农村地区存在着较为明显的性别鸿沟，男性有更多机会接受普通高中教育与高等职业教育，女性接受中等职业教育与大学本科教育的可能性相对更高；认知能力方面，

表9-2　变量的描述性统计

变量类型	变量名称		类型教育选择组		匹配前的平衡性检验		高中教育选择组		匹配前平衡性检验		高等教育选择组		匹配前平衡性检验	
			普通组	职业组	t值	p值	普高组	中职组	t值	p值	本科组	高职组	t值	p值
因变量	个人收入		93771.16	86206.89	-1.37	0.00	59680.75	65126.04	0.53	0.05	148196.2	97581.45	3.43	0.00
	收入对数		11.04	11.03	-0.03	0.01	10.71	10.72	0.51	0.03	11.55	11.2	-2.49	0.01
	性别	男	63%	52%	-2.14	0.00	74%	56%	-5.47	0.00	45%	50%	2.77	0.01
		女	37%	48%			26%	44%			55%	50%		
	认知能力		10.75	10.06	-0.75	0.00	10.06	10.63	3.53	0.00	11.84	11.12	-1.77	0.00
自变量	家庭规模		3.99	4.81	3.06	0.00	3.99	4.37	2.21	0.03	3.98	5.05	3.21	0.00
	父亲ISEI		27.4	27.27	-0.54	0.00	25.53	28.21	3.99	0.00	30.38	26.76	-3.6	0.00
	父亲受教育指数		2.66	2.49	0.83	0.03	2.46	2.33	0.64	0.05	2.98	2.57	1.39	0.01
	地理位置	东部	40%	42%	0.56	0.05	33%	33%	0.66	0.12	51%	43%	-1.57	0.01
		中部	28%	31%	0.87	0.04	29%	23%	-0.79	0.03	26%	34%	0.1	0.05
		西部	32%	37%	1.47	0.15	38%	44%	1.38	0.17	23%	33%	1.57	0.12

注：地理位置变量通过设置三组虚拟变量，以0、1的形式表征，检验属于该组与不属于该组率的均值比较。

投资职业教育的农村劳动力显著低于投资普通教育的农村劳动力，投资中职的农村劳动力则高于普通高中，投资高职的农村劳动力低于大学本科，这从侧面反映出不同类型、层次教育对学习者认知素养要求的差异；家庭规模方面，相较于投资普通教育的农村劳动力，投资职业教育的农村劳动力往往表现出更为庞杂的家庭结构；父亲社会经济地位方面，投资职业教育的农村劳动力父亲社会经济地位略低于普通教育，而投资中职的农村劳动力则高于普通高中，投资高职的农村劳动力低于大学本科；父亲受教育程度方面，投资职业教育的农村劳动力父亲受教育程度往往更低，同时投资中职的农村劳动力低于普通高中，投资高职的农村劳动力低于大学本科。此外，地理位置分布方面，投资职业教育、中等职业教育、高等职业教育的农村劳动力多集中于西部地区，投资普通教育、普通高中教育、大学本科教育的中东部农村劳动力更多。

从因变量来看，职业组农村劳动力的收入低于普通高中组，中职组农村劳动力的收入高于普高组，高职组农村劳动力的收入低于本科组，当然，投资职业教育对收入的影响效度与机制，还需要进一步讨论。

显然，描述性统计结果表明，三组匹配对象中处理组与控制组均在因变量与协变量上存在着显著的差异，但上述检验并未告诉我们具体的差异程度，因此我们还需要通过 Logit 模型来做具体的计量分析。

2. 倾向指数估计：Logit 模型

倾向得分匹配模型的第一步是采用 Probit 或 Logit 模型探查实验组与控制组的匹配变量特征差异。考虑样本数据特征，利用 Logit 模型考察两组匹配中影响农村劳动力教育选择的因素，结果见表9-3。

表9-3 中的数据表明 Logit 回归的拟合较好，选择的匹配变量对农村劳动力的教育投资有较强的解释力。从回归系数来看，农村劳动力的性别、认知能力、家庭规模、父亲受教育程度、地理位置（东部）的解释变量显著预测了农村劳动力的教育投资取向（$P<0.05$）。具体来看，男性在总体上选择职业教育的概率高出女性11%，在高中教育阶段内，女性选择中等职业教育的概率高出男性66%，高等教育阶段男性选择高等职业教育的概率高出女性23%；认知能力显著预测了农村劳动力在整体上的普职选择，每降低一个标准差，农村劳动力投资职业教育的可能性上升3%，同时认知能力对高中阶段的普职选择影响尤为显著，每降低一个标准差，农村劳动力投资高等职业教育的概率上升5%；家庭规模对农村劳动力投资职业教育有正向的预测，每提升一个单位，农村劳动力投资

表9-3 影响农村劳动力教育投资的因素（Logit回归）

变量	模型1:普通教育 VS 职业教育				模型2:普通高中 VS 中等职业				模型3:大学本科 VS 高等职业			
	系数	标准误	Z值	P值	系数	标准误	Z值	P值	系数	标准误	Z值	P值
性别	-0.11 ***	0.07	-0.15	0.08	-0.66 ***	0.17	-3.86	0.00	0.23 ***	0.07	3.12	0.00
认知能力	-0.03 ***	0.01	-5.20	0.00	-0.02	0.02	-1.18	0.24	-0.05 ***	0.01	-6.37	0.00
家庭规模	0.06 ***	0.02	4.07	0.00	0.07 *	0.03	2.04	0.04	0.06 ***	0.02	3.73	0.00
父亲受教育程度	-0.18 ***	0.04	-4.95	0.00	0.34 ***	0.09	3.96	0.00	-0.3 ***	0.04	-7.45	0.00
父亲ISEI	-0.01 ***	0.00	6.65	0.00	0.03 ***	0.01	3.58	0.00	-0.04 ***	0.00	5.86	0.00
东部（较于西部）	-0.43 ***	0.08	-5.44	0.00	-0.56 ***	0.19	-5.02	0.00	-0.24 ***	0.09	-2.72	0.01
中部（较于西部）	-0.11	0.09	-1.24	0.22	-0.19	0.21	-3.36	0.07	-0.15	0.10	-1.56	0.12
R²	0.1255				0.1808				0.1332			
对数似然值	-2630.9243				-480.13				-2203.67			
样本数	362				166				196			

注：*、**、***表示结果在5%、1%、1‰水平上显著

职业教育的概率上升6%，高中教育阶段与高等教育阶段的教育选择亦是如此，家庭规模每提升一个单位，农村劳动力投资中等职业教育、高等职业教育的概率上升7%与6%；父亲受教育程度每提高一个标准差，会导致农村劳动力投资职业教育的概率下降18%、投资中等职业教育的概率上升34%，投资本科教育概率上升30%；父亲ISEI每提高一个标准差，农村劳动力投资职业教育的可能性总体上升1%，投资中职的概率上升3%，投资高职的概率下降4%；相较于西部农村劳动力，东部农村劳动力更倾向于接受普通教育，且概率高出43%，在高中教育阶段内，东部农村劳动力倾向于接受普通高中教育，概率高出56%，高等教育阶段内，东部农村劳动力倾向于接受大学本科教育，概率高出24%。上述发现说明，如果使用传统的OLS回归进行分析，将无法较好地解决样本自选择问题，导致回归结果有偏差甚至错误。因此，有必要以上述变量作为协变量计算得到的倾向值为依据进行匹配，力求解决选择性偏误的问题。

（二）投资职业教育对农村劳动力收入的影响：PSM模型估计

1. 样本匹配效果检验：平衡性检验与共同支撑假设检验

研究使用近邻匹配法进行分析，在运用倾向值匹配模型验证之前，需要对匹配是否满足平衡性假设（balancing assumption）和共同支撑假设（common support assumption）进行验证。

表9-4呈现了匹配后的平衡性检验结果，研究表明，经过近邻匹配后，各协变量的标准化平均值差异均小于5%，有部分协变量的标准化平均值差异接近为0。从t检验来看，P值均大于0.05，说明实验结果接受原假设，匹配后各协变量在组间均不存在显著性差异。最近邻匹配较好地平衡了样本中处理组和控制组之间的差异，平衡性假设满足。

倾向指数拟合值的分布图（见图9-1）是对共同支撑假设的检验。可以发现，经由近邻匹配后处理组与实验组之间出现了显著的靠近与覆盖，存在着较大的共同取值区间，表明两组样本在各方面特征已经非常接近，匹配效果较好。

2. 匹配结果与效应量

基于遴选出的协变量，我们利用倾向得分匹配法对处理组与控制组进行配对，并计算出每一个参与配对的个体接受教育得到的倾向得分值。接受教育的平均处理效应可以由匹配后的组间差值即ATT值得到。考虑不同倾向值匹配方式可能存在的差异，以三种常见的倾向值匹配方法得出匹配结果，重复100次计算稳健标准误，结果见表9-5。

表 9-4　匹配后的平衡性检验

变量名称	教育选择组			高中教育选择组			高等教育选择组		
	控制组	处理组	p 值	控制组	处理组	p 值	控制组	处理组	p 值
性别	0.49	0.50	0.49	0.55	0.55	0.17	0.5	0.5	0.81
认知能力	12.52	12.256	0.07	11.26	11.22	0.9	12.45	12.86	0.08
家庭规模	4.02	4.05	0.71	3.71	3.59	0.51	4.07	3.98	0.44
父亲受教育程度	2.43	2.45	0.44	2.51	2.56	0.42	2.44	2.48	0.27
父亲 ISEI	27.83	27.83	0.99	26.23	26.81	0.26	27.87	27.84	0.95
东部（较于西部）	0.35	0.36	0.31	0.29	0.37	0.09	0.39	0.38	0.88
中部（较于西部）	0.3	0.31	0.68	0.23	0.22	0.67	0.3	0.32	0.42

注：每组前两行报告了匹配后处理组与控制组的均值，第三行报告了 t 检验后的 p 值。

245

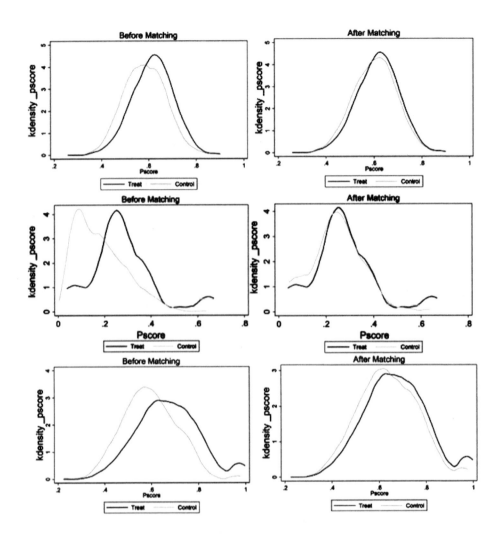

图9-1　类型教育选择（上）、高中教育选择（中）与高等教育选择（下）匹配前后核密度函数

表9-5　倾向得分匹配估计结果

研究模型	匹配方法	控制组	处理组	ATT 值	标准误	t 值
模型4：普通 VS 职业	匹配前	10.48	10.26	−0.21***	0.03	−8.46
	近邻匹配	10.34	10.27	−0.07***	0.04	−4.73
	半径匹配	10.37	10.27	−0.11***	0.04	−5.7
	核匹配	10.36	10.27	−0.09***	0.02	−6.57

续表

研究模型	匹配方法	控制组	处理组	ATT 值	标准误	t 值
模型5： 普高 VS 中职	匹配前	10.26	9.83	0.43***	0.07	5.75
	近邻匹配	9.96	9.88	0.08***	0.11	1.93
	半径匹配	10.06	9.88	0.18***	0.14	2.83
	核匹配	10.03	9.88	0.15***	0.09	2.7
模型6： 本科 VS 高职	匹配前	10.53	10.34	-0.19***	0.03	-6.46
	近邻匹配	10.49	10.32	-0.19***	0.05	-3.65
	半径匹配	10.48	10.32	-0.16***	0.03	-4.96
	核匹配	10.47	10.32	-0.14***	0.03	-4.59

注：最邻近匹配采用默认的单一匹配（k=1），半径匹配的最大控制距离为0.01（r=0.01），核匹配设定为标准的高斯核（Gaussian kernel），*、**、***表示结果在5%、1%、1‰水平上显著

从表9-5可知，所有匹配方法所得出的平均处理效应均在统计学意义上显著（t>1.96）。在控制了样本的自选择问题后，投资职业教育与普通教育对农村劳动力收入的影响存在着显著的差异。第一，投资职业教育的收益总体略低于普通教育。模型的三组匹配结果显示，投资职业教育的平均处理效应低于普通教育0.07-0.11，换算成指数函数相当于7.25%-11.63%，结果说明，职业教育服务农村劳动力增收的潜能并未充分发掘；第二，中等职业教育提高农村劳动力收入的作用强于普通高中教育。相较于投资普通高中教育，农村劳动力投资中等职业教育个人收入提升的平均处理效应高出0.08-0.15，按照指数函数换算相当于8.32%-16.18%，这充分说明，投资中等职业教育有效实现了农村劳动力收入的提升；第三，投资高等职业教育对农村劳动力收入提高的作用低于投资大学本科教育。在控制了内生性因素的影响下，投资高等职业教育的农村劳动力个人收益比大学本科低出0.14-0.19，按照指数换算相当于15.02%-20.92%，这从一定程度上反映出了高等职业教育未能有效实现提升农村劳动力增收的功能。

上述研究结果虽能在一定程度上解释投资职业教育对农村劳动力收入的提升力度，但只讨论了教育选择与经济收入间单维的关系。农村劳动力的收入既与教育程度相关，也受到劳动力市场特征的影响。基于此，我们将倾向近邻匹配模型得到的"倾向得分值"以代理变量的形式纳入明瑟收入方程做进一步的探讨。

（三）农村劳动力投资职业教育相对回报率的估计

为定量考察我国劳动力市场特征下投资职业教育是否有助于农村劳动力增收，

在上述研究的基础上我们进一步采用拓展后的明瑟收入方程［公式（2）（3）（4）］来估计职业教育（相对于普通教育）、中等职业教育（相对于普通高中教育）、高等职业教育（相对于大学本科教育）的相对回报率。同时，为进一步考察相对回报率在不同分位点上的异质性分布，我们依托分位数回归（Quantile regression），呈现了中等职业教育、高等职业教育在10、25、50、75、90分位点上的相对回报率，回归结果见表9-6。

模型7、8、9呈现了投资职业教育（相对于普通教育）、中等职业教育（相对于普通高中教育）、高等职业教育（相对于大学本科教育）对农村劳动力个人收入对数的OLS回归与分位数回归结果。首先，控制了内生性问题后，农村劳动力投资职业教育的相对回报率为−4%。不同于以往的结论，投资职业教育与普通教育所带来的收益并未出现悬殊的差异。进一步来看，在10、25、50、75、90分位点上，职业教育的相对回报率呈现先增后降的"倒U型"态势，各分位点上的相对回报率分别为−13%、−10%、5%、4%、−2%，在50分位点至75分位点内，农村劳动力投资职业教育的收益高于普通教育，说明对于大部分中高等收入的农村劳动力，投资职业教育将有助于实现个人收入的提升。

其次，明瑟收入方程的结果显示，中等职业教育的相对回报率为8%，换算成三年的学制，相当于农村劳动力在初中毕业后选择进入中等职业学校，收入水平会提升约24%（相较于读普通高中）。OLS回归的结果说明，投资中等职业教育对农村劳动力收入的提升大有裨益。同时，在10、25、50、75、90分位点上，中等职业教育的相对回报率呈"逐渐减少"的态势，各分位点上的相对回报率分别为33%、1%、6%、−3%、−1%，即投资高等职业教育的边际收益递减（相对于投资普通高中教育），意味着投资中等职业教育更有利于低收入农村劳动力工资的增加，但对于高收入的农村劳动力，投资中等职业教育往往会限制个人在劳动力市场的发展（从相对视角考量）。

最后，纳入倾向得分的明瑟收入方程表明，高职教育的相对回报率为−11%。显然，相较于高中毕业后进入大学本科深造，投资高等职业教育的农村劳动力将会在毕业后损失33%的经济收入，高职教育未能有效担负起服务农村劳动力增收的职能。此外，在10、25、50、75、90分位点上，高等职业教育的相对回报率保持"两端低、中间高"的分布，各分位点上的相对回报率分别为−16%、−12%、−10%、−6%、−12%，高等职业教育在不同分位点上的回报均低于大学本科教育，特别是对中低收入与高等收入的农村劳动力而言，高等职业教育所能带来的经济收益是十分有限的。

表 9-6 职业教育、中职、高职相对回报率的估计

模型	变量	OLS	10 分位数	25 分位数	50 分位数	75 分位数	90 分位数
模型 7：职业 VS 普通	教育	-0.04*** (0.01)	-0.13*** (0.04)	-0.10*** (0.02)	0.05*** (0.01)	0.04*** (0.01)	-0.02*** (0.02)
	工作经验	0.10*** (0.01)	0.12*** (0.02)	0.13*** (0.01)	0.10*** (0.01)	0.09*** (0.01)	0.07*** (0.01)
	经验的平方	-0.01*** (0.00)	-0.01*** (0.00)	-0.01*** (0.00)	-0.01*** (0.00)	-0.01*** (0.00)	-0.01*** (0.00)
	倾向得分值	-1.21*** (0.16)	-1.39*** (0.67)	-1.74*** (0.24)	-1.05*** (0.18)	-0.86*** (0.16)	-0.75*** (0.22)
	常数项	10.62*** (0.10)	-0.13*** (0.37)	10.36*** (0.14)	10.66*** (0.11)	11.03*** (0.11)	11.49*** (0.13)
	R^2	0.1772	0.1059	0.1203	0.0950	0.0752	0.0699
	样本数	355					

续表

模型	变量	OLS	10 分位数	25 分位数	50 分位数	75 分位数	90 分位数
	教育	0.07*** (0.13)	0.33*** (0.04)	0.01*** (0.03)	0.06*** (0.05)	-0.03*** (0.02)	-0.01*** (0.04)
	工作经验	0.26*** (0.02)	0.07*** (0.01)	0.12*** (0.01)	0.13*** (0.02)	0.09*** (0.02)	0.07*** (0.02)
	经验的平方	-0.01*** (0.00)	-0.01*** (0.00)	-0.01*** (0.00)	-0.01*** (0.00)	-0.01*** (0.00)	-0.01*** (0.00)
	倾向得分值	1.85*** (0.53)	1.49*** (0.44)	-0.21*** (0.20)	1.00*** (0.33)	1.36*** (0.15)	1.46*** (0.31)
	常数项	7.84*** (0.30)	6.97*** (0.26)	9.04*** (0.08)	8.87*** (0.1)	9.55*** (0.11)	9.83*** (0.09)
	R2	0.4399	0.1578	0.1300	0.1468	0.1608	0.1356
模型 8：中职 VS 普高	样本数				163		

续表

模型	变量	OLS	10 分位数	25 分位数	50 分位数	75 分位数	90 分位数
	教育	-0.11***	-0.16***	-0.12***	-0.10***	-0.06***	-0.12***
		(0.03)	(0.09)	(0.04)	(0.04)	(0.04)	(0.04)
	工作经验	0.10***	0.17***	0.12***	0.08***	0.08***	0.05***
		(0.01)	(0.02)	(0.01)	(0.01)	(0.01)	(0.01)
	经验的平方	-0.01***	-0.01***	-0.01***	-0.01***	-0.01***	-0.01***
		(0.00)	(0.00)	(0.00)	(0.00)	(0.00)	(0.00)
	倾向得分值	-0.36***	-1.11***	-0.45***	-0.02***	-0.17***	-0.14***
		(0.15)	(0.4)	(0.21)	(0.13)	(0.30)	(0.14)
模型 9：高职 VS 本科	常数项	10.26***	9.47***	9.78***	10.21***	10.69***	11.31***
		(0.09)	(0.23)	(0.11)	(0.08)	(0.17)	(0.08)
	R2	0.1746	0.2292	0.2340	0.1948	0.1655	0.1595
	样本数				192		

注：每一个变量内，第一行为相关系数，第二行为标准误。*、**、***表示结果在5%、1%、1‰水平上显著。模型7、8、9纳入了倾向得分匹配，有少部分样本不属于共同取值范围，故教量与统计性描述有细微出入。

251

四、结论与讨论

推动职业教育在农村地区广泛普及，服务农村劳动力增收是我国实现乡村振兴战略的重要部署。依托2018年中国家庭追踪调查（CFPS）的调查数据，利用倾向得分匹配模型与拓展后的明瑟收入方程，我们探究了投资职业教育能否促进农村劳动力增收的问题，得出了如下结论。

第一，职业教育在一定程度上承担了促进农村劳动力增收的职能。根据OLS回归模型的结果，投资职业教育所带来的经济收益仅低于普通教育4%，同时分位数回归的结果显示，农村劳动力投资职业教育的经济收益在50、75分位点上分别高出普通教育5%、4%。事实上，职业教育与社会固有的"末流、次等、低收益"刻板印象并不相同，职业教育对提升农村劳动力经济收益有着显著的效益。当前我国产业技术提升的速度远高于劳动者技能提升的速度，劳动密集型产业要求低待遇差，资本或技术密集型产业要求高待遇高的"马太效应"凸显，面对提高全社会技能型劳动力的供给或者增加资本投入的选择，投资者在经济人趋利性的假设下更倾向于选择后者，这就为受过正规职业教育的农村劳动力带来井喷式的红利增收，农村劳动力投资职业教育的回报收益显著提升。

第二，中等职业教育有效促进了农村劳动力的增收，但相对收益的边际回报率逐渐降低。根据明瑟收入方程的结果，农村劳动力投资中等职业教育的相对回报率达到8%，以三年学制换算，农村劳动力初中毕业后分流进入中等职业教育，收入将高出普通高中教育24%。与注重应试升学、面向高考的普通高中教育不同，中等职业教育以市场需求为课程设置基准，以就业为导向，以服务为宗旨，通常要求学生掌握与职业实践和工作过程直接相关的专业知识，不仅有助于农村劳动力素质的提升，更是增加农村劳动力收入的关键手段。[1] 同时，分位数的模型显示，中等职业教育的相对回报率呈现边际递减，在75分位点与90分位点上，中等职业教育的回报率低于普通高中教育，说明在服务高层次职位的效益上，中等职业教育依旧落后于普通高中教育。因此，一方面我们要继续稳固中等职业教育服务农村劳动力增收的成果，同时也要明晰中等职业教育在"高、精、尖"行业上的劣势，着力提升中职学校的办学质量与办学地位。

第三，高等教育阶段投资高等职业教育对于农村劳动力增收的效益普遍低于大学本科教育。控制了内生性因素的影响后，投资高职的农村劳动力平均收

---

① 李富. 高职教育对江苏经济增长贡献及与本科以上教育的比较［J］. 职业技术教育，2016（33）：54-58.

入低于投资本科的农村劳动力 11 个百分点，分位数回归的结果也显示高等职业教育在各个分位点上的收益均低于大学本科教育。事实上，许多研究者也提出了类似的观点，有的学者基于"非货币收益理论"分析得出农村生源高职教育的投资回报低于本科教育的结论，① 也有研究者通过质性研究方法得出普通本科院校比高职的教育回报更高，② 而我们基于实证数据给出了量的刻画。高等职业教育培养的是高素质技能型人才，但归根结底依然属于技能教育的范畴，在注重培养职业技能和职业素养的同时，却忽略了人的全面发展的需要。高职毕业的农村劳动力能机械地承担工作任务，但缺乏创新性与可迁移性，陷入与本科培养人才竞争的"比较劣势"。③ 同时，国家近年来大规模开展高职扩招，巩固高等教育普及化成果。但持续的扩招势必面临高职教育资源供给总量不足、供给需求结构失衡、供给质量和效率下降等危机，影响了高等职业教育人才培养质量，这都在一定程度上刻画着高等职业教育与大学本科教育间难以弥合的鸿沟，造成高等职业教育未能充分发掘自身服务农村劳动力增收的潜能。

第四，职业教育培育的农村劳动力与就业市场需求更吻合。在充分考虑劳动力市场特征后，对比倾向得分匹配与明瑟收入方程结果可知，职业教育相对收益上升了约 5%，这意味着与毕业于普通教育体系的农村劳动力相比，接受职业教育的农村劳动力更符合就业市场的筛选要求。职业教育以服务劳动力市场需求为导向，学生在校期间有充足机会接受实习培训，职校就业生知识结构与技能能更好地匹配用人单位的需求，投资职业教育更有助于农村劳动力在就业市场中寻觅到能力匹配的机会。特别是随着中国特色社会主义进入新时代以来，劳动力市场的主要矛盾由劳动力市场间的不平衡演变为劳动力市场内的结构性失衡，劳动力市场需要大量技术技能型人才，而职业教育培育的农村劳动力有助于填补人才市场技术技能岗位的空缺，维持经济稳定且有效率地发展。

通常来讲，理想状态下职业教育是服务农村劳动力增收的有效途径，两者之间的关系是高度耦合的。而在现实场域中，虽然职业教育在一定意义上担负了促进农村劳动力增收的责任，但依然存在着促进增收潜力有待进一步提升的问题，这就需要我们跳出仅仅以农村劳动力增收与投资职业教育是否划算的经

---

① 马必学. 推进学制改革加快高技能人才培养 [J]. 中国高等教育，2004（Z2）：41-42，64.

② 李代，王一真. 高考录取中的不确定性与教育获得差异——以 X 省为例 [J]. 社会学研究，2020（01）：101-125，244.

③ 庄西真. 职业教育供给侧结构性困境的时代表征 [J]. 教育发展研究，2016（09）：71-78.

济模式，去追寻一种适宜的"职业教育尺度"，基于共生视角来考虑两者之间良性互动与共生发展的双向耦合。

第一，提高职业教育对农村地区受教育者的吸引力。一方面，国家要从职业教育作为"类型教育、同等重要"的根本定位出发，构建上下贯连、普职融通的职业教育体系，建立针对农村劳动力直通式的"职业教育完整体系"和立交桥式的"普职融通教育体系"，特别是基于教育现代化 2035 的远景目标以及构建全面终身学习服务体系的需要，大力发展综合高中是高中阶段教育的理性选择，为农村劳动力提供就业与升学的双元选择路径。另一方面，政府应考量农村劳动力的实际教育需求，针对农村劳动力异地择校困难、就学成本高昂等问题，大力组建城乡办学集团、合作办学、帮扶办学等多种形式来促进城乡职业教育资源的有效流动，特别要克服城乡之间职业教育资源差异的"扩散效应"所引起的"累积性因果循环"，同时推动农村生源职业教育奖助机制不断走向完善，实现职业教育资源公平而有质量的供给。①

第二，巩固中等职业教育的基础性地位。把发展中等职业教育作为普及农村地区高中阶段教育的重要基础，保持高中阶段教育职普比大体相当。事实上，发达国家都建立了较为完善的农村中等职业教育体系，英国的农村职业教育体系包括中等农业学校、农业中学和农场职业技术中学三类，为农村学生提供了丰富的中等职业教育资源；荷兰颁布的《职业教育与成人法》规定，每个农村社区要有一所中等职业学校；美国 1963 年颁布的《职业教育法》中明确强调，鼓励农村各地建设中等职业技术教育中心，设置适合于转移至当地的工厂所需要的技术课程。因此，国家需要加强省级统筹，建好办好一批县域职教中心，重点支持集中连片特困地区原则上至少建设一所中等职业学校。同时提升中等职业教育的办学规格，在服务乡村振兴的基础上，增加"大数据""区块链""人工智能"等热门行业的专业，补齐中等职业教育在高级人才供给上的短板，缓解劳动力市场中出现的大量中低端职业技能劳动者与"高、精、尖"人才需求之间的结构性矛盾。

第三，合理布局高等职业教育。高等职业教育对农村劳动力的培养是横跨"职业域""教育域""地理域"等多个方面，包含"为农"与"去农"双元路径的极为复杂的关系系统，这就需要改变城市取向型高等职业教育导致的要素配置失衡状态，通过与区域农业、工业、服务业等产业多元主体融合，挖掘高

①　马建富. 社会转型与中国农村职业教育发展道路的选择［M］. 北京：知识产权出版社，2014：29.

等职业教育服务农村劳动力开发的潜能，特别是在高职扩招背景下，确定好农民工、下岗职工等非传统生源的"向农化"的人才培养目标，培育大批新型职业农民，使职业农民获取职业资格和就业能力，具有经营现代农业的能力，成为农村发展的带头人或现代农场主。同时，国家不仅要强力推动一批地方本科高校向应用技术型高校的实质转型，而且要通过新建一批职业本科大学，从而满足农村产业升级所需要的大量高级技术人才，为农村劳动力创设高质量就业路径。

第四，推进职业教育与劳动力市场的有效衔接。一是以劳动力市场为导向，建立职业学校灵活面向市场的办学机制。紧扣劳动力市场实际发展情况，加强校企深度融合，建立与市场需求紧密联系的专业调整系统与课程设置系统，进一步体现职业学校的特色与比较优势。二是建立劳动力市场信息系统。采集与检测劳动力市场的动态变化，实现就业信息的全面、准确、及时发布、传递和匹配，用信息引导农村职校生充分就业。三是完善全国统一的职业资格证书制度。改变以往政府统管的做法，将职业标准制定、职业技能鉴定、证书发放等委托给第三方的行业组织来负责，以增强职业资格证书在劳动力市场的可信度。

第十章

乡村振兴视域下农村职业教育回报率研究

随着教育投资与收益理论、人力资本理论的提出与发展，学术界对于教育与经济间的关系始终保持着较高的关注度，以数据为基础，依托市场行为、经济现象或总体发展趋势做客观实证分析正逐渐成为热门领域。国内学者在西方学者研究成果的基础上，结合本土社会经济特点，产生了大量具有中国特色社会主义背景、符合中国特色社会主义现实的研究成果。虽然国内学者已根据我国社会经济特点分不同时段、不同教育类型、不同户籍类别、不同地域区位，测算了我国职业教育的回报率，但是国内学者在研究过程中更多关注的是特定群体或区域中农村职业教育回报率，较少关注不同行业从业者农村职业教育回报率的对比结果，也很少关注农村职业教育回报率的变迁研究，不能充分说明当前我国农村职业教育发展过程中存在的问题及其产生的原因。因此，对农村职业教育回报率的研究，不仅要引入部门间差异分析，而且要关注其变迁过程，才能充分把握农村职业教育与经济的协调发展规律，推动农村职业教育均衡有序发展。

一、农村职业教育回报率变迁研究

中等职业教育在中国特色现代职业教育体系中处于基础性地位，是我国高中阶段与普通高中教育同等重要的类型教育，肩负着就业与升学的双重使命。特别是在后扶贫时代与后疫情时代叠加的双重背景下，无论是《中华人民共和国乡村振兴促进法》还是《乡村振兴战略规划（2018—2022 年）》均旗帜鲜明地指出，要进一步增强农村职业教育的适应性，加快推进农村农业现代化。一方面，农村职业教育作为"大教育"的范畴，必然具有"学以成人"的本质属性，并在长期的发展与探索中促成了其结构功能转向与类型属性的基本定位。同时，农村职业教育作为兼具技术性与职业性的教育类型，其最大的功用效益主要通过作用于产业发展与技能风尚的形成得以表征，并在社会主义中国肩负着民族复兴的时代使命。另一方面，中国的任何现代化进程，绕不开农业农村现代化。全面实施乡村振兴战略、促进农业农村现代化，是全面建设社会主义现代化国家的重要抉择与必由之路。与此同时，"乡村振兴的最终实现，离不开农村职业教育的功能支持与路向引领，农村职业教育可直接或间接地作用于乡村振兴，有效推进乡村供应链、价值链与创新链的'三链同构'，推动建设具有中国特色的现代乡村社会体系"。①

（一）问题提出

从当前农村职业教育所处地位与现实状况来看，农村职业教育的基础性地位依然未得到足够重视，农村职业教育的类型教育属性依然未得到充分认同，农村职业教育的适应性依然未得到有效改观。首先，进入新时代以来，随着新建地方本科高校的应用型转型、职业本科教育的有序发展、专业学位研究生教育培养规模的不断扩大，具有中国特色的现代职业教育学校体系框架已初步形成。在此背景下，如果农村职业教育依然坚守传统的人才培养办学定位，现代职业教育学校体系的建设与质量保障将面临挑战，农村职业教育的社会认可度将进一步降低，即使国家继续采取刚性的政策分流，农村职业教育的质量依然难以得到社会的认可。其次，虽然《国家职业教育改革实施方案》开篇指出，"职业教育与普通教育是两种不同教育类型，具有同等重要地位。"但农村职业教育的"次等地位"的"末流教育"的认识并没有因为"不同类型，同等重要"的规定而有所改变，职业教育的类型属性依然停留在观念认识层面。最后，增强职业教育适应性是当前职业教育改革与发展的重要指引，是新时代高质量职业教育提升吸引力的政策引擎。但长期以来，农村职业教育的发展定位存在着为农、离农、向农等诸多争议，农村职业教育到底是培养扎根农村的新型职业农民还是培养城镇化发展中的城市劳动者，特别是在全面乡村振兴视域下农村职业教育的功能定向显得尤为迫切与关键，在农村职业教育服务乡村振兴的过程中，需要真正理解中国农村的区域差异，精准实施农村政策，② 更要认识农业特点，把握乡村发展规律。③ 但城镇化倾向明显、异质化观照不足、功利化取向突出等问题使农村职业教育的开展与乡村振兴视域下新型职业农民的本质属性、个性化发展、可持续发展相背离，不能有效推动农业农村现代化的实现，农村职业教育还不能适应农业农村现代化发展的需要。

---

① 朱德全. 乡村"五大振兴"与职业教育融合发展［J］. 民族教育研究，2020（03）：10.
② 贺雪峰. 中国区域差异中的文化核心区与边缘区［J］. 陕西师范大学学报（哲学社会科学版），2020（06）：23-29.
③ 朱启臻. 全面实施乡村振兴战略 破解新时代"三农"问题［J］. 中国党政干部论坛，2021（05）：33-37.

虽然农村职业教育依然存在着这样或那样的现实难题，但已有研究表明，在庞大的教育系统中，职业教育与经济发展的关系最为紧密，① 大力发展职业教育能够有效促进经济发展。② 职业教育与农村经济社会发展之间为高度耦合的利益相关者，职业教育有助于实现农村地区经济提速、产业升级。③ 特别是随着《乡村振兴战略规划（2018—2022 年）》《中华人民共和国乡村振兴促进法》等政策法规的颁布实施，全面乡村振兴视域下农村职业教育战略地位必将更加彰显，通过传授文化与技术知识，职业教育能为农村劳动力的职业生涯发展更好地服务。④ 农村职业教育不仅具有生计、生活和生态价值，而且具有培育新农人的本体价值与服务乡村社区建设的工具价值。⑤ 农村职业教育服务乡村振兴，不仅需要设计科学合理的职业教育服务乡村产业振兴的融合机理，而且要践行职业教育助力乡村人才振兴的"1+N"融合行动模式，⑥ 既要建立职业教育与乡村文化振兴的融合赋能机制，也要构建职业教育服务乡村生态振兴的共生模式。⑦

与此同时，农村职业教育与提升农村劳动力收入之间存在着显著的正向关系，⑧⑨ 其有效地承担了服务农村劳动力增收的职能，⑩ 通过比较职业教育与普通教育对农村劳动力的回报率，可以发现职业教育更有助于带动农村劳动力转

---

① 朱德全，徐小容. 职业教育与区域经济的联动逻辑和立体路径［J］. 教育研究，2014（07）：45-53.

② 祁占勇，王志远. 经济发展与职业教育的耦合关系及其协同路径［J］. 教育研究，2020（03）：106-115.

③ 陈鹏，王晓利. "扶智"与"扶志"：农村职业教育的独特定位与功能定向［J］. 苏州大学学报（教育科学版），2019（04）：8-15.

④ RZER J J，THIJS B. Labour Market Effects of General and Vocational Education over the Life-cycle and Across Time：Accounting for Age，Period，and Cohort Effects［J］. European Sociological Review，2019（5）：5.

⑤ 谢元海，闫广芬. 乡村职业教育的应然价值取向：生计、生活与生态——以乡村振兴战略为视角［J］. 教育发展研究，2019（01）：10-16，39.

⑥ 林克松，袁德梽. 人才振兴：职业教育"1+N"融合行动模式探索［J］. 民族教育研究，2020（03）：16-20.

⑦ 蒋成飞，朱德全，王凯. 生态振兴：职业教育服务乡村振兴的生态和谐"5G"共生模式［J］. 民族教育研究，2020（03）：26-30.

⑧ CONSTANTINOS T. The Returns of Investment in Tertiary Technological Education in Greece［J］. Journal of Vocational Education & Training，2002（1）：147-170.

⑨ 胡咏梅，陈纯槿. 农村职业教育投资回报率的变化：1989—2009 年［J］. 教育与经济，2013（01）：22-30.

⑩ 李延平，王雷. 农业供给侧结构性改革背景下农村职业教育的使命及变革［J］. 教育研究，2017（11）：70-74.

移，实现农村劳动力增收，① 相对于普通教育，职业教育为农村劳动力提供一到两门实用性较强的专业技术，实现了农村劳动力在非农市场的谋生。②③ 就农业性生产与职业教育的密切程度而言，我国农户的农业性收入与职业教育高度耦合。④ 职业教育对提升农村劳动力经济收益有着显著的效益，农村劳动力投资农村职业教育的相对回报率达到8%，以三年学制换算，农村劳动力初中毕业后分流进入农村职业教育，收入将高出普通高中教育的24%。⑤ 与此同时，在控制了家庭经济状况、父亲的教育程度、配偶收入等变量后，职业教育回报率要高于同一阶段的普通教育回报率。⑥ 而且，男性接受职业高中教育的回报率要高于普通高中教育的回报率。⑦ 特别是最高教育程度为职业高中教育和普通高中教育的人们在工作六年后的职业劳动收入方面，接受职业高中教育的回报率高于接受普通高中教育的回报率。⑧ 当然，也有相关研究认为，职业教育沦为了制约我国乡村振兴与农村可持续发展的绊脚石，⑨ 职业教育对农村地区经济的促进作用缺乏内生性动力，过度转移的劳动力对第一产业产生了显著的负向影响。⑩

职业教育作为一种类型教育，与普通教育最大的不同在于跨界性，职业教

① 黄斌，钟晓琳. 中国农村地区教育与个人收入——基于三省六县入户调查数据的实证研究［J］. 教育研究，2012（03）：18-26.

② 李强谊，钟水映，曾伏娥. 职业教育与普通教育：哪种更能减贫？［J］. 教育与经济，2019（04）：19-27.

③ 栾江，陈建成，李强，等. 高中教育还是中等职业教育更有利于增加西部地区农村劳动力非农收入？——基于异质性的处理效应估计［J］. 中国农村经济，2014（09）：32-45.

④ 李延平，王雷. 农业供给侧结构性改革背景下农村职业教育的使命及变革［J］. 教育研究，2017（11）：70-74.

⑤ 祁占勇，谢金辰. 投资职业教育能否促进农村劳动力增收——基于倾向得分匹配（PSM）的反事实估计［J］. 教育研究，2021（02）：97-111.

⑥ MOENJAK T, WORSWICK C. Vocational Education in Thailand：a Study of Choice and Returns［J］. Economics of Education Review，2003（1）：99-107.

⑦ TROST ROBERT P，LUNG-FEI LEE，Technical Training and Earnings：A Polychotomous Choice Model with Selectivity［J］. Review of Economics，1984（66）：151-156.

⑧ HU T，LEE M L，STROMSDORFER E W. Economic Returns to Vocational and Comprehensive High School Graduates［J］. Journal of Human Resources，1971（6）：25-50.

⑨ 朱成晨，闫广芬，朱德全. 乡村建设与农村教育：职业教育精准扶贫融合模式与乡村振兴战略［J］. 华东师范大学学报（教育科学版），2019（02）：127-135.

⑩ 屈小博，都阳. 农民工的人力资本积累：教育、培训及其回报［J］. 中国社会科学院研究生院学报，2013（05）：73-79.

育不仅跨越了职业与教育的领域，而且跨越了企业与学校的境域，还跨越了工作与学习的界域，一言以蔽之，职业教育已经跨越了经济界与教育界的疆域，[1]是一种横跨"职业域""技术域""教育域"与"社会域"的跨界性教育类型[2]。因此，到底如何来认识和看待农村职业教育的回报率？农村职业教育是否是绑架了农村广大学生？接受农村职业教育是否是固化了阶层流动？这不仅需要从理论上进行解答，更重要的是要进行长时段的实证分析。虽然，已有部分研究关注了农村职业教育的回报率，但缺乏新的历史背景下对农村职业教育的定量描述。同时，在方法选择上，现有研究普遍采用传统明瑟收入方程基础上的最小二乘回归，忽略了内生性对研究结果的影响；在研究内容上，已有研究还不能很好地解释农村职业教育对不同层次农村劳动力的回报率是否存在异质性。因此，为厘定乡村振兴视域下农村职业教育在不同分位点上的回报情况，并有效规避传统研究方法带来的偏误问题，研究利用工具变量分位数回归法，基于中国家庭追踪调查的数据支持，探索我国农村职业教育回报率的变迁，进而为推进农村职业教育更好地服务乡村振兴战略和提升其回报率提供科学证据。

（二）数据与方法

1. 研究数据

本研究所使用的数据均来自中国家庭追踪调查（China Family Panel Studies，以下简称 CFPS）是由北京大学中国社会科学调查中心实施，旨在通过跟踪收集个体、家庭、社区三个层次的数据，反映中国社会、经济、人口、教育和健康的变迁，为学术研究和公共政策分析提供数据基础。该项目重点关注中国居民的经济与非经济福利以及包括经济活动、教育成果、家庭关系与家庭动态、人口迁移、健康等在内的诸多研究主题，是一项全国性、大规模、多学科的社会跟踪调查项目，CFPS 项目样本覆盖国内 25 个省/市/自治区，目标样本规模为16000 户，调查对象包含样本家户中的全部家庭成员，因此运用本调研项目样本得出的结果具有一定代表性。

我们主测的因变量为农村个体的收入回报，CFPS 调查中收录了包括个体全年总收入、月收入、家庭总收入、农业性收入与非农型收入等广泛表征收入的变量，考虑变量的有效性，借鉴既往的研究，我们选择以个人全年总收入为因

---

① 姜大源. 职业教育要义 [M]. 北京：北京师范大学出版社，2017：2-3.
② 朱成晨，闫广芬. 精神与逻辑：职业教育的技术理性与跨界思维 [J]. 教育研究，2020（07）：109-122.

变量。该值在CFPS调查中以问题"您2018年全年的总收入"来进行提问。

自变量方面，结合受访者个体"已完成教育年限"与"最高学历水平"，我们创设了一组变量，其中蕴含了农村个体接受农村职业教育的情况与年限。除此之外，研究纳入了一些人口学变量，以控制变量的形式消弭模型的不确定性，其中包含：性别（男性=0，女性=1）、父辈社会经济地位（以平均值为基准标准化处理）、父辈受教育程度（以平均值为基准标准化处理）、自雇（自雇=1，非自雇=0）、家庭地理位置（西部=0，中部=2，东部=3）、单位性质（事业单位=1，非事业单位=0）。除此之外，我们关注教育回报率测算中的异质性，并以配偶受教育程度为工具变量，消弭异质性。配偶受教育程度以一组连续变量表征，并随着数值的增大而进一步上升。

表10-1　变量选择与定义

变量类别	变量类型	变量名称	描述与定义
因变量	连续型	收入	受访者2018年12个月内个人的全部工作性收入
自变量	连续型	农村职业教育	研究初中毕业后分流的学生接受中职的年限
工具变量	连续型	配偶受教育程度	受访者配偶的受教育程度
控制变量	类别型	工作经验	个人工作经验，采用国际通用算法"年龄减去受教育年限再减去6"
	类别型	性别	1=男性、0=女性
	连续型	父辈社会经济地位	受访者父辈社会经济地位，取父母两者中的较高值
	连续型	父辈受教育程度	受访者父辈受教育程度，取父母两者中的较高值
	类别型	是否自雇	自雇=1、非自雇=0
	类别型	单位性质	事业单位=1、非事业单位=0
	类别型	地理位置：东部	2018年省国标码中的西部省份
	类别型	地理位置：中部	2018年省国标码中的中部省份
	类别型	地理位置：西部	2018年省国标码中的西部省份

2. 研究思路与方法

（1）明瑟收入方程的拓展

明瑟收入方程将工资收入表示为受教育年限和工作经验的函数，具体形式如下：

$$ln(wage) = \beta0 + \beta1 \times Exp + \beta2 \times Exp^2 + \beta3 \times Sch + u \tag{1}$$

其中，ln（Wage）表示工资收入的自然对数；Sch 代表教育年限，Exp 和 Exp^2 分别代表工作经验以及工作经验的平方项。由于被解释变量是对数形式，β3 可视为教育回报率或教育收益率。公式（1）中 Sch 涵盖了所有的教育阶段，不能对不同教育阶段的教育回报率予以区分，其隐含的假定是不同教育阶段性的教育回报率完全相同，但这一假定尚未得到足够的经验支持，不充分的先验约束可能导致严重的估计偏差。为此，我们将受教育情况细化为小学及以下、初中、中职三个组别，通过引入虚拟变量与断点清理得到农村职业教育的精致回报率。此外，由于国内劳动力市场尚不完善，除受教育情况和工作经验外，性别、政治身份、民族、教育质量以及家庭背景都可能对劳动者的工资收入产生重要影响，为更准确地衡量不同教育阶段之间的收入特征和教育回报，将这些因素作为控制变量，最终的模型形式设定如下：

$$ln(wage) = \beta0 + \beta1 \times Exp + \beta2 \times Exp^2 + \sum \gamma_i X_i + \sum \delta_j Y_j + u \tag{2}$$

其中，X_i（$i=1, 2, 3$）为虚拟变量，分布表示小学、初中、中职三组教育阶段，Y_i 表示其他控制变量。通过 X_i 的系数计算不同阶段的教育回报率。

（2）工具变量分位数回归模型

我们利用科恩克和巴塞特（Koenker & Bassett，1978）创设的分位数回归方法描述了异质性的教育贡献率与收益率：[①]

$$P(Y \leqslant Qr(D, X) \mid X, Z) = \tau \tag{3}$$

其中 Y 为解释变量，D 为影响模型的内生变量，X 为外生变量，Z 为工具变量，τ 是条件分位数。根据切尔诺朱科夫和汉森（Chernozhukov & Hansen，2008）的理论，[②] 将上述公式转换为线性：

$$Y = D'\alpha(U) + X'\beta(U) \tag{4}$$

其中 D=f（X，Z，V），U∣X，Z 满足（0，1）区间内的均值分配，X、Z、

---

① KOENKER R , BASSETT G W . Regression quantiles［J］. Econometrica, 1978,（1）: 211-244.

② CHERNOZHUKOV V, HANSEN C. Instrumental Quantile Regression Inference for Structural and Treatment Effect Models［J］. Journal of Econometrics, 2006（02）: 491-525.

V 分别表示教育收益、人力资本增量、内生变量、工具变量的函数，U 表示影响教育收益的其他不可观测变量，最小目标函数为：

$$Qn(\tau, \alpha, \beta, \gamma) = \frac{1}{n} \sum_{i=1}^{n} \rho\tau(Yi - D'ia - X'i\beta - Z'i\gamma) \tag{5}$$

其中 ρ 表示 τ 分位数的检验函数，对于给定 τ 与 α（τ）后，上述公式转化为：

$$[\hat{\beta}(\alpha, \tau), \hat{\gamma}(\alpha, \tau)] = \mathrm{argmin}\beta, \gamma Qn(\tau, \alpha, \beta, \gamma) \tag{6}$$

其中 α（τ）的估计值由上式可得：

$$\hat{\alpha}(\tau) = \mathrm{arginf}[Waldn(\alpha)] \tag{7}$$

其中等式左边表示逆方差矩阵 γ（α，τ），在使用迭代方法时，它趋于 0。基于此，可以得到 α（τ），然后用 Wald 测试来测试，最后得到 α 以及 β 的 τ 分位数。

（三）实证分析

1. 样本的描述性统计

表 10-2 通汇了 2008 年、2012 年、2018 年三个统计节点下农村地区劳动力收入情况与人口学特征变量。首先，就收入层面，2008 年、2012 年、2018 年的收入对数呈现显著的逐渐上升趋势，分别为 9.061、10.073、10.491。这说明，随着社会主义新农村建设工作的不断深入，农村居民的收入水平有了显著的改善。其次，我们关注研究的核心自变量"农村职业教育接受情况"。表中的数据结果显示，2008—2018 年我国乡村受教育情况，尤其是农村职业教育普及情况有了长足的提升，三个时间节点的普及率分别达到 3.375%、7.64%、11.627%。农村职业教育赋予农村劳动力一技之长，是化落后人口负担为人力资本优势的重要路径。综合来看，随着社会主义新农村建设的不断推进，中职受教育情况与收入之间呈现一种近似的正相关关系。值得注意的是，这种近似的相关关系是建立在描述性统计的基础上，缺乏事实性因果判断，有鉴于此，我们将会进一步分析农村职业教育与农村居民个人收入之间的因果联系。

表 10-2　样本的描述性统计

	2008	2012	2018
收入对数	9.061	10.073	10.491
受教育年限	7.445	8.180	8.228
配偶受教育水平	4.372	4.576	4.558

续表

		2008	2012	2018
性别	男	47.68	51.22	52.83
	女	52.32	48.78	47.17
工作经验		26.114	35.644	28.020
经验平方		866.667	1339.031	991.007
高职比例		3.375	7.64	11.627
ISEI		10.722	24.21	30.869
父辈 ISEI		4.478	17.495	25.004
父辈受教育		1.693	2.329	3.217
自雇	是	14.91	8.93	59.19
	否	85.09	91.07	40.81
地理位置	东	41.30	33.62	33.06
	中	25.84	37.92	27.39
	西	32.85	28.46	39.55
样本量		2133	4021	4420

2. 农村职业教育回报率变迁考察

如表 10-3 中 OLS 模型所示，在不控制样本选择性偏差的情况下，农村职业教育的年平均回报率达到 2.9%—6.5%，说明农村职业教育的经济收益确实不可低估。但正如前文所阐述的，如果忽略了个人能力和家庭背景变量而直接估计教育回报率，可能会导致内生性问题。由于残差项中可能包括了与获得收入相关却又观测不到的遗漏变量，所以当我们估计教育回报率时首先有必要考虑被忽略的遗漏变量。处理遗漏变量问题的方法之一就是寻找与能力变量相关的工具变量，因此，我们以工具变量作为消除样本选择性偏差的代理变量作进一步的考察。

与不考虑样本选择性偏差的 OLS 模型相比，工具变量模型的估计结果更符合实际。从中可以看出，纳入工具变量对回归模型的估计结果有显著影响，在 5% 水平上拒绝原假设，具备统计学意义上的显著性。而且在控制了样本选择性偏差后，农村职业教育的投资回报率相对下降了，从 2.9% 降至 2.6%。这一方面说明样本选择性偏差在估计教育回报率时确实是存在的，而且对估计结果有显著的影响，另一方面则说明能力变量解释了相当一部分收入来源，如果对能力变量不加以控制的话，由此估计出来的教育回报率大都是有偏差的。

表 10-3　农村职业教育回报率的时序性变迁

	2008	2012	2018	常数项 1	常数项 2	常数项 3	R_1^2	R_2^2	R_3^2
OLS	0.029* (0.008)	0.043* (0.121)	0.065* (0.186)	0.571* (0.009)	6.833* (1.471)	10.020* (0.155)	0.0709	0.0561	0.0619
2SLS	0.026* (0.006)	0.038* (0.109)	0.057* (0.122)	0.831* (0.010)	4.758* (1.236)	9.177* (0.143)	0.0063	0.0431	0.0522
τ10	0.027* (0026)	0.012* (0.247)	0.112* (0.530)	0.502* (0.030)	11.187* (3.476)	8.325* (0.386)	0.0228	0.0983	0.0682
τ20	0.040* (0.014)	0.096* (0.183)	0.232* (0.318)	0.526* (0.015)	10.829* (2.595)	9.339* (0.289)	0.0223	0.0522	0.0510
τ30	0.044* (0.011)	0.027* (0.191)	0.044* (0.272)	0.554* (0.014)	8.558* (2.050)	9.655* (0.248)	0.0276	0.0327	0.0242
τ40	0.039* (0.008)	0.030* (0.195)	0.069* (0.215)	0.566* (0.012)	6.159* (1.536)	9.909* (0.195)	0.0394	0.0299	0.0366
τ50	0.027* (0.007)	0.121* (0.171)	0.052* (0.216)	0.585* (0.010)	4.998* (1.361)	10.049* (0.208)	0.0389	0.0376	0.0305
τ60	0.031* (0.007)	0.072* (0.173)	0.046* (0.200)	0.596* (0.009)	4.576* (1.301)	10.532* (0.216)	0.0437	0.0410	0.0147

续表

	2008	2012	2018	常数项 1	常数项 2	常数项 3	$R_1{}^2$	$R_2{}^2$	$R_3{}^2$
τ70	0.019* (0.005)	0.101* (0.146)	0.137* (0.218)	0.613* (0.011)	3.627* (1.421)	10.682* (0.172)	0.0476	0.0361	0.0166
τ80	0.011* (0.007)	0.064* (0.126)	0.246* (0.383)	0.625* (0.009)	4.467* (1.629)	10.919* (0.204)	0.0446	0.0594	0.0231
τ90	0.014* (0.009)	0.062* (0.168)	0.343* (0.403)	0.632* (0.007)	5.529* (2.409)	11.013* (0.206)	0.0655	0.0565	0.0277

注：*、**、***表示结果在 5%、1%、1‰水平上显著。

　　在此基础上，借鉴工具变量分位数回归模型，将配偶受教育程度作为工具变量带入各分位点上的回归中。在消弭了内生性后，分位数回归的结果无偏差地估计了农村劳动力选择中职的净值收益。首先，从整体上看，中职回报率呈现显著的上升趋势，特别是在全面乡村振兴战略部署以来，农村个体接受职业教育的回报率有着明显提高。具体来看，工具变量回归模型估计出的总投资回报率表现为较早时期（2008 年）基本稳定地维持在 2.6% 左右，中期阶段（2012 年）则出现了明显上升，平均提高 1.2%。相较之下，后期阶段，教育回报率出现明显的升高，达到 5.7%，相较于初期上升了两倍。这说明，随着社会主义新农村工作建设的持续深入，农村职业教育日渐承担起化农村人口负担为人力资本优势。尤其是在乡村振兴战略提出以来，农村职业教育被置于国家选择与国家理想的优势地位，农村职业教育的回报率递增效应打破了边际递减的桎梏，呈现显著的上升趋势。

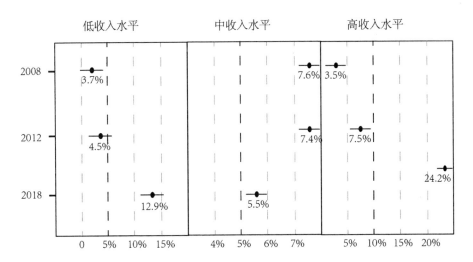

图 10-1　不同收入层次下农村职业教育回报率的时序性变迁

　　接下来，我们进一步关注农村职业教育对不同阶层农村劳动力的回报率是否存在显著的异质性差异。第一，对于低收入水平群体，农村职业教育的回报率呈现"平稳过渡后稳健上升"的特征。具体来看，在较早时期，农村职业教育对低收入群体的回报率保持在 3.7%，中期阶段，回报率出现小幅度（0.8%）的上升，后期阶段，中职的回报率出现显著的升高，达到 12.9%。第二，对于中等收入水平群体，农村职业教育的回报率呈现"先增后降"的倒 U 型趋势。

工具变量分位数回归的结果显示，中职回报率与中等收入群体之间的关系呈现一种近似的抛物线的回归，从早期阶段向中期阶段的过渡中，回报率上升了3.2%，达到最高点后，农村职业教育的回报率开始出现下降，直至2018年下降至5.6%，累计下降了2.8%。第三，对于高收入水平的群体，农村职业教育的回报率呈现"持续上升"的分布趋势。结果显示，在较早时期，农村职业教育的回报率仅为1.5%，伴随着时间的推进，农村职业教育的回报率出现了显著的上升，于2014年达到7.6%，上升了6.1个百分点，而后农村职业教育的回报率继续随时间的推进上升，直至2018年，回报率达到24.2%，换算成三年，相当于收入增加超过70%。

（四）结论与建议

探究农村职业教育对农村群体经济的增收效益是落实乡村振兴战略，化人口负担为人力资本优势是巩固脱贫攻坚成果的应有之义。依托 CFPS 的多期混合截面数据，利用工具变量分位数回归模型，我们探究了农村职业教育对个体收入的回报率的动态变迁，得到如下结论。

第一，整体上看，农村职业教育对于农村人口的回报呈现持续上升的趋势。OLS 回归的结果显示，农村职业教育在早期时间、中期时间、后期时间的回报率分别达到2.9%、4.3%、6.5%，纳入工具变量后，对比第一组模型，回报率出现了一定的下滑，分别为2.6%、3.8%、5.7%，但两组模型均支持了农村职业教育对农村人口回报率日渐上涨的结论。从教育外部来看，我国农村社会经济环境处于转型发展的关键阶段，农村职业教育承载地区农村产业的发展责任，所发挥的作用是基础性与多元化的。[①] 教育部副部长孙尧指出：脱贫攻坚的实践充分证明，职业教育扶贫是见效最快、成效最显著的扶贫方式。新的历史背景下，建成社会主义现代化强国的新型农村产业，亟须农村职业教育持续发挥基础性作用。

第二，对于低收入水平群体，农村职业教育的回报率呈现"平稳过渡后稳健上升"的特征。2008 年我国农村职业教育对低收入群体的回报率为3.7%，2012 年中职回报率出现小幅度上升，但基本保持平稳发展的态势，2018 年农村中职的回报率出现显著的升高，达到12.9%。值得注意的是，相关研究认为，职业教育相对于初中、高中教育收益率，尤其对中等收入以下的农户而言，作

---

① 聂伟. 新时代中等职业教育需要高水平发展 [J]. 中国职业技术教育，2019（07）：33-37.

用力是最大的。① 但我们从实证分析的角度对这种说法给出了一定的反驳。可能的原因在于，既往的研究缺乏内生性因素的控制，而这种内生性因素高度耦合于低收入群体的教育选择过程，扩大了因教育选择引致的教育成就不平等，进而影响人力资本向经济资本转化的进程。

第三，对于中等收入群体，农村职业教育的回报率呈现"先增后降"的倒U型趋势。根据模型的回归结果，农村职业教育对中等收入群体的回报率从早期阶段向中期阶段的过渡阶段呈现逐渐上升趋势，从3.2%上升至7.4%，而后从中期阶段向后期阶段的发展过程中出现一定程度的下降，从7.4%下降至5.6%。具体来看，在2012年之前，我国农村职业教育较好地实现了服务农村中等收入群体增收的职能，这得益于政府对农村职业教育服务乡村人口的注意力配置倾斜，如2008年，中共中央第一次正式提出对于农村职业教育进行重点发展并逐步实行免费，2011年明确要求要落实好中等职业学校学生助学金和涉农专业学生免收学费的政策。② 从"成本—收益"理论的角度来看，农村学生接受中职的成本降低，一定程度上刺激了其对中职的教育期望。然而，自2012年后，针对农村地区的中职奖助型政策全面建成后，劳动力市场要求与中职对中等收入人口的培养出现了稳态匹配的失衡。

第四，对于高收入水平的群体，农村职业教育的回报率呈现"持续上升"的分布趋势。工具变量分位数回归显示，在较早时期，农村职业教育的回报率仅为1.5%，显著低于同等时段中职对低收入与中等收入群体的回报率，伴随着时间的推进，农村职业教育的回报率出现了显著的上升，与2014年达到7.6%，上升了6.1个百分点，而后农村职业教育的回报率继续随时间的推进上升，直至2018年，回报率达到24.2%，对比中职对低收入水平群体与中等收入水平群体，分别高出1.88倍与4.32倍。换言之，随着我国现代职业教育体系的日渐完善，农村职业教育脱离了自身原有的生存取向定位，转而衍生出一种服务地位取向的教育类型。伴随着绝对贫困问题的解决，生存型问题已经完全消弭，取而代之的是人民日益增长的发展型需要与社会资源日渐集约之间的矛盾。

当然，从实证结论来看，农村职业教育虽然在一定程度上实现服务农村人

---

① 宋玉兰，张梦醒，范宏民，等. 连片特困少数民族地区教育层次结构对农民收入增长的作用——以南疆三地州为例 [J]. 人口与经济，2017（02）：90-96.
② 祁占勇，杨文杰. 改革开放40年来农村职业教育政策的演进逻辑与展望 [J]. 中国职业技术教育，2018（27）：43-50.

口增收的职能，但与此同时，在不同收入层次、时间点上，服务增收的效益存在显著的异质性。"公平与效率"的博弈是教育政策制定的核心议题，事实上，农村职业教育在过去数十年的社会主义建设中为经济发展贡献了十分重要的基础性作用，从整体上看，其对于提升乡村人口收入大有裨益。然而，在个别分位点与时间点上，中职也呈现出未能有效服务乡村人口增收的职能，甚至回报率的异质性形塑了农村人口间难以弥合的收入鸿沟。为更好地发挥农村职业教育实现全面乡村振兴与促进共同富裕的目标，农村职业教育在坚持基础性定位的同时，还应当兼顾当前与长远利益，培养高质量的技术技能人才，充分发挥其培育新型职业农民的根本使命。

第一，维持政策稳定，巩固中职反贫成果。后扶贫时代，职业教育赋予落后人口以一技之长，在改善经济型相对贫困与缓解发展型贫困的过程中承担了关键职能。一方面，要大力保持政策的稳定性。不断增加支持力度，持续惠及落后人口，扭转落后人口的思维和行为惯性，避免返贫现象的发生。另一方面，制定针对性中职政策。对于边远地区、落后老区、"三区三州"等存在区域性连带落后地区，要依托政策工具，基于协作共建等形式发展农村职业教育，持续提升农村人口接受中职的机会，以更直接和有效的方式推动教育转化为生产力。①

第二，统一培养标准，实现公平效率同步。全面小康社会的建成意味着物质资源的极大丰富，也引致了农村内部人口物质条件上的异质性。要建立中职专业目录体系，制定并推广专业教学标准，同时，开发建设一批供全体学生选学的职业教育通用课程推出一批中职标准课程和统编教材。坚守社会正义，努力促进农村地区职业教育提高和高质量平等、公平发展。② 在此基础上，亟须建立职业资格证书、职业技能等级证书、其他社会培训证书的目录管理制度。为考试招生过程中认定考生学业水平、职业能力和其他学习成果搭建平台。③

第三，甄别效用门槛，保障中职资源有效利用。农村职业教育虽然能够在一定程度上提升落后农村人口的人力资本存量，但对农村人口的增收效益存在着显著的"门槛效应"。只有当社会经济地位或其他生活要素积累到一定程度，

① 刘大伟. 教育改善贫困的证据：基于微观社会调查的实证分析 [J]. 教育研究，2020（04）：115-124.
② 郝文武. 中国农村教育现代化的历史进程和现实举措 [J]. 当代教师教育，2020（02）：6-14.
③ 孙善学. 完善职教高考制度的思考与建议 [J]. 中国高教研究，2020（03）：92-97.

农村职业教育的扶贫效益才能得到最大化彰显。一方面,在农村职业教育的入口端,要强化义务教育的人才培养质量。开设职教类科目供适龄学生选择,同时通过树立典型,强调劳动教育,消弭学生心中"劳力者治于人,劳智者治人"的文化观念。①② 另一方面,在农村职业教育的出口端,要甄别农村人口不同的教育需求,保障农村职业教育惠及最广大农村人口,突破边际效益桎梏实现由岗位到教育的优度匹配,提高人力转化效率,达到乡村振兴战略下对农村职业教育的要求。

第四,区别人口特征,提升中职服务人力资本积累精度。后物质主义理论观点认为,物质需要满足的基础上,社会群体才会衍生出高质量受教育需求。③ 不同农村人口因为所处生活环境、代际财富积累的异质性而产生受教育需求的分殊。鉴于此,政府主体需要因地制宜,照顾农村个体不同的受教育需求。通过大规模教育帮扶与高质量精准供给相结合的方式巩固农村职业教育反贫防困成效。同时,从农村职业教育作为"类型教育、同等重要"的根本定位出发,构建上下贯连、普职融通的职业教育体系,建立针对农村劳动力直通式的"职业教育完整体系"和立交桥式的"普职融通教育体系",保障农村职业教育地位取向的类型定位。④

二、中等职业教育城乡个体回报率变动分析

随着我国全面小康社会的建成以及脱贫攻坚取得全面胜利,城乡关系日渐由过往的机械分工关系转向有机的共生关系,城乡融合、城乡一体化的命运共同体正在形成,城乡融合发展的体制机制已见雏形,⑤ 农村发展活力持续增强,农民收入较快增长,城乡居民收入差距逐年缩小。根据全国统计公报调查数据显示,2020 年全国居民收入增长较快,其中,城镇居民人均可支配收入 43834

---

① 张磊. 澳、英、美、德四国职业教育课程政策的比较研究 [J]. 国家教育行政学院学报, 2018 (05): 80-87.

② 祁占勇. 工匠的文化认同及其实现路径 [J]. 陕西师范大学学报(哲学社会科学版), 2019 (06): 83-91.

③ UHLANER L M, THURIK A R. Postmaterialism Influencing Total Entrepreneurial Activity across Nations [J]. ERIM Report Series Research in Management, 2006 (2): 161-185.

④ 祁占勇,谢金辰. 投资职业教育能否促进农村劳动力增收——基于倾向得分匹配(PSM)的反事实估计 [J]. 教育研究, 2021 (02): 97-111.

⑤ 张海鹏. 中国城乡关系演变 70 年:从分割到融合 [J]. 中国农村经济, 2019 (03): 2-18.

元，实际增长 1.2%；农村居民人均可支配收入 17131 元，实际增长 3.8%；城乡居民人均可支配收入比值为 2.56，比上年缩小 0.08。① 当然，由于历史原因，我国城乡二元经济结构并没有从本质上得以改变，城乡收入差距较大的痼疾依然存在。为解决我国农村发展不平衡不充分问题，国家积极统筹推进农村在经济、政治、文化、社会以及生态文明等方面的建设。人的资源是一切资源中最重要的资源，提高人力资本的存量与质量与社会经济发展、个体福祉休戚相关。② 通常来讲，教育投资被视为决定人力资本的首要因素，能直接提高劳动者个人收入水平，进而推动社会经济持续发展。

（一）问题提出

在庞大的教育系统中，职业教育与经济社会发展联系最为紧密，是发展社会经济和文化的生力军，③ 特别是我国广袤的农村地区，具有天然的人口资源优势，如何化人口资源为人力资本，如何实现农村农业现代化，如何为农民赋能增值，一直是国家关注的重点议程。为此，中共中央、国务院基于我国"三农"发展的实际，把大力发展农村职业教育作为头等大事，制定了一系列政策措施来推动农村职业教育高质量发展。如《关于大力发展职业教育的决定》（2005）、《国家中长期教育改革和发展规划纲要》（2010）、《关于加快发展现代职业教育的决定》（2014）、《现代职业教育体系建设规划（2014—2020）》（2014）、《关于落实发展新理念 加快农业现代化 实现全面小康目标的若干意见》（2016）、《关于深化产教融合的若干意见》（2017）、《国家职业教育改革实施方案》（2019）。

尽管如此，我国农村中等职业教育依然存在着"政府热"与"百姓冷"、"校热"与"企冷"等诸多"单相思"困境。根据《中国教育事业发展统计简况》调查数据显示，中等职业教育机构呈现减少趋势，招生人数呈现先减少后缓慢上升的趋势。中等职业学校数量从 2005 年的 1.4 万所下降至 2019 年的 1.01 万所，降幅 27.8%；中等职业学校招生人数从 2005 年的 655.66 万人下降

---

① 国家统计局. 中华人民共和国 2020 年国民经济和社会发展统计公报 [N]. 人民日报，2021-03-01（010）.

② KLEIN P G, COOK M L. TW Schultz and the Human-capital Approach to Entrepreneurship [J]. Review of Agricultural Economics，2006（3）：344-350.

③ 祁占勇，王志远. 经济发展与职业教育的耦合关系及其协同路径 [J]. 教育研究，2020（03）：106-115.

至 2019 年的 600.37 万人，降幅为 8.4%，但 2019 年比上年增加 43.32 万人。[①②]理性选择主义者认为，只有当教育投资带来的收益显著高于付诸的成本后，理性的经济人才会进行教育投资。[③] 教育投资的收益水平通常以教育回报率来衡量，即每增加一年或者一个阶段的教育带来收入提高的百分比。[④] 中等职业教育城乡个体回报率是衡量中等职业教育城乡个体经济效益的重要指标，能够表征中等职业教育对城乡个体的吸引力程度。

　　长期以来，教育回报率研究是教育经济学领域的研究热点。一方面，对教育回报率水平的估算方法主要有教育成本—收益法、内部收益率法以及明瑟收入方程法。[⑤] 其中，教育成本—收益法是指以货币单位为基础，通过比较的教育收益与教育成本，判断教育投资经济效益的一种分析手段；内部收益率法是指用内部收益率（资金投入现值总额与资金流出现值总额相等，净现值等于零时的折现率）来评价教育投资效益的方法；明瑟收入方程是指利用人力资本理论的结果，将劳动力收入与受教育年限、工作经验年限联系起来，得出估计收益等式。与教育成本—收益法、内部收益串法相比，明瑟收入方程不仅估计了教育与收入之间的因果关系，还将教育对劳动力收入的影响转化为衡量学校教育投资回报率的指标，从而与实际资本等其他投资回报率的指标进行比较。[⑥]基于此，明瑟收入方程成为应用最广泛的教育回报率估算方法。但标准的明瑟收入方程也存在着不足，它将影响收入的决定因素过于简化，没有考虑个人能力、性别、职业类型等因素对工资收入的影响，这可能导致对教育回报率的高估。[⑦] 因此，进入 21 世纪以来，教育回报率的研究日趋技术化，越来越多的研究者开始关注模型的识别问题，即识别教育与收入之间的因果关系，采用更科学的方法估计教育回报率，比如，用样本选择模型纠正样本选择偏差，使用工

① 中华人民共和国教育部. 2005 年全国教育事业发展统计公报 [EB/OL]. 中华人民共和国教育部官网，2006-07-06.

② 中华人民共和国教育部. 2019 年全国教育事业发展统计公报 [EB/OL]. 中华人民共和国教育部官网，2020-08-10.

③ 由鑫宇. 我国教育回报率的城乡差异研究 [D]. 济南：山东大学，2018.

④ Psacharopoulos G, Patrinos H A. Returns to investment in education：a further update [J]. Education economics，2004（2）：111-134.

⑤ 龙翠红. 收入差距与中国的教育回报率研究 [M]. 上海：上海人民出版社，2019：57.

⑥ BJÖRKLUND A, KJELLSTRÖM C. Estimating the Return to Investments in Education：How Useful is the Standard Mincer Equation? [J]. Economics of Education Review，2002（3）：195-210.

⑦ 龙翠红. 收入差距与中国的教育回报率研究 [M]. 上海：上海人民出版社，2019：66.

具变量、准自然实验、双胞胎差分模型等计量方法来控制内生性偏误。①

另一方面，教育回报率的城乡差异亦是教育回报率研究关注的重点内容。一是关注制度性因素对消弭城乡教育回报率差异的显著效益，并利用断点回归并结合明瑟收入方程分析教育制度对教育回报率的影响，从而探讨教育制度对缩小城乡差异的效果，研究表明，农村居民的教育回报率大约为11%，城镇居民的教育回报率大约为8%，教育回报率并不存在城乡间的马太效应。② 二是关注劳动力先赋性因素对收入的影响，使用分位数回归方法，将传统的个人教育回报率细分为高收入群体、中等收入群体和低收入群体以估算教育回报率，教育对不同性别、不同地区、不同收入水平人群的效应并不相同，低收入群体中农村居民教育回报率高于城镇居民，高收入群体中城镇居民教育回报率高于农村居民。③ 三是由于普通最小二乘法违反了经典统计技术中观测独立性的基本假定，有学者采用分层线性模型，估算不同地区的教育回报率，研究表明，我国城镇居民教育回报率的地区差异较大，差异主要来源于省内各城市间差异而非省间差异。④

此外，职业教育个体回报率也越来越引起研究者的关注与讨论。职业教育与经济具有双向互动的耦合关系，因此，职业教育有效承担了提升城乡个体劳动力收入的职能，且中等职业教育对于个体收入有着更为显著的作用，即中等职业教育的回报率普遍高于普通高中教育回报率。从劳动力市场分割视角来看，基于最新发展的倾向得分匹配法且控制了样本选择性偏差后，⑤ 普通高中平均年回报率为6.2%，中等职业教育平均年回报率为10.9%。⑥ 当然，在职业教育城乡个体回报率方面，有研究表明，中等职业教育提高农村劳动力收入的作用

---

① 张兴祥. 我国城乡教育回报率差异研究——基于 CHIP2002 数据的实证分析 [J]. 厦门大学学报（哲学社会科学版），2012（06）：118-125.

② 初帅，孟凡强. 高校扩招与教育回报率的城乡差异——基于断点回归的设计 [J]. 南方经济，2017（10）：16-35.

③ 白雪梅，李莹. 教育对中国居民收入的影响分析——基于分位数回归和收入分布的考察 [J]. 财经问题研究，2014（04）：11-18.

④ 王海港，李实，刘京军. 城镇居民教育收益率的地区差异及其解释 [J]. 经济研究，2007（08）：73-81.

⑤ 李夏南. 职业高中和普通高中教育回报率估计 [D]. 南京：南京财经大学，2015.

⑥ 龚刚敏，江沙沙. 个人教育回报率差异的实证研究——基于劳动力市场分割视角 [J]. 东北师范大学学报（哲学社会科学版），2019（04）：159-169.

强于普通高中教育，农村职业教育对农户家庭及个人收入均有正向显著影响。①② 也有研究表明，职业教育农村个体回报率要比普通高中教育回报率低 3.03%。③

显然，纵观以往教育回报率研究，学者鲜有关注中等职业教育回报率的城乡差异问题，而且普遍将兴趣放在节点性回报率的估计，即测量某一具体时间节点下教育回报率，忽略了教育回报率的时序性描述；与此同时，多数研究集中于横截面数据的使用，进而强调对某一时点下职业教育回报率的刻画，忽略了中等职业教育回报率变迁的效益。中等职业教育作为与普通高中教育"同等重要、不同类型"的一种教育类型，不仅承担着全面乡村振兴、消弭城乡人力资本积累差异的显著作用，而且对提高城乡居民收入、改善城乡差异大有裨益。因此，中等职业教育城乡个体回报率差异研究对衡量中等职业教育发挥城乡融合作用的成效具有十分重要的作用。鉴于此，我们利用中国人民大学调查与数据中心的中国综合社会调查（CGSS）的数据，依托明瑟收入方程，综合使用普通最小二乘法、两阶段最小二乘法与分位数回归法，探究中等职业教育城乡个体回报率变动并反思其背后的缘由，对提升中等职业教育吸引力、彰显中等职业教育基础性地位以及促进城乡融合发展具有至关重要的理论与实践价值。

（二）数据与方法

1. 数据来源与处理

研究数据来源于中国综合社会调查（Chinese General Social Survey，CGSS）。该项目始于 2003 年，使用了多阶分层抽样，涉及全国二十多个省（市、自治区），是我国最早的全国性、综合性、连续性的大型学术调查项目。④

本研究主要考察新时代前后中等职业教育城乡个体回报率的变化趋势，所以 2012 年为节点，选择其前后的几组数据作为研究对象；同时，考虑调查问卷的一致性，共选择了 2008 年、2011 年、2013 年、2017 年四个年度的数据。

---

① 胡咏梅，陈纯槿. 农村职业教育投资回报率的变化：1989—2009 年 [J]. 教育与经济，2013（01）：22-30.

② 祁占勇，谢金辰. 投资职业教育能否促进农村劳动力增收——基于倾向得分匹配（PSM）的反事实估计 [J]. 教育研究，2021（02）：97-111.

③ 钟水映，代书静. 教育能够增加农民工收入吗？——基于乡城流动人口收入调查的分析 [J]. 西安财经学院学报，2018（03）：63-69.

④ 陈爱丽，郑逸芳，许佳贤. 教育能促进社会阶层代际流动吗？——基于中国综合社会调查（CGSS）的经验证据 [J]. 教育与经济，2019（06）：27-34.

参照既有的研究成果，我们以"受访者户籍"为主要筛选标准，设置一组分类变量分别纳入两组并行的回归模型中，取值为 1 时，表示受访者户籍为城镇，取值为 0 时，表示受访者户籍为农村。在此基础上，我们保留年龄为 18—60 岁的在职劳动力作为样本，考虑异常值对研究结果的影响，我们以收入 5% 为界进行数据的清洗。最后，对于缺失值问题，参考 Rubin 的经验，进行多重插补，保证数据的完整性，① 最终得到 6609 个有效样本。

2. 变量描述

（1）因变量

研究的因变量为个体收入，在 CGSS 中有很多涉及收入的数据，包括个体全年总收入、全年职业/劳动收入、月收入、家庭总收入等。参考许涛②的经验，我们选择个体全年总收入作为因变量，在问卷中通过调查"您个人去年全年的总收入是多少"获取数据。

（2）自变量

研究的自变量为个体受教育程度，包括个体受教育年限与类型教育选择。依据研究者的处理③经验，使用"完成最高学历年份减去出生年份减去 6"表征个体受教育年限；再设置一组虚拟变量，表征个体类型教育选择，即选择中等职业教育或普通高中教育。

（3）控制变量

控制变量是指在接受处理前独立存在的变量。除了应对因变量造成影响的变量进行考虑外，影响结果变量的混杂因素也应纳入以提高估计的精确度。借鉴相关研究及经验，我们选择工作经验、性别、民族、婚姻状况、健康状况以及父亲的受教育程度等变量作为控制变量。其中，工作经验借鉴国际通用处理方法，使用"个体年龄减去受教育年限减去 6"表征④，性别（男性 =1，女性 =0）、民族（汉族 =1，少数民族 =0）、婚姻状况（已婚 =1，未婚 =0）及健康状况（健康 =1，不健康 =0）为虚拟变量，父亲的受教育程度则为连续变量，

① RUBIN D B. Multiple Imputation for Nonresponse in Surveys [J]. Journal of Marketing Research，2009（4）：180-180.

② 许涛. 分割与边际效益递增：中国城镇个人教育回报的特征与变化趋势——基于 CGSS2005 的多层次分析 [J]. 武汉大学学报（哲学社会科学版），2013（01）：109-114.

③ SILLES M A. The Returns to Education for the United Kingdom [J]. Journal of Applied Economics，2007（2）：391-413.

④ FERSTERER J，Winter-Ebmer R. Are Austrian Returns to Education Falling over Time? [J]. Labour Economics，2003（1）：73-89.

该变量从 1-13 赋值，随着数值的增大，父亲的受教育程度越高。除此之外，我们为了消除教育回报率测算中的异质性，以配偶受教育程度作为工具变量，配偶受教育程度也是一组连续变量表征，并随着数值的增大，配偶受教育程度越高（见表 10-4）。

表 10-4　变量说明

变量类别	变量名称	变量说明
因变量	个体收入	个人去年全年的总收入
自变量	受教育年限	受教育年限＝完成最高学历年份－出生年份－6
	类型教育选择	中等职业教育＝1，普通高中教育＝0
工具变量	配偶受教育程度指数	没有受过任何教育＝1，私塾、扫盲班＝2，小学＝3，初中＝4，职业高中＝5，普通高中＝6，中专＝7，技校＝8，大学专科（成人高等教育）＝9，大学专科（正规高等教育）＝10，大学本科（成人高等教育）＝11，大学本科（正规高等教育）＝12，研究生及以上＝13
控制变量	户口类型	农业户口＝1，非农业户口＝0
	工作经验	工作经验＝问卷年份－完成最高学历年份
	性别	男性＝1，女性＝0
	民族	汉族＝1，少数民族＝0
	婚姻状况	已婚＝1，未婚＝0
	健康状况	健康＝1，不健康＝0
	父亲受教育程度指数	没有受过任何教育＝1，私塾、扫盲班＝2，小学＝3，初中＝4，职业高中＝5，普通高中＝6，中专＝7，技校＝8，大学专科（成人高等教育）＝9，大学专科（正规高等教育）＝10，大学本科（成人高等教育）＝11，大学本科（正规高等教育）＝12，研究生及以上＝13

3. 研究方法

（1）明瑟收入方程

美国人力资本理论学者明瑟指出，"在人力资本中，教育与经验对收入的影响具有决定性作用，其他的人力资本因素视为次要变量或外生变量"，并且根据人力资本理论推导出收入决定的函数，从而就个体层面探讨教育程度与收入水平，具体步骤如下：

$$lny = \alpha0 + \alpha1 \times Exp + \alpha2 \times Exp^2 + \alpha3 \times edu + \sum \alpha iX + \varepsilon \tag{1}$$

其中，lny 表示城乡个体的收入对数，edu 表示个体受教育年限，Exp 与 Exp^2 分别指代个体工作经验与工作经验的平方项；$\alpha1$、$\alpha2$、$\alpha3$ 则为各解释变量的相关系数，我们关注的教育回报率为 $\alpha3$；αiX 表示外生的控制变量，包括家庭社会经济地位、认知能力与地理位置等变量；ε 表示"随机扰动项"。为计算中等职业教育和普通高中教育的净值回报率，我们引入虚拟变量（选择中等职业教育 = 1，选择普通高中教育 = 0）清理不同阶段的教育回报率，具体步骤如下：

$$lny = \alpha0 + \alpha1 \times Exp + \alpha2 \times Exp^2 + \alpha3 \times edu0 + i \times (\alpha4 \times edu1) + (1 - i) \times (\alpha5 \times edu2) + \sum \alpha iX + \varepsilon \tag{2}$$

其中，edu0、edu1、edu2 分别表示个体接受初中、中等职业以及普通高中的教育年限，当 i = 1 时，$\alpha4$ 表示个体接受中等职业带来的净值回报率；当 i = 0 时，$\alpha5$ 表示个体接受普通高中带来的净值回报率。

（2）多层嵌套的分位数回归模型

回归分析是利用数据统计原理，在自变量信息确定的情况下，探求因变量的变动规律，模型对现实的解释力越强越好，在样本中表现为模型误差的最小化。[①] 最小二乘法作为一种常见的数学优化方法，其核心思想是通过对残差平方和的最小化来估计自变量对因变量的影响。

因此，我们首先采用普通最小二乘法估计教育程度对收入的影响，并将估计结果作为基准估计校对。但是，基准回归仅能为我们提供教育程度参与回归后的均值效应，无法捕捉教育程度的异质性特征。[②] 我国劳动力队伍庞大，个体收入水平参差不齐，中等职业教育对不同收入水平个体的干预并非线性、均

① 韩文龙，刘璐. 中国教育回报率的长期变动（1991—2016）——基于收入差异的分位数回归研究 [J]. 武汉科技大学学报（社会科学版），2019（03）：282-293.

② 方超，黄斌. 体育锻炼能够促进青少年的认知能力发展吗？——基于中国教育追踪调查数据的实证研究 [J]. 华东师范大学学报（教育科学版），2021（03）：84-98.

质的，中等职业教育促进收入水平的影响效应可能存在差异。基于此，我们在研究中引入了科恩克和巴塞特①提出的分位数回归模型。在介绍分位数回归之前，我们首先引入分位数的概念。假设 Y 为连续型随机变量，其累计分布函数为 F_y，则 Y 的 τ 分位数，记为 $y\tau$，满足以下定义式：

$$\tau = P(Y \leqslant y_\tau) = F_y(y_\tau) \tag{3}$$

即 τ 分位数 y_τ，整体上位于样本数据的某一确定位数点上，小于该分位数的点集满足条件分布 τ，大于该分位数的点集满足条件分布（$1-\tau$）。当 τ 取值为 0.5 时，数据被划分为样本量相同的两个组构。

在了解了分位数回归的基础概念后，我们进一步讨论分位数回归的估计方法。假设条件分布 $y|X$ 的 τ 分位数 $y_\tau(X_i)$ 是 X 的线性函数，如下所示：

$$y_\tau(X_i) = X_i\beta_\tau \tag{4}$$

其中，β_τ 表示分位数回归偏系数向量，τ 表示分位数，β_τ 随着 τ 的变化而变化。依托最小定义法，数值上 β_τ 可表示为：

$$\mathop{Min}\limits_{\beta\ \tau} \sum_{i:\ y_i}^n \geqslant x'i\beta_\tau\tau \mid y_i - x'_i\beta_\tau + \sum_{i:\ y_i}^n < x'_i\beta_\tau(1-\tau) \mid y_i - x'_i\beta_\tau \tag{5}$$

（3）内生性问题

在中等职业教育回报率的估计中，内生性问题主要由遗漏变量误差、选择性偏差、互为因果、测量误差等原因导致。为了尽量避免内生性问题，可以通过双重差分法、倾向值得分匹配法、断点回归、工具变量法等常见措施来处理内生性问题。双重差分法只适用于面板数据，消除不随时间变化的内生性影响；倾向值得分匹配法受制于纳入匹配模型的变量数，只能部分消除内生性因素；断点回归法对数据要求很高，需要在断点附近有较多观测值；而工具变量则被广泛地认为是处理内生性问题的最有效工具。基于此，我们使用工具变量法处理模型中产生的内生性问题。通常来讲，处理教育与经济关系的工具变量主要分为以下两类，一类是代表个体受教育环境的家庭特征，如兄弟姐妹数量②、配偶的受教育年限③等。另一类常用的工具变量是个体受教育环境的外部政策

① KOENKER R, BASSETT G. Regression Quantiles [J]. Econometrica：Journal of the Econometric Society, 1978（1）：33-50.

② 刘泽云，袁青青. 家庭背景对个人教育回报率的影响 [J]. 中国人口科学，2021（02）：40-51.

③ 杨宜勇，王伶鑫. 流动人口教育回报率变动趋势研究 [J]. 中国人口科学，2021（02）：26-39.

冲击，如义务教育法①、高校扩招政策②等。我们使用配偶的受教育年限作为个人受教育年限的工具变量来处理可能存在的遗漏变量偏误。具体模型估计使用两阶段最小二乘法（2SLS）和控制函数法（CF）。两阶段最小二乘法（2SLS）是解决内生性问题的标准方法。

（三）实证分析

1. 描述性统计

为了概览样本的整体分布，我们对遴选的样本进行描述性统计（见表10-5）。从因变量来看，随着经济建设的持续深入，城乡居民人均收入都呈现出逐渐上升的趋势。2008年、2011年、2013年、2017年的城市人均收入分别为18093.11、21813.25、31980.55、51819.05元。农村人均收入分别为9243.53、14110.57、21593.39、36150.04元。值得注意的是，城市个体的收入增速显著高于农村人口，而相似的分布呈现在城乡中等职业教育的选择比例上。2008年、2011年、2013年、2017年的城市中等职业教育选择比例分别为44.63%、32.48%、36.21%、35.31%。农村中等职业教育选择比例分别为29.49%、21.57%、30.00%、33.02%。

从自变量来看，城镇居民受教育年限在逐年增高的基础上略有波动，农村居民的受教育年限逐年增高，受教育年限城乡差异逐步缩小，但城镇居民受教育年限显著高于农村居民。2008年、2011年、2013年、2017年的城市人均受教育年限分别为10.82年、12.75年、12.9年、14.27年，农村人均受教育年限分别为7.21年、10.07年、10.08年、11.22年，农村居民在4年中受教育年限的均值为9.65年，城镇居民在4年中受教育年限平均为12.69年，这说明大多数农村居民可能仅完成义务教育，而大多数城镇居民完成高中阶段教育。由此，可以得出一种初步结论，即城乡收入的拉大，一定程度上归因于城乡中等职业教育普及度的异质性，中等职业教育对个体收入有着一定的正向贡献。值得注意的是，上述论断只是建立在描述性统计基础上的初步结论，具体两者之间是否存在因果关系，我们将通过构建明瑟收入方程来进行进一步的探讨。

---

① 刘生龙，周绍杰，胡鞍钢. 义务教育法与中国城镇教育回报率：基于断点回归设计 [J]. 经济研究，2016（02）：154-167.

② 初帅，孟凡强. 高校扩招与教育回报率的城乡差异——基于断点回归的设计 [J]. 南方经济，2017（10）：16-35.

表 10-5 城乡各变量的描述性统计（均值）

变量	户口状况	2008 年	2011 年	2013 年	2017 年
个人收入	城镇	18093.11	21813.25	31980.55	51819.05
	农村	9243.53	14110.57	21593.39	36150.04
收入对数	城镇	9.59	9.79	9.67	10.65
	农村	8.67	9.21	9.69	10.16
受教育年限	城镇	10.82	12.75	12.96	14.27
	农村	7.21	10.07	10.08	11.22
工作经验	城镇	25.26	25.41	24.89	23.76
	农村	27.85	25.11	25.31	24.85
经验平方	城镇	772.63	773.63	750.31	707.10
	农村	880.03	732.73	747.74	740.90
中等职业比例	城镇	44.63%	32.48%	36.21%	35.31%
	农村	29.49%	21.57%	30.00%	33.02%
男性比例	城镇	53.75%	51.05%	51.25%	46.76%
	农村	57.51%	54.73%	59.16%	57.12%
汉族比例	城镇	94.53%	96.05%	94.58%	94.21%
	农村	92.92%	95.46%	89.99%	92.74%
已婚比例	城镇	98.91%	99.65%	98.37%	97.72%
	农村	99.57%	99.23%	98.94%	97.67%
健康比例	城镇	69.53%	43.02%	77.73%	68.01%
	农村	57.66%	41.99%	76.54%	66.05%
父亲受教育程度指数	城镇	3.38	3.38	3.59	4.14
	农村	2.39	2.57	2.64	2.92

2. 中等职业教育城乡个体回报率的变动

为了探究中等职业教育城乡回报率的变动，我们将样本根据户口类型分为城镇居民与农村居民，首先用普通最小二乘法分别估计城乡居民的受教育程度对收入的影响，然后选取 2008 年、2011 年、2013 年与 2017 年四个年份进行回归分析，基本回归结果如下。用普通最小二乘法（OLS）方法估计的中等职业教育农村个体回报率在 2008 年、2011 年、2013 年、2017 年分别为 21.7%、15.1%、10.1%、14.3%，中等职业教育城镇个体回报率在 2008 年、2011 年、

2013 年、2017 年分别为 10.4%、16.2%、11.8%、8.7%。用 OLS 方法估计的普通高中教育农村个体回报率在 2008 年、2011 年、2013 年、2017 年分别为 10.4%、4.9%、4.6%、7.9%，普通高中教育城镇个体回报率在 2008 年、2011 年、2013 年、2017 年分别为 6.2%、8.5%、7.8%、5.1%。综合来说，农村中等职业教育的年平均回报率达到 10.1%-21.7%，城镇中等职业教育的年平均回报率达到 8.7%-16.2%，农村普通高中教育的年平均回报率达到 4.6%-10.4%，城镇普通高中教育的年平均回报率达到 5.1%-8.5%。由此可见，无论是城镇居民还是农村居民，中等职业教育个体回报率均高于普通高中教育个体回报率，中等职业教育有效承担起提升个体收入的职能（见表 10-6）。

表 10-6　不同年份中等职业教育回报率的 OLS 估计结果

教育类型	户口状况	2008年	2011年	2013年	2017年
中等职业教育	城镇	0.104 *** (0.077)	0.162 *** (0.074)	0.118 *** (0.049)	0.087 *** (0.062)
	农村	0.217 *** (0.163)	0.151 *** (0.121)	0.101 *** (0.082)	0.143 *** (0.068)
普通高中教育	城镇	0.062 *** (0.075)	0.085 *** (0.058)	0.078 *** (0.038)	0.051 *** (0.054)
	农村	0.104 *** (0.114)	0.049 *** (0.074)	0.046 *** (0.051)	0.079 *** (0.053)

注：*、**和***分别表示在10%、5%和1%的水平下统计显著

为进一步观察中等职业教育回报率的变动趋势与城乡差异，将 OLS 结果做成折线图来进行观察，图 10-2 显示：中等职业教育农村个体回报率在 2008 年—2017 年处于先下降后上升态势，中等职业教育城镇个体回报率在 2008 年—2017 年处于先上升后下降态势；普通高中教育农村个体回报率在 2008 年—2017 年处于先下降后平稳过渡再趋向上升态势，普通高中教育城镇个体回报率在 2008 年—2017 年先上升后平稳过渡再趋向下降态势。

3. 中等职业教育城乡个体回报率的内部变动

如果忽略个人能力直接估计教育回报率，可能会导致内生性问题。因此，将配偶的受教育程度作为工具变量，用两阶段最小二乘法分别估计城乡居民的受教育程度对收入的影响。在控制了样本选择性偏差后，中等职业教育城镇个

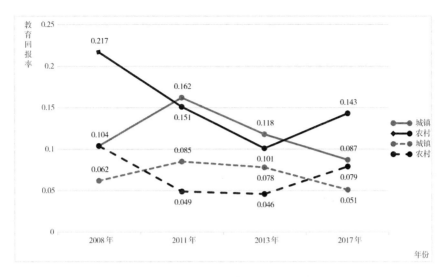

图 10-2 不同年份教育回报率的 OLS 估计结果

体回报率从 8.7% 降至 8%，中等职业教育农村个体回报率从 14.3% 降至 13.6%，且回归模型的估计结果均有显著影响，进一步验证了仅采用普通最小二乘法估算教育个体回报率会出现偏差。

为进一步探究中等职业教育城乡回报率的内部变动，我们将城镇居民与农村居民的收入水平各分设为 5 个水平，表征为 $\tau 10$—$\tau 90$，进行分位数回归估计（见表 10-7）。

分位数回归结果显示，一方面，中等职业教育能在一定程度上提升了相对贫困农村个体的收入水平，但对于中等收入水平和高等收入水平的农村劳动力增收效益显著不足。无论是早期（2008 年）、中期（2011 年、2013 年）还是后期（2017 年），相较于中、高等收入水平的农村个体（$\tau 50$—$\tau 90$），低等收入水平农村个体的中等职业教育回报率更高（$\tau 10$—$\tau 25$）；另一方面，中等职业教育能显著提升相对贫困城镇群体的收入水平，但对于中、高等收入水平城镇个体的收入效益显著不足。无论是早期（2008 年）、中期（2011 年、2013 年）还是后期（2017 年），相较于中、高等收入水平的城镇群体（$\tau 50$—$\tau 90$），低等收入水平的城镇群体的中等职业教育回报率更高（$\tau 10$—$\tau 25$）（见图 10-3）。

表 10-7 中等职业教育城乡个体回报率的内部变动

	户口状况	2008年	2011年	2013年	2017年	常数项1	常数项2	常数项3	常数项4	$R1^2$	$R2^2$	$R3^2$	$R4^2$
OLS	城镇	0.104*** (0.077)	0.162*** (0.074)	0.118*** (0.049)	0.087*** (0.062)	9.317*** (0.186)	8.336*** (0.298)	9.792*** (0,202)	9.931*** (0.276)	0.658	0.651	0.581	0.626
	农村	0.217*** (0.163)	0.151*** (0.121)	0.101*** (0.082)	0.143*** (0.068)	8.093*** (0.841)	9.423*** (0.288)	8.436*** (0.255)	9.249*** (0.232)	0.923	0.782	0.734	0.766
2SLS	城镇	0.096*** (0.201)	0.152*** (0.281)	0.114*** (0.145)	0.08*** (0.176)	8.819*** (0.549)	7.877*** (0.607)	9.456*** (0.242)	9.682*** (0.322)	0.688	0.695	0.601	0.651
	农村	0.211* (0.289)	0.147*** (0.274)	0.096*** (0.329)	0.136*** (0.294)	8.993*** (0.565)	8.890*** (0.495)	8.480*** (0.221)	8.590*** (0.305)	2.232	0.828	0.78	0.811
τ10	城镇	0.116*** (0.181)	0.193*** (0.139)	0.186*** (0.091)	0.126*** (0.129)	9.224*** (0.433)	8.352*** (0.545)	7.551*** (0.788)	8.278*** (0.729)	0.063	0.092	0.081	0.097
	农村	0.281*** (0.233)	0.246*** (0.271)	0.126** (0.230)	0.198*** (0.138)	6.293*** (1.307)	8.612*** (0.452)	8.436*** (0.255)	8.512*** (0.596)	0.149	0.087	0.063	0.115
τ25	城镇	0.108*** ((0.130)	0.204*** (0.159)	0.133*** (0.124)	0.092*** (0.094)	9.251*** (0.332)	8.261*** (0.510)	9.289*** (0.549)	9.567*** (0.480)	0.060	0.046	0.09	0.065
	农村	0.157*** (0.281)	0.189*** (0.166)	0.093*** (0.149)	0.179*** (0.104)	6.908*** (1.161)	8.482*** (0.474)	8.465*** (0.255)	8.469*** (0.319)	0.141	0.119	0.112	0.120

续表

	户口状况	2008年	2011年	2013年	2017年	常数项1	常数项2	常数项3	常数项4	$R1^2$	$R2^2$	$R3^2$	$R4^2$
τ50	城镇	0.109*** (0.111)	0.199*** (0.091)	0.134*** (0.051)	0.058*** (0.089)	9.278*** (0.302)	8.297*** (0.456)	9.918*** (0.286)	10.143*** (0.394)	0.103	0.099	0.085	0.064
	农村	0.289*** (0.348)	0.181*** (0.187)	0.109*** (0.069)	0.107*** (0.091)	6.649*** (1.2370)	9.305*** (0.530)	8.915*** (0.200)	9.131*** (0.304)	0.121	0.094	0.143	0.106
τ75	城镇	0.111*** (0.088)	0.146*** (0.109)	0.081*** (0.061)	0.073*** (0.102)	9.147*** (0.251)	8.172*** (0.386)	10.419*** (0.282)	9.783*** (0.459)	0.095	0.118	0.093	0.074
	农村	0.187*** (0.266)	0.065*** (0.123)	0.131** (0.094)	0.147*** (0.118)	9.461*** (1.066)	10.015*** (0.418)	9.434*** (0.199)	10.114*** (0.335)	0.110	0.100	0.109	0.109
τ90	城镇	0.058*** (0.123)	0.092*** (0.094)	0.101*** (0.063)	0.959*** (0.127)	9.554*** (0.398)	8.084*** (0.417)	10.521*** (0.290)	10.746*** (0.406)	0.083	0.146	0.084	0.098
	农村	0.155** (0.173)	0.032*** (0.211)	0.085** (0.014)	0.138*** (0.112)	9.412*** (1.095)	9.886*** (0.374)	9.716*** (0.293)	10.193*** (0.263)	0.104	0.092	0.078	0.098

注：*、**、***表示结果在5%、1%、1‰水平上显著。

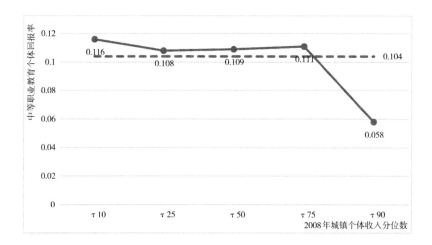

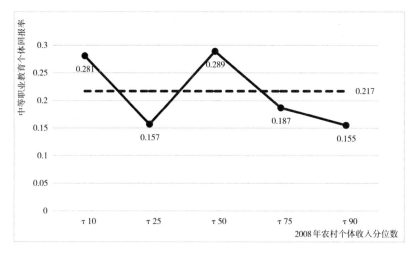

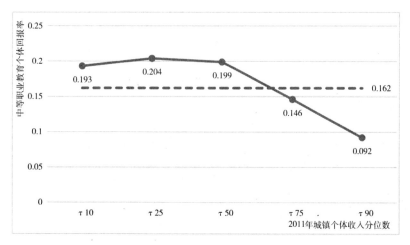

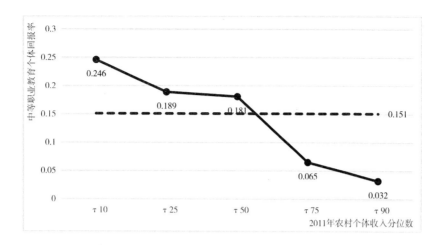

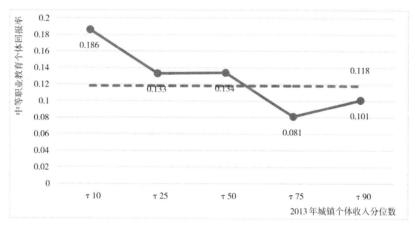

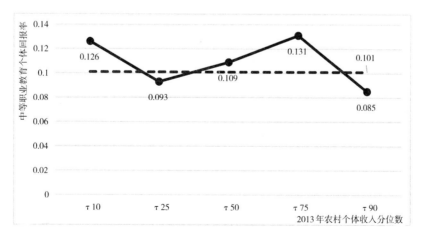

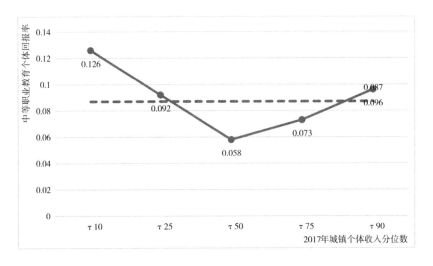

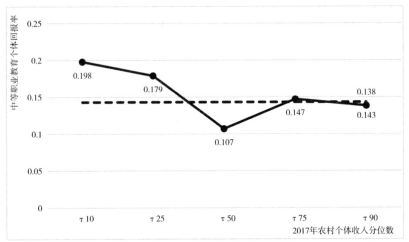

图 10-3　中等职业教育城乡个体回报率的内部变动

（四）结论与建议

我们构建城乡两个层面的混合截面数据，综合使用普通最小二乘法、两阶段最小二乘法与分位数回归法，探究中等职业教育对城乡个体回报率差异的变动趋势，得到如下结论。

第一，中等职业教育有效承担了振兴城乡人才的职能，接受中等职业教育对提升城乡个体收入的效益具有显著作用，对农村个体收入的正向贡献更为显著。无论是城镇个体还是农村个体，中等职业教育个体回报率均比普通高中教育个体回报率更高。用 OLS 方法估计中等职业教育农村个体回报率在 2008 年、

2011 年、2013 年、2017 年分别高出普通高中教育回报率 11.3%、10.2%、5.5%、6.4%；中等职业教育城镇个体回报率在 2008 年、2011 年、2013 年、2017 年分别高出普通高中教育回报率 4.2%、7.7%、4%、3.6%。与此同时，无论在哪个时期，中等职业教育农村个体回报率均高于中等职业教育城镇个体回报率，尤其在 2017 年，中等职业教育农村个体回报率与城镇个体回报率拉开了差距。这充分说明，随着全面乡村振兴战略的实施，农村职业教育作为支撑乡村振兴的重要力量，在促进农村居民个体收入和消除城乡居民收入差异方面发挥了重要的作用。

第二，整体上看，中等职业教育农村个体的回报率呈现出先下降后上升的趋势，城镇个体回报率呈现出先上升后下降的趋势。OLS 回归的结果显示，中等职业教育农村个体回报率在 2008 年、2011 年、2013 年、2017 年分别达到 21.7%、15.1%、10.1%、14.3%，中等职业教育城镇个体回报率在 2008 年、2011 年、2013 年、2017 年分别达到 10.4%、16.2%、11.8%、8.7%，虽然纳入工具变量后，回报率出现了一定程度的下滑，但变动趋势与 OLS 结果保持一致。究其原因，一是受 2007 年后全球经济危机的影响，中国的经济增长率也相应地出现了下滑趋势，进入劳动力市场的个体面临严峻的就业形势，弱化了劳动力工资议价能力，使得中等职业教育个体回报率下降。二是受高校扩招政策的影响，劳动力市场的高学历劳动者供给迅速增加，使得中等职业教育个体回报率下降。三是受新时代以来一系列职业教育政策的正面影响，随着《关于加快发展现代职业教育的决定》《现代职业教育体系建设规划（2014—2020）》等相继颁布，我国职业教育政策紧扣服务国家战略的重大需求，以促进经济社会发展为主线，以加快建设和完善现代职业教育体系为核心，[①] 职业教育高质量体系正在逐步形成，有效地提升了职业教育吸引力，从而助力了劳动力收入的提高，使中等职业教育回报率逐步上升。

第三，中等职业教育能够有效改善低收入水平个体的收入。一方面，中等职业教育的低等收入水平农村个体回报率在 2008 年、2011 年、2013 年、2017 年均高于中、高等收入水平的农村个体。在 10 分位点上的低等收入水平农村个体在 2008 年、2011 年、2013 年、2017 年的中等职业教育回报率分别为 28.1%、24.6%、12.6%、198%，均高于同一时期 OLS 估算结果，即对中等收入以下的

---

①　苏敏. 党的十八大以来我国职业教育政策分析 [J]. 职教论坛，2020（08）：70-76.

贫困农户而言，中等职业教育对收入提升的作用最大。① 另一方面，中等职业教育的低等收入水平城镇个体回报率在 2008 年、2011 年、2013 年、2017 年均高于中、高等收入水平的城镇个体。在 10 分位点上的低等收入水平城镇个体在 2008 年、2011 年、2013 年、2017 年的中等职业教育回报率分别为 11.6%、19.3%、18.6%、12.6%，均高于同一时期 OLS 估算结果，即中等职业教育回报率在中低分位点上相对较高，接受中等职业教育能够有效缩小与高等收入阶层的差距。②

　　虽然中等职业教育在一定程度上实现了促进城乡个体增收与消弭城乡人力资本积累差异的功能，但对消除城镇或农村群体内部收入差异的效能并未完全发挥，在不同收入层次上，中等职业教育个体回报率依然存在显著差异。因此，为更好地发挥中等职业教育促进个体劳动力增收、实现经济增长、推动城乡融合发展等目标，我们需要进一步明确中等职业教育的基础性地位，有效发挥中等职业教育的功能，从而助力中国特色现代职业教育体系建设。

　　第一，明确中等职业教育的基础性地位，实现中等职业教育的基础性转型。中等职业教育是现代职业教育体系的重要组成部分，在经济社会发展中处于基础地位，承担着培养技术技能型人才的使命。③ 当前我国中等职业教育已进入历史性转折时期，中等职业教育的就业功能基本完成了其历史使命后，成为应用型人才培养体系的基础教育的重要功能正在凸显。因此，中等职业教育在继续坚持职业性的同时，一方面，中等职业教育办学定位中要不断调整与优化人才培养方案，突出对乡村人才的培养定位，与此同时，在教学方法上突出技术思维能力的培养，通过实践问题的解决来培养学习者真实情境中的技术思维能力，这是由应用型人才工作任务的性质和能力要求决定的;④ 另一方面，中等职业教育基础性转型的关键是课程设置的合理性和科学性，需要以完善的课程体系为支撑。为此，必须加大语数外等公共基础课比例，并根据中等职业学校

①　宋玉兰，张梦醒，范宏民，等. 连片特困少数民族地区教育层次结构对农民收入增长的作用——以南疆三地州为例［J］. 人口与经济，2017（02）：90-96.

②　龙翠红. 中国的教育回报率是如何分布的？——基于分位数回归的实证分析［J］. 经济经纬，2017（04）：135-140.

③　朱德全，石献记. 从层次到类型：中国职业教育发展百年［J］. 西南大学学报（社会科学版），2021（02）：103-117.

④　徐国庆. 中等职业教育的基础性转向：类型教育的视角［J］. 教育研究，2021（04）：118-127.

学生的认知规律开设技术基础课程，实现中等职业教育的基础性转型，① 为学生终身学习能力奠基，提高其在社会流动中的竞争力。

第二，加快发展农村中等职业教育，服务城乡融合发展。中华人民共和国成立以来，我国城乡关系随着国家重大发展战略的调整而不断发生调整，历经由"分割"到"统筹"、"一体化"再到"融合"的过程。② 但现阶段城乡收入差异问题依然存在。农村中等职业教育在我国现代职业教育体系中具有不可替代的战略性地位和基础性作用，直接关系新农村建设、新型城镇化建设、新型农民的培养与和谐社会构建的成效。③ 农村中等职业教育有助于提高贫困人口的技术技能，使其生活有最基本的依靠，提升自身反贫困能力，阻断贫困代际传递，助推乡村振兴。④ 基于此，一方面要大力发展中等职业学校，农村中等职业学校以培养高技能的新型职业农民为目标，提高新型职业农民在劳动力市场的竞争力，促进新型职业农民就业，提升农村个体的收入状况，消弭城乡个体收入差异。另一方面要做好农村新型职业农民的职业培训。农村职业培训应以服务农民为本，强化农业新技术的宣传推广，从而提升相对贫困农村个体的收入状况，满足贫困农村个体的基本生活需要，发展贫困农村个体的个性与潜能⑤，消弭农村内部个体收入差异，实现职业教育公平。

第三，重视中等职业教育的本体价值，加大对中等职业教育的投资力度。通常来讲，职业教育是整个教育系统中与经济社会和生产实践关系最密切、最直接的教育类型，但职业院校生均经费比同级普通教育生均经费高出 2.53 倍，附加实验实习设备成本则更高。⑥ 目前我国中等职业教育质量得不到认可与资金投入不足紧密相关。因此，为了中等职业教育持续快速发展，凸显中等职业教育的本体价值，提升城乡个体增收与促进经济发展的职能，政府应不断加大对中等职业教育的投入，构建一批高质量的中等职业学校。一是加大对中等职

① 陈鹏. 中等职业教育基础性定位的再认识 [J]. 国家教育行政学院学报，2021（05）：26-32.

② 年猛. 中国城乡关系演变历程、融合障碍与支持政策 [J]. 经济学家，2020（08）：70-79.

③ 李延平，任雪园. 农村职业教育的公共性危机及其法治保障 [J]. 陕西师范大学学报（哲学社会科学版），2016（06）：144-151.

④ 祁占勇，王志远. 乡村振兴战略背景下农村职业教育的现实困顿与实践指向 [J]. 华东师范大学学报（教育科学版），2020（04）：107-117.

⑤ 祁占勇，王羽菲. 乡村振兴战略背景下农村职业教育现代化的指标体系与行动逻辑 [J]. 西南大学学报（社会科学版），2020（04）：67-77.

⑥ 李名梁. 发展职业教育亟须提高社会认同度 [N]. 光明日报，2013-07-13（10）.

业学校实验实习设备、实训基地、数字模拟教室、信息化教学环境等基础设施的投资;二是优化中等职业学校师资队伍结构,引进企事业单位的优质人才作为专业课教师和实习指导教师,采取鼓励措施培养"双师型"教师,释放政策红利聘任兼职教师①,并提高中等职业学校教师待遇,增强中等职业学校教师吸引力。三是加大对中等职业学校教材研发的投入,邀请企事业单位人才和教材研发人才参与讨论,制定统一标准,优化中等职业学校教材,给予参与研发教材的人才特别奖励。

---

① 俞启定. 高等职业教育的性质定位及高职教师队伍建设问题探讨 [J]. 当代教师教育,
2020 (04): 1-8.

参考文献

一、中文文献

（一）著作

[1] 阿马蒂亚·森. 以自由看待发展 [M]. 任赜，于真，译. 北京：中国人民大学出版社，2002.

[2] 艾·里斯，杰克·特劳特. 定位 [M]. 王恩冕，译. 北京：中国财政经济出版社，2002.

[3] 贝塔朗菲. 一般系统论 [M]. 林康义，魏宏森，译. 北京：清华大学出版社，1987.

[4] 陈工孟. 中国职业教育年鉴（2018）[M]. 北京：经济管理出版社，2018.

[5] 褚宏启. 教育政策学 [M]. 北京：北京师范大学出版社，2011.

[6] 党的十九大报告辅导读本编写组. 党的十九大报告辅导读本 [M]. 北京：人民出版社，2007.

[7] 樊期曾. 东北农业教育史 1906—1985 [M]. 沈阳：辽宁教育出版社，1987.

[8] 范先佐. 教育经济学新编（第四版）[M]. 北京：人民教育出版社，2015.

[9] 费孝通. 乡土中国 [M]. 北京：人民出版社，2015.

[10] 何东昌. 中华人民共和国重要教育文献（1976—1997）[G]. 海口：海南出版社，1998.

[11] 胡德海. 教育学原理 [M]. 北京：人民教育出版社，2013.

[12] 黄炎培. 三十五年来中国之职业教育 [M]. 北京：商务印书馆，1931.

[13] 黄育云. 农村职业教育与农业产业化、农村城镇化、农村现代化互动研究 [M]. 北京：中国农业出版社，2005.

［14］姜大源. 职业教育要义 ［M］. 北京：北京师范大学出版社，2017.

［15］蒋自强，史晋川. 当代西方经济学流派 ［M］. 2 版. 上海：复旦大学出版社，2001.

［16］靳希斌. 马克思恩格斯教育原理简述 ［M］. 北京：北京师范大学出版社，1992.

［17］李延平，陈鹏，祁占勇. 我国当代农村职业教育研究 ［M］. 西安：陕西师范大学出版总社，2018.

［18］李延平. 职业教育公平问题研究 ［M］. 北京：教育科学出版社，2009.

［19］李云才. 中国农村现代化研究 ［M］. 长沙：湖南人民出版社，2004.

［20］理查德·L. 达夫特. 组织理论与设计 ［M］. 王凤彬，石云鸣，张秀萍，等译. 北京：清华大学出版社，2002.

［21］梁漱溟. 梁漱溟教育论文集 ［M］. 上海：开明书店，1945.

［22］刘铁芳. 乡土的逃离与回归乡村教育的人文重建 ［M］. 福州：福建教育出版社，2011.

［23］刘湘溶. 人与自然的道德话语 ［M］. 长沙：湖南师范大学出版社，2004.

［24］刘彦随，龙花楼，王介永. 中国农业现代化与农民 ［M］. 北京：科学出版社，2014.

［25］龙翠红. 收入差距与中国的教育回报率研究 ［M］. 上海：上海人民出版社，2019.

［26］马建富. 社会转型与中国农村职业教育发展道路的选择 ［M］. 北京：知识产权出版社，2014.

［27］马秋帆，熊明安. 晏阳初教育论著选 ［M］. 北京：人民教育出版社，1993.

［28］马秋帆. 梁漱溟教育论著选 ［M］. 北京：人民教育出版社，1994.

［29］上海中华职业教育社志编辑组. 上海中华职业教育社志 ［M］. 上海：上海古籍出版社，2007.

［30］沈灌群，毛礼锐. 中国教育家评传 ［M］. 上海：上海教育出版社，1989.

［31］石伟平. 比较职业教育 ［M］. 上海：华东师范大学出版社，2001.

［32］舒尔茨. 论人力资本投资 ［M］. 北京：北京经济学院出版社，1990.

［33］舒新城. 中国近代教育史资料中 ［M］. 北京：人民教育出版社，1961.

［34］孙绵涛. 教育政策论：具有中国特色的社会主义教育政策研究［M］. 上海：华东师范大学出版社，2005.

［35］孙燕铭. 乡城劳动力迁移与农村人力资本积累［M］. 北京：社会科学文献出版社，2016.

［36］谭跃进. 系统工程原理［M］. 北京：科学出版社，2010.

［37］陶行知. 论乡村教育改造［M］. 西安：陕西师范大学出版社，1989.

［38］陶行知. 陶行知全集［M］. 长沙：湖南教育出版社，1984.

［39］邬志辉，秦玉友. 中国农村教育发展报告2019［M］. 北京：北京师范大学出版社，2020.

［40］西奥多·W. 舒尔茨. 改造传统农业［M］. 北京：商务印书馆，2006.

［41］小罗伯特·E·卢卡斯. 经济发展讲座［M］. 罗汉，等译. 南京：江苏人民出版社，2003.

［42］熊明安，周洪宇. 中国近现代教育实验史［M］. 济南：山东教育出版社，2001.

［43］徐国庆. 职业教育原理［M］. 上海：上海教育出版社，2007.

［44］晏阳初，赛珍珠，宋恩荣. 告语人民［M］. 桂林：广西师范大学出版社，2003.

［45］晏阳初. 平民教育与乡村建设运动［M］. 北京：商务印书馆，2014.

［46］俞启定，和震. 中国职业教育发展史［M］. 北京：高等教育出版社，2012.

［47］袁振国. 教育政策学［M］. 南京：江苏教育出版社，1996.

［48］张乐天. 教育政策法规的理论与实践［M］. 上海：华东师范大学出版社，2002.

［49］中国教育年鉴编辑部. 中国教育年鉴（1978—1982）［M］. 北京：中国大百科全书出版社，1982.

［50］中华人民共和国国家统计局. 中国第二次全国农业普查资料汇编——农民卷［M］. 北京：中国统计出版社，2009.

［51］中华职业教育社. 黄炎培教育文选［M］. 上海：上海教育出版社，1985.

（二）期刊

［1］白雪梅，李莹. 教育对中国居民收入的影响分析——基于分位数回归和收入分布的考察［J］. 财经问题研究，2014（04）.

［2］蔡巧燕. 基于英国现代学徒制的新型职业农民培育模式的构建与实践

[J]. 山西农经, 2016 (17).

　　[3] 曹晔, 汤生玲. 城镇化和工业化过程中的农村职业教育 [J]. 职业技术教育, 2007 (01).

　　[4] 车明朝. 寻找真问题破解真难题——新型职业农民教育培养重大问题研究取得丰硕成果 [J]. 中国职业技术教育, 2017 (13).

　　[5] 车四方, 谢家智, 姚领. 社会资本、农村劳动力流动与农户家庭多维贫困 [J]. 西南大学学报 (社会科学版), 2019, 45 (02).

　　[6] 陈爱丽, 郑逸芳, 许佳贤. 教育能促进社会阶层代际流动吗？——基于中国综合社会调查 (CGSS) 的经验证据 [J]. 教育与经济, 2019 (06).

　　[7] 陈波涌, 唐智彬. 论精准扶贫背景下贫困农村地区人力资源开发内容与途径 [J]. 湖南大学学报 (社会科学版), 2017, 31 (01).

　　[8] 陈红颖, 夏金星, 匡远配. 关于农村职业教育应属于公共产品之分析 [J]. 中国职业技术教育, 2007 (17).

　　[9] 陈建新. 从培养新型农民视角探讨农村职业教育的发展 [J]. 职业时空, 2012 (01).

　　[10] 陈鹏, 王晓利. "扶智" 与 "扶志": 农村职业教育的独特定位与功能定向 [J]. 苏州大学学报 (教育科学版), 2019, 7 (04).

　　[11] 陈鹏. 中等职业教育基础性定位的再认识 [J]. 国家教育行政学院学报, 2021 (05).

　　[12] 陈水斌. 现代化经济体系建设背景下的职业教育供给侧改革 [J]. 教育与职业, 2019 (02).

　　[13] 陈伟国. 职业教育在构建和谐社会中大有可为 [J]. 职业教育研究, 2006 (11).

　　[14] 陈锡文. 实施乡村振兴战略, 推进农业农村现代化 [J]. 中国农业大学学报 (社会科学版), 2018 (01).

　　[15] 陈衍, 徐梦佳, 郭珊, 等. 面向 2030 年我国农村人口发展与职业教育现代化刍议 [J]. 河北师范大学学报 (教育科学版), 2017, 19 (05).

　　[16] 陈正华. 新型职业农民培训理论与机制 [J]. 高等农业教育, 2013 (05).

　　[17] 初帅, 孟凡强. 高校扩招与教育回报率的城乡差异——基于断点回归的设计 [J]. 南方经济, 2017 (10).

　　[18] 丛晓波, 郑卓. 基于差异的比较: 转型期我国大学生的幸福感研究 [J]. 北京交通大学学报 (社会科学版), 2017 (03).

［19］单丽卿，王春光. 离农：农村教育发展的趋势与问题——兼论"离农"和"为农"之争［J］. 社会科学研究，2015（01）.

［20］邓维杰. 贫困村分类与针对性扶贫开发［J］. 农村经济，2013（05）.

［21］丁红玲，李珍珍. 改革开放以来我国农村职业教育政策：历史回顾、价值逻辑及未来展望［J］. 河北大学成人教育学院学报，2018，20（04）.

［22］董仁忠. 职业教育制度的结构和功能探微［J］. 教育与职业，2007（09）.

［23］董仁忠. 职业教育制度论纲［J］. 河北师范大学学报（教育科学版），2008（03）.

［24］杜启平. 城乡融合发展中的农村人口流动［J］. 宏观经济管理，2020（04）.

［25］范安平，张释元. 发达国家的农村职业教育：经验与借鉴［J］. 教育学术月刊，2009（11）.

［26］范红. 基于新型城镇化的农村职业教育发展［J］. 教育与职业，2015（29）.

［27］范先佐，唐斌，郭清扬.70年学生资助工作的系统回顾与经验总结［J］. 华中师范大学学报（人文社会科学版），2019，58（05）.

［28］方超，黄斌. 体育锻炼能够促进青少年的认知能力发展吗？——基于中国教育追踪调查数据的实证研究［J］. 华东师范大学学报（教育科学版），2021（03）.

［29］冯胜清. 新时代职业教育服务"三农"更有用武之地［J］. 中国农村教育，2020（07）.

［30］佛朝晖，陈波，张平弟. 职业教育主动服务乡村振兴战略的政策分析［J］. 中国职业技术教育，2019（15）.

［31］高峰. 乡村振兴战略下农村职业教育发展现状及应对策略［J］. 职教论坛，2019（04）.

［32］高强. 脱贫攻坚与乡村振兴有机衔接的逻辑关系及政策安排［J］. 南京农业大学学报（社会科学版），2019，19（05）.

［33］高维. 乡土文化教育：乡风文明发展根基［J］. 教育研究，2018，39（07）.

［34］龚刚敏，江沙沙. 个人教育回报率差异的实证研究——基于劳动力市场分割视角［J］. 东北师范大学学报（哲学社会科学版），2019（04）.

［35］郭静. 职业教育集团产权改革与实现形式［J］. 教育发展研究，2013

(05).

[36] 郭远智, 周扬, 韩越. 中国农村人口老龄化的时空演化及乡村振兴对策 [J]. 地理研究, 2019, 38 (03).

[37] 国家教育委员会, 农牧渔业部, 财政部. 关于乡 (镇) 农民文化技术学校暂行规定 [J]. 中华人民共和国国务院公报, 1988 (02).

[38] 韩俊. 新时代做好"三农"工作的新旗帜和总抓手 [J]. 求是, 2018 (05).

[39] 韩文龙, 刘璐. 中国教育回报率的长期变动 (1991—2016) ——基于收入差异的分位数回归研究 [J]. 武汉科技大学学报 (社会科学版), 2019 (03).

[40] 郝文武. 当代中国教育哲学研究: 从概念建构到理论创新和实践变革 [J]. 北京师范大学学报 (社会科学版), 2010 (06).

[41] 郝文武. 中国农村教育现代化的历史进程和现实举措 [J]. 当代教师教育, 2020 (02).

[42] 何菊玲, 赵小刚. 新中国乡村教师队伍建设政策演进的历史逻辑与优化策略——基于政策文本的分析 [J]. 陕西师范大学学报 (哲学社会科学版), 2021, 50 (04).

[43] 何杨勇. 高职教育服务乡村振兴的举措、困局与路向 [J]. 高等职业教育探索, 2019, 18 (03).

[44] 何正东. 我国农业高等职业教育发展历程及展望 [J]. 中国农业教育, 2019, 20 (04).

[45] 贺雪峰. 中国区域差异中的文化核心区与边缘区 [J]. 陕西师范大学学报 (哲学社会科学版), 2020 (06).

[46] 胡咏梅, 陈纯槿. 农村职业教育投资回报率的变化: 1989—2009 年 [J]. 教育与经济, 2013 (01).

[47] 黄斌, 钟晓琳. 中国农村地区教育与个人收入——基于三省六县入户调查数据的实证研究 [J]. 教育研究, 2012, 33 (03).

[48] 黄仕伟, 王钰. 中国特色家庭农场: 概念内涵与阶段特征 [J]. 农村经济, 2014 (10).

[49] 黄炎培. 提出大职业教育主义征求同志意见 [J]. 教育与职业, 1926 (71).

[50] 黄颖, 葛鑫, 张洪冲. 乡村振兴战略背景下农村职业教育价值取向的重塑与实现路径 [J]. 成人教育, 2019, 39 (07).

[51] 惠圣. 效率视野下的我国职业教育 [J]. 河南职业技术师范学院学报（职业教育版），2008（01）.

[52] 贾建国. 我国农村职业教育发展的制度变革与创新 [J]. 中国农村教育，2010（04）.

[53] 贾婧，柯睿. 免费义务教育政策与农村人力资本积累——基于 CFPS 的实证研究 [J]. 教育与经济，2020（01）.

[54] 蒋成飞，朱德全，王凯. 生态振兴：职业教育服务乡村振兴的生态和谐"5G"共生模式 [J]. 民族教育研究，2020（03）.

[55] 蒋平，吴建坤. 英国职业农民培育的经验与启示 [J]. 世界农业，2014（05）.

[56] 金英姬. 韩国的新村运动 [J]. 当代亚太，2006（06）.

[57] 靳晓婷，惠宁. 乡村振兴视角下的农村产业融合动因及效应研究 [J]. 行政管理改革，2019（07）.

[58] 柯婧秋，石伟平. 乡村振兴背景下县级职教中心功能定位的困境与出路 [J]. 教育与职业，2020（02）.

[59] 孔韬. 乡村振兴战略背景下新型职业农民培育的困境与出路 [J]. 中国职业技术教育，2019（06）.

[60] 赖明谷，安丽娟. 基于乡村振兴战略的乡村教育发展研究 [J]. 上饶师范学院学报，2019，39（04）.

[61] 乐昕，彭希哲. "中国之治"语境下的职业农民制度优势及其转化路径 [J]. 学习与实践，2020（07）.

[62] 李代，王一真. 高考录取中的不确定性与教育获得差异——以 X 省为例 [J]. 社会学研究，2020，35（01）.

[63] 李富. 高职教育对江苏经济增长贡献及与本科以上教育的比较 [J]. 职业技术教育，2016，37（33）.

[64] 李国鹏. 以城乡融合发展推动乡村振兴的路径探析 [J]. 农业经济，2019（03）.

[65] 李国正. 城乡二元体制、生产要素流动与城乡融合 [J]. 湖湘论坛，2020，33（01）.

[66] 李丽英，宋永. 乡村振兴战略背景下的广东欠发达地区职业教育发展路径研究 [J]. 职业，2019（20）.

[67] 李懋，林仕彬. 职业教育利益相关者研究评述 [J]. 中国职业技术教育，2015（09）.

[68] 李明奇. 乡村振兴战略与新型城镇化的关系 [J]. 党政干部学刊, 2018 (09).

[69] 李明烨, 汤爽爽. 法国乡村复兴过程中文化战略的创新经验与启示 [J]. 国际城市规划, 2018 (06).

[70] 李鹏, 石伟平. 中国职业教育类型化改革的政策理想与行动路径——《国家职业教育改革实施方案》的内容分析与实施展望 [J]. 高校教育管理, 2020, 14 (01).

[71] 李强谊, 钟水映, 曾伏娥. 职业教育与普通教育: 哪种更能减贫? [J]. 教育与经济, 2019 (04).

[72] 李青彦. 日本农业远程教育特点对我国新农村建设的启示 [J]. 现代远程教育研究, 2007 (04).

[73] 李涛, 邬志辉, 邓泽军. 中国统筹城乡教育综合改革: 统筹什么? 改革什么? ——《国家中长期教育改革和发展规划纲要 (2010—2020 年)》视阈下的 "城乡治理论" 建构 [J]. 西南大学学报 (社会科学版), 2011, 37 (03).

[74] 李玮. 国外农民培训对我国培育新型农民的启示 [J]. 农业经济, 2009 (08).

[75] 李学锋, 骆培聪. 乡村振兴与农村人口老龄化的影响因素研究 [J]. 福建论坛 (人文社会科学版), 2018 (09).

[76] 李学军, 郭晓荣. 国外农民培育经验对中国培育新型农民的启示 [J]. 世界农业, 2011 (08).

[77] 李学良, 杨小微. 论基础教育现代化 2030 的前景展望与路径选择 [J]. 河北师范大学学报 (教育科学版), 2017, 19 (05).

[78] 李雪蓉. 农村职业教育政策变迁历程、动因及启示 [J]. 湖南社会科学, 2013 (03).

[79] 李延平, 任雪园. 农村职业教育的公共性危机及其法治保障 [J]. 陕西师范大学学报 (哲学社会科学版), 2016, 45 (06).

[80] 李延平, 王雷. 农业供给侧结构性改革背景下农村职业教育的使命及变革 [J]. 教育研究, 2017, 38 (11).

[81] 李延平, 陈琪. 西部农村 "互联网＋" 职业教育精准扶贫的制度创新 [J]. 电化教育研究, 2017, 38 (12).

[82] 李燕萍, 蒋文晶. 国外农民开发的经验对我国新型职业农民培育的启示 [J]. 前沿, 2008 (12).

[83] 李怡，曾新洲. 乡村振兴战略背景下基于乡村需求的职业教育发展对策探析 [J]. 中国农村教育，2019 (27).

[84] 李毅，龚丁. 日本和韩国农民职业教育对中国新型职业农民培育的启示 [J]. 世界农业，2016 (10).

[85] 梁宁森. 乡村振兴战略背景下农村职业教育的困境、机遇与优化路径 [J]. 高等工程教育研究，2020 (04).

[86] 辽宁省科技厅. 培育农民专业技术协会促进农业科技推广创新 [J]. 中国农业科技导报，2001 (03).

[87] 廖彩荣，陈美球. 乡村振兴战略的理论逻辑、科学内涵与实现路径 [J]. 农林经济管理学报，2017, 16 (06).

[88] 廖远兵. 乡村振兴战略下广东欠发达地区职业教育发展路径研究 [J]. 广东技术师范学院学报，2019, 40 (02).

[89] 林克松，石伟平. 改革语境下的职业教育研究——今年中国职业教育研究前沿与热点问题分析 [J]. 教育研究，2015 (05).

[90] 林克松，袁德梽. 人才振兴：职业教育“1+N”融合行动模式探索 [J]. 民族教育研究，2020 (03).

[91] 刘大伟. 教育改善贫困的证据：基于微观社会调查的实证分析 [J]. 教育研究，2020 (04).

[92] 刘奉越. 乡村振兴下职业教育与农村“空心化”治理的耦合 [J]. 国家教育行政学院学报，2018 (07).

[93] 刘军. 乡村振兴战略下农村职业教育的公共性危机及破解路径 [J]. 教育与职业，2018 (13).

[94] 刘敏. 常用教学方法分析应用 [J]. 河南农业，2006 (10).

[95] 刘生龙，周绍杰，胡鞍钢. 义务教育法与中国城镇教育回报率：基于断点回归设计 [J]. 经济研究，2016 (02).

[96] 刘万霞. 我国农民工教育收益率的实证研究——职业教育对农民收入的影响分析 [J]. 农业技术经济，2011 (05).

[97] 刘颖. 发达国家农村职业教育研究述评及对我国的启示 [J]. 职教论坛，2015 (18).

[98] 刘影. 城乡统筹视域下农村“空心化”治理策略 [J]. 高等农业教育，2017 (02).

[99] 刘泽云，袁青青. 家庭背景对个人教育回报率的影响 [J]. 中国人口科学，2021 (02).

[100] 柳森. 江苏省大办农业中学运动述论 [J]. 江苏大学学报（社会科学版），2015，17（04）.

[101] 龙翠红. 中国的教育回报率是如何分布的？——基于分位数回归的实证分析 [J]. 经济经纬，2017（04）.

[102] 龙立荣，李晔. 职业辅导思想的历史嬗变——从职业指导到生涯辅导 [J]. 华中师范大学学报（人文社会科学版），2011（06）.

[103] 卢文凤，徐小容，赵福奎. 困境与突破：职业教育助推乡村振兴的实践偏差与模式创新 [J]. 中国职业技术教育，2020（07）.

[104] 吕莉敏，石伟平. 新型职业农民培育的高等职业教育责任与策略 [J]. 中国职业技术教育，2018（26）.

[105] 吕倩蕾. 新型职业农民培养机制探析 [J]. 职教论坛，2015（16）.

[106] 栾江，陈建成，李强，等. 高中教育还是中等职业教育更有利于增加西部地区农村劳动力非农收入？——基于异质性的处理效应估计 [J]. 中国农村经济，2014（09）.

[107] 马必学. 推进学制改革加快高技能人才培养 [J]. 中国高等教育，2004（Z2）.

[108] 马建富，郭耿玉. 乡村振兴战略背景下农村职业教育培训的功能定位及支持策略 [J]. 职教论坛，2018（10）.

[109] 马建富，宦平. 职业教育开发农村人力资源的经济功能 [J]. 职教论坛，2004（09）.

[110] 马建富. 农村职业教育定位探析 [J]. 河北师范大学学报（教育科学版），2009，11（11）.

[111] 马建富. 农村职业教育名称及内涵解析 [J]. 教育与职业，2010（30）.

[112] 马建富. 舒尔茨反贫理论与农村职业教育反贫策略的选择 [J]. 河北师范大学学报，2006（04）.

[113] 马建富. 新农村建设视野下的农村职业教育定位 [J]. 教育与职业. 2009（29）.

[114] 马建富. 新型职业农民培育的职业教育责任及行动策略 [J]. 教育发展研究，2015，35（Z1）.

[115] 马晓河. 构建优先发展机制推进农业农村全面现代化 [J]. 经济纵横，2019（02）.

[116] 马彦蕾. 乡村振兴战略下高职院校提升人才培养质量研究 [J]. 现

代教育，2018（10）.

[117] 毛伟霞. 农村职业教育功能定位的历史回顾与反思 [J]. 职教论坛，2015（25）.

[118] 孟步瀛. NSFC 管理科学项目成果评价指标体系研究 [J]. 科研管理，1996（03）.

[119] 孟园. 陕西省畜禽养殖专业大户的现状 [J]. 西北农林科技大学学报（社会科学版），2013（04）.

[120] 米振生，孙晓慧，王闯，等. "乡村振兴" 背景下地方高等职业教育创新创业工作新策略——以聊城职业技术学院为例 [J]. 安徽农学通报，2020，26（Z1）.

[121] 年猛. 中国城乡关系演变历程、融合障碍与支持政策 [J]. 经济学家，2020（08）.

[122] 聂纪萍，许振华. 农业职业教育在乡村振兴战略中的作用 [J]. 现代农业科技，2018（18）.

[123] 聂伟. 新时代中等职业教育需要高水平发展 [J]. 中国职业技术教育，2019（07）.

[124] 农业部. 开展农村职业技术教育培训为新阶段农业和农村经济发展提供智力支撑 [J]. 职教论坛，2002（15）.

[125] 欧阳惠林. 新型的学校远大的前程——为纪念江苏省农业中学创办五周年而作 [J]. 江苏教育，1963（16）.

[126] 潘懋元. 全面深入地认识教育的文化功能 [J]. 教育研究，1996（11）.

[127] 皮江红. 培养新型职业农民：农村职业教育的新定位 [J]. 高等农业教育，2013（08）.

[128] 祁永忠. 制度略论 [J]. 生产力研究，2013（06）.

[129] 祁占勇，陈鹏，张旸. 中国教育政策学研究热点的知识图谱 [J]. 教育研究，2016，37（08）.

[130] 祁占勇，范鹏丽. 中国共产党百年农村职业教育价值取向的实践探索与基本特征 [J]. 当代教师教育，2021，14（02）.

[131] 祁占勇，李清煜，王书琴. 21 世纪以来我国校外培训机构治理政策的演进历程与理性选择 [J]. 中国教育学刊，2019（06）.

[132] 祁占勇，王佳昕，安莹莹. 我国职业教育政策的变迁逻辑与未来走向 [J]. 华东师范大学学报（教育科学版），2018（01）.

[133] 祁占勇，王羽菲. 乡村振兴战略背景下农村职业教育现代化的指标体系与行动逻辑 [J]. 西南大学学报（社会科学版），2020（04）.

[134] 祁占勇，王志远. 经济发展与职业教育的耦合关系及其协同路径 [J]. 教育研究，2020（03）.

[135] 祁占勇，王志远. 乡村振兴战略背景下农村职业教育的现实困顿与实践指向 [J]. 华东师范大学学报（教育科学版），2020（04）.

[136] 祁占勇，谢金辰. 投资职业教育能否促进农村劳动力增收——基于倾向得分匹配（PSM）的反事实估计 [J]. 教育研究，2021（02）.

[137] 祁占勇，杨文杰. 改革开放40年来农村职业教育政策的演进逻辑与展望 [J]. 中国职业技术教育，2018（27）.

[138] 祁占勇. 工匠的文化认同及其实现路径 [J]. 陕西师范大学学报（哲学社会科学版），2019（06）.

[139] 钱柘，吴杰. 成功老龄化视阈下老年人职业教育补偿：困境与策略 [J]. 成人教育，2017，37（03）.

[140] 秦程现，杨嵩. 乡村振兴视角下新型职业农民培育现状及应对策略 [J]. 职业技术教育，2020，41（07）.

[141] 曲铁华，李楠. 改革开放以来我国农村职业教育政策影响因素及特征研究 [J]. 河北师范大学学报（教育科学版），2014（01）.

[142] 屈小博，都阳. 农民工的人力资本积累：教育、培训及其回报 [J]. 中国社会科学院研究生院学报，2013（05）.

[143] 任春荣. 学生家庭社会经济地位（SES）的测量技术 [J]. 教育学报，2010，6（05）.

[144] 任胜洪，陈倩芸. 乡村振兴战略中的职业教育治理路径——基于省级乡村振兴政策文本的分析 [J]. 中国职业技术教育，2019（15）.

[145] 沈军，陈慧. 治理有效：职业教育助推乡村振兴的路径改革 [J]. 国家教育行政学院学报，2020（08）.

[146] 盛邦和. 梁漱溟"乡村建设"思想及其发展观叙论 [J]. 江苏社会科学，2007（03）.

[147] 盛子强. 新型职业农民培养的现实需求与发展思路 [J]. 中国职业技术教育，2014（20）.

[148] 石丹淅. 新时代农村职业教育服务乡村振兴的内在逻辑、实践困境与优化路径 [J]. 教育与职业，2019（20）.

[149] 石伟平. 国际视野中的农村职教改革与发展 [J]. 教育发展研究，

2009, 29 (05).

[150] 石伟平. 战后世界职教发展轨迹与当前发展趋势 [J]. 外国教育资料, 1997 (01).

[151] 史洁. 美国职业农民的培训教育体系研究 [J]. 世界农业, 2014 (12).

[152] 宋圭武. 乡村振兴与新乡贤文化建设 [J]. 学习论坛, 2018 (03).

[153] 宋玉兰, 张梦醒, 范宏民, 等. 连片特困少数民族地区教育层次结构对农民收入增长的作用——以南疆三地州为例 [J]. 人口与经济, 2017 (02).

[154] 苏华. 加快发展面向农村的职业教育 [J]. 中国农村教育, 2019 (13).

[155] 苏敏. 党的十八大以来我国职业教育政策分析 [J]. 职教论坛, 2020 (08).

[156] 孙博文, 李雪松, 伍新木. 社会资本的健康促进效应研究 [J]. 中国人口科学, 2016 (06).

[157] 孙继文. 梁漱溟"乡村建设"述论 [J]. 河南大学学报 (社会科学版), 1998 (02).

[158] 孙莉. 乡村振兴战略下农村职业教育的改革与创新发展 [J]. 教育与职业, 2018 (13).

[159] 孙立新, 罗彤彤. 困境与出路: 老年教育促进老年人继续社会化研究 [J]. 职教论坛, 2014 (06).

[160] 孙善学. 完善职教高考制度的思考与建议 [J]. 中国高教研究, 2020 (03).

[161] 孙晓玲. 现代治理视野下的城乡职业教育一体化发展 [J]. 教育与职业, 2015 (13).

[162] 覃兵, 何维英, 胡蓉. 基于乡村振兴战略的农村职业教育问题审视与路径构建 [J]. 成人教育, 2019, 39 (08).

[163] 覃志威. 乡村振兴视野下加快推进农业科技创新的现实困境与路径选择 [J]. 学校党建与思想教育, 2018 (14).

[164] 唐献玲. 农业产业转型升级中新型职业农民培育的思考 [J]. 农业经济, 2016 (01).

[165] 唐智彬, 郭欢. 作为乡村"治理术"的农村职业教育: 内涵与路径 [J]. 教育发展研究, 2020, 40 (Z1).

[166] 田毅鹏. 乡村"过疏化"背景下城乡一体化的两难 [J]. 浙江学刊, 2011 (05).

[167] 王凤羽, 冉陆荣. 财政性教育支出最优规模分析与估计——以重庆市农村职业教育为例 [J]. 贵州社会科学, 2019 (01).

[168] 王海港, 李实, 刘京军. 城镇居民教育收益率的地区差异及其解释 [J]. 经济研究, 2007 (08).

[169] 王浩. 论人力资本投资及其激励性体制 [J]. 南京农业大学学报 (社会科学版), 2003 (04).

[170] 王欢. 涉农中等职业教育发展对策探寻——基于对石家庄市中等职业学校学生就读意愿的调查 [J]. 河北大学学报 (哲学社会科学版), 2012 (03).

[171] 王慧. 产教融合: 农村职业教育发展方向 [J]. 教育研究, 2018, 39 (07).

[172] 王剑峰, 毕林. 西藏工县吾村农村劳动力转移就业的现状、挑战及对策调查 [J]. 黑龙江民族丛刊, 2018 (06).

[173] 王天平. 社会转型时期乡村教育的价值取向 [J]. 西南大学学报 (社会科学版), 2017, 43 (01).

[174] 王一涛. 农村教育定位: 实践与反思 [J]. 教育科学, 2006 (01).

[175] 王佑镁, 陈慧斌. 近十年我国电子书包研究热点与发展趋势——基于共词矩阵的知识图谱分析 [J]. 中国电化教育, 2014 (05).

[176] 王羽菲, 祁占勇. 新中国成立70年来我国农民职业教育培训的嬗变轨迹——基于政策与法律文本的分析 [J]. 职业技术教育, 2019, 40 (36).

[177] 魏明. 现代职业教育治理体系建设: 理论审视与现实架构 [J]. 职教论坛, 2015 (10).

[178] 文魁, 谭永生. 试论我国人才评价指标体系的构建 [J]. 首都经济贸易大学学报, 2005 (02).

[179] 巫丽君, 费坚. 个人择校行为的成本收益因素分析——基于内部报酬率的估算 [J]. 扬州大学学报 (高教研究版), 2006 (04).

[180] 吴素芳. 西部落后地区乡村振兴中"人"的因素的调查报告 [J]. 农业经济, 2019 (06).

[181] 吴愈晓. 中国城乡居民的教育机会不平等及其演变 (1978—2008) [J]. 中国社会科学, 2013 (03).

[182] 吴兆明, 郑爱翔, 刘轩. 乡村振兴战略下新型职业农民职业教育与

培训 [J]. 教育与职业, 2019 (20).

[183] 吴兆明. 农村转移劳动力职业教育与培训作用机理实证研究 [J]. 成人教育, 2017, 37 (07).

[184] 邬志辉. 中国农村职业教育的战略转型 [J]. 社会科学战线, 2012 (05).

[185] 夏英. 农业社会化服务问题的理论探讨 [J]. 农业经济问题, 1993 (06).

[186] 向昭颖, 张冰松. 农村职业教育精准扶贫的意义、问题及机制 [J]. 教育与职业, 2018 (04).

[187] 项继权, 周长友. 主体重构: "新三农" 问题治理的路径分析 [J]. 吉首大学学报 (社会科学版), 2017 (06).

[188] 谢元海, 闫广芬. 乡村职业教育的应然价值取向: 生计、生活与生态——以乡村振兴战略为视角 [J]. 教育发展研究, 2019, 39 (01).

[189] 熊明, 刘晖. 教育现代化指标体系理论研究综述 [J]. 江西教育科研, 2007 (08).

[190] 熊晴, 朱德全. 民族地区职业教育服务乡村振兴的教育逻辑: 耦合机理与价值路向 [J]. 教育与经济, 2021, 37 (03).

[191] 熊小林. 聚焦乡村振兴战略探究农业农村现代化方略——"乡村振兴战略研讨会" 会议综述 [J]. 中国农村经济, 2018 (01).

[192] 徐道稳. 社会政策的四维视角 [J]. 社会科学研究, 2005 (03).

[193] 徐德明. 阳原县职业技术中学前影 [J]. 人民教育, 1988 (12).

[194] 徐国庆, 石伟平. 21世纪世界职业技术教育发展的课题与展望 [J]. 外国教育资料, 2000 (06).

[195] 徐国庆. 中等职业教育的基础性转向: 类型教育的视角 [J]. 教育研究, 2021 (04).

[196] 徐辉. 国外农村教育发展与改革的历史经验及启示 [J]. 西南师范大学学报 (人文社会科学版), 2005 (06).

[197] 徐顽强, 王文彬. 乡村振兴战略背景下农村空心化治理与社区建设融合研究 [J]. 农林经济管理学报, 2019, 18 (03).

[198] 徐小容, 李炯光, 苟淋. 产业振兴: 职业教育与乡村产业的融合机理及旨归 [J]. 民族教育研究, 2020, 31 (03).

[199] 许媚. 基于精准扶贫的农村职业教育问题审视与发展路径 [J]. 教育与职业, 2017 (18).

[200] 许瑞泉. 黄炎培农村改进理论与晏阳初乡村教育思想之比较 [J]. 科技信息, 2006 (07).

[201] 许涛. 分割与边际效益递增: 中国城镇个人教育回报的特征与变化趋势——基于 CGSS2005 的多层次分析 [J]. 武汉大学学报 (哲学社会科学版), 2013 (01).

[202] 薛晓阳. 扩大的共同体: 乡镇农民的道德教化及共同体想象——兼论滕尼斯乡村共同体理论及其教育遗产 [J]. 陕西师范大学学报 (哲学社会科学版), 2017, 46 (02).

[203] 薛应华, 王华, 张松斌, 等. 论 "乡村振兴战略" 人才支撑体系的构建——以如东县为例 [J]. 中国农村教育, 2018 (13).

[204] 闫瑞. 乡村振兴视域下农村职业教育的逻辑必然、实践困境及支持策略 [J]. 农业经济, 2020 (03).

[205] 颜廷武, 张露, 张俊飚. 对新型职业农民培育的探索与思考——基于武汉市东西湖区的调查 [J]. 华中农业大学学报 (社会科学版), 2017 (03).

[206] 杨洁, 杨颖. 国内外农村职业教育政策比较分析 [J]. 现代商业, 2010 (23).

[207] 杨洁. 农村职业教育发展的制度性障碍分析 [J]. 职业技术教育, 2008, 29 (31).

[208] 杨新铭, 周云波, 黎涓. 农村人力资本形成模式: 以天津为例——基于 2003 年天津农村家户调查数据的实证分析 [J]. 南开经济研究, 2008 (06).

[209] 杨宜勇, 王伶鑫. 流动人口教育回报率变动趋势研究 [J]. 中国人口科学, 2021 (02).

[210] 姚远峰. 我国农村成人教育目标定位探析 [J]. 当代教育论坛, 2004 (11).

[211] 于禾, 尤伟. 乡村振兴战略下高等职业教育人才培养质量的现状与优化 [J]. 职教发展研究, 2020 (01).

[212] 俞启定. 高等职业教育的性质定位及高职教师队伍建设问题探讨 [J]. 当代教师教育, 2020 (04).

[213] 喻涛. 现代化视野下的农村职业教育可持续发展 [J]. 继续教育研究, 2017 (05).

[214] 曾小兰, 朱媛. 职业教育精准扶贫的定位、模式及推进策略 [J]. 教育与职业, 2017 (19).

[215] 翟振武, 郑睿臻. 人口老龄化与宏观经济关系的探讨 [J]. 人口研

究，2016（02）.

[216] 张成涛，张秋凤. 乡村振兴背景下农业职业教育的机遇、挑战与应对 [J]. 中国职业技术教育，2019（03）.

[217] 张海鹏，郜亮亮，闫坤. 乡村振兴战略思想的理论渊源、主要创新和实现路径 [J]. 中国农村经济，2018（11）.

[218] 张海鹏. 中国城乡关系演变70年：从分割到融合 [J]. 中国农村经济，2019（03）.

[219] 张鸿，王浩然，李哲. 乡村振兴背景下中国数字农业高质量发展水平测度——基于2015—2019年全国31个省市数据的分析 [J]. 陕西师范大学学报（哲学社会科学版），2021，50（03）.

[220] 张磊. 澳、英、美、德四国职业教育课程政策的比较研究 [J]. 国家教育行政学院学报，2018（05）.

[221] 张林. 论思想政治教育制度功能的异化表现及其应对 [J]. 海南师范大学学报（社会科学版），2015，28（10）.

[222] 张猛. 基于乡村振兴战略的"三创型"电商人才培养模式研究 [J]. 电子商务，2019（05）.

[223] 张祺午. 服务乡村振兴亟待补齐农村职教短板 [J]. 职业技术教育，2017，38（36）.

[224] 张祺午. 我国农村职业教育政策走向研究 [J]. 职业技术教育，2013（13）.

[225] 张强，张怀超，刘占芳. 乡村振兴：从衰落走向复兴的选择 [J]. 经济与管理，2018（01）.

[226] 张少琴. 建设现代职业教育体系须突破四大瓶颈 [J]. 人民论坛，2015（13）.

[227] 张胜军，马建富. 城镇化进程中的农村职业教育三问 [J]. 教育发展研究，2016，36（11）.

[228] 张胜军. 大力发展农村职业教育成了伪命题？——与宋飞琼教授商榷 [J]. 职业技术教育，2016，37（15）.

[229] 张水玲. 基于农民需求的新型职业农民精准教育培训研究 [J]. 成人教育，2017（05）.

[230] 张涛，邓治春，彭尚平. 统筹城乡职业教育发展的价值取向及机制创新 [J]. 教育与职业，2013（03）.

[231] 张桃林. 培育新型职业农民将伴随农业现代化发展全过程 [J]. 农

民科技培训, 2012 (05).

[232] 张兴祥. 我国城乡教育回报率差异研究——基于 CHIP2002 数据的实证分析 [J]. 厦门大学学报（哲学社会科学版），2012 (06).

[233] 张旭刚. 农村职业教育服务乡村振兴：实践困境与治理路径 [J]. 职业技术教育，2018, 39 (10).

[234] 张钊, 吴佳欢, 许文敬, 等. "互联网+乡村振兴" 背景下高等职业教育产教融合育人路径研究——以电子商务专业群视角 [J]. 知识经济，2020 (13).

[235] 张志增. 基于乡村振兴战略的农村职业教育改革创新策略 [J]. 中国职业技术教育，2019 (07).

[236] 张志增. 实施乡村振兴战略与改革发展农村职业教育 [J]. 中国职业技术教育，2017 (34).

[237] 赵海林. 统筹城乡发展必须转变城市偏向发展战略 [J]. 中国乡村发现，2010 (02).

[238] 赵丽敏. 江苏农业中学创办始末 [J]. 档案与建设，2009 (07).

[239] 郑少扬, 李延平. 走向"三农"为本：农村职业教育70年发展追求 [J]. 职教论坛，2019 (07).

[240] 钟水映, 代书静. 教育能够增加农民工收入吗？——基于乡城流动人口收入调查的分析 [J]. 西安财经学院学报，2018 (03).

[241] 钟伟金, 李佳. 共词分析法研究（二）——类团分析 [J]. 情报杂志，2008 (06).

[242] 周黎岩. 王熙凤的管理艺术对临危受命型领导的启示 [J]. 领导科学，2016 (24).

[243] 周永平, 杨和平, 杨鸿. 文化振兴：职业教育融合赋能机制构建 [J]. 民族教育研究，2020, 31 (03).

[244] 周正. 福斯特与巴洛夫论战对我国职业教育发展的启示 [J]. 外国教育研究，2006 (03).

[245] 朱成晨, 闫广芬, 朱德全. 乡村建设与农村教育：职业教育精准扶贫融合模式与乡村振兴战略 [J]. 华东师范大学学报（教育科学版），2019, 37 (02).

[246] 朱成晨, 闫广芬. 精神与逻辑：职业教育的技术理性与跨界思维 [J]. 教育研究，2020 (07).

[247] 朱成晨, 闫广芬. 农村职业教育跨界发展的思维范式：系统性思维

[J].贵州社会科学，2020（06）.

[248] 朱成晨.协同与共生：农村职业教育融合治理的行动逻辑与支持系统 [J].国家教育行政学院学报，2020（01）.

[249] 朱德全，黎兴成.中国农村职业教育研究70年：研究嬗变与范式反思 [J].西南大学学报（社会科学版），2019，45（06）.

[250] 朱德全，石献记.从层次到类型：中国职业教育发展百年 [J].西南大学学报（社会科学版），2021（02）.

[251] 朱德全，徐小容.职业教育与区域经济的联动逻辑和立体路径 [J].教育研究，2014，35（07）.

[252] 朱德全.乡村"五大振兴"与职业教育融合发展 [J].民族教育研究，2020（03）.

[253] 朱启臻.全面实施乡村振兴战略破解新时代"三农"问题 [J].中国党政干部论坛，2021（05）.

[254] 庄西真.职业教育供给侧结构性困境的时代表征 [J].教育发展研究，2016，36（09）.

[255] 王鹏炜，司晓宏.城乡教育一体化进程中的教师资源配置研究——以陕西省为例 [J].陕西师范大学学报（哲学社会科学版），2011，40（01）.

（三）报纸

[1] 丁哲学.乡村振兴战略需要大力发展农村职业教育 [N].黑龙江日报，2018-01-02.

[2] 国家统计局.中华人民共和国2020年国民经济和社会发展统计公报 [N].人民日报，2021-03-01（10）.

[3] 李名梁.发展职业教育亟须提高社会认同度 [N].光明日报，2013-07-13（10）.

[4] 刘茂先.信息基础设施"硬"起来，互联网与各行业"+"起来 [N].人民邮电报，2015-07-149（08）.

[5] 吕斌.推进职教供给侧结构性改革增强职业院校吸引力 [N].中国建设报，2019-05-18（05）.

[6] 中共中央、国务院关于积极发展现代农业扎实推进社会主义新农村建设的若干意见 [N].人民日报，2007-01-30（10）.

（四）论文

[1] 关晓会.农村职业学校的定位与功能定向研究 [D].西安：陕西师范大学，2014.

[2] 海景景. 睢县新型职业农民培训问题研究 [D]. 郑州：河南财经政法大学，2019.

[3] 吉婧. 农村中等职业教育目标定位及其办学模式研究 [D]. 武汉：湖北工业大学，2011.

[4] 景琴玲. 我国农业职业教育发展模式研究 [D]. 咸阳：西北农林科技大学，2012.

[5] 柯婧秋. 乡村振兴战略背景下县级职教中心的办学功能定位研究 [D]. 上海：华东师范大学，2019.

[6] 李宁清. 农村职业教育促进区域经济发展研究 [D]. 长沙：湖南农业大学，2007.

[7] 李夏南. 职业高中和普通高中教育回报率估计 [D]. 南京：南京财经大学，2015.

[8] 李小娜. 农村职业教育培养目标定位研究——基于渝东南民族地区的考察 [D]. 重庆：西南大学，2014.

[9] 李艳娟. 乡村振兴战略背景下赤峰市农村职业教育发展问题研究 [D]. 呼和浩特：内蒙古农业大学，2019.

[10] 吕然. 城镇化背景下的农村职业教育的新使命 [D]. 西安：陕西师范大学，2014.

[11] 万艳. 贫困群体心理问题解决的社会工作介入研究 [D]. 长春：吉林大学，2012.

[12] 王雷. 农业供给侧结构性改革背景下农村职业教育制度变革研究 [D]. 西安：陕西师范大学，2018.

[13] 王瑞. 县级职教中心培养机制研究 [D]. 长春：东北师范大学，2017.

[14] 王晓雪. 新型城镇化背景下农村职业教育目标定位及功能定向的个案研究 [D]. 西安：陕西师范大学，2017.

[15] 王迎. 本科教育学专业课程教学改革及制度保障研究 [D]. 沈阳：沈阳师范大学，2020.

[16] 许文静. 改革开放以来我国农村职业教育政策分析 [D]. 西安：陕西师范大学，2012.

[17] 薛瑞英. 乡村振兴战略下的农村职业教育功能研究 [D]. 重庆：西南大学，2019.

[18] 由鑫宇. 我国教育回报率的城乡差异研究 [D]. 济南：山东大学，

2018.

　　[19] 张飏.职业教育参与精准扶贫的现状、问题与路径研究 [D].西安：西北大学，2018.

　　[20] 周黎.农业现代化视角下农村职业教育发展研究 [D].长沙：湖南农业大学，2014.

（五）电子文献

　　[1] 构建乡村文化振兴的内生机制 [EB/OL].人民网，2018-11-26.

　　[2] 关于打赢脱贫攻坚战三年行动的指导意见 [EB/OL].中华人民共和国中央人民政府官网，2018-08-19.

　　[3] 国务院扶贫开发领导小组办公室.中共中央国务院关于打赢脱贫攻坚战三年行动的指导意见 [EB/OL].中华人民共 [4] 和国中央人民政府官网，2018-8-20.

　　[5] 国务院关于解决农民工问题的若干意见 [EB/OL].中华人民共和国中央人民政府官网，2015-06-13.

　　[6] 国务院关于印发"十三五"脱贫攻坚规划的通知 [EB/OL].中华人民共和国中央人民政府官网，2016-12-02.

　　[7] 国务院人口普查办公室.中国2010年人口普查资料 [EB/OL].国家统计局官网，2021-11-02.

　　[8] 决胜全面建成小康社会夺取新时代中国特色社会主义伟大胜利 [EB/OL].中华人民共和国中央人民政府官网，2017-10-27.

　　[9] 开州区职教中心开设老年教育培训班，5个专业随便选 [EB/OL].重庆晨报网站，2018-09-18.

　　[10] 联合国开发计划署.2013中国人类发展报告 [EB/OL].中华人民共和国中央人民政府官网，2013-08-28.

　　[11] 人民日报评论员.教育是国之大计、党之大计 [EB/OL].央广网，2018-09-13.

　　[12] 习近平.坚持中国特色社会主义教育发展道路培养德智体美劳全面发展的社会主义建设者和接班人 [EB/OL].新华网，2018-09-10.

　　[13] 习近平讲述如何为乡村振兴提供人才保障 [EB/OL].中国新闻网，2018-06-18.

　　[14] 乡村振兴：三农财政支持每年三万亿 [EB/OL].搜狐网，2018-08-05.

　　[15] 乡村振兴的资源、资金和人才 [EB/OL].乡村旅游网，2018-11-22.

［16］乡村振兴战略规划（2018—2022年）［EB/OL］. 中华人民共和国中央人民政府官网，2018-9-26.

［17］中共中央、国务院关于实施乡村振兴战略的意见［EB/OL］. 中华人民共和国中央人民政府官网，2018-02-04.

［18］中华人民共和国国家统计局. 第三次全国农业普查主要数据公报（第五号）［EB/OL］. 国家统计局官网，2017-12-16.

［19］中华人民共和国国家统计局. 2018年农民工监测调查报告［EB/OL］. 国家统计局官网，2019-04-29.

［20］中华人民共和国国民经济和社会发展第十三个五年规划纲要［EB/OL］. 新华网，2016-03-17.

［21］中华人民共和国教育部. 2005年全国教育事业发展统计公报［EB/OL］. 中华人民共和国教育部官网，2006-07-06.

［22］中华人民共和国教育部. 2019年全国教育事业发展统计公报［EB/OL］. 中华人民共和国教育部官网，2020-08-10.

［23］中华人民共和国教育部. 教育部等九部门关于加快发展面向农村的职业教育的意见［EB/OL］. 中华人民共和国教育部官网，2011-10-25.

［24］中华人民共和国教育部. 教育部关于印发农村劳动力转移培训计划的通知［EB/OL］. 中华人民共和国教育部官网，2011-03-24.

［25］中华人民共和国教育部. 现代职业教育体系建设规划（2014—2020年）［EB/OL］. 中华人民共和国教育部官网，2014-06-30.

［26］中华人民共和国教育部. 中等职业学校新型职业农民培养方案实行［EB/OL］. 中华人民共和国教育部官网，2014-03-21.

［27］中华人民共和国农村农业部. 关于进一步推进移风易俗建设文明乡风的指导意见［EB/OL］. 中华人民共和国农村农业部官网，2019-09-04.

［28］中华人民共和国农业农村部. 国家乡村振兴战略规划（2018—2022年）［EB/OL］. 中华人民共和国农村农业部官网，2018-11-29.

一、英文文献

（一）著作

［1］FOSTER P J. The Vocational School Fallacy in Development Planning. In Education and National Development［M］. Chicago：Aldine，1965.

［2］HAUSER P M，DUNCAN O D. The Study of Population：An Inventory and Appraisal［M］. Chicago：University of Chicago Press，1959.

［3］ SHOSHANA G. Jacob Mincer A Pioneer of Modern Labor Economics ［M］. Boston： Springer Science Business Media, 2006.

（二）期刊

［1］ BECKER R, HECKEN A E. Higher Education or Vocational Training? An Empirical Test of the Rational Action Model of Educational Choices Suggested by Breen and Goldthorpe and Esser ［J］. Acta Sociologica, 2009, 52 （01）.

［2］ BJÖRKLUND A, KJELLSTRÖM C. Estimating the Return to Investments in Education： How Useful is the Standard Mincer Equation?　［J］. Economics of Education Review, 2002 （03）.

［3］ BLALOCK H M, BLAU P M, DUNCAN O D, et al. The American Occupational Structure ［J］. American Sociological Review, 1968 （02）.

［4］ CHANIS S, TSAMADIAS C, HADJIDEMA S. The Rate of Return of Social Investment on Post－Secondary Initial Vocational Education and Training in Greece ［J］. International Journal of Education Economics & Development, 2013, 4 （01）.

［5］ CHERNOZHUKOV V, HANSEN C. Instrumental Quantile Regression Inference for Structural and Treatment Effect Models ［J］. Journal of Econometrics, 2006 （02）.

［6］ CONSTANTINOS T. The Returns of Investment in Tertiary Technological Education in Greece ［J］. Journal of Vocational Education & Training, 2002, 54 （01）.

［7］ EGUN A C, TIBI E U. The Gender Gap in Vocational Education： Increasing Girls access in the 21st Century in the Midwestern States of Nigeria ［J］. International Journal of Vocational and Technical Education. 2010 （02）.

［8］ FERSTERER J, WINTER－EBMER R. Are Austrian Returns to Education Falling over Time? ［J］. Labour Economics, 2003 （01）.

［9］ GOVOROVA E, ISABEL BENÍTEZ, JOSÉ MUIZ. Predicting Student Well－being： Network Analysis Based on PISA 2018 ［J］. International Journal of Environmental Research and Public Health, 2020 （11）.

［10］ GRENFELL M, EBRARY I. Pierre Bourdieu： Key Concepts ［J］. French Studies, 2012, 64 （04）.

［11］ GROOTAERTC, IBRDWD, NARAYAN D, et al. Measuringsocialcapital： anintegratedquestionnaire ［J］. WorldBankPublications, 2004, 49 （02）.

［12］ HU T, LEE M L, STROMSDORFER E W. Economic Returns to Vocational and Comprehensive High School Graduates ［J］. Journal of Human Resources, 1971

(06).

[13] IKENBERRY G J. Constitutional Politics in International Relations [J]. European Journal of International Relations, 1998 (02).

[14] KLEIN P G, COOK M L. TW Schultz and the Human-capital Approach to Entrepreneurship [J]. Review of Agricultural Economics, 2006 (03).

[15] KOENKER R, BASSETT G. Regression Quantiles [J]. Econometrica: Journal of the Econometric Society, 1978 (01).

[16] KUMAR K. Skill-Specific Rather than General Education: A Reason for US-Europe Growth Differences? [J]. Journal of Economic Growth, 2004 (09).

[17] LLAIS A S. Will skills save us? Rethinking the Relationships Between Vocational Education, Skills Development Policies, and Social Policy in South Africa [J]. International Journal of Educational Development, 2012 (05).

[18] MCMAHON, WALTER W, JUNG, JIN HWA. Vocational and Technical Education in Indonesia: Theoretical Analysis and Evidence on Rates of Return [J]. Spe Projects Facilities & Construction, 1989, 3 (04).

[19] MOENJAK T, WORSWICK C. Vocational Education in Thailand: a Study of Choice and Returns [J]. Economics of Education Review, 2003 (01).

[20] NASIBULLOV R, et al. Rural School as a Resource for the Intellectual and Labour Potential formation of the Rural Society [J]. International Journal of Environmental & Science Education, 2016 (03).

[21] Psacharopoulos G, Patrinos H A. Returns to investment in education: a further update [J]. Education economics, 2004 (02).

[22] ROBERTS T G, BALL A L. Secondary Agricultural Science as Content Andcontext for Teaching [J]. Journal of Agricultural Education, 2009 (01).

[23] RUBIN D B. Multiple Imputation for Nonresponse in Surveys [J]. Journal of Marketing Research, 2009 (04).

[24] RZER J, THIJS B. Labour Market Effects of General and Vocational Education over the Life-cycle and Across Time: Accounting for Age, Period, and Cohort Effects [J]. European Sociological Review, 2019 (05).

[25] SILLES M A. The Returns to Education for the United Kingdom [J]. Journal of Applied Economics, 2007 (02).

[26] SMITH A D, PAUL C M, GOE W R, et al. Computer and Internet Use by Great Plains Farmers [J]. Working Papers, 2004, 29 (03).

［27］TROST, ROBERT P, LUNG － FEI LEE, Technical Training and Earnings： A Polychotomous Choice Model with Selectivity ［J］. Review of Economics, 1984 (66).

［28］UHLANER L M , THURIK A R. Postmaterialism Influencing Total Entrepreneurial Activity across Nations ［J］. ERIM Report Series Research in Management, 2006 (02).

［29］WEBB S, BLACK R, MORTON R, et al. Geographical and Place Dimensions of Post－school Participation in Education and Work ［J］. National Centre for Vocational Education Research, 2015, 18 (07).

(三) 电子文献

［1］PAUN G. LOO J V. DECY P. The benefits of Vocational Education and Training ［EB/OL］. Research Gace, 2020－11－15.

［2］STRATEGY E., GOVERNMENT T. D. Denmark's National Reform Programme First Progress Report ［EB/OL］. Mendeley, 2020－11－13.

后 记

本书是教育部哲学社会科学研究后期资助重大项目"基于乡村振兴的农村职业教育发展战略研究"（项目编号：21JHQ017）的最终研究成果。

随着全面乡村振兴战略的深入持续推进以及《中华人民共和国乡村振兴促进法》的颁布与实施，农村职业教育被赋予了新的使命，在迎接时代发展机遇的同时，也将面临诸多的现实挑战。农村职业教育发展至今，已经不仅仅是一个单纯的教育问题，更多地是一种被重新建构的助推解决涉及农村社会、经济、文化、生态、扶贫等多维问题的重要基础性工程。为使农村职业教育适应新形势、满足新要求，为乡村振兴战略的实施提供有效助力，我国相继出台了一系列相关政策对农村职业教育做出了部署，并对农村职业教育展开了深入的理论研究。经过多年的发展，基于乡村振兴的农村职业教育的学术研究已经得到了一定程度的知识生产与积累，及时回顾发展与建设的内容和过程，深入挖掘其变化的规律和特征，总结经验，发现不足，对全面乡村振兴战略下农村职业教育政策的制定具有重要的引导意义。

实施乡村振兴战略，关键在农村经济社会发展，关键在人，就是要让农民来做主角，他们不仅是农村的主体，更是乡村振兴的主要人力资源。从目前来看，农村地区人口转移到城市的现象比较突出，尤其是西部地区，乡村衰落已经是一个不争的事实。如何把人留住，这就需要从国家层面制定得力的政策并将其落到实处，为乡村振兴提供切切实实的人才支撑。农村职业教育现代化立足农村，区别于城市教育现代化，承载着时代新任务。农村发展的根本出路在于现代化，农村职业教育现代化是农业农村现代化的基础和支撑，是农村教育的根本变革，是全社会主体参与的改革与发展农村教育的实践活动。这既是一个主体性参与的动态发展过程，也是一个延展性的目标体系。没有农村职业教育现代化，就没有农村教育现代化，更不可能有教育现代化。农村职业教育现代化是与农村现代化相适应的教育发展特征和趋势，它既是应对农村现代化需求之策，也是农村教育"面向现代化，面向世界，面向未来"的应然选择。

318

　　在乡村振兴时代背景下，农民素质水平的提升、技术技能与经营管理能力的增强对改革的推进有重要影响，因而面向农村、培育大量高素质的新型职业农民应该作为农村职业教育的首要目标人群。然而在农业供给侧结构性改革对经营型、技术型、服务型农民需求较大的情况下，农村职业学校却未能调整自己的定位，仍在不断缩减涉农专业的规模，开设大量非农热门专业，农村职业学校"离农"教育倾向明显，开放性不足。农村职业教育作为连接教育与"三农"的枢纽和培养新型农业技术技能人才的主阵地，在大力实施乡村振兴战略和"质量强国"战略的大背景下，农村职业教育必须同步优先转向高质量发展阶段。

　　基于乡村振兴的战略需求，以实现我国农村社会、政治、经济、文化、生态的全面振兴为工具价值，以服务农村地区人口的个体职业发展和满足教育需求为本体价值，是对我国农村职业教育的服务目标及价值定位所作出的全面精准的理性抉择。乡村振兴战略背景下农村职业教育的目标定位要立足农村、助力乡村振兴与城镇化发展，要服务农民、全面提升农民的素质和生活质量，要服务社会、为国家全局发展改革提供重要支撑，主动适应社会经济发展的需要，为产业结构的升级及发展培养大量的技术技能型人才。与此同时，职业教育通过传授文化与技术知识，为农村劳动力生涯发展服务。职业教育在总体上有效承担了服务农村劳动力增收的职能。无论是中等教育阶段还是高等教育阶段，职业教育对农村劳动力收入都有显著的正向作用。同时，在不同收入层次、时间点上，服务增收的效益存在显著的异质性。在不同收入层次上，中等职业教育个体回报率依然存在显著差异。中等职业教育在一定程度上实现了促进城乡个体增收与消弭城乡人力资本积累差异的功能，但对消除城镇或农村群体内部收入差异的效能并未完全发挥。

　　本书依循理论与实践相统一、事实与价值相统一、历史与逻辑相统一、定性与定量相统一、本土与国际相统一、解构与建构相统一的基本立场，运用历史研究法，对与农村职业教育发展相关的史料进行分析、解读和整理，了解每个历史背景下农村职业教育建设的重点，挖掘其变化的规律和特征，以期找到其发展变化背后的影响因素，为当前乡村振兴背景下农村职业教育发展提供引导；运用调查研究法，分析当下农村职业教育人才培育方面存在的客观问题"是什么"，揭示农村职业教育人才培育的现状、普遍规律和困难，并探究乡村振兴战略下农村职业教育人才培育"应是什么"，为农村职业教育人才培育提供确实可行的解决思路，构架出农村职业教育人才培育的途径和对策；运用比较研究法，探索国外乡村振兴下推动农村职业教育发展的共同性，寻找其中的普遍规律，并结合我国乡村建设的实际状况，提炼对我国农村职业教育助力乡村振兴的有效经验，为我国乡村振兴背景下农村职业教育的发展提供思路；运用统计分析法，通过 Bicomb、SPSS 等统计软件工具，基于多元统计分析，使用共词分析、共引分析等多种方法，对农村职业教育研究中关键词、主题词、作者、引文等在文献中共同出现的情况进行分析，以期发现农村职业教育研究领域中的研究热点、研究基础、研究团队以及存在问题、拓展趋势等核心问题；运用案例分析法，总结与概括农村职业教育在新型职业农民培育中存在的问题及其先进经验，尝试得出关于农村职业教育培育新型职业农民的一般性、普遍性问题与经验。

在课题研究过程中，笔者要特别感谢陕西师范大学教育学部陈鹏教授、李延平教授、李忠教授、马君教授以及陕西师范大学职业技术教育学研究生王志远、杨文杰、范鹏丽、宋宇、关晓会、王晓利、王锦雁、王羽菲、何佑石、强力华、王珂、谢金辰等，他们不仅为本课题的开展建言献策，而且为本课题的顺利完成付出了大量心血，没有他们的前期资料准备，本书付梓尚不得时日。感谢笔者的爱人张旸教授，她对家庭、孩子的悉心照顾使我有较为充裕的时间和精力来完成本书的写作。还要特别感谢《教育研究》《华东师范大学学报（教育科学版）》《陕西师范大学学报（哲学社会科学版）》《西南大学（社会科学版）》等期刊杂志社，相关研究成果已在这些杂志上得以发表，引起了学界的广泛关注，产生了一定的社会影响。此外，本书参考了大量已有的研究成果，笔者对各位研究者的辛勤耕耘表示诚挚的感谢。

当然，由于个人能力和学术水平有限，加之乡村振兴背景下农村职业教育发展战略所涉及的研究议题浩瀚如云，本书只是进行了初步探索，书中也肯定存在着诸多不足，敬请大家不吝赐教。

陕西师范大学　祁占勇

2022 年 1 月